Schummelseite

Songwriting macht Spaß, aber man muss auch einige Hürden überwinden. Zunächst einmal sollte man keinerlei Hemmungen haben, überhaupt Lieder zu schreiben. Außerdem ist es wichtig, zu wissen, wie und wo man sich inspirieren, mit anderen zusammenarbeiten, seine Ideen festhalten und auch Hörer finden kann. Zum Glück ist das Internet randvoll mit Quellen, die Ihnen auf diesem Weg helfen können.

WARUM ES BESSER IST, KEINE HEMMUNGEN ZU HABEN

Musik und überhaupt jede Art, sich kreativ auszudrücken, ist nichts Neues; schon die Höhlenmenschen verspürten den Drang dazu. Vielleicht versteht man nicht immer jedes Wort, das ein Songwriter zu Papier gebracht hat, doch seine Gefühle und Emotionen werden fast immer klar. Darin liegt die Schönheit der Musik, und genau aus diesem Grund sollten Sie nicht davor scheuen, einen Song zu schreiben, falls es Sie danach drängt.

Es gibt vermutlich ebenso viele gute Gründe, Songs zu schreiben, wie Leute, die es tatsächlich tun. Für jemanden, der sich schwertut, seine Gefühle zu artikulieren, ist Songwriting sogar besonders geeignet. Was man sich nicht traut, anderen ins Gesicht zu sagen, das lässt sich oft hervorragend über eine Melodie oder einen Songtext vermitteln. Es muss ja nicht gleich der große Chartstürmer sein – wichtig ist zunächst einmal, dass Sie sich selbst zum Ausdruck bringen. Das kann von therapeutischer Wirkung sein!

Also: Keine Angst und ran ans Werk – vor allem, wenn einer der folgenden Beweggründe auf Sie zutrifft:

- ✔ Ich will mein wahres Selbst und meine innersten Gefühle ausdrücken.

- ✔ Ich will der Musik in mir, die nur darauf wartet, freigelassen zu werden, Raum geben.

- ✔ Ich will anderen etwas von der Freude und Inspiration zurückgeben, die sie mir geschenkt haben.

- ✔ Ich will die Ausdruckskraft, mit der ich geboren wurde, voll entwickeln.

- ✔ Ich will Anerkennung ernten und neue Freunde gewinnen (und damit vielleicht sogar Geld verdienen).

- ✔ Ich will meine inneren Dämonen austreiben.

- ✔ Ich will über die Botschaft meines Songs Verbindung zu anderen aufnehmen.

- ✔ Ich will etwas Wertvolles erschaffen, das anderen über Jahre hinweg Freude bereitet.

Schummelseite

- ✔ **Amazon Music:** Ein Online-Musikhändler, der mehr als zehn Millionen Songs zum Download für sämtliche Geräte anbietet.

- ✔ **CD Baby:** Gilt als der größte Online-Vertreiber von Indie-Musik weltweit, betrieben *von* Musikern *für* Musiker.

- ✔ **Facebook & Instagram:** Hier können Sie für sich oder Ihre Band eine eigene Seite einrichten, Musik(-videos) posten und sich eine riesige Fangemeinde aufbauen.

- ✔ **Twitter:** Soziales Netzwerk im Microblogging-Stil. Wer in Deutschland behauptet, er würde »zwitschern«, spricht vermutlich von Twitter.

- ✔ **TikTok:** Soziales Netzwerk, das mit ausgeklügelten Algorithmen große Reichweiten bringen und in dem man sich eine reaktionsfreudige Fanbase aufbauen kann.

- ✔ **YouTube:** Dort können Sie Ihre Songs und Videos posten und damit ein Riesenpublikum erreichen.

- ✔ **iTunes:** Digitaler Mediaplayer und Online-Musikhändler, der auch mit Filmen, TV-Sendungen und so weiter handelt.

- ✔ **Live365:** Online-Radio, bei dem man seine eigene Station aufbauen oder sich die anderer Nutzer anhören kann.

- ✔ **MySpace:** Die bekannte Social-Networking-Seite – nicht mehr ganz neu, aber immer noch gut.

- ✔ **Napster/Apple Music/Spotify/Deezer:** Online-Musikservices und Streamingdienste, bei denen man über Distributoren seine Songs anbieten kann.

- ✔ **OurStage:** Ein soziales Netzwerk für noch unentdeckte Künstler, Musikliebhaber und wichtige Leute aus der Musikindustrie, die nach Gleichgesinnten zwecks Zusammenarbeit suchen.

- ✔ **ReverbNation:** Soziales Netzwerk für Musiker, Bands, Produzenten, bietet Möglichkeiten zur Zusammenarbeit und Kommunikation.

- ✔ **SongCast:** Netzwerk für Musikverbreitung, wo man seine Songs auf iTunes, Amazon, Napster und so weiter verkaufen kann.

- ✔ **SonicBids:** Hier können Sie wichtige Kontakte knüpfen, wie etwa zu Veranstaltern, Lizenzgebern oder Sendechefs. Außerdem findet man hier die Ausschreibungen zu zahllosen Contests sowie die richtigen Ansprechpartner zum Buchen von Gigs.

- ✔ **TuneCore:** Plattform für digitale Musik- und Videoverbreitung, die Ihre Songs an die führenden digitalen Händler (iTunes, Amazon, Rhapsody und andere) ausliefert, ohne von Ihnen Prozente zu verlangen.

Songwriting für Dummies

Jim Peterik
Dave Austin
Cathy Lynn

Songwriting für dummies®

2. Auflage

Übersetzung aus dem Amerikanischen von Oliver Fehn

Fachkorrektur von Thomas Gruber

WILEY-VCH GmbH

Songwriting für Dummies

Bibliografische Information der Deutschen Nationalbibliothek

Die Deutsche Nationalbibliothek verzeichnet diese Publikation
in der Deutschen Nationalbibliografie;detaillierte bibliografische
Daten sind im Internet über http://dnb.d-nb.de abrufbar.

2. Auflage 2023

© 2023 Wiley-VCH GmbH, Boschstraße 12, 69469 Weinheim, Germany

Print ISBN: 978-3-527-72070-5
ePub ISBN: 978-3-527-84240-7

Coverfoto: © princeoflove / stock.adobe.com
Korrektur: Dr. Petra-Kristin Bonitz
Satz: Straive, Chennai, India
Druck und Bindung

Über die Autoren

Jim Peterik ist Sänger, Songwriter, Gitarrist und Keyboarder. Er macht seit über 45 Jahren Musik und hat in dieser Zeit unzählige Songs geschrieben. Er ist verantwortlich für 18 US-Top-Ten-Hits – allen voran die zeitlose Hymne an den Kampfgeist, »Eye Of The Tiger« aus dem Film Rocky III, die dreifach mit Platin ausgezeichnet wurde und nicht nur für den Oscar nominiert wurde, sondern auch einen Grammy gewann. Seine Songs waren weltweit in zahlreichen Filmen, Fernsehsendungen und Werbespots zu hören und wenn er gerade keine Songs schreibt oder Musik macht, kümmert sich Jim Peterik mittlerweile auch gern um den musikalischen Nachwuchs.

Dave Austin war neben seiner Arbeit als Mental Coach für Sportler schon immer im Musikbusiness tätig. Zusammen mit Cathy Lynn und Phil Ehart (dem Mitbegründer von Kansas) hat er ein eigenes Plattenlabel gegründet und zahlreiche Konzertreihen produziert. Er hat mit namhaften Größen wie Carlos Santana, Melissa Etheridge, Queen und vielen mehr zusammengearbeitet und wurde von der National Academy of Recording Arts and Sciences mit dem »Presidential Award« ausgezeichnet.

Cathy Lynn ist erfolgreiche Drehbuch- und Sachbuchautorin und lässt sich beim Schreiben nicht nur stark von Musik inspirieren, sondern bindet diese auch in ihre Stories ein. Sie war zudem als Produzentin für zahlreiche musikalische Events tätig.

Über den Übersetzer

Oliver Fehn war Musiker und Musiklehrer. Er spielte Gitarre, Klavier und Harmonika und trat schon im Teenageralter als Singer/Songwriter vor Publikum auf. Die Musik war seine große Leidenschaft, auch wenn er sich sein Geld hauptsächlich in der »schreibenden Zunft« verdiente. Er war als Autor belletristischer Bücher und als Übersetzer tätig. Für die Dummies hat er zahlreiche Bücher übersetzt und überarbeitet, darunter *Musiktheorie für Dummies*, *Gitarrenakkorde für Dummies*, *Ukulele für Dummies*, *E-Bass für Dummies*, *Komponieren für Dummies* und viele mehr. Er war außerdem Autor von *Übungsbuch Musiktheorie für Dummies* und Co-Autor von *Notenlesen für Dummies*.

Auf einen Blick

Inhaltsverzeichnis

Kapitel 3
Die Ausarbeitung: Bringen Sie Ihren Song in Form! **75**

Kapitel 4
Am besten, die Sache hat einen Haken! **97**

Kapitel 5
Wie Sie Ihre Hörer mit guten Texten beeindrucken **113**

Kapitel 6
Über den Text zu seiner eigenen Stimme finden **135**

Kapitel 7
Wie man gute Reime macht

Kapitel 8
Herzschlag der Musik – der Rhythmus

Kapitel 9
Musiker als Magier der Melodien 197

Kapitel 10
Wie man beim Songwriting Akkorde benutzt 215

Kapitel 11
Gut geblufft ist halb gewonnen: allerlei technische
Hilfsmittel, Tricks und Gimmicks 227

Vorwort

Immer wieder werde ich gefragt: »Wie haben Sie es eigentlich geschafft, zur erfolgreichen Songwriterin zu werden?« Dann sage ich meistens, dass es dabei auf drei Dinge ankommt – auf ARBEIT, Ehrlichkeit und Feeling.

Ihnen fällt auf, dass ich das Wort ARBEIT großgeschrieben habe. Das hat seinen Grund – es ist nämlich der wichtigste Teil der Gleichung. Jeder erfolgreiche Songwriter weiß, dass man manchmal erst Hunderte von Songs geschrieben haben muss, bevor einem eine richtig geniale Nummer gelingt. So gesehen ist ARBEIT oft noch wichtiger als Talent. Ich habe sieben Jahre lang Songs geschrieben, bevor ich meinen ersten Dollar verdiente. Und ich habe gelernt, dass jeder schlechte Song, den du schreibst, dich auf dem Weg zu einem guten Song ein paar Schritte voranbringt. Mein berühmter Songwriter-Kollege Marti Fredrickson sagte kürzlich: »Für diesen Song habe ich 47 Jahre gebraucht.« (Genauso alt ist er zufällig auch, und er war Koautor von bekannten Titeln wie »Jaded« [Aerosmith], »Sorry« [Buck Cherry] und »Love Remains The Same« [Gavin Rossdale].)

ARBEIT kann natürlich vieles bedeuten – es kann für das eigentliche Komponieren stehen, für die Mühe, die es kostet, den richtigen Produzenten oder Interpreten zu finden, es kann aber auch für die Verbreitung stehen, ohne die die maßgeblichen Leute aus der Branche das Stück wahrscheinlich nie zu hören bekommen. Sie können den tollsten Song in der Hosentasche haben – solange Sie nicht wissen, wie es danach weitergeht, wird es wohl auch ewig ein Song in Ihrer Hosentasche bleiben.

Wenn Sie ein professioneller Songwriter werden wollen, müssen Sie jeden Tag schreiben und jeden wachen Moment als Inspiration für ein Leben betrachten, das der Musik gewidmet ist. Jeder gute Songwriter, den ich kenne, schreibt (oder hört) nicht nur Musik – nein, er atmet sie, er isst sie, er lebt sie. Solange er nicht gerade damit beschäftigt ist, seine Lebenserfahrungen als schöpferischen Rohstoff zu nutzen, wird er zumindest seine handwerklichen Fähigkeiten verfeinern. Große Songs entstehen dort, wo Inspiration und Handwerk sich paaren – und sein Handwerk beherrscht nur jemand, der die damit verbundene ARBEIT nicht scheut.

Wenn Sie viel freie Zeit brauchen, ist professionelles Songwriting nichts für Sie. Und wenn Sie leicht verletzbar sind, eignen Sie sich zumindest nicht als Koautor. Falls Sie mit Absagen nicht umgehen können, verschwenden Sie besser keinen weiteren Gedanken an eine Songwriter-Karriere. Und falls Sie dieses Vorwort als brutal empfinden – die Musikbranche ist brutaler. In diesem Fall werde ich versuchen, Ihnen Ihre Träume auszutreiben und Ihnen damit jede Menge Traurigkeit zu ersparen. Dann sollten Sie ehrlich zu sich sein und sagen: Okay, das betreibe ich wohl lieber als Hobby denn als Beruf.

Apropos *Ehrlichkeit*: Als Ihre Eltern Ihnen beibrachten, immer ehrlich zu sein, hatten sie schon ihre Gründe. Wäre ich vor 20 Jahren ehrlich zu mir gewesen, hätte ich nicht an der Duke University studiert, um Rechtsanwältin zu werden. Ich habe mit dem Schreiben von Songs spät angefangen, und das lag nur daran, dass niemand so fest an mich glaubte, dass er mich seine Songs aufnehmen ließ, damit ich meine Stimmkraft unter Beweis stellen konnte.

Mit 22, in einer schäbigen Behausung in der Bronx, wo ich gegen das Gebell von zwei Pitbulls anspielen musste, entstand mein erster Song »Show Me«, den ich zusammen mit Dave Citron schrieb.

Grauenvolle Tage.

Meine Texte versuchten das auszudrücken, was in irgendeinem Typen vorging (in den ich übrigens verknallt war, aber er nicht in mich). Es fiel mir leichter, die Wahrheiten anderer zu Papier zu bringen als meine eigenen.

Da ich meine eigenen Gefühle nicht in den Griff bekam, gelang es mir auch nicht, etwas Authentisches zu schreiben. Ich brauchte Jahre, um einen inneren Dialog mit mir selbst führen zu können, dem ich auch selbst vertraute. Wer große Songs schreiben will, muss dazu fähig sein, seine echten persönlichen Erfahrungen in Melodien und Texte umzuwandeln, sodass sie auch anderen etwas sagen und niemanden überfordern. Man kann natürlich seine Erfahrungen einfach ausgestalten, aber im Kern geht es immer um Wahrheit und Authentizität. Wie soll man sonst Gefühle und Empfindungen übermitteln, mit denen andere auch etwas anfangen können? Wenn Sie ein leidenschaftlicher Songwriter werden wollen, müssen Sie auch ein leidenschaftlicher Forscher auf dem Gebiet Ihrer Emotionen und Gedanken werden. Es ist die beste und preiswerteste Therapie, die es gibt.

Ja, und die dritte Sache ist etwas, das sich nicht lehren lässt – das *Feeling*. Wenn ein bestimmtes Thema oder Musikstück Sie bewegt, Sie zum Weinen bringt, Sie in die Knie zwingt – öffnen Sie Ihr Herz (oder den *Kanal*, wie ich zu sagen pflege) und lauschen Sie! Es ist Ihre Seele, die mit Ihnen spricht. Und wenn Sie das nun mit Ihren handwerklichen Fähigkeiten kombinieren können, stehen Sie kurz davor, einen wirklich *großen* Song zu komponieren. Je mehr Feeling Sie in einen Song hineinstecken, umso mehr Feeling holt der Hörer auch für sich heraus.

Was ich Ihnen als Leser dieses Buches wünsche: Dass Sie die Freude und heilende Kraft des Songwriting ebenso am eigenen Leib erfahren dürfen wie ich. Und denken Sie immer daran: Nicht das Geld oder der Traum vom Superhit sollte Sie motivieren, sondern nur die Musik!

GOTT SEGNE DIE MUSIK! ROCK ON!

Kara DioGuardi

Für den Grammy nominierte Hit-Songwriterin

Vizepräsidentin des Talentbüros der Vorstandschaft von Warner Brother Records

Ihre Songs erschienen auf mehr als 150 Millionen Tonträgern.

Mehr als 40 ihrer Singles schafften es in die Charts und in den Einzelhandel.

15 BMI-Popmusik-Preise; Pop-Songwriterin des Jahres 2007

300 ihrer Songs erschienen bei großen Labels, 171 davon auf Platinalben.

Einführung

Willkommen zur deutschen Ausgabe des Buches *Songwriting für Dummies*. Sollten Sie gerade in der Buchhandlung stehen und nur ein bisschen darin blättern (vielleicht um auf diese Weise einen Fünfminuten-Crashkurs zum Thema »Megahits schreiben« zu absolvieren), tun Sie sich einen Gefallen und kaufen Sie das Buch. Danken können Sie uns später! Aber dieses Buch enthält einfach zu viel gebündelte Information, um seinen Inhalt in einer einzigen Sitzung in sich aufzunehmen. Sollten Sie es sich bereits gekauft haben, um das Songwriting von der Pike auf zu erlernen, herzlichen Glückwunsch! Auf Sie wartet ein großes Abenteuer. Wir reiten soeben auf einer Welle, die das Songwriting grundlegend revolutionieren wird – wer möchte da nicht von Anfang an dabei sein? Nach wie vor warten die Plattenfirmen auf einprägsame, sinnige und unvergessliche Songs für ihre Künstler – auf Songs mit dem »gewissen Etwas« – anstatt auf austauschbare und banale Liedchen (und wir beten, es möge so bleiben), doch seit der digitalen Revolution gibt es da völlig neue Welten zu erforschen. Was dieses Buch Ihnen bieten will, ist eine praktische und heitere Einführung in die unpraktische und leider oft gar nicht so heitere Welt des Songwriting. Wir hoffen, Sie mit unserem Liebesdienst ein wenig ermutigen und inspirieren zu können, und wir wissen, dass auch Sie mit etwas Arbeit und Hingabe die in Ihnen steckende Kreativität freilegen können.

Über dieses Buch

Dieses Buch bietet Ihnen viel Praxiswissen sowie einen Blick hinter die Kulissen der ehrwürdigen Tätigkeit des Songwritings. Es macht Sie mit grundlegenden Prinzipien des Songwritings vertraut und weiht Sie in so manches Geheimnis ein, in so manch unorthodoxe Methode, nach der Sie in anderen Büchern vergeblich suchen werden. Diese Tipps stammen von Fachleuten aus allen Bereichen des Musikbusiness. Nichts also für Leute, die nur davon träumen, einen Song zu schreiben, sondern die auch bereit sind, sich die Ärmel hochzukrempeln und Nägel mit Köpfen zu machen. Aber selbst der versierte Texter und Komponist wird eine Menge für sich darin entdecken, zum Beispiel was er schon sehr gut beherrscht und woran er noch arbeiten muss oder wo und wie er seiner Kreativität neue Nahrung geben kann. Auf dem Weg von der ersten Ideensammlung bis hin zum fertigen Song, von der Demoaufnahme bis zur Bildung eines Teams, das Ihren Song vermarkten wird, wartet eine Menge Spaß auf Sie, bei dem wir Sie gern begleiten.

Es geht aber nicht nur um Praxiswissen – auch die spirituelle und mystische Seite, die der ganzen Sache Flügel verleiht, darf nicht vernachlässigt werden. Außerdem endet jedes der Kapitel 2 bis 11 mit einem Abschnitt namens »Übung macht den Meister«, in dem das neuerworbene Wissen mithilfe praktischer Aufgaben vertieft werden soll. In diesen Abschnitten können Sie wirklich über sich selbst hinauswachsen – und vor allem die nicht auszurottende Meinung widerlegen, um Songwriter zu werden, müsse man zumindest auf einem Instrument ein echter Virtuose sein oder jahrelang Musiktheorie studiert und

Unterricht genommen haben. Alles, was Sie wirklich brauchen, sind ein gutes Gehör, eine rege Vorstellungskraft, viel Entschlossenheit und eine wohlorganisierte Strategie, auf welche Weise Sie die Welt mit Ihrer Musik bereichern wollen.

Törichte Annahmen über den Leser

Wir gehen einfach mal davon aus, dass Sie auf gewisse Weise neugierig sind zu erfahren, wie man einen Song schreibt. Und sich vielleicht fragen, ob Sie überhaupt das Zeug dazu haben. Vielleicht denken Sie auch schon darüber nach, wie irgendwann der nächste Schritt aussehen wird, um den Song von Ihrer Festplatte in die Regale der Plattenläden wandern zu lassen. Wovon wir auf jeden Fall nicht ausgehen: Dass Sie ein Musikgenie sind oder umwerfende Techniken oder überhaupt irgendeine Technik auf einem Musikinstrument vorzuweisen haben. Das Einzige, was wir stillschweigend voraussetzen: Dass jeder bei der richtigen Inspiration und Vorgehensweise sowie mithilfe der richtigen Mitarbeiter einen Song schreiben kann. Das Geniale am Komponieren eines Songs ist ja, dass Sie all Ihre Talente bündeln und einem einzigen Zweck zuführen können – dem Song nämlich – und dass dieser Song so gut geraten kann, dass alle Welt seinen Strophen und dem Refrain immer wieder lauschen will.

Wie dieses Buch aufgebaut ist

Dieses Buch untergliedert sich in sechs Teile, die von den ersten Versuchen, ein paar Zeilen Text zu schreiben, bis hin zu ausgefeilten Verkaufsstrategien reichen.

Teil I: Sie wollen also Songwriter werden

Der erste Abschnitt dieses Buches lehrt Sie, Ihre Bestrebungen, Vorerfahrungen, Erwartungen und vorgefassten Meinungen in puncto Songwriting richtig einzuschätzen. Sie unterziehen Ihre Talente und Fähigkeiten, die Ihnen beim Komponieren eines Songs von Nutzen sein können, einer Inventur; danach werden wir gemeinsam das Sammelsurium an Stilrichtungen erkunden, die uns für das Schreiben und Arrangieren eines Songs zur Verfügung stehen, und versuchen, Ihnen ein Gespür dafür zu vermitteln, welche Genres zu Ihrem Stil passen. Ferner verraten wir Ihnen in diesem Teil, wie man Songideen so abspeichert, dass sie einem nicht wieder verloren gehen, und erläutern Ihnen die Struktur eines Songs, indem wir verschiedene Liedformen analysieren.

Teil II: Entfesseln Sie den Dichter, der in Ihnen steckt

Dieser Teil will Ihnen die Fähigkeit vermitteln, Ihre »Wortgewalt« und Ihren sprachlichen Ausdruck in den Text Ihres nächsten Songs einfließen zu lassen. Wir geben Ihnen ein paar handfeste Tipps für das Schreiben von Texten; in diesem Zusammenhang erklären wir Ihnen auch, was ein »Hook« ist, wo man ihn am besten platziert und wie man Reime wirksam einsetzt. Wir gehen auch zusammen mit Ihnen die Texte einiger erfolgreicher Popsongs durch und erläutern Ihnen genau, durch welche Mittel der Textdichter es geschafft hat, einen großen Song zu schreiben.

Teil III: Schreiben Sie Musik, die man nie wieder vergisst!

Wo ein großer Song entstehen soll, dort müssen Rhythmen, Akkorde und Melodie eine Einheit bilden. Jeder dieser Bestandteile entscheidet mit darüber, ob ein Song erfolgreich wird oder nicht – und wir sorgen dafür, dass Sie keinen davon außer Acht lassen. Wir zeigen Ihnen auch ein paar Kniffe, Tricks und Techniken, mit denen Sie sich sozusagen durch einen Song »hindurchmogeln« können.

Teil IV: Zusammenfinden, zusammenarbeiten, zusammenschließen

Die drei großen »Z« des Songwritings –sie können der Initialfunke sein, der bei Ihnen die Flamme zum Leuchten bringt und Sie auf den richtigen Weg zu einer langen und erfolgreichen Karriere als Songwriter führt. Sie können sich mit anderen zusammenfinden, um den nächsten Pophit zu schreiben oder sich auf dem Gebiet des Country und des R & B versuchen. Sie können auch Songs für die verschiedensten Gelegenheiten schreiben – für die große Konzertbühne zum Beispiel oder fürs Fernsehen. Wenn Sie Ihre Kommunikationsgabe ausweiten, sind die Möglichkeiten schier unendlich – denken Sie bloß einmal daran, wie toll Ihre Demos klingen werden, wenn Sie erst einmal wissen, wie Zusammenarbeit funktioniert.

Teil V: Des Künstlers Alter Ego – der Geschäftsmann

In diesem Kapitel versuchen wir uns am großen Spagat, bei dem *Musiktalent* und *Geschäftssinn* sich die Hand reichen und zu Freunden werden. Erst einmal zeigen wir Ihnen, welche Formulare Sie ausfüllen müssen, um mit Ihrer Musik geschäftlich erfolgreich werden zu können; danach sprechen wir über Zielsetzungen und einzuhaltende Termine. Zur Lektüre dieses Kapitels müssen Sie sich einfach überwinden, falls Ihnen daran gelegen ist, mit Ihrer Musik in der richtigen Spur zu bleiben, damit Ihr Song auch nach seiner Fertigstellung in die Hände gerät, die ihn zum Erfolg machen.

Teil VI: Der Top-Ten-Teil

In diesem Abschnitt nehmen wir einige der großen Songs der Musikgeschichte und zehn bedeutende Singer/Songwriter unter die Lupe.

Symbole, die in diesem Buch verwendet werden

Dummies-Bücher wollen benutzerfreundlich sein und Spaß machen – deshalb haben wir verschiedene grafische Symbole an den jeweils linken Textrand gestellt. Diese kleinen Cartoons sollen Sie sofort »wachrütteln« und Ihnen sagen: Jetzt kommt etwas Besonderes – entweder ein paar weise Worte oder eine Warnung oder nützliche Tipps und wichtiger

Lernstoff. Sogar wenn etwas einmal nicht so wichtig ist, haben wir es auf diese Weise markiert, diese Teile können Sie sich dann später gesondert vornehmen.

Hier geht es um eine Lektion, die wir aus unserer jahrzehntelangen Erfahrung mitgebracht haben. Sie kann fein gesponnen sein wie ein Vorhang zu unserer Seele oder grob geflochten wie der rote Teppich zum Erfolg.

Das ist eigentlich die Mutter aller Icons – es weist auf Dinge hin, die beim Durcharbeiten des Buches auf jeden Fall bei Ihnen hängen bleiben sollten. Es ist wie ein Knoten im Ohr oder ein Merkzettel an der Kühlschranktür.

Immer ein Grund, die Augen offen zu halten. Weist auf Dinge hin, die wirklich gar nicht gehen und im allerschlimmsten Fall sogar rechtliche Probleme verursachen können.

Das Icon sagt Ihnen: Das Wichtigste zu diesem Thema haben wir Ihnen erzählt – falls Sie jetzt ins Detail gehen wollen, finden Sie hier zusätzliche Infos technischer Natur. Kein Mensch ist Ihnen jedoch böse, wenn Sie einfach überspringen, was da steht – Sie tun es bestimmt bloß, um nicht aus Ihrem schöpferischen Prozess gerissen zu werden.

Kluge Worte und Zitate zum Nachdenken erwarten Sie, wenn Sie auf dieses Icon stoßen. Meist sind es die von großen Musikern, denen ihr Erfolg bestätigt, dass sie nicht auf dem Holzweg waren.

Streng Vertrauliches, das schon in vielen Büchern geschwärzt werden musste, um geheimes Wissen nicht an Unwürdige weiterzugeben, und das Sie unbedingt für sich … nein, nicht behalten, sondern nutzen und Ihren besten Freunden ins Ohr flüstern sollten.

Wie es von hier aus weitergeht

Denken Sie daran: Sie können in diesem Buch wild zwischen den Kapiteln hin- und herspringen. Obwohl wir sehr darauf geachtet haben, Ihnen die Informationen in einer logischen Reihenfolge darzubieten, können Sie es sogar noch lesen, nachdem Sie sämtliche Kapitel in einen Mixer gesteckt und gut durchpüriert haben.

Sie wollen also Songwriter werden

Auch in Ihnen schlummern Songs, die nur darauf warten, das Licht der Welt zu erblicken. Sie sind wie mit einem Zahlenschloss gesichert, und Ihr Job ist es, die richtige Kombination herauszufinden. Aber das ist noch nicht alles. Sie müssen auch wissen, wie man so ein kleines Schmuckstück festhält und der Welt als Geschenk verehren kann, bevor es einem für immer entfliegt. Sie kennen das ja: Die meisten Geschenke müssen erst zusammenmontiert werden, und dazu ist es wichtig zu wissen, welche Schraube und welcher Dübel an welche Stelle gehören. Ebenso sollten Sie definieren können, wo Ihr Musikgeschmack eigentlich beheimatet ist. Sind Sie Heavy-Metal-Fan, mögen Sie lieber Schlager und Balladen oder bewegt sich Ihr Geschmack irgendwo dazwischen? Nicht jeder großartige Song passt zu jedem Stil, zu jedem *Genre*. In diesem Teil des Buches erfahren Sie, welche Richtung Sie mit Ihrem Song einschlagen können und wie die ersten Schritte auf diesem Weg aussehen.

Kapitel 1

Finden Sie ein Goldstück und lassen Sie es strahlen!

Dieses Buch richtet sich an alle, die davon träumen, die Songwriting-Power, die in Ihnen steckt, zu aktivieren. Falls Ihr Herz Sie dazu drängt, ein Lied zu schreiben, Ihr Verstand jedoch daran zweifelt, dass Sie das Zeug, sprich: die handwerklichen Fähigkeiten, dazu haben, dann sind Sie hier an der richtigen Adresse. Falls Sie sich fragen, wie man eigentlich Ideen sammelt und in eine brauchbare Ordnung bringt, haben Sie sich das richtige Buch gekauft. Und falls Sie in Ihren Notizbüchern ab und zu auf eine Textzeile stoßen, eilig hingekritzelt und nie mehr eines Blickes gewürdigt, oder auf einer Musikkassette von Ihnen gesummte Töne hören, aus denen nie eine richtige Melodie wurde, dann lernen Sie hier, wie es jetzt weitergehen kann. Selbst wenn Sie bereits fertige Songdemos in der Schublade haben, der nächste Schritt Ihnen jedoch ein Rätsel ist, verraten wir Ihnen, wie Sie nicht der Einzige bleiben, der sie je zu hören bekommt. Sobald Sie erst einmal wissen, aus welchen Elementen ein Supersong besteht und wie Profis vorgehen, wenn sie einen schreiben, werden Sie schon bald Schöpfer und Urheber einer eigenen Komposition sein.

Sofern Sie nicht das Glück haben, bereits über komplett zu Ende geschriebene Songs zu verfügen, die Ihnen nachts im Traum von den Geistern der Tin Pan Alley (dem Stadtteil New Yorks, in dem sich in den 1930er- und 1940er-Jahren die großen Musikverlage befanden) diktiert wurden, dann müssen Sie lernen, wie man diese Geister beschwört, herbeizitiert und auf ihre Hilfe bauen kann, wenn man sich an die Aufgabe wagt, Songs aus dem eigenen Herzen zu bergen wie fruchtbare Bodenschätze. So können Sie den Zündfunken entfachen und den Motor zum Laufen bringen – aber danach geht es weiter. Die Ideen müssen gesammelt und geordnet werden, man muss wissen, wie man sie in eine Form bringt und verewigt, bevor sie sich auf Nimmerwiedersehen verabschieden.

Kennen Sie das, dass Sie morgens aufwachen und sich an einen Ihrer Träume noch sehr farbig und lebhaft erinnern, bis er sich im Tageslicht auflöst und aus Ihrem Gedächtnis verschwindet? Ebenso flüchtig können auch Songideen sein. Deshalb geht es beim Songwriting darum, musikalische Inspirationen festzuhalten, sobald sie entstanden sind. Es ist vielleicht das wichtigste Element überhaupt – wie der Augenblick, in dem Regen sich in Schnee verwandelt – denn es bedeutet, den Moment zu nutzen, in dem der Seele Flügel wachsen und ein Song sich zum Himmel emporschwingt.

In diesem Kapitel verraten wir Ihnen ein paar Orte, an denen man Goldstücke – sprich: Songideen und Inspirationen – finden kann, und zeigen Ihnen außerdem, wie man sie so aufbewahrt, dass sie nie wieder verloren gehen. Ferner erklären wir Ihnen, warum es so wichtig ist, sich mit anderen zum Brainstorming zu treffen und seinen Gedanken einfach freien Lauf zu lassen. Alles Dinge, die man lernen kann – und zwar mithilfe einfacher Übungen, die wir Ihnen in diesem Kapitel vorstellen werden.

Ground Zero – bevor Sie die erste Note niederschreiben

Okay, Sie wollen Songs schreiben. Das kann erst mal ziemlich entmutigend werden– wenn man nicht weiß, wo man eigentlich anfangen soll.

Wie wichtig ist eine klassische Musikausbildung?

Wenn man vorhat, Songs zu schreiben, braucht man keine musikalische Ausbildung. Sollte man jedoch ein paar Töne und Akkorde auf der Gitarre oder dem Klavier spielen können, um die Ideen, die man ja zunächst mal nur im Kopf hat, in eine greifbare Form zu bringen, kann das auf jeden Fall von Vorteil sein. (Wir sagen ausdrücklich *kann*. Der Komiker Mel Brooks zum Beispiel summte die Töne zu seinem beliebten Broadway-Musical »The Producers« einfach auf Band, um sie dann von anderen auf Notenpapier übertragen zu lassen). Selbst wenn Sie nur als Textdichter fungieren, kommen Sie Ihrem Komponisten (also der Person, die Ihre Worte in eine Melodie kleidet) sehr entgegen, wenn Sie ein wenig Erfahrung im praktischen Umgang mit einem Musikinstrument haben. Etwas Musikwissen hilft Ihnen auch dabei, Ihren Worten den richtigen Rhythmus, Ihren Songs die passende Struktur zu verleihen. Doch so vorteilhaft eine Prise musikalisches Fachwissen auch sein kann – unbedingt notwendig ist sie, wie gesagt, nicht.

Auch wenn Songwriting mehr ist als nur ein Fließband zur Montage von Einzelteilen, schadet es nie zu wissen, was für Teile sich in den jeweiligen Behältern befinden. Ein Song besteht aus Akkorden (einer Kombination aus zwei, meist aber mindestens drei oder mehr Tönen, die auf harmonische Weise zusammenklingen), einer Melodie (das ist die Reihenfolge, in der man die einzelnen Töne des gesungenen Teils anordnet, damit sie gut und eingängig klingen), einem Rhythmus (dem Beat oder Pulsschlag des Songs) und einem Text (den bekannten *Lyrics*, wie man auf Englisch sagt). Viele erfolgreiche Songwriter glänzen nur in einer dieser Disziplinen, schreiben also zum Beispiel geniale Melodien oder sehr originelle Texte; nur wenige sind auf allen Gebieten herausragend. Selbst die sogenannten Singer/Songwriter/Ein-Mann-Bands arbeiten gern mit anderen zusammen, um dann mit einem geradezu magischen Song aufzuwarten, in den die verschiedensten Stile und Persönlichkeiten eingeflossen sind. Wenn Sie also auf einem dieser Gebiete überfordert sind, ist es Ihr Job, Autoren zu finden, die Ihrer Vision den letzten Schliff geben und das Fachwissen beisteuern, das Ihnen fehlt.

Fast alles, was ich über das Komponieren von Songs weiß, habe ich in meiner Eigenschaft als Musikfan gelernt. Der beste Lehrer, den es gibt, ist das Ohr. Die Stilrichtungen der Songs, die mich inspirierten, habe ich nachgeahmt; im Laufe vieler Jahre verschmolzen sie dann nach und nach zu einem eigenen Stil – zu meinem Stil. Die Songs der Beatles, um ein augenfälliges Beispiel anzuführen, waren stark beeinflusst vom amerikanischen Rock 'n' Roll – wie etwa Chuck Berry, Carl Perkins, The Everly Brothers und Little Richard. Die Beatles schrieben Songs, in denen sie diese Einflüsse aufnahmen und mit ihren eigenen einzigartigen Persönlichkeiten vermischten. Dass sie so gut wie nicht in der Lage waren, ein Notenblatt zu entziffern, spielte dabei kaum eine Rolle. Schließlich hatten sie Ohren!

Jim Peterik, Sänger, Songwriter und Multi-Instrumentalist für die Bands Ides of March und Survivor, ferner Komponist von Hits für .38 Special, Sammy Hagar und andere.

Das Studium der Musiktheorie, der Musikgeschichte und des Arrangements von Musikstücken kann Ihren Fähigkeiten als Songwriter nur nützen; trotzdem wäre es ein großer Fehler, daraus zu schließen, dass eine Musikausbildung zum Schreiben großartiger Songs eine notwendige Voraussetzung ist. Kurse, die Ihr Musikverständnis erweitern, können Ihnen die Augen und Ohren für diejenigen Dinge öffnen, auf die Sie beim Hören eines Songs besonders achten sollten –ansonsten aber brauchen Sie tatsächlich niemanden, der Ihnen sagt, wann Sie mit dem Fuß wippen oder die Lippen zu einem seligen Lächeln formen müssen, wenn der Refrain Sie mitreißt – das ist einfach die Macht guter Musik. Am Anfang steht immer die Liebe zu den Songs, die Sie sich anhören – durch sie können Sie sich alles zunutze machen, was in Ihrer Seele zum Ausdruck gebracht werden soll.

Falls Sie immer noch nicht davon überzeugt sind, dass Sie keine Ausbildung brauchen, denken Sie einfach daran, dass einige der besten Songs der Musikgeschichte von Leuten komponiert wurden, die nie in ihrem Leben Musikunterricht genommen hatten. Folkmusik, Choräle, der Delta Blues, Countrymusik und Rock 'n' Roll – sie alle haben ihren Ursprung bei Personen, denen das Talent, Songs zu schreiben, einfach gegeben war. Andererseits gibt es natürlich auch legendäre Komponisten, die auf allen Gebieten der Musik inklusive Klassik gut ausgebildet waren. Nichts von beidem ist verkehrt. Sie dürfen sich nur nicht von sogenannten »Regeln« ausbremsen oder einengen lassen.

Am College sagte mein Harmonielehrer am Ende des Semesters zu mir: »Erinnern Sie sich noch an alles, was ich Ihnen über das Verbot paralleler Quinten beigebracht habe? Dann vergessen Sie es! Wenn es gut klingt, machen Sie einfach!« Übrigens war das der einzige offizielle Musikunterricht, den ich je erhalten habe, abgesehen von zwei Jahren Klavierunterricht und mehreren Jahren, in denen ich Saxofon lernte. In dem Kurs bekam ich gerade mal eine Drei plus. Ich glaube, der beste Lehrer ist das Leben, und die beste Methode, einen eigenen Song schreiben zu lernen, besteht darin, sich gute Songs anzuhören und sie zu genießen.

Jim Peterik (schrieb 18 Top-Ten-Hits der Billboard Charts, darunter den Dauer-Favoriten »Eye Of The Tiger«, bekannt aus dem Film Rocky III)

Auch wenn manche Songwriter mit der Trial-and-Error-Methode zu guten Ergebnissen gelangen – je mehr Sie über Musik Bescheid wissen, umso größer stehen die Chancen, dass Ihnen ein großartiger Song gelingt. Je versierter Ihr Können auf einem bestimmten Instrument ist, umso einfacher wird es für Sie sein, die Ideen in Ihrem Kopf umzusetzen und weiterzugeben. Sie müssen sich nicht an der Uni für ein Musikstudium einschreiben, um etwas über Musik zu lernen, es gibt andere Möglichkeiten, sich nützliche Kenntnisse in Musiktheorie, Komposition, musikalischer Darbietung und Stimmbildung zu erwerben. Sie können zum Beispiel Stunden bei einem preiswerten Privatlehrer nehmen; entsprechende Adressen bekommen Sie im örtlichen Musikgeschäft, im Plattenladen, aus den Gelben Seiten oder der Rubrik »Unterricht« im Anzeigenteil Ihrer Zeitung. Auch im Internet werden Sie mit Sicherheit fündig. Das Songwriting wird Ihnen leichter fallen, wenn es jemanden gibt, der Sie inspiriert.

Wenn die Inspiration an Ihre Tür klopft ...

Sie kennen das: Für den Fall, dass der kleine Hunger kommt, sollte man (wird zumindest behauptet) immer einen bestimmten Fruchtquark in Reichweite haben. Was aber, wenn ganz anderer Besuch kommt in Form von Ideen, die nach Ausdruck drängen? Das muss nicht zu Hause im stillen Kämmerchen sein, es geschieht an den ungewöhnlichsten Orten, zu den ungewöhnlichsten Zeiten. Es gibt sogar ein paar schöne Anekdoten darüber, wie viele der großen Songs entstanden sind. Paul McCartney zum Beispiel versichert, einige seiner bekanntesten Songs habe er geträumt, und das Gleiche behauptet auch Billy Joel von seinem »River Of Dreams«, wie schon der Name sagt. Und Sting, der ehemalige Leadsänger der Band The Police, will einmal mitten in der Nacht aufgewacht sein, um innerhalb von genau zehn Minuten ein Stück zu schreiben und dann weiterzuschlafen. Wundern Sie sich also nicht, wenn Ihnen beim nächsten Hören von »Every Breath You Take« plötzlich nach einem Nickerchen zumute ist.

Wenn Ihnen plötzlich die Idee zu einer Melodie oder einem Songtext in den Kopf schießt, sollten Sie die Möglichkeit haben, sie vorübergehend »einzufrieren«. Da hilft es zum Beispiel, wenn man immer ein Notizbuch bei sich trägt, um sich die Textzeilen aufzuschreiben, oder einen kleinen Digitalrekorder dabei hat, auf dem man seine Tonfolgen festhalten kann. Seien Sie nie so töricht zu glauben, Sie könnten sich die Ideen bis zu Hause merken. Und reden Sie sich keine unsinnigen Dinge ein wie »Wenn es wirklich eine so gute Idee ist, dann vergesse ich sie auch nicht.« Manche tollen Songs wurden nie geschrieben, nur weil ihr geistiger Urheber es nicht fertigbrachte, die »Momentaufnahme« seiner Inspiration zu rekonstruieren. So viele Superideen, von denen Sie angeblich genau wussten, Sie würden sie nicht vergessen, sind später nur noch Schall und Rauch, sofern Sie nicht die Disziplin aufbringen, sie auf der Stelle zu notieren oder in einen Rekorder zu summen.

Es kann vorkommen, dass eine Welle der Inspiration Sie überrollt, wenn Sie am wenigsten damit gerechnet haben. Surfen Sie auf ihr und lassen Sie sie nicht am Ufer verebben! Seien Sie stets darauf vorbereitet, diese erste Idee in einen fertigen Song umzuwandeln.

Ihre innere Stimme, *Ihr* innerer Ausdruck

Sie sind also noch nie nachts um halb zwei von einer göttlichen Inspiration geweckt worden? Macht nichts. Sie können Ihre Inspiration bereits anzapfen, wenn sie noch nicht neben Ihnen steht und mit den Fingern aufs Nachtkästchen trommelt. Auf diesen Prozess werden wir später in diesem Buch noch genauer eingehen, im Moment reicht es zu wissen: Es gibt Methoden, um die Wahrscheinlichkeit zu erhöhen, dass Sie schon bald der inneren Stimme Ihrer Inspiration lauschen werden.

Die Zeit bis dahin können Sie nutzen, indem Sie sich die vielen individuellen Methoden ansehen, die Welt um sich zu betrachten und aufzunehmen. Auch die Launen, die Sie auf das Leben projizieren und sämtliche Ihrer Emotionen werden sich in Ihren Songs widerspiegeln. Diese Emotionen sind die ideale Quelle, aus der Sie schöpfen können, wenn Sie auf der Suche nach Ideen und Inspirationen sind, um sich an einen Song machen zu können. Anders ausgedrückt: Schreiben Sie über das, was Sie kennen und spüren, und Sie werden zu einem Ergebnis gelangen, das in dieser Form kein zweites Mal existiert. (Dann merken Sie, wie recht Ihre Mutter hatte, wenn sie zu Ihnen sagte: »So was wie dich gibt's nur einmal.«)

Ein Leben lang jagen wir dem perfekten Song hinterher, jenem magischen Moment, in dem die Sterne am Himmel zueinanderfinden. Doch nichts wird jemals perfekt sein, und gerade jene Unvollkommenheiten sind es, die unser Menschsein dokumentieren. Solche Songs sind der wahre Ausdruck der Beschaffenheit unseres Lebens – unvollkommen, aber erlebt. Dennoch macht sie Spaß, diese Jagd nach Vollkommenheit, und so geben wir sie nie auf. Unterwegs knipsen wir währenddessen Bilder mit unseren inneren Kameras und bringen unsere Gefühle in Form von Worten, Tonfolgen, Songtiteln und Darbietungen zum Ausdruck.

Geoff Byrd, Singer/Songwriter, Produzent und Erfinder von `TheSongwriting Academy.com`

Manchen Songwritern gelingt es, mithilfe ihrer Melodien, Akkordfolgen und Texte grenzenlosen Optimismus zu verbreiten, während andere es schaffen, Erstaunen, eine bittersüße Traurigkeit oder unverhohlenen Zorn zum Ausdruck zu bringen. Nur wenige Songwriter jedoch schaffen es, all diese Emotionen in einen einzigen Song oder gar eine einzige CD zu packen – also setzen Sie sich nicht dem Druck aus, alle nur möglichen Emotionen gleichzeitig hineinstopfen zu wollen. Anfangs empfiehlt sich für alles eine kleine, überschaubare Dosis.

Unabhängig von der Stimmung oder dem Genre gelingt es allen großartigen Songs, die Menschen zu bewegen, indem sie *Gefühle* in ihnen hervorrufen.

Psychologen sagen, Songs bringen uns in Berührung mit unseren Gefühlen. Wir alle wissen, wie es sich anfühlt, glücklich, traurig oder verliebt zu sein. Und oft ist es ein Lied, das uns mit solchen Emotionen auf Tuchfühlung bringt – ganz unmittelbar.

Der Ausdruck authentischer Gefühle mithilfe eines Songs kann für Sie von therapeutischer Wirkung sein. Diese Gefühle können auch den Lehm verkörpern, aus dem unvergessliche Songs geformt werden. Wenn Ihr Publikum in Ihren Songs ein Stückchen von sich selbst entdeckt und sich unmittelbar mit dem identifizieren kann, was Sie ihm sagen, wird Ihr

Song in den Herzen und Köpfen (und I-Pods) der Zuhörer nicht verloren gehen, auch dann nicht, wenn er längst aus den aktuellen Charts verschwunden ist. Wenn es etwas gibt, das Sie mit Leidenschaft erfüllt, wenn Sie sich von einem neuen Mode-Gag oder einer Idee mitreißen lassen, wenn ein Film oder der Abschied von einem geliebten Menschen Sie zu Tränen rührt oder wenn eine Liebesbeziehung in Ihrem Leben gerade begonnen oder geendet hat – das sind die Themen, das sind die Gefühle, die in Ihren Songs Widerhall finden sollten.

Von allen Songs, die ich geschrieben oder an denen ich mitgeschrieben habe, wurden diejenigen, die sich auf persönliche Erfahrungen stützten, zu besonders langlebigen Hits – wie etwa »Eye Of The Tiger«, das ich zusammen mit Frankie Sullivan schrieb. Denn wer kennt es nicht, das Gefühl, der Außenseiter zu sein, der versucht, es zu schaffen, auch wenn alles aussichtslos scheint? Auch »Hold On Loosely« gehört dazu, das ich mit Don Barnes und Jeff Carlisi schrieb (und bei dem ich Dons Titel mit einem Ratschlag in Verbindung brachte, den meine zukünftige Frau mir gegeben hatte), oder »The Search Is Over«, das ich ebenfalls mit Frank Sullivan schrieb und in dem der Gedanke verkörpert ist, was dir etwas wert ist, das wirst du auch erlangen. All das sind Songs, die heute noch gespielt und gesungen werden – und somit der Beweis dafür, dass unsere persönlichen Erfahrungen für mehr Menschen von Gültigkeit sein können, als wir meinen.

Jim Peterik, der 18 Hits der Billboard-Top-Ten-Charts schrieb.

Halt die Liebe fest!

Mithilfe einer Umfrage, die sich darauf stützte, wie oft Songs öffentlich gespielt wurden, wie groß die Nachfrage nach den Noten war und wie oft sich die Platte verkauft hatte, ermittelte das Unterhaltungsmagazin »Variety« einmal die 100 populärsten Songs aller Zeiten. Eine Analyse ergab, dass es sich bei etwa 85 Prozent dieser Titel um Lovesongs handelte. Und viele dieser super erfolgreichen Golden Oldies werden auch heute, nach 50 Jahren, immer wieder neu aufgenommen.

Wenn ich aus irgendeinem Thema einen Song mache, habe ich dafür fast immer gute Gründe. Ich kann wirklich nur über Dinge schreiben, die ich auch in meinem Herzen spüre. Am 11. September 2001 kam ein Telefonanruf von einem Freund, der über den Dächern von Manhattan arbeitete. Er war soeben Zeuge einer der größten Tragödien unserer Tage und aller Zeiten geworden: Er hatte eine Riesenexplosion gehört, dann musste er hilflos mit ansehen, wie der erste von zwei Düsenjets ins World Trade Center einschlug. Er rief mich an und sagte, er habe sich umgeblickt und gesehen, wie all seinen Mitarbeitern Tränen über das Gesicht strömten. Ich sagte zu ihm: »Dies wird immer der Tag bleiben, an dem Amerika weinte.« Als ich an jenem Tag die Bilder der Zerstörung sah, begann ich eine Melodie vor mich hinzusummen, in der sich all meine damaligen Gefühle

widerspiegelten. Am nächsten Tag rief ich meinen alten Kumpel Jim Peterik an und sagte, in mir warte ein Song darauf, geschrieben zu werden, der vielleicht einiges Gute ausrichten könne. Ich sang ihm einen Teil der Melodie vor, die mir durch den Kopf ging. Die ersten Worte, die über Jims Lippen kamen, lauteten: »In the shadow of the State of Liberty«, und ich fügte hinzu: »In the torchlight of the land of the free.«Von diesem Moment an stand uns mithilfe von Ma Bell, digitalen Aufzeichnungen und Gottes Gnade die Geburt eines Songs ins Haus. Wir sind stolz darauf, sagen zu können, dass die Früchte unseres Werkes der Liebe zum Titelsong des Albums »The Day America Cried« wurden, eine Stange Geld einbrachten und hoffentlich einigen Emotionen, wie sie in den Herzen so vieler Menschen eingeschlossen waren, Ausdruck verleihen konnten. Ein Beweis für die Macht eines Songs.

Johnny van Zant, Leadsänger von Lynyrd Skynyrd und Van Zant

Die Stimmung aufbauen

Je mehr Kapitel Sie in diesem Buch lesen, umso mehr Elemente, aus denen sich ein guter Song zusammensetzt, werden Sie kennenlernen. Aber Sie sind es, bei dem alles anfängt – durch das, was Sie sind und welches Gefühl oder welche Stimmung Sie vermitteln können. Die Zahl von Menschen, die in der Lage sind, die von Ihnen entworfene Stimmung aufzufangen und nachzuempfinden, wird schließlich über den Erfolg oder Misserfolg Ihres Songs entscheiden.

In manchen großen Songs passt die musikalische Stimmung hervorragend zum Text. Oft werden Mollakkorde zur Grundlage für traurigere, tiefsinnigere und stillere Songs. Hören Sie sich einmal »New York State Of Mind« von Billy Joel, »New York Minute« von Don Henley (geschrieben von ihm selbst sowie Daniel Kortchmar und Jai Winding) oder »Paint It Black« von den Rolling Stones an (geschrieben von Mick Jagger und Keith Richards). Auf Durakkorde trifft man meistens in fröhlicheren und optimistischeren Songs wie »You Are The Sunshine Of My Life« (gesungen und geschrieben von Stevie Wonder) oder »High On You« von Survivor (geschrieben von Jim Peterik und Frankie Sullivan). Es gibt auch Lieder, bei denen der Klang der Musik zur Stimmung des Textes in krassem Gegensatz steht; dazu gehören zum Beispiel »I Think I'm Going To Kill Myself« (von Elton John und Bernie Taupin) oder »I'll Never Fall In Love Again« (von Burt Bacharach und Hal David; gesungen von Dionne Warwick). Dieser bittersüße Kontrast zwischen Text und Melodie verleiht einem Song oftmals erst seine Schlagkraft.

Das Intimste, was Sie als Songwriter mit Ihrem Publikum teilen (und auch die größte Verantwortung, die wir tragen müssen), ist das Weitervermitteln der Stimmung, die Sie einem Song verliehen haben. Und spinnen Sie diesen Gedanken ein wenig weiter, so teilen Sie mit Ihrem Publikum auch die Stimmung, in der Sie sich befanden, während Sie den Song schrieben. Setzt dieser Gedanke nicht Ihr Kopfkino in Gang? Wenn Sie als Hörer emotional auf einen der großen Klassiker reagieren, so fühlen Sie sich tatsächlich ein wenig wie der Komponist zu dem Zeitpunkt, als er oder sie ihn erschuf, auch wenn es viele Jahre zurückliegt. Das ist der transzendente, zeitlose Aspekt des Songwritings.

Dröppje voor Dröppje:
Der Sechs-Schritte-Prozess

Na schön – inzwischen haben Sie Ihr Notizbuch neben sich liegen, daneben einen Becher frisch gespitzter Bleistifte und in der Jackentasche Ihren Digitalrekorder. Nun warten Sie auf das nächste Tröpfchen Inspiration, das auf Ihre Stirn herabfällt. Aber erst mal langsam: So ganz von allein geschehen keine Wunder. Die erste Idee, die Ihnen kommt, hat vielleicht noch nicht ganz die Qualität für eine musikalische Samstagabend-Show. Andererseits: So etwas wie schlechte Ideen gibt es nicht – nur solche, die noch verfeinert werden müssen, transparenter gemacht, unverwechselbarer und durchdachter – und vor allem real. Denken Sie daran, irgendwo müssen Sie anfangen. Reservieren Sie jeden Tag ein wenig Zeit, um sich inspirieren zu lassen und Ihre Gedanken zu Papier zu bringen. Schon bald werden diese »Termine mit der Inspiration« zu einer Oase im oftmals trockenen Klima eines typischen Tages werden. Je mehr Sie Ihre handwerklichen Fähigkeiten trainieren, umso besser stehen die Chancen, eines Tages den Song präsentieren zu können, den die Welt hören will (oder muss).

Solange Sie beim Schreiben eines Songs Angst haben, zu versagen, werden Sie nie auch nur eine Note schaffen.

Jeff Boyle, Singer/Songwriter von Cubs Win und unzähligen TV-Werbespots, inklusive Coors Light und McDonald's

Zum Songwriting gehört ein unglaubliches Maß an Geduld und harter Arbeit. Glücklicherweise hält das Unterfangen auch jede Menge Spaß für Sie bereit. Auf der Grundlage dieser Philosophie haben wir die sechs Schritte auf dem Weg zum ersten Song für Sie erarbeitet.

1. **Suchen Sie nach einer Message, die Sie berührt.** Gibt es eine Sache, die etwas in Ihnen zum Schwingen bringt? (Eine todsichere Wahl ist alles, was mit Liebe beziehungsweise mangelnder Liebe zu tun hat!) Schreiben Sie über das Mädchen, das Sie sich nicht zu fragen trauen, ob es mit Ihnen ausgehen will. Schreiben Sie über den Typen, den Sie so gern auf sich aufmerksam machen würden. Schreiben Sie über alles, was Sie interessiert. Schreiben Sie über Dinge, die Sie aus Erfahrung kennen.

2. **Suchen Sie nach einer einfachen Melodie.** Eine Menge Songwriter-Neulinge überfordern sich, weil sie – um ihre Freunde zu beeindrucken und potenzielle Verleger zu überzeugen – unbedingt etwas Komplexes vorlegen wollen. Aber Songwriter werden nicht nach Noten bezahlt, sondern nach der Anzahl der Synapsenverbindungen, die sie im Gehirn ihres Publikums erzeugen. Die einfachsten Melodien sind oft die langlebigsten.

3. **Suchen Sie nach einer einfachen Folge von Akkordwechseln.** Setzen Sie sich ans Klavier oder greifen Sie zu Ihrer Gitarre und lassen Sie ein Programm wie GarageBand laufen – oder suchen Sie im Internet und örtlichen Clubs nach Musikern, die Ihnen für Ihren Text und Ihre Melodie das passende Musikbett verschaffen.

4. **Suchen Sie sich einen Ort zum Schreiben.** In einer ruhigen, friedlichen Umgebung können Sie die klarsten Gedanken fassen; vielleicht zünden Sie auch eine Räucherkerze an, um die Melodien und Gefühle in Fluss zu bringen. Falls das nicht möglich ist, tut es auch jede überfüllte U-Bahn-Station. Andere geeignete Orte zum Schreiben sind: Supermärkte, Flohmärkte, Fußballstadien, Versammlungsräume des Elternbeirats, Ihr Auto sowie jeder andere Ort, an dem Sie nicht abgelenkt werden.

5. **Suchen Sie sich eine alte Kathedrale mit einem zwei Meter langen Konzertpiano von Bösendorfer und senken Sie die Finger voller Sinnlichkeit auf die Tasten, während Sie Ihr Meisterstück komponieren.** Falls das nicht möglich ist, schnappen Sie sich ein altes Instrument, das womöglich im Haus herumsteht, und versuchen Sie, ihm irgendwelche Töne zu entlocken. Und es geht wirklich nur um das, was Sie *in Ihrem Kopf* hören. Wenn Sie sich vorstellen können, wie sich der fertige Song anhören wird, können Sie ihn unseretwegen auch zum Banjo Ihres verstorbenen Onkels Lou schreiben.

6. **Finden Sie genug Selbstvertrauen, um mit Leib und Seele zu komponieren, und teilen Sie Ihren Song mit anderen.** Nur ein ständiges Feedback ermöglicht es Ihnen, Ihre Songs immer wieder zu verbessern. Widerstehen Sie sowohl dem Drang, nur positive Reaktionen zu beherzigen, als auch dem entgegengesetzten Drang, positive Reaktionen gar nicht erst ernst zu nehmen. Lobeshymnen sollte man sich reinziehen, scharfe Kritik sollte man abwägen. Seien Sie für beides empfänglich, doch bevor Sie irgendwelche Änderungen vornehmen, fragen Sie immer zuerst Ihr Herz. Es kennt die Antwort.

Stillhalten, Augen öffnen, Ohren spitzen

Zu leben und zu atmen – das sind hervorragende Ausgangspunkte für das Schreiben eines Songs. Beobachten Sie alles, was um Sie herum geschieht, achten Sie auf Ihre eigenen Reaktionen auf gewisse Geschehnisse, aber haben Sie auch ein Auge auf die Reaktionen anderer auf genau die gleiche Situation, und versuchen Sie, sich in andere Menschen hineinzuversetzen, um deren Gefühle besser nachvollziehen zu können. Wie heißt es doch bei allen Contests immer wieder? »Um zu gewinnen, muss man präsent sein.« Wenn Sie alles genau unter die Lupe nehmen und nicht eine einzige Ihrer Empfindungen leugnen, eröffnet sich Ihnen ein Panorama an Emotionen, die sich alle in einen Song einfügen lassen. Die Melodien, die in unser Bewusstsein treten, wenn der Wächter schläft und unsere inneren Antennen wachen, sind vielleicht die authentischsten von allen.

Ich erzähle den Leuten immer – und es stimmt tatsächlich – dass ich »I Believe« um drei Uhr morgens geschrieben habe ... Ich hörte die Melodie und dachte mir: »Das klingt aber hübsch.« Ich musste nur aufstehen und es spielen.

Eliot Sloan, Singer/Songwriter bei Blessid Union of Souls

Als Songwriter dürfen Sie sich nicht entmutigen lassen, wenn Sie in einem neuen Titel, der soeben im Radio läuft, Anklänge an einen Song entdecken, über dem Sie selbst stundenlang geschwitzt haben. All jene Melodien und Ideen schwirren irgendwo da draußen im Kosmos herum; wichtig ist nur, dass Sie sich darauf einstimmen und empfänglich sind für alles, was da »über Sie kommen« will. Es ist durchaus möglich, dass jemand anderes auf die gleiche Idee zugegriffen hat wie Sie. Es zeigt zumindest, dass Sie Inspirationen nicht übersehen und höchstwahrscheinlich auf dem richtigen Weg sind. Bleiben Sie also zuversichtlich und denken Sie daran, dass es auch umgekehrt sein kann – dass also nächstes Mal Sie es sind, der als Erstes auf eine Melodie oder die Idee zu einem Text stößt.

Im (Be-)Reich der Inspiration

Was hat Sie zu diesem Song inspiriert? Diese uralte Frage steht am Anfang so mancher Interviews. Bestimmt kennen Sie das Bibelzitat »Am Anfang war das Wort«; aus der Perspektive eines Songwriters könnte man es umändern in »Am Anfang war der Gedanke«. Ein Gedanke, eine Idee, eine Inspiration ist der Grundstein eines jeden Songs, der Ursprung eines jeden musikalischen Meisterwerks. Ich höre schon, wie Sie sagen: »Die haben leicht reden, aber wie bringe ich die Bombe zum Platzen?« Nun, da gibt es zahlreiche Techniken und Methoden; das Entscheidende jedoch ist immer, dass Sie Kontakt zu Ihrer inneren Stimme aufnehmen, sodass Sie all den genialen Ideen lauschen können, die nur darauf warten, freigesetzt zu werden. Sie müssen wissen, wie man in dieses »Reich« vordringt, um die Inspiration, die dort lebt, an die Oberfläche zu locken.

Dieses Phänomen zeigt sich auch häufig bei Sportlern, die über die Gabe verfügen, die Zeit zu verlangsamen und in das »Reich« des Wettkampfes vorzudringen – einen Ort, an dem es keine Ablenkungen gibt und alles mühelos erscheint. Für den Songwriter ist es genauso wichtig, dieses Reich betreten zu können – aber wie macht man das? Nun, man beruhigt einfach seinen Geist und richtet seine Aufmerksamkeit auf das innere Selbst. Eine Durchschnittsperson kann sich das vielleicht nur schwer vorstellen, doch mit ein wenig Übung ist es für jede Person machbar, die nach der Fähigkeit strebt, einen Ort der höheren Authentizität für sich zu nutzen.

 Von der professionellen Warte des Sportlers aus gesehen, wendet Dave Austin diese Methode täglich bei den Leuten an, die er trainiert. Der Kern seiner Arbeit besteht in dem »Prozess«, Sportlern einen schnelleren Zugang zu jenen Bereichen zu ermöglichen, aber auch eine längere Aufenthaltsdauer, wenn sie erst einmal dort angekommen sind. Die Erfolge seiner Spieler sprechen für sich.

Jeder erfolgreiche Songwriter ist diesem Phänomen beim Komponieren und Texteschreiben mehr als einmal begegnet. Wahrscheinlich kennen auch Sie eine oder zwei Geschichten von Künstlern, die behaupten, ihre Ideen gelangten scheinbar aus dem Nichts zu ihnen. Ein Paradebeispiel dafür sind die Worte von Michael Jackson, des King of Pop: »Ich erwache aus meinen Träumen und denke mir, wow, das musst du zu Papier bringen ... deshalb fällt es mir immer so schwer, ein Lob für einen Song, den ich geschrieben habe, für mich in Anspruch zu nehmen. Ich spüre, dass es irgendwo, an irgendeinem anderen Ort geschehen ist und dass ich nur der Kurier bin, der es der Welt überbringt.« Von Stevie Wonder bis hin zu Paul McCartney, ja von Mozart bis hin zu Bach, lauschen Komponisten und Songwriter schon immer jener inneren Stimme der Inspiration und Weisheit, um die Gedanken, die sie von ihr empfangen, schließlich an die Welt weiterzugeben.

Einige grundlegende Tipps, wie man in jene Zone vordringen kann:

- ✔ **Den Müll wegräumen:** Beruhigen Sie Ihren Geist in einer friedlichen Umgebung.

- ✔ **Eine Absicht formulieren:** Stellen Sie klar, was Sie erreichen wollen, oder richten Sie den Blick auf eine bestimmte Sache, ein bestimmtes Thema, das Sie interessiert.

- ✔ **Den Geist schweifen lassen:** Akzeptieren Sie jeden Gedanken, der Ihnen begegnet.

- ✔ **Die Inspiration fließen lassen:** Zensieren Sie nichts von dem, was sich Ihnen zeigt, und fällen Sie kein Urteil darüber.

- ✔ **Zuhören und festhalten:** Lassen Sie dem Bleistift freien Lauf, wenn Sie Ihre Gedanken zu Papier bringen; bremsen Sie sich nicht aus, wenn Sie sie auf einen Rekorder sprechen.

- ✔ **Visualisieren und Fantasie ins Spiel bringen:** Vertiefen Sie jeden Gedanken, der sich mit Ihrer Absicht oder dem Thema Ihrer Wahl in Einklang befindet.

- ✔ **Nicht gleich überarbeiten:** Üben Sie nicht sofort Kritik an Ihrem Werk. Legen Sie erst mal eine Pause ein und gönnen Sie sich etwas Zeit, um nachzudenken und einen Ortswechsel zu vollführen. Danach können Sie alles noch einmal prüfen und überarbeiten. Wahrscheinlich wird Sie das, was während Ihres Aufenthalts in der »Zone« alles zu Ihnen gekommen ist, förmlich »umhauen«.

Wenn Sie ein Instrument beherrschen oder fähig sind, zu singen, was Ihnen in den Kopf kommt, machen Sie es sich zur Übung, Ihre Sessions aufzunehmen, um sie später noch einmal abzuspielen. Die besten Ideen kommen manchmal völlig aus dem Blauen und sind schwer zu behalten, wenn Sie »zur Erde zurückkehren« und sich an sie zu erinnern versuchen.

Weder weiß ich, wie und woher sie kommen, noch kann ich sie zwingen.

Wolfgang Amadeus Mozart auf die Frage, woher er seine Ideen nimmt.

Es gibt viele großartige Workshops, die Songwritern dabei helfen, sich inspirieren zu lassen. Eines dieser Programme, das einem Teilnehmer dazu verholfen hat, aufgrund seiner inspirierten Sessions einen Plattenvertrag zu bekommen, nennt sich Creative Expressions; man findet es bei einem Besuch der Website `www.creativeexpressions.com`.

Wovon ein Song handeln soll

Bevor Sie sich mit Ihrem Bleistift hinsetzen, um die Lyrics (also den Text) eines Songs niederzuschreiben, ist es ratsam, sich ein kleines Konzept zu erarbeiten – also eine Art Landkarte, die Ihnen immer zeigt, wo es hingeht. Ein gutes Zeichen ist es, wenn sich das, wovon Ihr Song handelt, in einem einzigen Satz zusammenfassen lässt; einen solchen Satz bezeichnet man auch als *These*. Wenn man eine These hat, kommt man nie vom Wesentlichen ab, und was man schreibt, bleibt immer transparent. Schreiben Sie sich Ihre These also auf und lesen Sie sie immer mal wieder, um sicherzustellen, dass die Worte Ihre Songs auch stets Ihrem Konzept dienen. Wenn Sie merken, dass Ihr Text Sie in eine andere Richtung führt, könnte das ein Zeichen dafür sein, dass Sie Ihre These ändern müssen. Und wer weiß – vielleicht können Sie ja auch zwei verschiedene Songs daraus machen.

Sorgen Sie also dafür, dass jedem Song, den Sie schreiben, eine in sich schlüssige Idee zugrunde liegt, die Sie von Anfang bis Ende durchhalten. Jede Zeile ist dazu da, diese Idee zu stützen. Wenn es mehr als ein Konzept gibt, das sich am Leben erhalten will, bleiben vermutlich beide auf der Strecke.

Eine der ersten Fragen, die Sie Ihrem Co-Writer stellen sollten, lautet: »Was spielt in deinem Leben die wichtigste Rolle? Was bewegt etwas in dir?« Dann können Sie nur hoffen, dass es ausreichend Berührungspunkte zwischen Ihnen gibt. Setzen Sie sich zusammen und tauschen Sie sich so lange aus, bis Sie ein Konzept gefunden haben, das bei Ihnen beiden etwas zum Schwingen bringt und für Sie beide so etwas wie Gültigkeit hat. Zumindest besteht dann eine Art Außenseiterchance, dass Sie etwas Angemessenes zustande bringen.

Hier eine Auflistung von Themen, die Songwritern schon seit Urzeiten Konzepte liefern – die Überbegriffe sind sehr allgemein gehalten, doch die möglicherweise noch nie da gewesene Art von Emotionen und Situationen, die Sie um diese Themen herumbauen, wird Ihren Song mit Leben erfüllen und von anderen unterscheiden:

✔ **Liebe:** Dieses Allumfassendste aller Gefühle ist wirklich immer wieder Gold wert, wenn es darum geht, ein Thema für einen Song zu finden. Die Beispiele dafür gehen ins Unendliche: Denken Sie an »I'm Yours« (geschrieben und gesungen von Jason Mraz) oder an »Lovesong« (geschrieben von Simon Gallup, Roger O'Donnell, Robert Smith, Porl Thompson, Lol Tolhurst und Boris Williams; aufgenommen von The Cure, 311 und zahllosen anderen Interpreten), denken Sie an »Forever« (geschrieben von Chris Brown, J. Jones, B. Kennedy, A. Merritt und Rob Allen; gesungen von Chris Brown) oder an »I Just Can't Stop Loving You« (geschrieben von Graham Gouldman und Eric Stewart; gesungen von Michael Jackson und Siedah Garrett). Nehmen Sie sich eine Woche lang frei und erstellen Sie eine Liste mit den vielen tausend Songs, die Ihnen selbst einfallen. Oder noch besser: Geben Sie »Love« (oder »Liebe«) bei Google ein und sammeln Sie die Ergebnisse – dann sollten Sie sich allerdings etwas länger freinehmen (zehn Millionen Jahre oder so).

✔ **Freundschaft:** Freundschaft ist ja bekanntlich das, was gleich nach Liebe kommt, und das Thema kann die krassesten und süßesten Emotionen zu Tage fördern, die der Mensch überhaupt kennt. Hier ein paar Songs zu dem Thema, die Sie wahrscheinlich mitsummen können: »I'll Be There For You«, bekannt vor allem als Titelmelodie der TV-Serie *Friends* (geschrieben und aufgenommen von The Rembrandts [Phil Solem und Danny Wilde]), »Umbrella« (geschrieben von Terius Nash, The Dream, Christopher Stewart, Kuk Harrell und Jay-Z; gesungen von Rihanna), »Put Your Records On« (geschrieben von Corinne Bailey Rae, John Beck und Steve Chrisanthou; gesungen von Corinne Bailey Rae) und »You've Got A Friend« (geschrieben und gesungen von Carole King; James Taylors einzige Platz-1-Popsingle).

✔ **Familie:** Der Familienverband und seine Mitglieder waren ebenfalls schon immer Ausgangspunkt für zahllose große Songs. Die Gründe dafür liegen auf der Hand. Denn höchstwahrscheinlich ist es Ihre Familie, die Ihnen die ersten Erinnerungen Ihres Lebens schenkte – egal, ob positiver oder negativer Natur. Die Art dieser Erinnerungen bestimmt vermutlich darüber, ob es ein kummervoller oder heiterer Song wird, ein Song der Reue oder der Liebe, des Verletztseins oder der Bewunderung, des Abscheus und des Verlangens, sich von Ihrer Familie zu distanzieren oder der Ergebenheit ihr gegenüber. Als Hörproben zu diesem Thema empfehle ich: »Ready, Set, Don't Go« (geschrieben von Billy Ray Cyrus und Casey Beathard; gesungen von Billy Ray Cyrus), »In My Daughter's Eyes« (geschrieben von James Slater; gesungen von Martina McBride), »Cleanin' Out My Closet« (geschrieben von Eminem und Jeff Bass; gesungen von Eminem) und »The Riddle« (geschrieben von John Ondrasik; aufgenommen von Five For Fighting«).

✔ **Konflikt:** Lieder über Krieg, Kampf, Streit und gebrochene Herzen haben zahllosen Generationen dabei geholfen, die Wunden, die der Konflikt in ihnen aufgerissen hat, zu lindern und zu heilen. Die Gefühle, die alle Menschen in ihren Herzen teilen, in Worte zu fassen, gehört zu den heiligsten Privilegien und Pflichten des Songwriters. Denken Sie an »Ordinary People« (geschrieben von John Legend und will.i.am; gesungen von John Legend), »Broken« (geschrieben von Jason Wade; aufgenommen von Lifehouse), »Lips Of An Angel« (geschrieben von Hinder, Brian Howes und Rey Casiano; gesungen von Hinder, und später von dem Countrymusiker Jack Ingram) oder an »Breathe You In« (geschrieben von Steve Augustine, Joel Bruyere, Trevor McNevan und Arnold Lanni; aufgenommen von Thousand Foot Krutch).

✔ **Verlust:** Wenn es Ihnen gelingt, den Schmerz über einen Verlust sowie die damit verbundene Verzweiflung in einen Song zu bannen, dann halten Sie ein äußerst wirksames Rezept für ein Allheilmittel in Ihren Händen. Ihre Komposition wird vor allem bei Menschen ankommen, die dieses Gefühl kennen und denen Ihr Song Trost und Heilkraft spendet. Falls Sie auch einmal von Verlustgefühlen geplagt werden, probieren Sie es mit: »Forever & Always« (geschrieben und aufgenommen von Taylor Alison Swift), »One Sweet Day« (geschrieben von Mariah Carey, Walter Afanasieff, Wanya Morris, Shawn Stockman, Nathan Morris und Michael McCary; gesungen von Mariah Carey und Boyz II Men), »Wake Me Up When September Ends« (geschrieben von Billie Joe Armstrong/Green Day; aufgenommen von Green Day), »Here Without You« (geschrieben von Brad Arnold/3 Doors Down; gesungen von 3 Doors Down) oder »You're Beautiful« (geschrieben von James Blunt, Sacha Skarbek und Amanda Ghost; gesungen von James Blunt).

✔ **Musik und Gesang:** Da jeder Songwriter über eine angeborene Liebe zu dem verfügt, was er tut, wird diese Leidenschaft seit ewigen Zeiten auch immer wieder zum Thema von Songs gemacht. Beispiele sind: »I Write The Songs« (geschrieben von Bruce Johnston; gesungen von Barry Manilow) und »Remember The Name«, das vom Aufstieg in der Musikindustrie berichtet, jedoch bei Vorführungen in der Sportarena regelmäßig ein Eigenleben als Stimmungsmacher entwickelt (geschrieben von Takbir Bashir, Ryan Maginn und Mike Shinoda; gespielt und gesungen von Fort Minor).

✔ **Städte, Reisen, Unterwegssein:** Berühmte Orte und Naturwunder sind für den Songwriter stets ein geeigneter Ort, zu dem er aufbrechen kann. Zu Fuß, mit dem Motorrad oder mit dem Auto die Welt erkunden – das kann zu unzähligen Gründen führen, etwas zu schreiben. Bekannte Songs »von unterwegs« sind: »Route 66« (geschrieben von Bobby Troup; gesungen von etwa 40 Künstlern, darunter dem Nat King Cole Trio und den Rolling Stones; die neueste Version stammt wohl von John Mayer), »Dani California« (geschrieben von Anthony Kiedis, John Frusciante, Flea und Chad Smith; aufgenommen von den Red Hot Chili Peppers), »Fly Away« (geschrieben und gesungen von Lenny Kravitz) und »Somewhere Over The Rainbow« (geschrieben von Harold Arlen und E. Y. Harburg, unter anderem gecovert von dem hawaiianischen Sänger Israel IZ Kamakawiwoʻole).

✔ **Glaube, Hoffnung, Vertrauen, Spirituelles:** Obwohl das alles ganz verschiedene Themen sind, haben wir sie trotzdem in eine Rubrik gepackt, da sie in bestimmten Teilen eine große Schnittmenge aufweisen. Die Suche nach Sinn außerhalb von uns selbst, nach Eindrücken jenseits unserer fünf Sinne, nach Kraft und Stärke, wenn einem nichts geblieben ist, und der Glaube an etwas Größeres als wir es sind – daraus sind einige der großartigsten Songs der Welt hervorgegangen, zum Beispiel »I Believe« (geschrieben, gesungen und gespielt von Blessid Union of Souls), »Meant To Live« (geschrieben von Jon Foreman und Tim Foreman; aufgenommen von Switchfoot), »Jesus Walks« (geschrieben von Kanye West und Che Smith; gesungen von Kanye West) und »I Still Haven't Found What I'm Looking For« (geschrieben von U2 und Bono; aufgenommen von U2).

✔ **Antrieb, Inspiration, Sport:** Allen Widrigkeiten zum Trotz seinen Weg gehen, Hindernisse überwinden oder sich einfach für den großen Auftritt in Stimmung bringen – das sind wirksame Methoden, um einen Song mit Leben zu erfüllen, in dem Leidenschaft und Entschlossenheit sich verkörpern. Egal, ob Sie nun das Mauerblümchen oder die Rampensau ansprechen – ein wenig Motivation und Beifall kann jeder gut gebrauchen. Das haben Songs geschafft wie »Welcome To The Jungle« (geschrieben von Axl Rose und Slash; aufgenommen von Guns N' Roses), den – obwohl er gar nicht zu diesem Zweck geschrieben wurde – das Magazin *Rolling Stone* zur »größten Sporthymne« kürte – oder Kompositionen wie »Eye Of The Tiger« (geschrieben von Jim Peterik und Frankie Sullivan, aufgenommen von Survivor), »My Hero« (geschrieben von Dave Groule, Nate Mendel und Pat Smear; gesungen und gespielt von den Foo Fighters) und »We Are The Champions« (geschrieben von Freddie Mercury; aufgenommen von Queen).

✔ **Tod, Sterben, Himmel, Hölle:** Diese Themen waren von Anbeginn aller Zeiten die Quelle für Spekulationen, aber auch für Inspiration und Faszination. Die Seiten der Songbücher quellen über mit der Vorstellung von einem Leben nach dem Tod, verlorenen Seelen und früheren Existenzen, und nur bei wenigen von uns war das Verlangen, unsere Abstammungslinie über die Jahrhunderte hinweg nachzuverfolgen, so stark wie heute – man denke nur an Songs wie »We May Never Pass This Way Again« (geschrieben und aufgenommen von James Seals und Dash Crofts), »Live And Let Die« (geschrieben von Linda McCartney und Paul McCartney; gesungen und gespielt von den Wings), »I Can't Hear The Music« (aus dem Album *All the Lost Souls* (geschrieben und gesungen von James Blunt), »I Knew I Loved You Before I Met You«

(geschrieben von Darren Hayes; aufgenommen von Savage Garden), »Soul Meets Body« (geschrieben von Ben Gibbard; aufgenommen von Death Cab for Cutie) oder »Like You'll Never See Me Again« (geschrieben von Alicia Keys und Kerry Brothers jr.; gesungen von Alicia Keys).

✔ **Politik, Protest, Zeitkritik:** Um ihre Unzufriedenheit und Enttäuschung zum Ausdruck zu bringen, begehren manche Menschen auf und demonstrieren; manche davon werden zu Chaoten, andere wiederum beteiligen sich an Märschen, Demonstrationen und Streiks. Songwriter gehen da ganz anders vor: Sie schnappen sich einen Stift, setzen sich ans Klavier und versuchen, ihre Frustration über die Musik auszudrücken. Man kann solche Songs lieben oder hassen – außer Frage steht, dass sie oft gewaltige Emotionen wecken. Das sieht man schon daran, dass CDs aus dieser Kategorie aufgrund der unverblümten Texte nicht selten mit dem Warnaufkleber »Explicit Lyrics« versehen werden. Zu dieser Art Songs gehören zum Beispiel »Testify« (geschrieben von Rage Against the Machine und Zach De la Rocha; dargeboten von Rage Against the Machine), »American Idiot« (geschrieben von Billie Joe Armstrong und Green Day; aufgenommen von Green Day), »When I'm Gone« (geschrieben und gespielt von 3 Doors Down) und »What's Going On« (geschrieben von Marvin Gaye, Al Cleveland und Renaldo Benson; gesungen von Marvin Gaye).

✔ **Zukunft, Vergangenheit, Gegenwart:** Manche Songs blicken auf vergangene Tage zurück, auch wenn es oft nur der gestrige ist; andere blicken hoffnungsvoll, pessimistisch oder vorausahnend in die Zukunft; wieder andere sind fest verwurzelt im guten alten Hier und Jetzt. Egal, in welcher Zeit sich nun *Ihr* Aussichtspunkt befindet – aus dem Gewebe der Zeit lassen sich auf jeden Fall die vielfältigsten Stoffe herstellen. Vielleicht kennen Sie »Time In A Bottle« (geschrieben und gesungen von Jim Croce), »If This Was Your Last Day« (geschrieben von Chad Kroeger; aufgenommen von Nickelback), »Yesterday« (geschrieben von John Lennon und Paul McCartney; gesungen von den Beatles), »Right Now« (geschrieben und gespielt von Van Halen) und »Dust In The Wind« (geschrieben von Kerry Livgren und Steve Walsh; aufgenommen von Kansas).

✔ **Strömungen, Trends, Moden:** Wer könnte all die zeitlosen Songs vergessen, die einen entweder in den Wahnsinn treiben oder dafür sorgen, dass man seinen Hintern bewegt und tanzt? Tatsache ist, dass sie in unseren Gedächtnisbanken unauslöschliche Eindrücke hinterlassen haben. Fangen Sie damit an, solche zu schreiben, zu denen Sie eine echte Verbindung spüren, später andere, zu denen Sie für Unsummen von Geld von großen Filmgesellschaften verpflichtet wurden. Als Beispiele können Sie Songs herbeiziehen wie »The Twist« (geschrieben von Henry Ballard; gesungen von Chubby Checker), »Y.M.C.A.« (geschrieben von Henri Belolo, Jacques Morali und Victor Willis; gesungen von The Village People), »Macarena« (geschrieben von Monge, Antonio Romero und Rafael Ruiz; aufgenommen von Los Del Rio) oder »ChaCha Side« (geschrieben und gesungen von DJ Casper).

✔ **Gemütszustände:** Diese stets aktuelle Kategorie, die von Wohlbefinden bis hin zu schwerer Krankheit reicht, von Euphorie bis hin zur tiefsten Depression, samt aller Zwischenstufen, ist sowohl für den Songwriter als auch sein Publikum seit jeher eine gute Therapie. Zu solchen »therapeutischen Songs« gehören zum Beispiel »When I Fall

From Grace« (geschrieben und gesungen von Geoff Byrd), »Soak Up The Sun« (geschrieben von Sheryl Crow und Jeff Trott; gesungen von Sheryl Crow), und »Pocketful Of Sunshine« (geschrieben von Natasha Bedingfield, Danielle Brisebois und John Shanks; gesungen von Natasha Bedingfield).

Natürlich haben wir nur die Oberfläche der Themen berührt, die Sie zu einem Song inspirieren könnten. Im Leben kann man über alles schreiben. Ihr Job besteht darin, diese Ideen und Konzepte mithilfe Ihrer Texte und Melodien auf unvergleichliche und unwiderstehliche Weise zu präsentieren. Wählen Sie die Themen, die Sie am meisten in ihren Bann ziehen und in Ihnen »einen Akkord zum Klingen bringen« – dann steigen die Chancen gewaltig, dass Sie mit Ihrem Song nachher auch zufrieden sind und dass er auch auf andere »überspringt«.

Je besser die Inspirationsquelle, umso besser wird auch der Song werden. Wenn Ihnen etwas begegnet, das Sie durch und durch fesselt und bewegt, dann gibt es für Sie bereits eine Motivation zum Schreiben eines Songs. Sagen wir, Sie lernen eine Person kennen, die Sie total umwerfend finden – dann tragen Sie diese Inspiration doch weiter, sodass Ihnen ein Song gelingt, den *sie* umwerfend findet. Bei Jim (einem der Autoren dieses Buches) ist es zum Beispiel so: Wenn er den Soundtrack zu einem Film schreibt, dann gerät er ihm umso besser, je besser das Drehbuch war. Wenn Sie sich an die Aufgabe machen, einen Song zu schreiben, suchen Sie stets nach der höchsten Form von Inspiration.

Manche Noten, Akkorde und auch praktisch die gleichen Worte werden bereits seit den Tagen Beethovens und Bachs benutzt ... Was macht einen Song zu etwas Zeitlosem? Ich schreibe hauptsächlich deshalb über die Liebe und das Leben, weil diese Themen immer aktuell sein werden.

Smokey Robinson, legendärer R-&-B- und Soulsänger/Songwriter, bekannt als King of Motown

Die Fühler nach guten Textzeilen ausstrecken

Überall um uns lauern Songtitel, Songthemen, einprägsame Melodien, Reime, Rhythmen und Refrains – man muss nur die Augen und Ohren offenhalten und so gut wie alles als potenziellen Kandidaten für einen Song betrachten. Wenn Ihnen ein vielversprechender Titel oder eine interessante Tonfolge einfällt, schnell das Notizbuch hervorholen und alles notieren! Vielleicht (ja, sogar höchstwahrscheinlich) lässt es sich irgendwann mal in einem Song unterbringen.

Hier ein paar »Fundorte«, an denen der Songwriter häufig auf die erste Idee zu einem Text, einer Geschichte oder einer spannenden Tonfolge stößt:

✔ **Andere belauschen:** Wenn Sie das nächste Mal in einem Restaurant sind, klinken Sie sich akustisch in das Gespräch am Nebentisch ein! (Normalerweise reden die Gäste ohnehin so laut, dass Sie sich gar nicht anstrengen müssen.) Vielleicht hat Ihr Ohr ja das Glück, einer Konversation beiwohnen zu dürfen, die sich als Zündfunke für einen Song eignet.

Eines Tages, während eines Trips nach Nashville, besuchte Jim zusammen mit einem Songwriter-Kollegen ein örtliches Speiselokal. Am Tisch hinter ihnen saßen zwei junge Damen, deren Diskussion über ihr Liebesleben unmöglich zu überhören war. Nachdem die Brünette sich ausführlich über die Vorzüge ihres momentanen Liebhabers ergangen hatte, seufzte die Blondine neben ihr: »Now that's true love.« (»Tja, das ist wahre Liebe.«) Jim und sein Freund sahen einander an und bezahlten rasch, um sich ins Klavierzimmer ihres Hotels zu begeben, wo sie in nicht mal zwei Stunden den Song »Now That's True Love« komponierten.

✔ **Situationen, in die Sie oder Ihre Freunde geraten:** Es gibt nichts Realistischeres, über das man schreiben kann als über Ereignisse, die wirklich stattgefunden haben. Die Dynamiken des menschlichen Lebens können Tausende von Geschichten hervorbringen. Natürlich ist es völlig in Ordnung, wenn man eine Story, »die das Leben schrieb«, nachher noch ein wenig aufpoliert und zurechtfeilt (schließlich befinden wir uns im Reich der Fiktion), aber den Songs zahlreicher Autoren liegt zumindest ein wahres Geschehnis zugrunde.

✔ **Themen aus den Nachrichten:** Ein unerschöpfliches Reservoir an Songideen bieten auch die Nachrichten aus der Zeitung und dem Fernsehen. Natürlich sollte man aktiv dabei sein und sich die Neuigkeiten nicht nur reinziehen und so halbwegs kapieren – aber auch der nächste Schritt ist wichtig: Nach den Motiven zu fragen, die hinter irgendwelchen Ereignissen stecken. Wenn Sie das alles beherzigt haben, dann prüfen Sie verschiedene Situationen auf die emotionale Wirkung, die sie im Rahmen eines Songs entfalten könnten, und welchen Eindruck das betreffende Ereignis zum Beispiel auf Sie hinterlassen hat.

Über den eigenen Tellerrand hinausschauen – das ist eines der Ziele des Songwriters. Um Ihren Song so perfekt wie möglich aufbereiten zu können, sollten Sie jeden noch so kleinen Aspekt eines Geschehnisses in Betracht ziehen.

✔ **Texte in Magazinen oder Blogs:** Auch Texte in Magazinen und Blogs können als Ausgangspunkt für einen Song dienen. Ein gut geschriebener Artikel kann zu einer Idee inspirieren, und die farbigen Anzeigen vermitteln womöglich ein Gefühl dafür, was im Bewusstsein der Popszene derzeit *up to date* ist. Magazine und Blogs sind für den Songwriter im Grunde eine zusätzliche Methode, um zu erfahren, was der »Mann von der Straße« denkt.

✔ **Fernsehen, Filme und Videos:** Wenn Sie gute Ideen zu musikalischen Wirklichkeiten machen wollen, stellt diese Kategorie Ihnen gigantische und schillernde Welten zur Verfügung. Schon das besondere Feeling, das etwa ein bestimmter Film erzeugt, kann ausreichen, um einen Song zu schreiben; das Gleiche gilt für die Message, die in so vielen Filmen und Fernsehserien steckt. In einem Filmdrama oder einer Komödie kann die Art, wie bestimmte Figuren miteinander umgehen, uns die Vorlage liefern für einen Song über Beziehungen. Oft taucht ein Charakter auf, der Sie besonders in seinen Bann zieht oder mit dem Sie sich am besten identifizieren können – über ihn sollten Sie schreiben, und zwar aus seiner Perspektive. Und bei einem Streifzug durch die Welt der YouTube-Videos können Sie sich theoretisch mit interessantem Stoff für viele Jahre eindecken.

Der Songtitel »The Search Is Over« (geschrieben von Jim Peterik und Frankie Sullivan; gespielt von Survivor) ist ein Satz, den Jim in sein Notizbuch kritzelte, nachdem er ihn kurz zuvor in den Abendnachrichten gehört hatte.

Eigene Musik erfinden mithilfe von »Dummy«-Songs

Jeder trägt in sich eine Melodie. Die einfachsten drei Noten, sofern sie in der richtigen Reihenfolge ertönen, können sich zu einer Melodie formen, die man jahrelang nicht mehr aus dem Kopf bekommt. Bei dem Song, den man pfeift, während man seine Wäsche wäscht, den Hund ausführt, den Rasen mäht, Auto fährt oder duscht, kann es sich um eine Melodie handeln, die man schon einmal gehört hat (zum Beispiel um den neuesten Hit der Black Eyed Peas oder einen Klassiker von Elton John) – aber auch um etwas, das man soeben selbst aus dem Nichts hervorgebracht hat.

Um einer potenziellen Copyright-Verletzung vorzubeugen, ist es wichtig, dass man unterscheiden kann zwischen Songs, die man irgendwo schon mal gehört hat, und solchen, die einem selbst eingefallen sind. Wenn Sie das Gefühl haben, eine Melodie von irgendwoher zu kennen, gehen Sie lieber noch mal die Charts, Ihre eigenen Gedächtnisbanken und Ihre Plattensammlung durch, um ganz sicherzugehen. Es gibt jede Menge Belege dafür, dass Paul McCartney, nachdem er »Yesterday« geschrieben hatte, sich von verschiedenen Freunden bestätigen ließ, dass er die Melodie keineswegs von einem alten Lied geklaut hatte. Zuletzt war er selbst davon überzeugt, einen neuen, noch nie da gewesenen Klassiker komponiert zu haben.

Wer Gitarre oder Keyboard spielen kann, dem bietet sich ebenfalls die Möglichkeit zum Experimentieren, und früher oder später hat er garantiert seine Melodie gefunden. Beim Zusammenfügen der einzelnen Musikteile kann man noch ein passendes Musikbett kreieren, um seinen Songtext auf Herz und Nieren zu prüfen und entscheiden zu können, ob er schon reif ist für eine Vorführung. Obwohl gewisse Künstler es schaffen, ganze Songs »im Kopf« zu schreiben, brauchen die meisten dennoch ein Instrument in der Nähe, damit ihre Ideen sich durch die Schädeldecke hindurch ans Tageslicht fressen können.

Auch wenn Jim sagt, er sei weit davon entfernt, ein Virtuose auf dem Keyboard zu sein – er bedient sich immerhin eines Verfahrens, das ihn bei der Ideenfindung unterstützt und das er »kreatives Noodling« genannt hat (vom Englischen »to noodle« = zwanglos improvisieren). Er wählt einfach einen interessant klingenden Sound auf seinem Keyboard-Synthesizer (in der Regel eine beruhigende Kombination aus Klavier und einem Saiteninstrument, für ausgefallenere Ideen aber auch schon mal einen verzerrten Sound am E-Piano oder Clavinet) und lässt seine Finger selbst entscheiden, wo sie die Tasten treffen (nennen wir es die »Kolumbus-Methode«: Einfach »Land« entdecken und vor Anker gehen.) Häufig ist es der Sound selbst, der dann bestimmt, welcher Musiktypus entsteht. Halten Sie sich immer in der Nähe eines Digitalrekorders auf, um alles, was einigermaßen gut klingt, sofort festzuhalten. Bei meiner Musikausbildung gab man mir folgende Weisheit mit auf den Weg: »Digitalrekorder sind wie Regenschirme – sobald sich der Himmel zuzieht, merkt man, dass man ihn zu Hause vergessen hat. Hat man jedoch einen dabei, wird es nicht regnen.«

Um im Schnellverfahren in den richtigen Songwriting-Flow zu kommen, empfiehlt es sich, von den großen Meistern zu lernen anstatt das Rad neu erfinden zu wollen. Eine rasche und effektive Methode besteht darin, sich einen seiner Lieblingssongs auszusuchen und ihn als »Dummy« zu verwenden, nach dessen Vorbild man dann seinen eigenen Song aufbauen kann, ohne bei Adam und Eva anfangen zu müssen – ein wenig wie bei der Cut-&-Paste-Funktion auf dem Computer also. Man darf bloß nie vergessen, dass die Methode ausschließlich dazu dient, in den Flow zu kommen, und nicht etwa, sich geschütztes Material von bester Qualität einfach unter den Nagel zu reißen. Zerpflücken Sie die Meister, nehmen Sie sie auseinander – indem Sie den Konstruktionsvorgang ihrer Werke zunächst einmal aus der Gegenrichtung nachvollziehen, also das Pferd nicht auf-, sondern abzäumen. Legen Sie die Struktur frei! Analysieren Sie den Text und die Melodie, und zwar eins nach dem anderen! Und geben Sie keine Ruhe, bevor Ihnen klar wird: »Aha, so hat er das also gemacht. Deswegen haut das so rein.« Das nennt man Lernen am praktischen Beispiel. Jeder Aspekt wird einzeln untersucht, und als kleines Sahnehäubchen hat es auch noch einen Übungswert. Man trainiert gewissermaßen, ohne routinemäßig immer wieder der gewohnten Spur zu folgen; man erweitert sein Können, man lernt dazu.

Je öfter Sie auf einen »Dummy« als Lehrer und Arbeitskollegen zurückgreifen, umso stärker werden Ihre Songwriting-Muskeln werden. Von den ganz Großen lernen – das ist eine der besten Ausbildungsmethoden überhaupt. Und es kostet Sie keinen müden Cent!

Sie werden merken: Je mehr Sie auf Ihrem Instrument können, umso öfter werden Sie sich ans Komponieren machen und mit tollen Songs aufwarten – vor allem, wenn Sie auch die Möglichkeit haben, sie anderen vorzuspielen. Eine solide Ausstattung ist nicht alles – aber sie kann den Prozess vorantreiben.

Jeff Jacobs, Songwriter, Arrangeur, Keyboarder bei Foreigner

Einige nützliche Sachen für unterwegs

Als Autor oder Co-Writer an einem Song beteiligt sein – das kann eigentlich jede und jeder, der weiß, wie man sich der Inspiration öffnet. Ideen für Inhalte und Melodien finden sich an jeder Ecke. Trotzdem reicht es nicht ganz, sich inspirieren zu lassen. Man muss die Ideen auch umsetzen und in eine Form bringen können. Das erscheint vielen als notwendiges und vor allem langweiliges Übel, ist aber das Los aller Künstler. Und wo gehobelt werden soll, da muss ein Hobel her. Mit anderen Worten: Über ein paar nützliche Hilfsmittel sollte der Songwriter auf jeden Fall verfügen. Das sind größtenteils ganz einfache Dinge: ein Notizbuch, eine Aufnahmemöglichkeit, eine (möglichst aktuelle) Ausgabe von Steputats berühmtem Reimlexikon und Textors nicht minder berühmtem Synonymwörterbuch »Sag es treffender«. Aber auch ein paar aufwendigere Sachen sind im Grunde unverzichtbar: ein Computer, eine Vielzahl von Musikinstrumenten und eine gute Auswahl an Software. Letzteren Punkt wird in einem späteren Kapitel vertieft.

Ist Ihnen schon einmal den ganzen Tag lang eine originelle Idee im Kopf herumgegangen, und am Abend hatten Sie sie vergessen? Aus diesem Grund wurden Notizbücher und Aufnahmegeräte erfunden. Die Binsenweisheit »Wenn die Idee was taugt, dann werde ich sie auch nicht vergessen« hat sich schon des Öfteren als destruktive Fehleinschätzung erwiesen. Und viele gute Melodien und Ideen flogen davon, weil sie nun mal nicht in einem Netz hängen blieben, aus dem man sie nachher nur bergen musste. Dummerweise bekommt man viele dieser seltenen Schmetterlinge nur einmal im Leben zu Gesicht – garantiert!

Deshalb lautet eine der obersten Regeln: Immer ein Notizbuch oder eine digitale Mitschnittmöglichkeit parat haben. Wir begehen oft den Fehler, dass uns eine dieser Inspirationen als so simpel und naheliegend erscheint, »dass man sie im Grunde gar nicht vergessen kann«. Aber das ist ein Irrtum: Gerade die schlichten Inhalte verdünnisieren sich oft schneller, als man denkt, während komplexere Gedanken langlebiger sind. Falls Sie gerade irgendwo in Unterhosen stehen und wirklich nicht wissen, wo Sie Ihren Geistesblitz jetzt festhalten sollen, rufen Sie Ihre eigene Telefonnummer an und sprechen Sie die Idee auf Ihren Anrufbeantworter.

Jeder Songwriter – ob von der jungen, aufstrebenden oder der schon älteren, erfahrenen Art – sollte einen nicht zu teuren, handlichen Digitalrekorder besitzen. Besser noch: Nehmen Sie überall Ihr Handy oder Smartphone mit, damit Sie Ihre Inspiration auch akustisch festhalten können. Die Klangqualität ist dabei erst mal nicht so wichtig – es geht nur darum, dass Sie überhaupt mitschneiden können (also auch Ladegerät nie vergessen!).

Wenn Sie gerade mit dem Auto auf der Straße fahren oder aus einem tiefen Traum erwachen – und da ist jene Textzeile in Ihrem Kopf, hartnäckig und drängend, greifen Sie sofort nach Ihrem Rekorder, starten Sie die Aufnahme und gehen Sie dann wie folgt vor:

- **Sprechen oder singen Sie die Worte, die Sie im Kopf haben, oder summen Sie die Melodie. Artikulieren Sie deutlich und verständlich.** Falls Ihnen kein Instrument zur Verfügung steht, sollten Sie Ihre Melodie zu Beginn »anzählen« (also zum Beispiel eins-zwei-drei-vier-los), damit Sie später genau nachvollziehen können, wo Ihre musikalische Phrase beginnt. Auch den »Grundton« (die Tonika oder Basisnote eines jeden Akkords) sollten Sie unbedingt mitsummen. Es ist die Note, nach der die jeweilige Tonart benannt ist (bei C-Dur oder c-Moll also jeweils das C). Dann haben Sie später gleich einen musikalischen Bezugspunkt.

- **Sprechen (oder schreiben) Sie Datum, Uhrzeit und Ort dazu, damit Sie immer nachprüfen können, wann und wo dieser kreative Moment stattfand.**

- **Falls es sich um eine neue Idee handelt, geben Sie ihr einen »Arbeitstitel«.** Mithilfe des Arbeitstitels finden Sie später immer wieder auf die »richtige Straße« zurück.

Alles, was Ihnen einfällt, auf Band aufzunehmen, ist eine geniale Methode. Wichtig ist aber, dass Sie später die betreffende Datei auch sofort wiederfinden. Wenn Sie sich erst durch die Irrungen und Wirrungen eines Tonträgers oder Computers kämpfen müssen, geht Ihnen garantiert schon bald die Lust verloren. Theoretisch ist es dann oft leichter, gleich mit einem neuen Song zu beginnen.

In der Welt des digitalen Recording läuft mittlerweile alles in Hyperspeed ab. So gelang es Todd Rundgren, mit dem preiswerten Reason-Programm seines Rechners ein ganzes Album einzuspielen (bei Reason handelt es sich um eine Musiksoftware, die ein virtuelles Studio samt Instrumenten simuliert), und viele kommerzielle Alben werden inzwischen mit GarageBand (einer Musiksoftware für den Hobbymusiker) produziert. Solange es aber wirklich nur um das rasche Festhalten von Ideen geht, tut es jederzeit auch die Recording-Funktion der modernsten und aktuellen Handy-Ausführung. iPhone-Nutzern steht sogar ein Multitrack-Format zu Verfügung, bei dem man nicht nur seine Idee als solche verewigen, sondern auch mit einem Keyboard-Track unterlegen und dem Gesang Harmonien hinzufügen kann. Der ganze Song kann so aufbereitet werden, dass die Band ihn nur einstudieren und die Endversion mit individuellem Gefühlsausdruck versehen muss.

Es gibt heute unzählig viele digitale Möglichkeiten, und so gut wie jedes Audio-Unternehmen bietet mittlerweile irgendein unkompliziertes Digitalverfahren an (meist mit Stereo-Kondensatormikrofon und einem winzigen Monitorlautsprecher). Manche verfügen zwecks Erzeugung eines unverkennbaren Sounds sogar über Außenbord-Effekte wie Hall (Echo) und Kompression (eingeschränkter Dynamikumfang). Musiker können heute Demos per E-Mail an ihre Musikverleger und Produzenten schicken, sobald die Inspiration zuschlägt! Da neue Technologien viel schneller aus dem Boden schießen, als man Bücher drucken kann, verzichten wir darauf, Ihnen ein oder mehrere bestimmte Modelle zu empfehlen. Besser ist es, Sie machen sich im Internet über Suchbegriffe wie etwa »Audio Unternehmen digital Rekorder« schlau, um auf die neuesten und ausgefeiltesten Erfindungen zu stoßen. Und falls Sie die »Old School«-Methode bevorzugen, bleiben Sie beim Notizblock oder dem Kassettenrekorder (die tun's immer!) Sie müssen nur darauf achten, stets genügend Leerkassetten vorrätig zu haben, bevor sie veraltet und nicht mehr zu gebrauchen sind.

Während einer Radtour durch Europa beschriftete Jim seine Ideenkassette, die er in seiner Umhängetasche aufbewahrte, mit den Worten »6. Juli 2001 – von Wien nach Prag«. Zumindest würde er auf diese Weise ein paar Polkas und vielleicht sogar einen Walzer komponieren können, falls ihm danach war. Eintrag Nr. 1 hieß »Melodische Hardrock-Kiste in Österreich«. Als er sich durch die Straßen einer idyllischen österreichischen Stadt schlängelte, hörte er den Sound von amerikanischem Rock 'n' Roll, der in irgendeinem fremden Wohnzimmer aus dem Ghettoblaster drang. Es klang für ihn, als würde ein alter Freund ihn grüßen. Er stellte sein Rad ab, schnappte sich seinen Rekorder und sang eine Melodie hinein, die von der ganz speziellen Stimmung dieses Augenblicks inspiriert war. Jim versucht, neue Ideen immer einem bestimmten Genre zuzuordnen und Details einzubauen, die einen Hinweis auf deren Entstehung liefern. Er verwendet auch ein Bewertungssystem (eins bis vier Sterne), das sich danach richtet, wie begeistert er von seiner neuen Idee ist. In diesem Fall hieß der nächste Eintrag »Arbeit an einem möglichen Skynyrd-Keim« – was vielleicht Auslöser war für meine wenig später stattfindende Arbeit mit der Band. Es folgte der Eintrag »Rock im Boyband-Stil«. Als Jim nach Hause kam, ordnete er das Band unter Hunderten weiterer Kassetten ein, allesamt nach Monat und Jahr sortiert. Wenn Jim einmal eine kreative Flaute hat, beschäftigt er sich immer lange mit diesen Bändern. In Abbildung 1.1 sehen Sie ein Beispiel aus Jims »Von Wien nach Prag«-J-Card.

Abbildung 1.1: Beispiel für eine J-Card

Als J-Card bezeichnet man die Papierkarte, die sich in der Hülle von Audio-Kassetten befindet. Diesen Namen hat sie, weil sie von der Seite betrachtet wie ein J aussieht (so passt sie am besten in die Kassettenbox).

Wie man ein Notizbuch optimal nutzt

Der große Vorteil eines herkömmlichen Notizbuchs besteht darin, dass man sich schnell und problemlos alles aufschreiben kann und nicht erst warten muss, bis es gebootet oder eine App geladen hat. Wenn Sie sich mit der Notation von Musik auskennen, empfiehlt es sich, ein Notizbuch zu kaufen, in dem auch Notenblätter enthalten sind – also Seiten, auf denen die fünf Linien des Notensystems vorgedruckt sind. Auf diese Weise haben Sie die Chance, sich Melodien und Begleitakkorde in Notenschrift aufzuschreiben. Wenn Sie sich für ein Standardnotizbuch entscheiden, empfehlen wir eines mit Spiralheftung, das sich in drei oder mehr verschiedene Teile aufgliedert, wobei jedes Deckblatt mit einer kleinen Tasche versehen ist. Wir zeigen Ihnen gleich eine Methode, wie Sie mit einem solchen Notizbuch Ihre Ideen optimal organisieren können. Bei einem Buch mit fünf verschiedenen Abteilungen könnten Sie wie folgt vorgehen:

Teil eins: Diese erste Abteilung ist für das gesamte Sammelsurium an Ideen gedacht, die Ihnen im Laufe eines Tages so kommen – musikalische Phrasen, Titelideen, Entwürfe, Reime, Textfetzen und noch viel mehr.

Teil zwei: Diese Abteilung könnte man als »Songs im Werden« bezeichnen – also zum Beispiel Lieder, für die Sie bereits eine Strophe haben, aber noch keinen Refrain, oder umgekehrt; Reime, die noch keinen rechten Sinn ergeben, oder sinnvolle Gedanken, für die Ihnen noch der passende Reim fehlt. Es empfiehlt sich, auf diesen Seiten das aktuelle Datum festzuhalten, sowie einen Querverweis auf die genaue Kassette, den genauen Dateiordner, in dem sich der entsprechende musikalische Leckerbissen finden lässt. Dieser Teil kann Songs mit einigen bleibenden und unschlagbaren Zeilen enthalten (Sie wissen schon, solche, mit denen Sie wirklich zufrieden sind), der Rest des Songs kann sich aus Dummy-Lyrics zusammensetzen.

Dummy-Lyrics sind Textzeilen, die zunächst einmal zum Füllen von Leerstellen gedacht sind – sie nehmen also genauso viel Platz ein wie der spätere neue Text. Dummy-Lyrics sind in der Regel nicht besonders genial – einfach nur Worte, die Sie wahllos aus Ihrem Kopf gefischt haben und die später auf jeden Fall ersetzt werden müssen. Jims Songs bestehen am Anfang meist zu etwa 50 Prozent aus Dummy-Lyrics, die er später in sinnvollen Text umwandelt. Wenn man sich nämlich nicht dem Druck aussetzt, unbedingt brillant sein zu müssen, öffnen sich dadurch oft kreative Türen, die man zuvor gar nicht wahrgenommen hat.

Teil drei: Dieser Teil enthält ausschließlich fertige Texte. Lassen Sie zwischen den Songs immer ein paar Seiten frei für die nicht zu umgehende Überarbeitung.

Teil vier: Der vierte Teil eignet sich gut für eine Aufstellung von Listen: Songs, die noch zu Ende gebracht werden müssen, bereits fertige Songs, Songs im Werden und Ideen, für die Sie noch eine adäquate Melodie suchen. (Wie Sie Ihren Song vermarkten, erfahren Sie in Kapitel 17.)

Teil fünf: Hier können Sie einfach wirres und zusammenhangloses Zeug notieren, bis die Inspiration zuschlägt. Sie können auch eine Reihe bereits geschriebener Songs auflisten und dazu notieren, zu welchem Künstler sie Ihrer Meinung nach passen würden. Falls Sie eine Verabredung zum Songschreiben vor sich haben, notieren Sie sich doch einige Körnchen »Ideensaat« (also Anfangsideen, die in Ihnen und Ihren Mitarbeitenden die Inspiration ankurbeln könnten). Falls Sie mit einer speziellen Band oder einem speziellen Künstler zusammenarbeiten wollen, sollten Sie Listen mit möglichen Titeln und Entwürfen erstellen, die sich Ihrem Instinkt nach gerade mit diesem Künstler gut umsetzen lassen.

Wozu aber nun diese kleinen Taschen in den Deckblättern Ihres Ordners? Für Ihre Papierschnipsel mit den ersten, flüchtig hingekritzelten Ideen. Sollten Sie einen Nummer-1-Hit landen (und das soll durchaus schon vorgekommen sein), ist der Weg von diesen Rohformen bis hin zum werdenden und schließlich fertigen Song oft ziemlich interessant nachzuvollziehen. Sie können diese Taschen mit allem füllen, das irgendwie mit der Entstehung Ihres Songs zu tun hat – mit Zeitungsausschnitten, die Sie auf die Idee zu dem Lied brachten, mit einem Foto der Person, die Ihr Herz gebrochen hat und der Sie mit Ihrem Song ein Denkmal setzen wollen, und so weiter.

Normalerweise schreibe ich meine Texte direkt hintereinander auf die rechten Seiten meines Notizbuchs, die linken Seiten lasse ich frei für das, was ich gern als »Ersatzteile« bezeichne. Das können neue Passagen sein, Änderungen, Alternativstellen, Alternativtitel, Versuche mit Tonfolgen und Ideen, die ich lieber nicht vergessen möchte. Dieser »linksseitige Text«, wie ich ihn oft nenne, kann Gold wert sein, vor allem wenn nach einigen Tagen die Inspiration nachlässt.

Don Barnes, Sänger, Gitarrist und Songwriter bei .38 Special

Vermerken Sie immer Ihren Namen samt Adresse und Telefonnummer, und zwar ziemlich weit vorn in Ihrem Notizbuch – idealerweise sogar auf Seite 1 oder auf dem Cover. Schreiben Sie dazu: »Falls gefunden, bitte senden an …« Auch wann Sie das Notizbuch begonnen haben und von welchem Datum Ihr letzter Eintrag stammt, sollte ersichtlich sein.

Übung macht den Meister

Wenn Sie heute (oder an jedem beliebigen anderen Tag) Ihren Alltagsverpflichtungen nachgehen, achten Sie doch einmal auf alles, was sich in Ihrem Bewusstsein so formt. Und während Sie so »auf Empfang geschaltet« haben, sollte sich natürlich wieder ein Digitalrekorder oder ein Notizbuch in der Nähe befinden, damit Sie Ihre Inspirationen sofort festhalten können. Schreiben Sie alle Beobachtungen, Gefühle und Wahrnehmungen auf, die Sie an diesem Tag verzeichnen können, auch dann, wenn Sie Ihnen im ersten Moment trivial erscheinen. Wenn Ihnen eine griffige Textzeile, eine reizvolle Zeitungsschlagzeile oder ein Werbeslogan an einem vorbeifahrenden Bus auffallen, ja, es kann auch etwas sein, das Ihr Kind zu Ihnen sagt (so soll immerhin »Lucy In The Sky With Diamonds« entstanden sein), einfach alles zu Protokoll geben. Wenn Sie später nach Hause kommen, suchen Sie sich ein ruhiges Örtchen und gehen Ihre gesamte Ausbeute an Ideen noch einmal durch. Was können Sie davon gebrauchen? Was könnte ein potenzieller Anwärter für einen künftigen Song sein? Wenn die Stimmung Sie überkommt, legen Sie Ihr Notizbuch aufs Klavier und spielen Sie einfach drauflos, wobei Sie auf die Fülle eines ganzen Tages zurückgreifen können. Beobachten Sie, wo Ihre Finger, inspiriert von Ihren eigenen Worten, Sie hinführen. Spielen Sie mit der Musik in Ihrem Kopf und wenden Sie die verschiedensten Sätze und Ideen auf sie an. Wer weiß – vielleicht gelingt Ihnen noch am selben Tag ein hammermäßiger neuer Song.

Nehmen Sie die Textzeile, die bei Ihnen am meisten »knallt«, und beginnen Sie, an einem Song herumzubauen. Machen Sie es mit Spaß an der Freude. Dann legen Sie Ihren Ordner mit den Songideen an. Ihre Schreib-Sessions werden weitaus produktiver sein, wenn Sie über eine angemessene Methode verfügen, Ihre Gedanken und Entwürfe auf Papier oder einen Tonträger zu bannen. Der Tag kommt garantiert, an dem Ihnen ein Einfall kommt, von dem Sie überzeugt sind, dass er sich irgendwann als brauchbar erweist – aber Sie wissen nicht, wohin er sie führen wird. Wenn Sie nun genügend Disziplin haben, diese Gedanken für ihre künftige Verwendung irgendwo zu speichern, werden Sie keine Probleme haben, wenn sie sich wieder zu Wort melden.

Wenn Sie innerlich loslassen, sodass Ihre Gedanken frei flottieren können, kann sich das Schreiben von Songs als einfache Sache erweisen. Doch dazu bedarf es einiges an Übung und Disziplin. Und um es ein letztes Mal zu sagen: Eine Inspiration, die Sie (aus Faulheit oder weil sie gerade anderweitig beschäftigt sind) nicht sogleich festhalten, kann Sie ein Leben lang heimsuchen und plagen.

Wozu Abschiede gut sein können

Dave ist der Meinung, mit Jim zusammen zu sein, mache immer Spaß, da man nie so genau wisse, wann irgendetwas, das dabei wahrgenommen oder gesagt wird, zum Titel oder zur Textzeile eines neuen Songs wird. Schon allein die Nähe eines solch versierten Songschreibers hat Dave dazu verholfen, seine eigenen Fühler ohne großen zusätzlichen Aufwand stets ausgestreckt zu halten. Ein typisches Beispiel: Eines Tages waren Jim und Dave zusammen bei einem Meeting, und Jim (der soeben den Titelsong für die Debüt-CD unseres neuen Künstlers geschrieben hatte) musste noch los zu einem anderen Termin in der Stadt. So traten wir also alle den Aufbruch an, doch ehe wir uns versahen, waren Jim und Dave bereits in ein anderes Gespräch vertieft, und die Zeit ging völlig an ihnen vorbei. (Wenn Sie einen der beiden kennen, wird Sie das gar nicht mal wundern.) Wenig später kam der Chef der Schallplattenfirma zurück in den Raum und sagte zu Jim: »Boy, you're bad at goodbyes.« (»Junge, Abschiednehmen ist nicht so dein Ding.«)

Jim zog sofort sein Notizbuch hervor und schrieb sich die Worte »bad at goodbyes« auf, wobei er schwärmte, was für eine tolle Idee zu einem Song das sei. Dave war der gleichen Meinung – so sehr, dass er die Textzeile nicht mehr aus seinem Kopf bekam. An diesem Tag wachte er mitten in der Nacht auf, und noch immer spukten ihm diese Worte im Schädel herum. Zum Glück hatte er neben sich auf dem Nachttisch Papier und Bleistift liegen, sodass er alles, was sich auf einmal in seinem Kopf zusammenspann, unmittelbar notieren konnte.

Kapitel 2

Die verschiedenen Genres: von Country über Folk und Blues bis hin zum Rock

Vorsicht! Stilrichtungen und Genres sind eigentlich nicht dasselbe. Der Begriff Genre bezeichnet eine übergeordnete Kategorie, die sich wiederum in viele Stilrichtungen unterteilt, die aber allesamt diesem Genre zuzurechnen sind (zum Beispiel zählt die Countrymusik überraschenderweise zum Rock-Genre). Trotzdem wollen wir in diesem Buch beide Begriffe der Einfachheit halber synonym verwenden.

Viele Songwriter legen sich auf mindestens zwei oder drei musikalische Stile fest, die sie zu perfektionieren versuchen, worin sich meist ihr persönlicher Geschmack ebenso widerspiegelt wie ihr musikalischer Background– wenn man sich aber nicht zu weit ins Wasser wagen will, reichen auch schon ein oder zwei verschiedene Richtungen. Manche Songwriter versuchen sich ständig auf neuem Gebiet, und häufig klappt es mithilfe eines Kollegen, der in diesem Genre oder Stil versiert ist. Gelegentlich kommt es auch vor, dass ein Song, der für eine ganz bestimmte Stilrichtung geschrieben wurde, auf eine andere übertragen wird, indem man das Arrangement entsprechend ändert. Auch diese Methode hat schon den einen oder anderen großen Hit hervorgebracht (als zum Beispiel Elton John einige seiner Balladen in ein typisches Musical-Gewand steckte).

In diesem Kapitel wollen wir Ihnen verschiedene Genres der Popmusik näher vorstellen, damit Sie daraus lernen, wie Sie Ihre eigenen Songs abwechslungsreicher gestalten können – sowohl vom Kompositionsstil als auch vom Arrangement her. Wir zeigen Ihnen auch, wie Sie Ihre Texte, Melodien und Akkordfolgen den verschiedenen Genres anpassen können.

Folgende Stilrichtungen werden näher unter die Lupe genommen:

- ✔ **Singer/Songwriter:** Wenn Sie ausschließlich für sich selbst schreiben und auf der Suche nach sich selbst sind, können Sie auf jedes Regelwerk verzichten.

- ✔ **Rock:** Dieses breite Spektrum an Stilrichtungen reicht vom Hardrock bis zum Softrock, vom markerschütternden Lärm bis hin zu melodisch-sanften Tönen, mit unzähligen Ausprägungen dazwischen, und ist seit Mitte der 1950er-Jahre populär.

- ✔ **Pop:** Diese Sparte reicht von Billy Joel bis zu Michael Jackson (dem King of Pop), von Christina Aguilera bis zu Lady Gaga. Vermutlich das verbreitetste und kommerziell erfolgreichste Genre.

- ✔ **R & B, Urban und Hip-Hop:** Dieser immer größere Kreise ziehende Teil der Music-Charts wurde in den 1940er-Jahren geboren, setzte sich fort mit Smokey Robinson, dem King of Motown, und kann immer wieder neuen Atem schöpfen.

- ✔ **Country:** Reicht von der traditionellen bis zur alternativen Countrymusik (*Alternative Country*) und dem Pop-Country, beides Modeerscheinungen des 21. Jahrhunderts. War, ist und bleibt eine Musikfront, auf die seriöse Songwriter auf jeden Fall zählen können.

- ✔ **Gospel und christliche Musik:** Definiert sich heute vor allem aus dem Inhalt der Texte und seinem Hauptanliegen und schließt Songs aus allen Stilrichtungen ein.

- ✔ **Blues und Folk:** Als Großvater verschiedener anderer Stilrichtungen hat der Blues ohne jeden Zweifel seine textlichen und musikalischen Spuren hinterlassen.

- ✔ **Jazz:** Dieses Kapitel bliebe unvollständig, würden wir diesen Stil nicht erwähnen, den man als Brückenschlag zwischen den klassischen Formen und dem Songwriting unserer Tage betrachten darf.

Einen eigenen Stil kreieren: alles über Singer/Songwriter

Ein Singer/Songwriter ist ein Musiker, der seine eigenen Sachen textet, komponiert und auch singt. Diese Musik gilt als eigenes Genre, da es sich oft über einen Bruch mit den herkömmlichen Songwriting-Regeln definiert und sich auf die einzigartige Sichtweise des Künstlers stützt. Der persönliche Erfolg in dieser Kategorie hängt davon ab, in welchem Maß die Sichtweise des Künstlers dem Publikumsgeschmack entspricht und ob er als Person genügend Anerkennung genießt, damit man seinen Worten auch Gehör schenkt. Das Singer/Songwriter-Genre kommt oft allzu persönlich und gelegentlich auch missionarisch daher. Eigentlich ist es mehr eine Lebenseinstellung als eine Kunstform.

Ein Text, der vormals als tiefschürfend und reflektiert galt, kann schon ein Jahr später, in dem das Singer/Songwriter-Genre vielleicht weniger gefragt ist, bereits als weinerlich und ichbezogen abgetan werden.

Falls Sie selbst als Songwriter auftreten, sollte es Ihr Anliegen sein, mithilfe Ihrer Songs zu einer unverwechselbaren Stimme und Persönlichkeit zu gelangen. Auch wenn Dinge wie eine gute Liedform, der effektive Einsatz poetischer Stilmittel sowie eine solide Anwendung musikalischer Ideen und Hooks vorhanden sind, besteht das vorrangige Ziel dennoch darin, sich von den anderen abzusetzen und die Charakterzüge hervorzuheben, die einen unverwechselbar machen. Das kann sich durch einen bestimmten Standpunkt manifestieren, den man einnimmt, aber auch durch einen völligen Bruch mit musikalischen Stilrichtungen oder eine unorthodoxe Sicht auf das Leben. Doch wie dem auch sei: *Sie* definieren das Genre – nicht etwa umgekehrt.

Die Liste der Songwriter wird immer größer, und alle haben sie ihren ureigenen Stil kreiert. Bob Dylan, James Taylor, Carole King, Joni Mitchell, Paul Simon, Cat Stevens, Kenny Loggins, Bruce Springsteen, Sheryl Crow, Alanis Morissette, Jewel und Melissa Etheridge sind nur einige von ihnen. Eine Eigenschaft jedoch haben all jene Künstler gemeinsam: Man erkennt sie sofort wieder, wenn man sie hört.

Als ich 1984 mit der Band Survivor auf Tournee war, logierten wir in Beverly Hills, und einmal ging ich in die Hotelbar, um mir einen Drink zu genehmigen. Während ich also was Kühles in mich reinschlürfte, fiel mir das junge Mädchen auf, das am Klavier saß und spielte. Als ich bewusst auf ihre Songauswahl und die Texte achtete, wurde mir klar: Das war nicht die typische Salonsängerin, deren Programm aus einer Mischung aus aufgewärmten Standards und Top-40-Hits bestand. Was sie sang, waren künftige Klassiker. Ich ging rüber und setzte mich an die Pianobar (eines jener Klaviere, in das ringsum Sitze eingebaut sind, während das Instrument selbst als Tisch fungiert) und lauschte wie hypnotisiert den Geschichten aus ihrem Leben. Als sie irgendwann eine Pause einlegte, stellte ich mich der jungen Tori Amos vor. Ihr unerschütterliches Selbstvertrauen – sie schien genau zu wissen, wer sie war – verschlug mir die Sprache. Ohne eine Spur von falscher Bescheidenheit, aber auch frei von Überheblichkeit, wusste sie einfach, dass sie es schaffen würde und das Zeug dazu hatte, es in dieser Branche zu etwas zu bringen.

Jim Peterik, Sänger, Songwriter und Multi-Instrumentalist bei den Bands Ides of March und Survivor; außerdem Komponist von Hits für .38 Special, Sammy Hagar und andere

Falls es Ihr hauptsächliches Anliegen als Songwriter ist, mit Ihrem eigenen Material aufzutreten, beschäftigen Sie sich doch einmal mit den Texten obiger Künstler (und einiger Ihrer Lieblingsmusiker), um Ihre eigene Vision mit deren Vision zu vergleichen. Dann stellen Sie sich folgende Fragen:

- ✔ Wer bin ich eigentlich und wie kann ich meine persönliche Sichtweise am besten in einen Song integrieren?

- ✔ Wie gelange ich zu größeren Einblicken als je zuvor, um zu ergründen, was meiner Seele wichtig ist?

✔ Wie kann ich meinen Stil als Songwriter, Arrangeur und Sänger so weiterentwickeln, dass man jedem meiner Songs, der im Radio kommt oder im Theaterfoyer gespielt wird, sofort anmerkt, dass er von mir stammt?

In der Singer/Songwriter-Szene ist Einzigartigkeit nicht nur eine Option – sie ist ein Muss!

Erfolg! (Auch bei der breiten Masse)

Wenn Sie beabsichtigen, viel Publikum um sich zu sammeln und auch die breite Masse für Ihre Songs zu interessieren, sollten Sie sich auf eins der folgenden vier Mainstream-Genres konzentrieren, da Plattenfirmen und Musikverleger vor allem auf der Suche nach Songs und Künstlern sind, die sich kommerziell im Radio und TV vermarkten lassen. Eine Frage jedoch sollten Sie sich bei der Auswahl »Ihres« Genres stellen: In welchem Ausmaß lässt es sich in textlicher und melodischer Hinsicht, hinsichtlich seiner Akkordprogressionen, des Rhythmus, ja sogar der Aufnahmequalität variieren? Das sind alles Merkmale, an denen sich Publikumswirksamkeit messen lässt.

Viele Plattenfirmen und Musikverleger unserer Tage versuchen, Songs im Fernsehen, in Videospielen, auf Internet- und Socialmediaplattformen oder auch als Klingeltöne zu vermarkten. Solche Positionierungen gewährleisten, dass ein ordentlicher Prozentsatz der Gesamteinnahmen abfällt, da die Industrie nicht mehr von Radioplatzierungen abhängig ist. Ich habe den Slogan »Das Fernsehen ist das neue Radio« gehört. Diese Tatsache wird auch in Zukunft mitbestimmen, welche Art von Musik Plattenfirmen und Verleger suchen. Ein Musterbeispiel für Künstler, die aufgrund einer Platzierung in den Medien in die Popkultur vorgedrungen sind, ist die Band The Shins und ihre Arbeit mit der Musik für den Film »Garden State«.

Steve »The Skillet« Killen, Gitarrist, Sessionspieler und Gründer der Heron Blue Recording Workshops

Rock

Die Rockmusik entstand Mitte der 1950er-Jahre, und ihre Eltern heißen Rhythm und Blues. Als Songwriter kann ich nur sagen, dass diese Art von Musik einer Menge verschiedener Geschmäcker gerecht werden kann. Auf der Grundlage des guten alten Rock entstand eine Vielzahl von Subgenres.

Falls dieser Stil Sie interessiert, sehen Sie sich auf den folgenden Seiten die verschiedenen Subkategorien der Rockmusik an und entscheiden Sie, mit welcher Sie sich dauerhaft anfreunden und Ihre kompositorische Arbeit entsprechend maßschneidern könnten.

Wie Sie in Kapitel 4 nachlesen können, handelt es sich beim musikalischen Riff (der häufig auf der Gitarre gespielt wird) um ein Element des Rock-Genres. Falls Sie für einen Songwriter musikalisch etwas zu schwach auf der Brust sind, suchen Sie sich einen Gitarristen, der Ihrer Musik ebenso einen typischen Stempel verleihen kann wie The Edge das für U2 tut, Keith Richards für The Rolling

Stones sowie einst Eddie Van Halen für Van Halen, Jimmy Page für Led Zeppelin oder Slash für Guns N' Roses.

Rock 'n' Roll im alten Stil

Dieses Genre entstand Mitte der wilden 1950er, als das Publikum bei Acts wie Bill Haley and His Comets (»Shake, Rattle And Roll«), Chuck Berry (»Johnny B. Goode«), Jerry Lee Lewis (»Great Balls Of Fire«) und natürlich Elvis Presley, dem King of Rock 'n' Roll persönlich, nach der perfekten Ausbruchsmöglichkeit suchten. Songwriter aus dem Rockabilly-Bereich wie Buddy Holly (»Peggy Sue«) gehörten zu den hauptsächlichen Inspirationsquellen für die »British Invasion« und den Songwriting-Stil der Beatles – später auch für die mehr bluesorientierten Rolling Stones und Bluesrock-Bands wie Traffic, Cream und The Moody Blues.

Heute verschafft sich dieses Genre bei einer Vielzahl von Acts, wie etwa George Thorogood and The Destroyers, Brian Setzer, den Black Crowes, The White Stripes und John Mayer Ausdruck in Form eines Zwitters aus Blues- und Rockmusik. Trotzdem stehen die Chancen für Songwriter in diesem Genre nicht allzu gut, da es bereits unglaublich viele Bands und Künstler gibt, die ihre eigenen Lieder schreiben. Wenn es Sie trotzdem dort hinzieht, schreiben Sie einfach drauflos und beten Sie, dass vielleicht eine neue Band entsteht (oder gründen Sie selbst eine!), die sich bereit fühlt, mithilfe des guten alten Rock 'n' Roll so richtig Furore zu machen.

Die Akkordprogression beim Rock 'n' Roll im altmodischen Stil stützt sich im Allgemeinen auf die traditionellen Blues-Progressionen (bei den Songs »Hound Dog« und »Johnny B. Goode« finden wir die 1-4-1-5-1-[oder E-A-E-H-E]-Progression), die das Tempo gewaltig antreiben. Die Messages sind recht einfach und schnörkellos, auch wenn Chuck Berry ihre Grenzen eindeutig überschritt, als er den (als Rock-'n'-Roll-Poesie geltenden) Text zu »Sweet Little Sixteen« schrieb, der schon verflixt literarisch daherkommt.

Hardrock

Wenn Sie noch ein paar Phon zugeben und den Verzerrer einschalten, die Drums näher ans Mikro rücken (um die nackt klingende Raumatmosphäre festzuhalten) und sich in ihrem Text mit eher extremen, unzweideutigen, zorngeladenen und kontroversen Themen beschäftigen, sind sie auf dem Weg zu einem Genre namens *Hardrock*. Dort befinden Sie sich in Gesellschaft von Künstlern und Bands wie AC/DC, Black Sabbath, Aerosmith, Joan Jett und Van Halen, aber auch von Bands, die mehr dem »Classic Rock« zuzurechnen sind, wie etwa Pink Floyd, Led Zeppelin, Jimi Hendrix, The Who und Grateful Dead (beim Classic Rock neigt man eher zu politischen als zu extremen, eindeutigen und emotionsgeladenen Inhalten und driftet auch gern mal hinüber in psychedelische Klangwelten).

Da Hardrock so von Liveauftritten bestimmt ist, lässt er sich nur schwerlich den Ansprüchen des Musikverlegers in seiner Arbeitswabe im Großraumbüro anpassen – viele Songs aus dem Hardrock-Genre werden von den Bandmitgliedern selbst geschrieben. Es handelt sich also nicht um eine Form, die man gern an Außenstehende (das heißt Nicht-Bandmitglieder oder Auftragsleute) abgibt. So mancher Song entsteht rein zufällig bei einer

Jamsession, wo die Musiker einfach den Regler hochdrehen und musikalische Zwiegespräche führen, bis sich ein gemeinsames Muster herauskristallisiert, auf dem dann Songstruktur und Text errichtet werden.

Falls Ihre Songwriting-Künste also eher hardrocklastig sind, wird es Zeit, einen Blick auf die Menükarte zu werfen und abzuklären, wie laut, extrem und radikal Sie es treiben dürfen. Dieses Genre unterteilt sich in zahlreiche Subgenres, wie etwa:

- ✔ **Heavy Metal:** Beispiele dafür wären Megadeth, Metallica, Static X und Ozzy Osbourne. Dieses Subgenre zeichnet sich aus durch übersteuerte und verzerrte, meist in einer Molltonart gespielte E-Gitarren sowie durch oft mit klassisch inspirierten Riffs unterlegte, mit wildem Geschrei intonierte Vocal-Parts.

- ✔ **Speed Metal** (Subgenre des Heavy Metal): Wie schon der Name sagt, geht es hier zusätzlich um Tempo; was dabei entsteht, ist eine Form des Heavy Metal, die mit nahezu menschenunmöglicher Geschwindigkeit beginnt und dann auch noch gesteigert wird. Beispiele wären Anthrax, Slayer und vielleicht auch »die schnellste Gitarre aller Zeiten«, der schwedische Musiker Yngwie (sprich: Iing-way) Malmsteen.

 Yngwie Malmsteen ist ein echtes Phänomen. Er spielte zunächst bei der Band Stormer, dann bei Keel, um schließlich als Solokünstler tonnenweise CDs auf der ganzen Welt zu verkaufen. Er stand sogar im *Guinness-Buch der Rekorde* – und zwar wegen des Affentempos, in dem er spielt! Allerdings wurde der von Malmsteen vorgelegte Temporekord mittlerweile gebrochen, und zwar von Nigel Rojas, dem Leadgitarristen von The Orange Sky, einer Reggae/Rockband aus Trinidad, die 2005 als Yngwies Vorgruppe auftrat.

Punkrock

Mit Vertretern wie The Clash, X, den Sex Pistols, The Ramones, Good Charlotte und Green Day beschäftigt sich dieses Subgenre vor allem mit der Entfremdung von der Gesellschaft, dem Bekenntnis zur Mode und der musikalischen Aufarbeitung einer geschwächten wirtschaftlichen und sozialpolitischen Lage, wobei herbe Töne durchaus beabsichtigt sind. Punksongs decken die gesamte Palette von einem bis drei Akkorden ab und werden meist sparsam arrangiert. Das Tempo ist ausgesprochen schnell, der Gesang bewegt sich am Rand des Sich-heiser-Brüllens.

Alternative Rock

Zunächst entwickelte sich diese Stilrichtung im Rahmen von Kultbands, die bei unabhängigen Labels (Independent Labels) untergebracht waren und vor allem durch Mundpropaganda von sich reden machten. Einige dieser Bands jedoch schafften es, kommerziell erfolgreich und auch vom Mainstream anerkannt zu werden – wie zum Beispiel The Cure, R.E.M., Nirvana, Soundgarden, Pearl Jam, Nine Inch Nails, Stone Temple Pilots und The Smashing Pumpkins. Die Medien sprechen in Zusammenhang mit diesem Stil oft von *Grunge*, was einerseits mit der »schmutzigen« (= grungy) Verzerrung des Gitarrensounds zu tun hat, andererseits eine Anspielung auf die oft negativen Songinhalte ist. Das Genre existiert nunmehr seit über 30 Jahren, ohne dabei je von der Bildfläche verschwunden zu sein. Im Gegenteil: Zu Beginn des neuen Jahrtausends, nach einer fast zehnjährigen »Regierungszeit« des Rap-Rock und des Nu-Metal, kam es wieder voll auf Touren und bescherte so mancher Band kommerziellen Erfolg – wie etwa Vertical Horizon, The Killers und Kings of Leon, aber auch einer Reihe von Bands, die damals erst in dieses Genre überwechselten, darunter Lifehouse, Nickelback, Incubus, Jimmy Eat World und Shinedown.

Mit dem Begriff *Modern Rock* bezeichnet man normalerweise ein Radioformat, das vor allem Titel aus dem Bereich des Alternative Rock spielt – zum Beispiel von Bands wie U2, Coldplay, System of a Down, Staind, Nickelback, Puddle of Mudd und Linkin Park. Die Kategorie umfasst eine moderne Mischung aus mehreren Jahrzehnten und Genres, bei denen die raffinierten Produktionsschwerpunkte (große Gitarren) und das gekonnte Songhandwerk (große Refrains) der 1980er-Jahre mit dem Flair des neuen Millenniums kombiniert werden. Im Modern Rock finden sich auch Anklänge an andere Genres, wie zum Beispiel Rap, Metal und Hip-Hop.

Progressive Rock

Bands wie King Crimson, die frühen Genesis, Hawkwind, Yes, Rush, Pink Floyd, Emerson, Lake and Palmer (ELP) und System of a Down rissen die technischen und kompositorischen Grenzen nieder, indem sie die Songstrukturen des Standardrock weit überschritten. Dabei entstand Musik mit großem Weitblick, sowohl in musikalischer und lyrischer als auch optischer Hinsicht. Das Genre wandelt ausgedehnte musikalische Arrangements, die manchmal für ein komplettes Sinfonieorchester geschrieben wurden, in etwas um, das im Grunde aus Rockmelodien besteht. Der Progressive Rock schöpft sowohl in literarischer als auch musikalischer Hinsicht aus klassischen Quellen und diente zahlreichen Genres als Inspiration, darunter dem Post-Rock, dem Avantgarde Metal und der neoklassischen Metal-Musik. Tatsächlich erlebte diese Stilrichtung in den Anfangsjahren des neuen Jahrtausends eine kleine Wiedergeburt, als Bands aus dem Bereich des elektronischen Rock-Subgenres viele unverkennbare Songs von Progressive-Rockbands sampelten und zu neuer Musik verarbeiteten.

Als ich noch Mitglied von Survivor war, pflegten wir beim Soundcheck (bei dem Bands ein paar Stunden vor Konzertbeginn die ihnen gestellte Ausrüstung, also die hauseigene Klangverstärkung, die Bühnenmonitore und Beleuchtungsanlagen noch einmal überprüfen) immer zu jammen. Ich hatte dabei stets den Kassettenrekorder laufen (manche Bands schneiden jeden Soundcheck über das Mischpult mit), um kein Fitzelchen an Brillanz zu verschenken, das die Band am betreffenden Tag vielleicht zufällig durchflutete.

Jim Peterik, Komponist von 18 Hits aus den Billboard-Top-Ten, darunter der unverwüstliche Evergreen »Eye Of The Tiger«, bekannt aus dem Film Rocky III.

Wenn Sie ein Songwriter sind, den es ins Rock-Genre zieht, gründen Sie doch so etwas wie eine »Songwriter's Jam Band« – weniger um gemeinsam eine CD einzuspielen (so ausgeschlossen ist das gar nicht – da sind schon verrücktere Dinge passiert) als sich auf dieses Umfeld einzulassen und Songs für andere Künstler aus dem Rockbereich zu schreiben.

Pop

Es gibt Fälle, in denen die Grenzen zwischen Pop- und Rockmusik verschwimmen oder nahtlos ineinander übergehen (Pop-Rock, Pop-Punk, Pop von der härteren Tonart). Die *Popmusik* (kommt von Populärmusik, Musik fürs Volk also) stellte Mitte der 1950er-Jahre zunächst die etwas softere Alternative zum Rock 'n' Roll dar – dennoch wurde sie auch zur eigenen Stilrichtung, die ihrem Wesen nach kommerziell ausgerichtet ist. Sie vereint in sich nicht nur die Subgenres *Dance-Pop* und *Elektro-Pop*, sondern auch die Fusion-Stilrichtungen (bei denen zwei oder mehr Genres miteinander kombiniert werden) *Pop-Rap* und *Country-Pop*. Sie sehen also, in diesem Genre steckt eine Menge Crossover-Potenzial.

Was Pop und Rock voneinander unterscheidet, ist jenes Gefühl einer ständig lauernden Gefahr, das der Rockmusik zu eigen ist, dem Pop aber fehlt. Rocksongs bewegen sich auf einem Terrain, das der Popsong meist nur ungern (oder gar nicht) betritt. Andererseits würden wahrscheinlich nur wenige von uns den Song »Pit Of Zombies« von Cannibal Corpse bei ihrer Hochzeit spielen lassen. Sehen Sie sich einfach mal einige der Subgenres unserer Tage an – oder die Formate von Radios, die sich als Popsender bezeichnen.

Der Begriff Top 40, wie er im Hitradio verwendet wird, war ursprünglich eine Wortprägung der Zeitschrift Radio & Records, um ein Radioformat zu definieren, das sich hauptsächlich auf die Musik der 40 Top-Singles beschränkt – dazu gehören mehrere Subgenres mit Schwerpunkt auf Rock, Pop und Urban Music. Wenn Sie einige Interpreten der Top 40 aufzählen sollen, denken Sie an Miley Cyrus, Alicia Keys, Taylor Swift, Beyoncé, Justin Timberlake, Britney Spears, Maroon 5, Black Eyed Peas, All-American Rejects, Lady Gaga, Rihanna und Jay-Z.

Zeitgenössischer Pop (Contemporary Pop)

Einige Jahre lang war der zeitgenössische Pop, der aus der Form des traditionellen Pop oder *Traditional Pop* hervorging (zu dessen Vertretern unter anderem Barbra Streisand, Nat »King« Cole, Frank Sinatra und Barry Manilow gehören), für jeden Songwriter eine Goldmine. Dieser Stil, der in der Regel von Künstlern repräsentiert wird, deren Stärke weniger im Songwriting liegt als in der Darbietungskunst, wird von einer Industrie vertreten, die ständig auf der Suche ist nach großartigen Songs, mit denen sie die Popularität ihrer Stars aufrechterhalten kann. Interpreten wie Mariah Carey, Céline Dion, Whitney Houston, Enrique Iglesias, Kelly Clarkson, Katy Perry und Marc Anthony stellten ihr Talent und ihre Stimmen zur Verfügung, um Hunderte von Songwritern zu inspirieren (und über Wasser zu halten).

Eingängige Melodien und griffige Hooks sind in dieser Kategorie unbezahlbar, zeitlose Themen wie Liebe, Reue, Vertrauen, Ergebenheit und Familie bilden die Norm. Die Instrumentierung darf innovativ sein, aber nie zu rau und brutal, und sie hat sich der Stimme des Sängers und der beabsichtigten Message unterzuordnen.

Wenn man einen zeitgenössischen Popsong komponiert, ist es wichtig, dass man – um bei möglichst vielen Künstlern auf Beachtung zu stoßen – seine Textinhalte möglichst dehnbar und allumfassend gestaltet. Wenn man für einen ganz bestimmten Interpreten tätig ist, sollte man versuchen, sich in ihn hineinzuversetzen, um die passenden Worte und Melodien direkt von ihm zu »empfangen«.

Dance-Pop

Bei Songs aus dieser Kategorie beugen sich sämtliche andere Elemente dem zentralen und übermächtigen Groove. Falls ein Song dann auch noch eine einprägsame Melodie hat, einen vermittelbaren Grundgedanken oder eine interessante Akkordprogression – umso besser! In erster Linie jedoch geht es darum, einen ganzen Tanzsaal zum Kochen zu bringen, während die große Diva auf der Bühne herumwirbelt. Madonna ist die *Grande Dame* dieses Genres, nach ihr kommen gleich Janet Jackson, Britney Spears, Paula Abdul, Kylie Minogue und Lady Gaga.

Die Texte in diesem Genre sollten immer so schlicht wie möglich, aber auch positiv sein und ein junges Feeling vermitteln. Denken Sie über Erlebnisse nach, die sich dafür als Thema eignen und an Ihr Zielpublikum vermittelt werden können, also an junge Menschen, männlich und weiblich, zwischen zehn und 25 Jahre alt. Viele der tiefsinnigen und vielschichtigen Inhalte, die Sie bisher in Ihre Pop- und Soulsongs gesteckt haben, sind auf der Tanzfläche nur verschossenes Pulver.

Die Texte in diesem Genre sind häufig gewagt und zweideutig, was aber nicht heißt, dass sie schlüpfrig und unschicklich sein sollen – am angemessensten finde ich es, sie als »unschuldig, wenn auch nicht ganz jugendfrei« zu definieren. Die weiblichen Interpreten lieben es, die Jungs im Publikum erst heiß zu machen, um ihnen dann zu erklären, »zu dieser Sorte Mädchen« würden sie nicht gehören. Den Jungs hingegen, die herumstolzieren und sich in Pose werfen, wäre es scheinbar am liebsten, dem »Mädchen ihrer Träume« ewige Treue schwören zu können.

Bei einem Songwriter für die Dance-Pop-Schiene wird hauptsächlich das Demo darüber entscheiden, ob sein Song vertont wird oder nicht. Je glatter, umso besser, und je mehr es schon nach dem fertigen Produkt klingt, umso höher steigen die Chancen. In diesem Genre ist der Sound mindestens ebenso wichtig wie der Inhalt. Bitten Sie einen guten Programmierer darum, die Schlagzeugspur für Sie einzuspielen. Und seien Sie nett zu ihm; sein Wert kann dem von mehreren goldenen Schallplatten entsprechen. (Als kleinen Dank sollten Sie sogar erwägen, ihn fest in Ihr Songwriter-Team aufzunehmen.) Er kennt eine Menge rhythmischer Gimmicks, die Ihnen einen heißen Song garantieren, selbst wenn es sich um ein Stück mittleren Tempos oder eine Ballade handelt. Diese inneren Rhythmen werden die Ohren (und die Füße!) so narren, dass sie das Tempo des Songs weitaus höher einschätzen.

Ich habe dieses ganze Dance-Pop-Phänomen nicht kapiert, bis ich einmal mit meiner neunjährigen Tochter zu einem Konzert fuhr, wo ich die damals emporstrebende Band 'N Sync erlebte, die als Opening Act für die Urban-Diva Janet Jackson auftrat. Sie eroberten die Bühne in Raumanzügen, um sich kurz darauf bis auf ihre bunten, alle Mädchenherzen zum Rasen bringenden Uniformen zu entkleiden. Die Schreie waren spitz und ohrenbetäubend (im Gegensatz zum eher gedämpften Applausgegröle für Janet, das aufgrund des etwas höheren Altersdurchschnitts ihrer Fangemeinde eine ganze Oktave tiefer zu ertönen schien). Jedes der Bandmitglieder hatte seine ganz spezielle Ausstrahlung und somit auch seine ganz spezielle Anhängerschar. Ihre Songs, die sich im Radio immer etwas klischeehaft und nur allzu simpel anhörten, luden sich mit einer ungewohnten Power auf, wenn sie live gespielt und mit der rasiermesserscharfen Choreografie und dem Sound einer Eine-Million-Watt-Anlage kombiniert wurden. Ich empfand einen völlig

neuartigen Respekt vor diesem Genre – und hatte gelernt, dass man sich, wenn man solche Songs zum Besten gibt, nie in der Garderobe vergreifen soll!

Jim Peterik, Komponist von 18 Hits der Billboard-Top-Ten

Lassen Sie sich bei der Auswahl des richtigen Interpreten für Ihren Song nicht lumpen! In diesem Genre ist der A-&-R-Repräsentant (A & R = Artist & Repertoire [Künstler und Repertoire]) mehr als irgendwo anders dafür verantwortlich, nicht nur Talente aufzuspüren, sondern für seine Acts auch die richtigen Songs mitzuliefern. Es wäre also eher kontraproduktiv, einen »nur« charmanten jungen Künstler auf die Bühne zu stellen, der vom Metier sonst nicht viel versteht. Beißen Sie in den sauren Apfel – und geben Sie ein paar Groschen mehr für einen hochkarätigen Session-Sänger aus – damit Sie sich immer sicher wähnen können, dass Ihr Song auch auf angemessene Weise vertont wird. Ein wirklich guter Sänger ist dabei das Letzte, woran man sparen sollte.

Wenn ich ein Demo aufnehme, arrangiere ich meinen Song erst einmal so, als hätte ich es mit einer Nummer aus den 1980er-Jahren zu tun. Viele Songs aus dieser Kategorie – wie etwa »Shape Of A Heart« von den Backstreet Boys – orientieren sich dabei so halbwegs an Journey. Erst danach füge ich verschiedene Soundeffekte und Rhythmusmuster von der Art hinzu, wie sie gerade häufig im Radio zu hören sind. Dann weiß ich, dass ich »auf dem neuesten Stand« bin. Ein großartiger Song ist ein großartiger Song – in welches Genre er einzuordnen ist, hängt größtenteils von seinem Arrangement ab.

Kurt Howell, Komponist/Produzent aus Nashville und Mitglied von Southern Pacific

Adult Contemporary (Softrock)

Adult Contemporary (AC) ist die Bezeichnung für ein bestimmtes Radioformat, zu dessen Vertretern zum Beispiel die 1970er-Jahre-Band The Carpenters gehört (bekannt durch Songs wie »We've Only Just Begun«, der von den Songschmieden Paul Williams und Roger Nichols ursprünglich als Werbejingle für eine Spar- und Darlehenskasse geplant war), aber auch Künstler wie Neil Diamond und Barry Manilow oder die Songs von Bread. AC ist eine balladenlastige Musik mit Rockeinflüssen, die sich an ein eher erwachsenes Publikum richtet. Dieser Stil, der manchmal auch als *Softrock* bezeichnet wird, zeichnet sich dadurch aus, dass er den Ohren wohlgefällig ist und nicht allzu viel Zündstoff bietet – und das ist keineswegs abwertend gemeint. Manchmal ist es gerade die leichtere, beschwingtere Seite der Rockmusik, die wir brauchen, um die Knoten und Verschlingungen in unserer Seele zu entwirren. Der Softrock erzählt keine langen Geschichten; sein Schwerpunkt liegt in (häufig in der ersten Person wiedergegebenen) Betrachtungen über die Widrigkeiten des Lebens und der Liebe. In unseren Tagen hat sich daraus (als eine etwas zeitgemäßere und kantigere Form des traditionellen Adult-Contemporary-Formats) der Hot AC entwickelt, der von Bands repräsentiert wird wie:

✔ **Five For Fighting:** Eigentlich ist diese Band die Schöpfung einer einzigen Person – nämlich die von John Ondrasek (ein Künstlername, abgeleitet von der Fünf-Minuten-Strafe für Fouls bei einem Hockeyspiel). Diese pianolastige Musik, deren Gewebe sich aus den Klängen einer akustischen 12-String-Gitarre, eines Kontrabasses, einer Bratsche, einer Hammond-Orgel und weiteren gefälligen Sounds zusammensetzt, tut den Ohren gut und gibt der Seele oft zu knabbern auf.

✔ **Lifehouse:** Diese Band, ursprünglich zwecks »Lobpreis und Anbetung« für die Kirche ihrer Mitglieder gegründet, bedient sich rauer Reibeisenstimmen als Gegengewicht zu ihrer Softcore-Instrumentierung. Die Gitarren klingen selbst mit Verzerrer noch glatt und gefällig und die Drums gebärden sich nie zu aufdringlich.

✔ **Train:** Obwohl sie oft als Hardrock-Formation in Erscheinung treten, entstammen ihre bekanntesten Songs – »Meet Virginia« und »Drops Of Jupiter« (Grammy-Sieger im Jahr 2002) – eindeutig dem AC-Genre. Das liegt an dem Nachdruck, den Train auf die akustische Gitarre, das Klavier und echte Saiteninstrumente legt – so schafften sie den »Umzug« von den Alternative Charts in den Mainstream.

Was das Arrangement anbelangt, so treffen wir beim AC-Format auf mehrere sich überlagernde Gitarrenspuren, die relativ freundlich klingen (im Gegensatz zu den dreckigen Verzerrungseffekten in Rock-Genres wie Hardrock oder Heavy Metal). Tasten- und Saiteninstrumente bilden eine Einheit, der Gesang ist weich und häufig gedoppelt, die Drums klingen nicht bombastisch und dienen nicht der Erzeugung von Schalleffekten, sondern nur dazu, den Groove am Leben zu erhalten.

Seit Beginn der 2000er-Jahre spielen AC-Radiostationen eine Art von Mainstream-Musik, zu der Hip-Hop und Hardrock mittlerweile ebenso gehören wie jugendorientierter Rhythm and Blues (R & B), Pop und rhythmische Tanznummern – obwohl dieses Format sich eigentlich mehr an eine erwachsene Zielgruppe richtet. Zu den im AC (oder seinen Subgenres, dem Hot AC und dem Soft AC) am häufigsten aufgelegten Interpreten zählen Elton John, Céline Dion, Sheryl Crow, Josh Groban, Michael Bublé und die Dave Matthews Band.

Das Genre, das Sie als Adult Contemporary kennen, hat eher etwas mit der Aufbereitung von Songs zu tun als mit deren Wesen. Einer der großen Softrock-Hits der 1960er-Jahre – »I'm A Believer« von den Monkees (geschrieben von Neil Diamond, dem Softrock-King höchstpersönlich) – wurde von den Poprock-Botschaftern Smashmouth in weitaus ungeschliffenerer Form neu präsentiert. Dass er als Soundtrack zu dem Zeichentrickfilm *Shrek* auch zurück in den Äther katapultiert wurde, zeugt nicht nur vom bleibenden Wert eines großartigen Songs, sondern demonstriert auch, wie man ihm ein zeitgemäßes Outfit verpassen und ihn neuen Geschmäckern anpassen kann.

Wenn Sie eine Demo von Ihrem neuesten Song anfertigen, sollten Sie gleich mehrere Versionen ausprobieren. Sollte er seine ersten Schritte als Softrock-Song gemacht haben, versuchen Sie, ihn in sein krasses Gegenteil umzumodeln – und machen Sie eine laute Hardrock- oder Alternative-Nummer daraus. Einen von Natur aus harten Song hingegen sollten Sie möglichst auch in »weichgespülter« Form erproben.

R & B, Urban, Hip-Hop und Rap

All jene Stilrichtungen fasst man unter dem Begriff *Soul* zusammen. Es ist Musik, die uns dort packt, wo Herz und Bauch aneinanderstoßen, Musik, die tief in uns vordringt und in uns wühlt. Es ist, als würden zurückgehaltene Emotionen sich bei mehreren Leuten gleichzeitig auf explosionsartige Weise Ausdruck verschaffen.

Auch wenn Songs aus den Bereichen R & B, Urban und Hip-Hop inzwischen zu einer Art eigenständigem Genre verwachsen sind, übt doch der Crossover in den Bereich des Pop noch immer einen starken Reiz aus, und versucht man, eine klare Trennlinie zwischen beiden Genres zu ziehen, gerät man leicht ins Schleudern – denn seit den 1990er-Jahren sind es *Urban Contemporary Hits* (ein weiteres Mainstream-Radioformat), die in den USA die Pop-Charts anführen, und Urban Contemporary steht für eine Art Crossover aus Rap und modernem R & B. Beispiele dafür wären »Crazy In Love« von Beyoncé und Jay-Z (geschrieben von Beyoncé Knowles, Rich Harrison, Shawn Carter und Eugene Record) sowie »I'm Real« von Jennifer Lopez und Ja Rule (geschrieben von Jennifer Lopez, Troy Oliver, Cory Rooney und L.E.S.).

Rhythm and Blues – R & B

Dieses Genre, das sich aus Worksongs und dem Field Hollering entwickelte, wurde in den 1950er-Jahren kommerzialisiert durch Künstler wie Jackie Wilson, Ray Charles und Solomon Burke. Sie ebneten den Weg für R-&-B-Künstler der 1960er-Jahre, wie etwa Stevie Wonder, The Four Tops, Martha and the Vandellas, Smokey Robinson and the Miracles und Temptation, später auch für die zeitgenössischen R-&-B-Musiker der 1980er-Jahre wie Michael Jackson, Prince, Luther Vandross und Mariah Carey. Von dort aus wurde die Fackel dann weitergereicht an Usher, Boyz II Men, Alicia Keys, Joss Stone und John Legend – alles R-&-B-Musiker unserer Tage. Der R & B legt allgemein großen Nachdruck auf den Backbeat (die zweite und vierte Zählzeit eines Taktes). Die Sänger nähern sich ihren Songs oft auf interpretative und gefühlsbetonte Weise, dabei weichen sie nicht selten von der geschriebenen Melodie ab. Denken Sie an Stevie Wonders emotionsgeladene Neubearbeitung von »For Once In My Life« (ursprünglich geschrieben von Ronald Miller und Orlando Murden), eines echten Standards, der durch Tony Bennett bekannt wurde, oder an das R-&-B-Remake des George-Gershwin-Klassikers »Summertime« (geschrieben von DuBose Heyward, neu bearbeitet von Billy Stewart). An diesen beiden Songs lässt sich klar erkennen, wo Popmusik endet und R & B beginnt.

Urban

Zu diesem Genre (eigentlich ist es ja mehr ein Radioformat als ein Genre) zieht es eine Menge Künstler aus dem Dance-Pop-Bereich. Es spiegelt den Sound der Städte wider: die Macken, den Slang, die Stile, Gewohnheiten, Vorlieben und Befindlichkeiten junger, hipper Menschen, einer Generation, die auf der richtigen Wellenlänge tickt. Destiny's Child, Ja Rule, Michael Jackson, Pink, Janet Jackson, Mary J. Blige, Jennifer Lopez und Genuwine versinnbildlichen die Richtung, die viele Dance-Pop-Acts wie Christina Aguilera, Britney Spears, Backstreet Boys und 'N Sync mit ihrer Musik eingeschlagen haben, denn dieser Sound kann ihnen auch bei ihrem Publikum auf der Straße zu Glaubwürdigkeit verhelfen – bei einer Generation, die von Tag zu Tag cooler und angesagter wird.

Ein Kennzeichen dieser Stilrichtung ist ihre extrem einfache Akkordstruktur (oft nur ein oder zwei Akkorde) zu einer schlichten, häufig nur aus zwei oder drei Noten bestehenden Melodie, die der Abgrenzung halber von Abschnitt zu Abschnitt ein wenig variiert. Auch die Grooves als solche sind so rudimentär wie möglich gehalten (Lichtjahre entfernt von den komplexen Gegenrhythmen der Dance-Pop- und Latin-Musik). Die Kick-Drum-(Bass-Drum)-Muster im Rhythmusbett sind groß und dumpf – denken Sie an das hämmernde Geräusch, das Ihre Stoßdämpfer aus der Verankerung zu reißen droht, wenn eines »jener berüchtigten Autos« neben Ihnen an der Ampel hält.

Was die Texte der Urban Music anbelangt, so decken sie die gesamte Palette ab; gemeinsam ist ihnen der lässige Gossen-Slang der Großstadtstraßen und eine Art arroganter Trotz, der sich fast fortwährend abzeichnet (»What Have You Done For Me Lately«, geschrieben von James Harris III, Terry Lewis und Janet Jackson).

Falls Sie für die Urban-Schiene schreiben wollen, machen Sie sich mit diesem Genre vertraut. Verbringen Sie ab und zu eine Nacht in einem der Clubs. Stellen Sie den richtigen Sender ein und lauschen Sie immer hinaus auf die Straße: Worüber reden die Leute? Wie drücken sie sich aus? In diesem Genre geht es ausschließlich um Glaubwürdigkeit auf der Straße – wenn Ihr Song die nicht vermitteln kann, wird er nie gepresst werden.

Denken Sie nie, Sie hätten einen Urban-Song geschrieben, nur weil Ihnen ein guter Groove gelungen ist. Urban ist eine Lebenseinstellung. Wer sie nicht hat, sollte entweder eine andere Richtung einschlagen oder es ganz bleiben lassen!

Hip-Hop und Rap

Am Anfang wurde der Rap meist mit dem Breakdance in einem Atemzug genannt – wer erinnert sich nicht an die wendigen und geradezu besessenen Rhythmus-Freaks, die mitten in den Städten ihre umwerfenden Tanzverrenkungen vorführten? Das Wort Rap leitet sich von einem Slang-Ausdruck der 1960er-Jahre ab, der so viel bedeutete wie Konversation machen, zum Beispiel: »My wife was on the phone rapping all day with her friends«. (»Meine Frau quasselte den ganzen Tag mit ihren Freundinnen am Telefon.«) Die Musik besteht aus halb gesungener, oft improvisierter Straßenlyrik – ergänzt durch Zeilen aus bekannten Plattenaufnahmen, meist aus dem Disco-, Funk- oder Rockbereich.

Ende der 1970er-Jahre entstand aus dem Rap der *Hip-Hop* – ein Genre, das identifizierbare Klänge und Songs in Stücke reißt, um sie in Form von neuen, nicht vorherzubestimmenden Songs wieder aufzubauen. Während Rap größtenteils aus gesprochenen Worten besteht, ist Hip-Hop hauptsächlich gesungener Text. Vom Rhythmus her ist der Rap aggressiver, der Hip-Hop stützt sich mehr auf sinnliche, hypnotische Grooves. Mögen die Beats von Rap und Hip-Hop für das ungeübte Ohr auch identisch klingen, so gibt es doch eine Reihe verschiedener Levels, die selbst dem einfachsten Song so etwas wie rhythmischen Kontrast verleihen. Der Rap begann ursprünglich mit DJs, die Drumloops spielten und *scratchten* (von Scratching spricht man, wenn die Nadel in der Plattenrille rhythmisch hin- und herbewegt wird, wodurch ein ähnlich rhythmischer Sound entsteht), während sie dazu rappten.

Als diese Form sich weiterentwickelte, wurden die von Rappern benutzten Techniken stilistisch immer vielfältiger. Manche waren sehr extrem und kompliziert und griffen auf Instrumente wie Hardrock-Gitarren zurück, während andere wiederum sämtliche Ecken und Kanten glattschliffen und vor allem den Text betonten.

Das Debütalbum von OutKast, das 1994 erschienene *Southernplayalisticadillacmuzik*, läutete eine neue Hip-Hop-Ära ein – den Southern Style. Im Jahr 2000 erntete die CD Stankonia allgemeinen Beifall und brachte dem Duo eine Handvoll Grammy-Nominierungen ein. Mit einer Prise Bewunderung für die Funkmusik von Parliament und Funkadelic schafften es OutKast aufgrund ihrer zum Nachdenken animierenden Texte, ihrer durchdachten Formulierungen und ihrer gewagten Mode-Statements bis an die vorderste Front der Hip-Hop-Szene.

Rapmusik wird häufig als prahlerische Gewaltverherrlichung und als Bekenntnis zur schlechten Behandlung von Frauen kritisiert, während andere sie als ideenreiche Manipulation kultureller Spracheigentümlichkeiten bewundern und den Rappern ein hohes Maß an sozialem und politischem Bewusstsein attestieren. Es gibt in der Hip-Hop-Szene ebenso viele Frauen wie Männer (oder haben Sie Fergie vergessen, Mary J. Blige, Lil Kim, Missy Elliot und Queen Latifah?), und die Musik wendet sich an ein großes Spektrum verschiedener Altersgruppen, Rassen und Gesellschaftsschichten. Ein Paradebeispiel für jemanden, der Hip-Hop und Rap miteinander verbindet, ist Common, ein Künstler, der die Authentizität und das soziale Anliegen des Hip-Hops tatsächlich erfasst hat. Seine Liedinhalte sind, politisch und kulturell betrachtet, proppenvoll mit den sozialen Bedürfnissen von Afroamerikanern; darüber hinaus ist er mehrfacher Gewinner des Grammy Award.

Falls Sie sich zum Hip-Hop oder Rap berufen fühlen, hören Sie sich die Texte genau an und achten Sie auf die Songs, die derzeit in den Charts sind. Lauschen Sie aber auch den »Altmeistern« und versuchen Sie herauszuhören, worin ihre ganz persönlichen Stile sich unterscheiden. Ein paar Anregungen: Snoop Dogg, Eminem, The Notorious B.I.G., OutKast, 50 Cent, Busta Rhymes, Ludacris, Gnarls Barkley, Kanye West und Jay-Z.

Wenn Sie mal für ein anderes Genre schreiben wie zum Beispiel Rock, R & B oder Dance-Pop, versuchen Sie doch, kreativ zu sein und in Ihr Arrangement auch Rap-Sections oder Hip-Hop-Rhythmen einzuflechten. Lernen Sie von Shaggy, der traditionellen, geschmeidigen Soul und Reggae mit Rapmusik vermischt (»It Wasn't Me«, geschrieben von Orville Burrell, RikRok, Shaun Pizzonia und Braun Thompson) – oder von Kid Rock, der Rap und Rock 'n' Roll mixt (»Bawitdaba«, geschrieben von R. J. Ritchie, Matt Shafer und Jason Krause).

Country

Dieses umfangreiche und beliebte Genre rühmt sich damit, der Herzschlag der Arbeiterklasse zu sein. Mit seinen einfachen Botschaften und seiner schlichten Sprache (»Schreib es so, wie du es sagen würdest«, lautet ein beliebter Ausspruch unter Country-Songwritern) legte es den Grundstein für eine Form, die im ländlichen Süden entstand und sich wie ein Lauffeuer in alle Himmelsrichtungen ausbreitete. Nashville, Tennessee, ist seit den

1930er-Jahren der Anlaufpunkt für dieses Genre und in neuerer Zeit so etwas wie Music City für praktisch alle Musiktypen. Bei der Countrymusik unterscheidet man zwei Hauptströmungen:

- ✔ **Traditional Country** – dazu gehören Hillbilly, Country & Western und Bluegrass.

- ✔ **Pop-Country**, auch als »Alternative Country« bekannt. Hier treffen Poprock-Arrangements auf den eher traditionellen Stil der Countrymusik.

Wenn diese Musik Ihr Leben ist, wenn Sie sie atmen und in sich spüren und sich dabei so wohlfühlen wie in einem Paar ausgelatschter Cowboystiefel, dann sollten Sie der alten, staubigen Straße auf jeden Fall treu bleiben – egal, woher Sie kommen. Wenn Sie sich aber in diesem Genre ganz und gar nicht heimisch fühlen oder es Ihnen nur ums Geldmachen geht, dann sind Sie kein Country-Typ und sollten auch nicht versuchen, mit Gewalt einer zu werden – es sei denn, Sie kriegen einen Holznickel rascher zu fassen als die Leute vom Land.

Traditional Country

Wenn Sie Countrysongs schreiben wollen, müssen Sie sich mit Ihren Wurzeln vertraut machen – denn was heute eine Blume ist, war gestern noch ein Samenkorn. Einige solcher Samenkörner, die Ihnen dabei helfen werden, Ihren eigenen Countrysongs zu komponieren, finden Sie in den folgenden Abschnitten. Picken Sie sich ein paar Songs der erwähnten Sänger oder Bands heraus und versuchen Sie zu erkunden, was sie so erfolgreich machte.

Der große Charme des Traditional-Country-Stils liegt in seiner Schlichtheit. Das heißt nicht, dass es keine klugen oder intelligenten Countrysongs gibt, aber die Messlatte wird nie höher gelegt als der Kopf des Mannes von der Straße sich befindet – und es wird somit auch nicht auf ihn herabgeschaut.

Die traditionelle Countrymusik stammt eigentlich aus den Appalachen, wo die Menschen gern sangen und auf ihrer Fiedel (Geige), Gitarre, Mundharmonika oder ihrem Banjo spielten. In den 1960er-Jahren wurde Johnny Cash zum Superstar, gefolgt von Willie Nelson; und George Jones gilt als einer der größten, wenn nicht *der* größte Countrysänger überhaupt. Einer der beliebtesten traditionellen Countryinterpreten unserer Tage ist der Singer/Songwriter Alan Jackson. Im Jahre 2002 gewann er dreimal einen Preis der Academy of Country Music, darunter als Top Male Vocalist (bester männlicher Sänger) des Jahres. Sein Titel »Where Were You (When The World Stopped Turning)« wurde sowohl zum Song des Jahres als auch zur Single des Jahres gekrönt.

Bei seinem 2006 veröffentlichten Song »Like Red On A Rose« arbeitete Alan Jackson mit einem neuen Produzenten zusammen und präsentierte einen neuen Sound, mit dem etliche seiner Fans sich nicht anfreunden konnten, da sie glaubten, der Sänger würde sich von seinen traditionellen Wurzeln abkehren und einen poppigeren Mainstream-Sound anstreben (auch wenn die CD unter der Bezeichnung Country Music oder Bluegrass lief). Muss man da noch dazu sagen, dass Jackson sich schon bald wieder seiner Country-Wurzeln besann und sein nächstes Studioalbum »Good Time« im gewohnten alten Sound präsentierte?

Es gibt zwei Arten von Traditional Country:

Country & Western: Die *Western*-Musik kam auf, als eine Reihe von Countrymusiker, viele davon aus Oklahoma und Texas, typische Themen des Wilden Westens (Cowboys, das Leben in den Bergen, Pferde und Vieh und – natürlich – das Girl, das zu Hause wartet) in ihre Musik einbauten und farbenfrohe Western-Kleidung zu tragen begannen. Die größten Stars waren Gene Autry und Roy Rogers. In den 1940er-Jahren erlebte die Countrymusik einen unglaublichen Aufstieg. Um sowohl Country- als auch Westernmusik im Rahmen ein- und desselben Genres vermarkten zu können, dachte sich die Plattenindustrie die Bezeichnung »Country & Western« aus, die beide Stilrichtungen in sich vereinte.

Bluegrass: Eine rein akustische Art von Musik (das heißt, es kommen keine elektronisch verstärkten Instrumente zum Einsatz). Zu den typischen Instrumenten gehören dabei der Kontrabass (Bass Fiddle), die akustische Gitarre, das *Dobro* (ein gitarrenähnliches Instrument mit Metallkörper, das normalerweise mit einem Slide oder Bottleneck aus Metall oder Glas gespielt wird), das Banjo, die Fiedel (Geige) und die Mandoline (das mit vier mal zwei Saiten bespannte Instrument mit dem kleinen Klangkörper). Angesichts der kontinuierlich steigenden Beliebtheit der Bluegrass-Musik würden Sie sich in diesem Genre vielleicht gern als Songwriter versuchen. Um dabei erfolgreich zu werden, lohnt es sich, tief in diese Musik hineinzublicken und vor allem bis zu ihren Wurzeln vorzudringen. Auf CD gibt es vorzügliche Anthologien von Leuten wie Bill Monroe bis hin zu den Stanley Brothers, und das ist ein guter Anfang. Danach sollten Sie sich mit neueren Künstlern vertraut machen, vor allem mit Allison Krauss, die längst Stammgast in den Country-Charts ist, aber auch mit Ricky Skaggs, dem Ex-Stanley-Brother Ralph Stanley sowie mit der »New Grass«-Sensation Nickel Creek – alle drei hochtalentierte Songwriter/Interpreten aus Kalifornien.

 Der Bluegrass-Soundtrack zum Film *Eine Mississippi-Odyssee* (Originaltitel: *O Brother, Where Art Thou*) erhielt 2002 den Grammy als »Bestes Album des Jahres«, was zahlreiche Leute aus der Industrie schockierte, erstaunte und erfreute.

Pop-Country (Alternative Country)

Pop-Country – das ist der eigenwillige Cousin der Countrymusik, der irgendwann mal zu einem Wochenendbesuch kam, dann aber zum festen Bestandteil des Haushalts wurde. Auf diese Weise wurden einige der scharfen Kanten der Countrymusik glattgeschliffen und durch die eher unkomplizierten Akkordwechsel und Produktionsstile der Pop- und Rockmusik ersetzt.

Pop-Country ist ein völlig anderes Genre als Traditional Country. Während die traditionellen Songs sehr schlicht sind, sich auf drei Akkorde beschränken und äußerst bodenständige und weltliche Themen behandeln, handelt es sich bei Pop-Country-Songs oft schlichtweg um Popsongs mit einem Country-Feeling und mehr als den üblichen drei Akkorden der Tradition (die 2er-, 6er- und 3er-Akkorde tauchen häufiger auf, dazu weitere verlockende Akkorde wie verminderte, halbverminderte und sus4-Akkorde). Der Hitsong »Amazed« (geschrieben von Marv Green, Chris Lindsey und Aimee Mayor, gesungen von Lonestar), der in die Pop-Charts wechselte, bedient sich dreier getrennter Tonarten: einer für die Strophen, einer für den Pre-Chorus und einer für den Refrain.

Tatsache ist, dass strukturell gesehen oft kein großer Unterschied besteht zwischen zahlreichen Pop-Country-Balladen und denen von Boybands wie den Backstreet Boys oder 'N Sync. Die Songs »I Can Love You Like That« (geschrieben von Steve Diamond, Maribeth Derry und Jennifer Kimball) und »I Swear« (geschrieben von Gary Baker und Frank Myers) waren sowohl Nummer-1-Countryhits für John Michael Montgomery als auch Hits der Top 40, als die Band All-4-One sie sang. Der Song »(God Must Have Spent) A Little More Time On You« (geschrieben von Carl Sturken und Evan Rogers) wurde nicht nur von 'N Sync aufgenommen (und stieg damit bis auf Platz 8 der Pop-Charts), sondern auch von der Countryband Alabama (featuring 'N Sync), wodurch er auch in den Country-Charts landete.

Wenn Sie für den Alternative-Country-Markt schreiben, denken Sie daran, dass Sie mit einem Song negativen Inhalts wahrscheinlich nicht sehr weit kommen. Auch penetrante »Lost my baby and I'm gonna drown my sorrow in Jack Daniels«-Heulsusen sind mal in, mal out – orientieren Sie sich also immer an den aktuellen Charts.

Als ich 1996 zum ersten Mal nach Nashville kam, um dort in der Szene mitzumischen, erschrak ich zunächst einmal. Kein Mensch schien sich um mein Vorleben als Rock-and-Roll-Musiker zu scheren. Als ein namhafter Musikverleger mich fragte, ob ich wirklich der Meinung sei, Countrymusik schreiben zu können, antwortete ich wahrheitsgemäß, ich sei mir nicht sicher. Was ich aber schreiben könne, seien gute und schlichte Songs, die aus dem Herzen kämen, und darum gehe es ja in der Countrymusik vor allem. Nun, vermutlich hatte ich seinen Stegreiftest bestanden, denn er machte mich mit einem seiner top Country-Komponisten bekannt, mit dem ich heute noch im Briefwechsel stehe – Mr. John (»Third Rock From The Sun«) Greenebaum.

Jim Peterik, Komponist von 18 Hits der Billboard-Top-Ten

Da sie weiß, wie ein gutes Arrangement aussieht, hat die Countrymusik bei ihrem Streben nach mehr Anklang bei der breiten Masse viele Stilelemente in sich aufgenommen: Inzwischen tauchen elektrische Rockgitarren (die in dieser Kombination noch verzerrter und aufgeladener wirken) ebenso auf wie nicht-traditionelle Elemente, zum Beispiel Strings, also Streichinstrumente (Chet Atkins ließ die Countrywelt kopfstehen, als er erstmals Countrysongs der 1950er-Jahre mit String-Partien versah), Synthesizer und selbst Drum Loops, wie man sie in Urban-Songs findet. Da kommt es auch schon mal vor, dass Software zur Korrektur der Tonhöhen (Autotune) dazu missbraucht werden, jenen roboterhaften Gesangseffekt zu kreieren, wie er in Chers Hit »Believe« (geschrieben von P. Barry, M. Gray, B. Higgins, S. McLennan, T. Powell und S. Torch) zu hören ist. Aber auch bestimmte Elemente der traditionellen Countrymusik kommen immer wieder zur Anwendung, damit die Hörerschaft der gewohnten Stilrichtung sich nicht allzu heimatlos fühlt – wie etwa die Fiedel und die Pedal Steel Guitar (das Teil, das sich auf vier Beinen vor dem Spieler befindet und mithilfe von Fingerpicks gezupft wird, dem man die Akkorde mithilfe eines Stahlstabs entlockt und dessen Tonhöhe über einen Trethebel mit den Knien des Spielers manipuliert wird, wobei der typisch »jammernde« Gitarrensound entsteht, den Sie aus vielen Countrynummern kennen). Ebenso beteiligt: das Banjo, das *Dobro* (die Gitarre mit dem Stahlkörper, die auf dem Albumcover von *Brothers in Arms* zu sehen ist – dem Meisterwerk jener britischen Hillbillies namens Dire Straits) und die Mundharmonika.

Oft rührt ein Song an mehr als nur ein einziges Genre – man muss nur das Arrangement, die Instrumentierung und den Gesangsstil etwas ändern. Produzenten gelingt es oft, aus einem Popsong eine Alternative-Country-Nummer zu machen, indem sie ihn durch typische Nashville-Instrumente wie die Steel Guitar und Fiedel anreichern. »I Swear« (geschrieben von Gary Baker und Frank Myers) wurde nicht nur ein R-&-B-Hit für die Band All-4-One, sondern auch ein großer Country-Erfolg für John Michael Montgomery.

Auf entlegeneren Straßen wandern: weitere bemerkenswerte Genres

Wenn man über musikalische Genres spricht, ist eines gewiss: Es gibt im Grunde so viele davon, dass man sie nicht zählen kann, sofern man auch all die Subgenres und Genre-Zwitter aus sämtlichen Bereichen berücksichtigt (gehen Sie nur mal auf Entdeckungsreise bei Wikipedia!). Da fällt es oft nicht nur schwer, den Überblick zu bewahren; es wird auch bei zahlreichen Künstlern immer wieder heftig darüber gestritten, welchem Genre sie nun eigentlich zuzurechnen sind (das fängt schon bei Amy Winehouse an). Es gäbe in diesem Zusammenhang noch eine Menge weiterer Genregruppen zu erwähnen, auch wenn sie gerade nicht zum kommerziell anerkannten Mainstream zählen). Smooth Jazz, New Age, Reggae – sie alle haben gewiss ihr Publikum, und auch auf andere (sogar sehr wichtige!) werden wir auf den nächsten Seiten noch zu sprechen kommen.

Christian (Christliche Musik)

Das christliche Genre stützt sich wie viele andere auf seine Authentizität. So wie es einem echten Countrykenner sofort auffällt, wenn jemand sich nur halbherzig an den Versuch wagt, bodenständige Musik zu schreiben, oder so wie eine Schar smarter Urban-Fans den Poser aus dem falschen Stadtviertel mit bloßen Augen und Ohren erkennt, so erfordert auch das Komponieren von Songs aus dem christlichen Bereich wahre Ergebenheit und wahren Glauben an Jesus Christus.

Man erzählt sich die vermutlich wahre Geschichte von dem Rockmusiker, der einen christlich gefärbten Song an eine christliche Radiostation verkaufte. Als die Programmchefs dem beigefügten Link zu seiner Homepage folgten, stießen sie dort auf vulgäre Ausdrücke und unchristliche Standpunkte. Das reichte aus, um seine christlichen Crossover-Ambitionen zu stoppen.

Dieses sich vor allem in den USA rasch ausbreitende Genre deckt so gut wie alle Stilrichtungen ab, vom Softrock bis zum Heavy Metal. Bands wie Creed (die im neuen Jahrtausend einer von Amerikas bestverkauften Acts *sämtlicher* Bereiche waren und sogar einen Grammy in einer nicht-christlichen Kategorie gewannen), Jars of Clay, Lifehouse, Switchfoot und P.O.D. gehören innerhalb der Musikszene der christlichen Bewegung an, bei der eine spirituelle Botschaft die Welt des Mainstream erobert hat und nicht nur von explizit christlichen Sendern, sondern auch von Radiostationen ausgestrahlt wird, die nicht als ausschließlich christlich gelten. (Die Gruppe Stryper ebnete der Metal-Musik den Zugang zum christlichen Genre, und Amy Grant war die erste christliche Künstlerin mit Erfolg in den allgemeinen Pop-Charts.) So wie Musiker aus der eher traditionellen Richtung wie Steven Curtis Chapman, Michael W. Smith sowie Bill und Gloria Gaither bereits Einzug in die zeitgenössischen christlichen Charts fanden, trägt diese neue Gattung von Interpreten dazu bei, das »Wort Gottes« einer noch breiteren Zielgruppe zu verkünden.

Um von christlicher Musik sprechen zu können, müssen nicht zwingend in jedem Song die Worte »Jesus« oder »Christus« vorkommen. Das wichtigste Element ist die Botschaft, die Gesinnung eines Songs.

Im Radio zeichnet sich der Trend zu einer positiveren Lebenseinstellung ab. Als Gegenpol zur Hoffnungslosigkeit und Trübsal der Grunge-Ära verbreiten christliche Bands wie P.O.D. und Audio Adrenalinein ihren Liedern eine neue Botschaft der Hoffnung. Andere Bands wie Lifehouse oder Creed (auch wenn sie nicht als christliche Bands vermarktet werden) begannen, konstruktive Werte und positive, lebensbejahende Botschaften zu vermitteln, bei denen dem Publikum »das Wort« oft ganz unbemerkt und zwischen den Zeilen gepredigt wird.

Die Band Blessid Union of Souls bedient sich in vielen ihrer Songs christlicher Themen auf eher unterschwellige Weise – indem es bei ihnen zum Beispiel heißt »Die *Liebe* wird einen Weg finden« anstatt »Gott wird einen Weg finden«. Auf diese Weise gelingt es dem Songwriter Eliot Sloan, die Botschaft an den Mann zu bringen, ohne dabei in einen Predigtton zu verfallen.

Falls Sie ein Singer/Songwriter sind, der ausgerechnet von der Rockschiene zur Welt der christlichen Musik überlaufen will, wird man Sie zunächst nur widerstrebend und unter Skepsis willkommen heißen. So wie die Countryszene Bedenken hat, »jedermann« in ihre Kreise aufzunehmen, so möchte auch der christliche Markt sich erst doppelt und dreifach davon überzeugen, dass der Neuling, um den es geht, Gott in Ergebenheit zugetan ist und dem Pfad des Herrn folgt.

Gospel

Die Gospelmusik unserer Tage kombiniert Jazz, R & B und Hip-Hop mit Worten der Anbetung und des Lobpreises. Einige der wichtigsten modernen Gospelinterpreten sind Yolanda Adams, Mary Mary, CeCe and Bebe Winans, Trin-I-Tee 5:7, Hezekiah Walker und Kirk Franklin.

Wie bei allen anderen Genres verschwammen in den letzten Jahren auch die Grenzen der Gospelmusik, um weniger traditionelle Musikstile mit aufzugreifen. Auf jede Shirley Caesar (traditionell) kommt inzwischen eine Yolanda Adams (Hip-Hop-Gospel), und Künstler wie Donnie McClurkin und Mary Mary sorgen dafür, dass die Gospelflamme nicht erlischt, während man sich aufmacht, um andere Pfade mit ihr auszuleuchten.

Stilistisch gesehen blieb der Southern Gospel näher an seinen Wurzeln als jedes andere Musikgenre, vom Bluegrass einmal abgesehen. Familienbands wie die McKameys oder die Singing Cookes (beide Gruppen verkörpern den Appalachian-Mountain-Style) sowie auch die Crabb Family setzen die Tradition in unseren Tagen fort; die Bluegrass-Gospel-Tradition hingegen wird von Bands wie der Isaacs Family oder Jeff and Sheri Easter repräsentiert.

Die Musik (sowohl Text als auch Melodie) sämtlicher Genres wirkt nachhaltig auf unsere Gefühle. Viele Menschen halten es für spirituell reinigend, Liedern zu lauschen, die von Jesus Christus handeln, und oft geschieht es, dass bestimmte Gospels oder christliche Songs – vor allem, wenn sie live in einer Kirche oder bei einem Konzert vorgetragen werden – die Menschen in einen Zustand versetzen, der sich mit Worten nicht beschreiben lässt: Dann jauchzt das Publikum vor Freude, verspürt eine Gänsehaut am ganzen Körper, während dicke Tränen über die Gesichter rollen. Lesen Sie einmal den Text zu folgendem Lied und stellen Sie sich dabei vor, Teil einer Menschenmenge zu sein, die vom Geist erfasst wurde:

From the Depths of My Heart
(geschrieben von Ben und Sonya Isaacs)

It hasn't been a bed of roses since I started on my way
And Lord you know I'm not complaining
There's just something I should say
For I've reached desperation and I've stumbled since my start
I've grown weary through the years, now I'm crying bitter tears
From the depths of my heart.

Refrain

From the depths of my heart, Lord, I'm calling out to you
For I need you here to lead me, I've done all that I can do
Lord I'm trying to do my part to see that others make it through
And though I know I don't deserve you
Still I'm trying hard to serve you from the depths of my heart.
It's not a prayer just from the lips, it goes much deeper than words
It's not a worthless expression, I just need to be heard
For Lord, I need to reach your throne, I know exactly what I'll do
I'll just fall down on my knees, I know you will hear the pleas
From the depths of my heart.

Text und Musik von Ben und Sonya Isaacs © Isaacs Family Publishing (BM)

Falls Sie Interesse haben, für dieses Genre zu schreiben – es gibt eine ausgezeichnete Quelle: ein Magazin mit dem Titel *Singing News*, das Ihnen zeigen kann, welche Richtung Sie einschlagen müssen. Die monatlich erscheinende Zeitschrift präsentiert in jeder ihrer Ausgaben den Tourneekalender der wichtigsten Künstler sowie auch Artikel über sie.

Blues und Folk

Es gibt Leute, die betrachten Blues und Folk als die ursprüngliche Soulmusik, da in diesen Stilrichtungen die Unannehmlichkeiten und der Kummer des Menschseins dokumentiert werden. Diese Musik wurde nicht des kommerziellen Gewinns wegen erfunden. Sie wurde von Menschen erdacht, deren Bedürfnis es war, ihre Geschichte zu erzählen und sich mithilfe einfacher und tief empfundener Songs die Seele zu erleichtern.

Pioniere des Blues wie Robert Johnson, Blind Lemon Jefferson und Memphis Minnie inspirierten Howlin' Wolf, Muddy Waters, Big Mama Thornton (Sängerin der von Jerry Leiber und Mike Stoller komponierten Originalversion des Presley-Tophits »Hound Dog«) und T-Bone Walker, der wiederum den Pfad ausleuchtete für spätere Bluesgrößen wie B. B. (Blues Boy) King, Buddy Guy, Albert King, Freddie King, Etta James und Elmore James. Die Letztgenannten wiederum boten einer neuen Generation von Blues-Nachkömmlingen Inspiration, angefangen bei Eric Clapton über Bonnie Raitt, Stevie Ray Vaughan und Robert Cray bis hin zu ganz aktuellen Blues-Emporkömmlingen wie Jonny Lang, Anthony Gomes, Shannon Curfman und Kenny Wayne Sheppard.

Wenn Sie nach dem ultimativen Blues-Wegweiser suchen, empfehlen wir Ihnen das Buch *Blues für Dummies* (erschienen bei Wiley-VCH, Weinheim). Cub Kodas und Lonnie Brooks Sachverständnis und Humor werden Ihnen gefallen.

Als Songwriter steht Ihnen immer eine Vielzahl an Blues- und Folkmusikern zur Verfügung, die auf gutes, einfaches und ehrliches Material nur warten. Der Blues ist ein Genre, in dem es nichts macht, wenn man herumjammert und sich beklagt. Wenn Sie sich allerdings die großen Bluesnummern anhören, werden Sie feststellen, dass diese Musik auch sehr dynamisch und aufbauend sein kann. Auf jeden Song, der von einer verlorenen Liebe handelt, kommt auch einer, in dem es um erfüllte Liebe geht. Oft ist es gerade das Nebeneinander von hüpfendem Blues-Shuffle-Beat einerseits und todtraurigem Text andererseits, das diesen Songs Energie einhaucht.

Beim Schreiben für die Folkschiene geht es vor allem darum, Ereignisse auf farbige Weise zu dokumentieren und eine gute Geschichte zu erzählen, so wie es Amerikas Folkpioniere wie Huddie Ledbetter (besser bekannt als Leadbelly), Woody Guthrie und Pete Seeger vormachten. Einfache Akkordwechsel und eine verständliche Sprache sind dabei der Schlüssel zum Erfolg.

Jedes Genre hat seine besondere Art, die Dinge auszudrücken. Beim Blues und Folk sind eine blumige Sprache und allzu poetische Sätze nicht gefragt. Sprechen Sie den Kern der Sache an und erzählen Sie in klaren und ehrlichen Worten. Hören Sie sich die frühen Alben von Robert Cray an – dort finden Sie zahlreiche Lehrbuchbeispiele dafür, wie man im Rahmen eines Bluessongs eine großartige Story um eine sofort identifizierbare Hookline baut (»Smoking Gun«, geschrieben von David Amy, Robert Cray und Richard Cousins).

Jazz

Die Musik dieses Genres stellt aus vielerlei Gründen eine der einflussreichsten Stilrichtungen dar. Nicht nur, dass sie unvergessliche Künstler wie Ella Fitzgerald und Louis Armstrong unter ihrem Dach vereint – im theoretischen Aufbau dieser Musik findet sich auch der Keim für die Geburt des Blues, des Gospel, des Rock 'n' Roll und des Rhythm & Blues. Im Endeffekt war es der Jazz, der eine Brücke zwischen den klassischen Formen und dem Songwriting unserer Tage herstellte. Die beiden Songs »I Got Rhythm« und »Embraceable You« aus dem Broadway-Musical *Girl Crazy* (geschrieben von George Gershwin und Ira Gershwin) haben genau das geschafft.

Mit der als »Turnaround« bezeichneten Akkordprogression (1-6-2-5) schlug »I Got Rhythm« den Grundton für die Bebop-Musik und andere Jazzformen an und revolutionierte das Jazz-Songwriting auf einschneidende Weise. In der Geschichte der westlichen Musik war das ein ausschlaggebender Zeitpunkt. Unser Verständnis sämtlicher zeitgenössischer Stilrichtungen wäre völlig anders, hätte es nicht die großen Jazzpioniere gegeben wie Duke Ellington, George Gershwin, Billie Holiday, Ella Fitzgerald, Tony Bennett, Frank Sinatra, Sarah Vaughn und andere.

Übung macht den Meister

Schon des Vergnügens wegen sollten Sie sich an allen möglichen musikalischen Stilrichtungen versuchen; dieses Kapitel bietet Ihnen dafür eine gute Richtschnur. Die Musik, die Sie am meisten begeistert, sollten Sie sich vormerken und sich darauf konzentrieren, in welchem Genre Sie sich am meisten heimisch fühlen, denn das ist höchstwahrscheinlich die Richtung, für die Ihnen das beste Material gelingen wird. Auch auf sportlichem Gebiet gibt es nur wenige Wettkämpfer, die in mehr als nur einer Sportart wirkliche Höchstleistungen erbringen (sie lassen sich sicher an den Fingern einer Hand abzählen). Das Gleiche gilt für das Songwriting – nur wenige Komponisten können Hits für sämtliche Genres schreiben. Tun Sie daher alles, um herauszufinden, für welchen Stil Ihr Herz wirklich schlägt, und betrachten Sie es als Eintrittskarte zu einer Musikerwelt aus Gold und Platin.

Kapitel 3

Die Ausarbeitung: Bringen Sie Ihren Song in Form!

Wenn Sie einen neuen Song im Radio hören, kommt es sicher selten vor, dass Sie sich zu Ihrem Kumpel umdrehen und sagen: »Wow! Geiler Pre-Chorus. Gefällt mir total gut, wie er geradezu auf den Hook zudrängt!« Falls doch, sind Sie schon ein sehr erfahrener Musikhörer – denn den meisten Leuten »gefällt« ein Song meistens bloß, ohne dass sie seine Struktur durchschauen. Aber einen guten Song ohne Struktur gibt es praktisch nicht. Wie ein Haus hat er ein Gerüst, das ihn trägt – das kann sowohl nach altbewährtem Schema konstruiert sein oder einer völlig neuen Bauweise folgen, sodass es auf dieser Welt kein ähnlich konzipiertes Haus gibt. Aus diesem Grund muss jeder Songwriter sich ein wenig mit dem auskennen, was man »Form« nennt, und damit, welche verschiedenen Formen es gibt. Dann durchschauen Sie genau, was Sie zuvor vielleicht instinktiv getan haben. Sie kennen ja den alten Spruch: Um gegen die Regeln zu verstoßen, muss man sie vorher kennen. Deshalb sollten auch Sie, selbst wenn Sie völlig eigene Wege gehen wollen, die Grundlagen des Aufbaus eines Songs beherrschen. Dann klingen Sie auf Anhieb viel professioneller und sitzen – egal, was Sie vorhaben – erst einmal »fest im Sattel«.

In diesem Kapitel nehmen wir uns daher die verbreitetsten und erfolgreichsten Liedformen vor. Wir zerlegen einen Song in seine Bausteine, seine Grundkomponenten und lernen, wie man sie richtig zusammensetzt, um zu einem Konstrukt zu gelangen, das mehr ist als nur die Summe seiner Einzelteile.

Ein wenig Fachsimpelei über Songformen

Bevor wir einen Blick auf die verschiedenen Songformen werfen, müssen Sie sich erst ein paar Fachbegriffe aneignen, damit Sie auch das verstehen, was wir meinen, wenn wir es sagen. Die meisten dieser Begriffe haben Sie schon einmal gehört – aber haben Sie sie auch richtig verstanden?

Intro: Das ist normalerweise der Teil, mit dem ein Song beginnt. Das Intro verrät schon etwas über die Melodie des Refrains (und manchmal auch der Strophen), aber in Instrumentalform. Das Ohr wird auf das vorbereitet, was noch kommt. Schalten Sie irgendeinen Radiosender ein. Die meisten Songs, die Sie zu hören bekommen, haben so etwas wie ein Intro– wenn es gut ist, ist Ihr Ohr von Anfang an »dabei«, und Sie werden dem Song nicht nach ein paar Noten schon wieder den Rücken kehren.

Strophe: Zweck der Strophe ist es, die Storyline und die Melodie des Songs offenzulegen. Sie treibt den Hörer zum Refrain hin, während sie ihn vertraut macht mit der Grundstimmung und der Message. Der Text kann sich über mehrere solcher Strophen erstrecken, wobei jedes Mal neue Informationen an den Hörer ergehen und die Geschichte kontinuierlich fortschreitet. Melodie und Akkordmuster bleiben in der Regel von Strophe zu Strophe gleich, bis auf gelegentliche kleinere Abweichungen in der Melodie, damit sie sich besser zum Text fügt.

Refrain: Wäre Ihr Song ein Spielautomat, dann wäre der Refrain sozusagen der »Ausgabeschacht«, bei dem Ihr Gewinn herauskommt, und zwar in Form von purem Geld. Es ist jener Teil eines Hits, der den Leuten durch den Kopf schwirrt, den sie im Geiste mitsingen und der sie dazu animiert, in den Laden zu gehen und sich die Platte zu kaufen. Der Refrain enthält fast immer die »Hookline« des Songs, entweder am Anfang oder am Ende. Darunter versteht man eine markante Textzeile oder eine Tonfolge, die bis zum Schluss immer wieder auftaucht – die Komponente, die dafür sorgt, dass man den Song später wiedererkennt. Normalerweise wiederholt sich im Refrain immer der gleiche Text, die gleiche Melodie – bis auf winzige Variationen vielleicht. (Eine Ausnahme zu dieser Regel finden Sie oft bei Countrysongs, die sich den »Knalleffekt« bis zum Schluss aufbewahren und zum Teil des letzten Refrains machen.) In den meisten Fällen jedoch hält der Songwriter bis zuletzt an ein und demselben Refrain fest – so kann es nicht vorkommen, dass das Publikum beim Mitsingen patzt.

Pre-Chorus: Das bedeutet übersetzt so viel wie »Vorspiel zum Refrain«. Es ist ein kleiner Songabschnitt, der den Hörer, bevor er in den Refrain hineingewirbelt wird, auf textliches und musikalisches Neuland führt. Normalerweise umfasst er nicht mehr als acht Takte, und häufig handelt es sich jedes Mal wieder um die gleichen Worte. Es kann sich auch nur um eine einzige Zeile handeln. Ein Pre-Chorus ist nicht *unerlässlich*, aber er kann für eine hübsche Wendung sorgen.

Bridge: Die Bridge – zu Deutsch »Brücke« – wird auch oft als die *mittleren Acht* bezeichnet, denn sie besteht üblicherweise aus acht Takten und folgt auf den zweiten Refrain eines Popsongs. Es gibt Songs, die kommen völlig ohne Bridge aus – sie ist also durchaus kein *Muss*. Manchmal besteht die Bridge aus Text, manchmal ist sie auch ein Instrumentalteil. Doch wie auch immer – ihre Hauptfunktion besteht darin, dem Zuhörer eine Pause vom üblichen Ablauf aus Strophen und Refrain zu verschaffen, indem sie auf eine andere Melodie und harmonische Abfolge zurückgreift. Auch ein textlicher Wendepunkt kann darin enthalten sein. Der Begriff »Bridge« rührt daher, dass dieser Songabschnitt zwei Hälften des Songs auf brückenartige Weise miteinander verbindet.

Coda: Eine bestimmte Form des Abschlusses, auch bekannt als *Outro* oder *Tag*. Die Coda heftet sich gewissermaßen an das Ende des Songs und stellt typischerweise eine Art großes Finale dar.

So, nun kennen Sie die verschiedenen Bestandteile eines Songs – jetzt müssen Sie noch wissen, wie sie organisiert, also zusammengefügt werden. Auch hier gibt es kein Richtig oder Falsch – es muss sich nur richtig *anhören*.

In anderen Songwriting-Büchern finden Sie oft ein System, das sich den Songformen durch Buchstabenkombinationen nähert (also zum Beispiel AABA); wir jedoch wollen lieber bei unseren Bezeichnungen der einzelnen Komponenten bleiben. Zumal wir in Kapitel 6 ein Rhythmusschema finden, das ebenfalls mit Buchstaben arbeitet – da könnte es leicht zu Verwechslungen kommen.

 Falls Sie sich beim Lesen dieses Buches einmal nicht daran erinnern, wofür die einzelnen Bezeichnungen stehen – hierher zurückblättern können Sie immer!

Vom Umgang mit Strophen

Der jedem Song zugrunde liegende Abschnitt ist die Strophe. Wir sprechen daher als Erstes über Songs, die aus nichts außer Strophen bestehen.

Die Single-Verse-Form

Bei dieser Songform (*Single-Verse-Form*) haben Sie einiges an Text, der uns in mehreren Portionen serviert wird – immer zur gleichen Musik und streng aufeinanderfolgend. Da ein Refrain oder eine Bridge meistens fehlen, taucht der Titel für gewöhnlich in der letzten Zeile jeder Strophe auf. Diese Form eignet sich vor allem für das Erzählen von Geschichten, wobei der Hörer von einem Handlungsabschnitt zum nächsten gescheucht wird. Kirchenlieder fallen so gut wie immer in diese Kategorie, ebenso wie viele Songs von Bob Dylan, Joni Mitchell, Joan Baez und Judy Collins.

Extrem wichtig bei dieser Form ist es, dass die Melodie trotz der stetigen Wiederholung identischer Abschnitte interessant bleibt. Manchmal ertönt zu diesem Zweck zwischen den Strophen ein Musikteil. Manchmal baut ein Songwriter eine Sektion ein, die zwar refrainähnlichen Charakter hat, in der aber der Titel-Hook des Songs nicht vorkommt. Solche Songs gelten in der Regel als eine Variation der vorliegenden Form.

Wie viele Strophen ein Song in der *Single-Verse-Form* enthält, ist ganz unterschiedlich. Jimmy Webbs Song »By The Time I Get To Phoenix« (der Glen Campbell zum großen Durchbruch verhalf) schafft es, seine Story innerhalb von drei Strophen zu erzählen.

Jede der gut durchdachten Strophen dieses Hits steht für einen Ort, über den der Sänger nachdenkt, während er die Fahrt weg von seiner Geliebten in Kalifornien noch einmal Revue passieren lässt. Was tut sie gerade, wenn der Sänger an den drei Stationen seiner Reise – Phoenix, Albuquerque und Oklahoma – ankommt?

Der Titel des Songs wird nur einmal erwähnt, und zwar gleich zu Beginn der ersten Strophe; so macht Webb schon am Anfang deutlich, dass jede Strophe für eine bestimmte Station steht. Auch an anderen Stellen des Songs geht der Songwriter sehr gekonnt mit seinem Text um – etwa bei »She'll just hear that phone keep on ringin' off the wall«, gefolgt von einem schlichten »That's all«. Und so schreiten Song und Reise von einer Strophe zur nächsten fort.

»Closer« (geschrieben von Caleb Followill, Jared Followill und Nathan Followill), der erste Track auf dem mit einem Grammy ausgezeichneten Album *Only By The Night* von den Kings of Leon, bedient sich einer fortwährenden Strophenform, um dem Song zu grüblerischer Intensität zu verhelfen. Die Soundeffekte des Synthesizers und die monotone Stimme des Sängers erzeugen beim Hörer einen tranceähnlichen Zustand. Die Songschreiber spürten offensichtlich, dass es unnötig war, eine oder zwei weitere Teile einzubauen, da auf diese Weise die Schwungkraft der sich in diesem Song aufbauenden Stimmung zunichte gemacht würde.

»Closer« (von den Kings of Leon)

Strophe 1

Stranded in this spooky town
Stoplights are swaying and the phone lines are down
This floor is crackling cold
She took my heart, I think she took my soul
With the moon I run
Far from the carnage of the fiery sun

Strophe 2

Driven by the strangled vein
Showing no mercy I do it again
Open up your eye
You keep on crying, baby
I'll bleed you dry
The skies are blinking at me
I see a storm bubbling up from the sea

Refrain

And it's coming closer
And it's coming closer

Strophe 3

You, shimmy shook my bone
Leaving me stranded all in love on my own
What do you think of me
Where am I now? Baby where do I sleep
Feel so good but I'm old,
2000 years of chasing taking its toll
And it's coming closer

Ein weiteres Beispiel für die Single-Verse-Form wäre Bob Dylans »All Along The Watchtower«, bekannt geworden durch Jimi Hendrix. Es besteht aus drei Strophen und ist typisch für Dylans in den 1960er-Jahren eingeführten Stil des Textens.

Wenn Sie sich diesen meisterhaft geschriebenen Text genau anhören, wird es Ihnen schwerfallen, einen Hook zu entdecken (mehr zu diesem Thema in Kapitel 4) – bis Ihnen irgendwann klar wird, dass der ganze Song ein einziger großer Hook ist. Der Titel »All Along The Watchtower« kommt nur an einer Stelle vor, nämlich in Zeile 1 von Strophe 3. Beachten Sie aber trotzdem, dass dies vermutlich der beste Anwärter auf einen Titel ist. Dylan hätte den Song auch »Two Riders Were Approaching« nennen können, oder »There Must Be Some Way Out Of Here«, doch keiner davon klingt so perfekt wie »All Along The Watchtower«. Um Ihr Wissen über diese Songform noch zu vertiefen, beschäftigen Sie sich ein wenig mit den Songs in Tabelle 3.1.

Songtitel	Songwriter	Sänger/Interpreten
»Closer«	Caleb, Jared, Matthew und Nathan Followill	Kings of Leon
»Doves Cry«	Prince	Prince
»Subterranean Homesick Blues«	Bob Dylan	Bob Dylan, Red Hot Chili Peppers
»Born In The USA«	Bruce Springsteen	Bruce Springsteen
»So What«	Pink, Max Martin und Shellback	Pink

Tabelle 3.1: Beispiele für Songs in der Single-Verse-Form

Die Zweistrophen-Form

In den klassischen Songs, die von amerikanischen Komponisten zwischen den 1940er- und 1960er-Jahren für das Kino und den Broadway geschrieben wurden, kommt vor allem die *Zweistrophen-Form* vor. Da diese Form keinen Refrain kennt, kam sie in der Popmusik ab den 1970er-Jahren nur selten zum Einsatz, doch es gibt Ausnahmen: Der Songwriter Lionel Richie bedient sich in seinem 1980er-Jahre-Hit »Hello« einer erweiterten Zweistrophen-Form.

Wie schon der Name sagt, besteht diese Form aus nur zwei Strophen, die jedoch eine komplette und in sich geschlossene Geschichte erzählen. Jede Strophe umfasst in der Regel 16 Takte (mehr über Takte in Kapitel 8), und die zweite Strophe ist normalerweise eine musikalische Wiederholung der ersten und beginnt auf die gleiche Weise, um sich dann jedoch musikalisch anderweitig zu entfalten.

Wir geben es ja zu: Die Songs der 1930er- und 1940er-Jahre mögen ein wenig steif anmuten, aber zu Studienzwecken eignen sie sich bestens, weil sie meist sehr, *sehr* gut geschrieben sind. Der Text bringt das Thema genau auf den Punkt, und die Melodien *sind* unvergesslich. Von Leuten wie Irving Berlin, Hoagie Carmichael, George Gershwin und anderen kann man eine Menge lernen. Falls Sie sich eingehender mit der Zweistrophen-Form beschäftigen wollen – in Form von alten und neuen Songs sowie solchen in den besten Jahren – dann sollten Sie sich die Liste in Tabelle 3.2 etwas genauer ansehen:

Songtitel	Songwriter	Sänger/Interpreten
»Good Riddance«	Billie Joe Armstrong	Green Day
»In My Life«	John Lennon, Paul McCartney	The Beatles
»White Christmas«	Irving Berlin	Wir alle (bekannt wurde es aber durch Bing Crosby)
»Love Song«	Simon Gallup, Roger O'Donnell, Robert Smith, Porl Thompson, Lol Tolhurst, Boris Williams	The Cure, 311, Death Cab for Cutie, Good Charlotte und viele andere

Tabelle 3.2: Beispiele für Songs in der Zweistrophen-Form

Die »Standardform«

In der ersten Hälfte des 20. Jahrhunderts war sie ohne jeden Zweifel die Form der Wahl. Die *Standardform* besteht aus zwei Strophen, gefolgt von einer jener »Variationen«, über die wir im Abschnitt über die Single-Verse-Form gesprochen haben. Auch heute noch ist diese Form bei Songwritern sehr beliebt.

Wissenswertes über die Standardform

Bei der Standardform folgt auf zwei Strophen ein Abschnitt mit einer neuen Melodie. Kein Refrain im eigentlichen Sinne, aber irgendwie auch keine Strophe. Manche Songwriter sprechen von einem »Change Part«, also einem *Wechselpart*, da er zwar von der Strophe in einen anderen Abschnitt wechselt, aber trotzdem nicht die gleiche Funktion erfüllt wie ein Refrain. Bei dieser Form folgt auf den Wechselpart eine weitere Strophe. Der Titel erscheint in der Regel in der ersten oder letzten Zeile jeder Strophe, und zwar jedes Mal an der gleichen Stelle.

Der Change Part bildet einen Kontrast zu dem Songteil mit den Strophen, da er andere Akkorde enthält, eine andere Melodie hat und manchmal den Schwerpunkt des Textes verlagert. Er sorgt für ein Intermezzo zwischen den Strophen, das sehr wirkungsvoll sein kann, wenn man es geschickt einsetzt.

Im klassischen Standardsong ist eine Strophe in der Regel acht Takte lang und bestimmt die Hauptmelodie des Songs. Jede der drei Strophen hat einen anderen Text, nur manchmal ist die letzte Strophe eine Wiederholung der ersten, wie zum Beispiel in John Phillips »Monday, Monday«, gesungen von The Mamas and The Papas. Es gibt sogar Songs wie John Lennons und Paul McCartneys »Do You Want To Know A Secret?«, bei denen alle drei Strophen textlich identisch sind. Dies alles jedoch sind Ausnahmen von der Regel, denen Sie nur in sehr wenigen Songs begegnen. In der Regel verfassen Songwriter zu jeder Strophe einen anderen Text.

Die Standardform wird auch heute noch in vielen Stilrichtungen angewandt – ob Country, Gospel, christliche Musik, Pop, Jazz oder Theater- und Filmmusik – allerdings nicht mehr so oft wie früher. Man kann sich dieser Form bedienen, um für nachhaltige emotionale Befriedigung zu sorgen: Die ersten beiden Strophen bestimmen die Hauptmelodie, der Wechselpart sorgt für ein kontrastierendes Feeling. Schließlich erfolgt mit der letzten Strophe die emotional befriedigende Rückkehr zu dem, was anfangs aufgeworfen wurde.

Zu jeder Regel gibt es eine Ausnahme – dadurch wird das Leben (und werden Songs) erst interessant. So gibt es zum Beispiel Standardsongs, bei denen der Titel in der ersten oder letzten Zeile jeder der drei Strophen keine Erwähnung findet. Jeder kennt »The Christmas Song«, doch der Titel kommt im Text kein einziges Mal vor. Er beschreibt nur, wovon der Song handelt, und als Wortverbindung im Lied selbst würde er wohl auch nicht besonders gut klingen.

Ein weiteres Beispiel für einen Titel, der anders platziert wird als üblich, ist George und Ira Gershwins bekannter Song »I Got Rhythm«. Sie begegnen dem Titel zu Beginn der ersten Strophe, in den nächsten beiden Strophen jedoch kommt er nur in abgewandelter Form vor – und zwar in Strophe 2 als »I Got Daisies«, und in Strophe 3 als »I Got Starlight«. Ein guter Trick, den auch der Songwriter Jimmy Webb in seinem »By The Time I Get To Phoenix« anwandte (auch wenn dieser Titel in der Single-Verse-Form gehalten ist). Beschäftigen Sie sich mit dieser Technik – vielleicht wollen Sie eines Tages damit in einem eigenen Song brillieren.

In den nächsten Abschnitten stellen wir Ihnen einige Songs vor, an deren Beispiel Sie die Standardform noch eingehender studieren können.

Ein echter Klassiker ist Harold Arlens und E. Y. Harburgs »Over The Rainbow«, das in dem Film *Der Zauberer von Oz (The Wizard of Oz)* von Judy Garland gesungen und seitdem von vielen anderen Interpreten gecovert wurde. Es ist ein echtes Musterbeispiel für einen Standardsong, der am Ende ein zusätzliches Element mit der Bezeichnung *Coda* enthält. Aufgrund der ausladenden Worte muten die einzelnen Strophen an, als würden sie ins Ohr des Hörers »fließen«; einen Kontrast dazu bietet der Wechselpart mit seiner raschen Abfolge von Worten (»Where troubles melt like lemon drops away above the chimney tops«). Die Bridge bietet das perfekte Intermezzo zwischen der zweiten und dritten Strophe.

Die folgende Liste (Tabelle 3.3) enthält eine kleine Auswahl von Liedern in der Standardsong-Form. Alles großartige Songs übrigens, die Ihnen ein weitergehendes Verständnis dieser Struktur vermitteln.

Songtitel	Songwriter	Sänger/Interpreten
»Hey Jude«	John Lennon, Paul McCartney	The Beatles
»Something«	George Harrison	The Beatles
»Forever And Always«	Taylor Alison Swift	Taylor Swift
»Save The Last Dance For Me«	Doc Pomus, Mort Shuman	The Drifters
»Just The Way You Are«	Billy Joel	Billy Joel

Tabelle 3.3: Beispiele für Songs in der Standardform

Die erweiterte Standardform

Ab den 1960er-Jahren bedienten sich verschiedene Songschreiber einer erweiterten Variante der Standardform, in der ein zusätzlicher Wechselpart und eine abschließende Strophe enthalten war. Bei dieser abschließenden Strophe kann es sich durchaus um die Wiederholung einer vorangegangenen Strophe oder eines Teils von ihr handeln.

Der Song »Yesterday« von John Lennon und Paul McCartney greift auf eine erweiterte Standardform zurück. Der Titel taucht in der ersten Zeile jeder Strophe auf, nicht aber in Strophe 2, wo es stattdessen »Suddenly« heißt. Auch in der letzten Zeile jeder Strophe ist er zu hören, ebenso in der letzten Zeile der Bridge, und die abschließende Strophe ist lediglich eine Wiederholung von Strophe 3.

Dieser erweiterten Standardform begegnen Sie auch in anderen von Lennon und McCartney komponierten Songs der Beatles, zum Beispiel in:

✔ »I'll Follow The Sun«

✔ »I Want To Hold Your Hand«

✔ »Hard Day's Night«

✔ »Long And Winding Road«

✔ »I Call Your Name«

In einigen McCartney-Songs wird es etwas komplizierter. »Michelle« etwa (das wir ebenfalls Lennon und McCartney verdanken) hat vier Strophen und drei Wechselparts; die vierte Strophe wird nicht gesungen, sondern instrumental gespielt. Der Text von Strophe 2 wird in den Strophen 3 und 5 wiederholt, sodass also dreimal die gleiche Strophe gesungen wird. Die drei Wechselparts jedoch unterscheiden sich textlich voneinander. Eine ungewöhnliche und experimentierfreudige Formstruktur! Da *viele* Songs von McCartney und Lennon eine irgendwie erweiterte Struktur aufweisen, ist es äußerst lehrreich, sie zu studieren. Eine Hausaufgabe mit Vorfreude-Faktor.

Die Strophen-Refrain-Form

Die *Strophen-Refrain-Form (Verse-Chorus-Form)* ist in der Pop-, Rock-, Gospel-, R-&-B- und Countrymusik am verbreitetsten. Bei dieser Form wechseln Strophen und Refrain einander ab, wobei der Refrain immer der gleiche bleibt, außer vielleicht am Ende des Songs, wo man ihn erweitern kann, um für einen gelungeneren Abschluss des Stücks zu sorgen.

Die eigentliche Story des Songs wird in den Strophen erzählt; der Refrain dient vor allem dazu, die Hookline zu verkünden. Gut funktionierende Pop- oder Rocksongs beginnen oft mit einer Zeile, mit der man sich als Hörer identifizieren kann; danach werden Sie mit fortschreitender Strophe immer tiefer in das Geschehen hineingezogen, geraten also in eine Art Sog. Richtig Power bekommt das Ganze, wenn der Refrain gesungen wird. Ein guter Refrain fällt dem Hörer sofort auf und gräbt sich in sein Gedächtnis ein.

In diesem Abschnitt können Sie sich die Strophen-Refrain-Form etwas näher ansehen. Wir beginnen mit dem Song »Goodbye Yellow Brick Road« von Elton John und Bernie Taupin.

Der Song hat zwei Strophen und erzählt die Geschichte von einer Person, die das mondäne Leben satthat und wieder ganz schlicht auf einer Farm leben möchte. Der Refrain arbeitet ihre Gefühle heraus; sie sagt der »gelben Ziegelstraße« Adieu und stellt klar, dass sie wieder zum einfachen Leben zurückkehren wird. Egal, wie viele Strophen ein Song hat – ein Refrain ist immer angebracht, da er das Hauptanliegen des Songs schildert. Beachten Sie, dass der Titel sowohl vorn als auch hinten im Refrain vorkommt; auf diese Weise gibt er eine besonders wirksame Hookline ab.

 Der ideale Ort, um einen Titel im Refrain unterzubringen, ist dessen erste Zeile. Manche Songwriter bringen ihn sowohl in der ersten als auch der letzten Zeile unter (wie in »Goodbye Yellow Brick Road«).

Ein weiterer toller Song aus der Verse-Chorus-Rubrik stammt von Alicia Keys, der ersten Künstlerin, die ihre Platten bei J. Records, dem neuen Label des legendären Produzenten und Gründers von Arista Records, Clive Davis, herausbrachte. Ihr Song »Fallin'« ist das Paradebeispiel für einen schlichten Strophen-Refrain-Song, der aufgrund der schwellenden Gesangsstimme sowie des brillanten Arrangements zum wahren Kunstwerk wird. Der gesamte Song besteht aus nur zwei Akkorden, wobei er sich der grundlegenden Blues-Progression bedient, wie Sie sie aus dem Klassiker »I Put A Spell On You« (von Screamin' Jay Hawkins, gecovert in den 1960er-Jahren von den Animals) kennen. Nie zuvor klang diese Progression, die zwischen e-Moll und h-Moll hin- und herwechselt, so elegant. Es handelt sich um einen Song im Strophen-Refrain-Schema mit einem schlichten Refrain. Ihre Schwungkraft erhält diese Nummer durch ein Arrangement, das mit Wiederholungen, anschwellenden Saitentönen und Backgroundgesang arbeitet. Der Song beginnt mit einem von Gospel nur so überfließenden Opening Line im *A-cappella*-Stil (Gruppen- oder Solo-gesang ohne Musikbegleitung) – »I keep on falling in and out of love with you«– und setzt sich fort mit der pianogestützten Strophe:

»Fallin'« geschrieben und gesungen von Alicia Keys

Strophe 1 (A)

I keep on fallin' in and out love with you
Sometimes I love ya, sometimes you make me blue

Sometimes I feel good, at times I feel used
Lovin you, darlin', makes me so confused

Refrain (B)

I keep on fallin' in and out of love with you
I never loved someone the way that I love you

Strophe 2 (A)

Oh, oh, I never felt this way
How do you give me so much pleasure
And cause me so much pain
Just when I think I've takin' more than would a fool
I start fallin' back in love with you

Refrain (B)

I keep on fallin' in and out of love with you
I never loved someone the way that I love you

Coda

I, I, I, I'm fallin'
I, I, I, I'm fallin'
Fallin', Fallin'
I keep on fallin' in and out of love with you
I never loved someone the way that I love you
I keep on fallin' in and out of love with you
I never loved someone the way that I love you
I keep on fallin' in and out of love with you
I never loved someone the way that I love you

Text und Musik von Alicia Keys © 2000 EMI April Music, Inc., und Lellow Productions (ASCAP)

»Goodbye Yellow Brick Road« und »Fallin'« halten sich genau an die Verse-Chorus-Form. Gelegentlich jedoch bringt ein Verse-Chorus-Song zwei Strophen, bevor der Refrain erstmals gesungen wird. Für ein tieferes Verständnis dieser Sonderform (die sich oft als wirksame Methode erweist, um uns noch vor dem Refrain mit dem Feeling eines Stücks vertraut zu machen), können Sie sich die Texte zu einigen (oder auch allen) Songs aus Tabelle 3.4 ansehen.

Songtitel	Songwriter	Sänger/Interpreten
»Daniel«	Elton John, Bernie Taupin	Elton John
»Helpless«	Neil Young	Crosby, Stills, Nash & Young
»My Hero«	Grohl/Smear/Mendel	Foo Fighters

Tabelle 3.4: Beispiele für Songs im Verse-Chorus-(Strophen-Refrain-)Stil

Als weitere Beispiele für Verse-Chorus-Songs können Sie die in Tabelle 3.5 gelisteten Songs studieren. Während Sie die Texte lesen oder sich die Songs anhören, achten Sie genau auf die Platzierung des Titels und staunen Sie, was eine gekonnte Titelplatzierung zu leisten vermag.

Songtitel	Songwriter	Sänger/Interpreten
»American Pie«	Don McLean	Don McLean, Madonna
»The Wind Beneath My Wings«	Larry Henley, Jeff Silbar	Bette Midler
»Foolish Games«	Jewel	Jewel
»Amazed«	Marv Green, Aimee Mayo, Chris Lindsey	Lonestar
»If You Ever Have Forever In Mind«	Vince Gill, Troy Seals	Vince Gill
»American Idiot«	Billie Joe Armstrong/Green Day	Green Day

Tabelle 3.5: Noch mehr Beispiele für Songs im Verse-Chorus-(Strophen-Refrain-)Stil

Im schwarzen Sedan zum Erfolg

Nach Jims Meinung ist sein erster Nummer-1-Hit »Vehicle« (gesungen von The Ides of March) vermutlich der simpelste Song, den er je geschrieben hat. Die Strophe geht, anders als bei der Verwendung eines Pre-Chorus, einfach nahtlos in den Refrain über:

Strophe

I'm the friendly stranger in the black sedan
Won't you hop inside my car
I got picture, got candy, I'm a lovable man
And I can take you to the nearest star

Refrain

I'm your Vehicle, baby
I'll take you anywhere you wanna go
I'm your Vehicle, baby
By now I'm sure you'll know
That I love you (love you), need you (need you)
Want you, got to have you, child
Great God in heaven you know I love you

Text und Musik von Jim Peterik © 1970/1999, Bicycle Music (ASCAP)

In seiner Eigenschaft als Songwriter gibt Jim gerne zu, dass er seine schlichten Songs schon gern mal ein wenig abwertet – aber zu guter Letzt muss er immer wieder erleben, dass gerade diese Songs zu Tophits werden. In unserem Beispiel enthält jeder Songteil eine Hookline, mit dem Höhepunkt »Great God in heaven you know I love you«. Es dauerte Jahre, bis Jim endlich dahinterkam, was er gerade bei seinen erfolgreicheren Songs richtig machte. Es lässt sich im Grunde auf einen einfachen Nenner bringen: Schlichtheit, Nachempfindbarkeit und ein Killerbeat.

Die Strophen-Refrain-Form mit Pre-Chorus

Wie schon erwähnt: Ein Pre-Chorus (eine Art kurze Hinleitung zum Refrain) erweist sich beim Schreiben von Songs in der Verse-Chorus-Form als hervorragendes Stilmittel.

Der Beatles-Song »Lucy In The Sky With Diamonds« ist ein Paradebeispiel für einen Titel, der sich eines Pre-Chorus erfolgreich bedient. Falls Sie den Song noch nicht kennen, sollten Sie ihn sich anhören, während Sie diesen Abschnitt lesen. So können Sie direkt mitverfolgen, wie der Pre-Chorus klingt und was er bewirkt.

Es wird Ihnen auffallen, dass Lennon und McCartney vor den ersten beiden Malen, bei denen der Refrain gesungen wird, einen Pre-Chorus (mit jeweils anderem Text) dazwischenschalten, vor dem letzten Mal jedoch nicht.

Stellen Sie sich den Pre-Chorus vor wie eine Mini-Bridge. Wie schon die Bridge will er den Hörer akustisch und geistig auf neues Terrain geleiten. Er gestattet es dem Textschreiber auch, die Story weiter auszubauen, bevor der Refrain ertönt.

Wenn Sie das nächste Mal einen Song schreiben, überlegen Sie vorher, ob der Refrain nicht noch besser wirken könnte, wenn Sie ihm einen Pre-Chorus voranstellen. So ein Pre-Chorus enthält oft neue, erfrischend wirkende Akkordwechsel, wie sie in der Strophe nicht vorkommen, vor allem wenn beide die gleiche Tonart haben.

Dem Songwriter Chad Kroeger ist es zusammen mit der Band Nickelback gelungen, einen großartigen Song nach diesem Strophe-Pre-Chorus-Refrain-Schema zu schreiben. Das Besondere an dem Stück »How You Remind Me« ist, dass der Titel nicht im Refrain, sondern tatsächlich im Pre-Chorus vorkommt, der dann zu einem powervollen Refrain hinführt, bei dem man gern mitsingt.

In der zweiten Strophe erzählt der Sänger von seinem Scheitern in der Vergangenheit. Im Pre-Chorus (und danach im Refrain) werden der Titel und die Aussage noch einmal aufgegriffen.

Die letzte Strophe ist einfach noch einmal die erste Strophe, jedoch in ziemlich minimalisierter Form, beschränkt auf Gesang und E-Gitarre sowie die ersten beiden Zeilen der Strophe. Dann ertönt noch einmal der Pre-Chorus und leitet hin zum abschließenden Refrain in seiner vollen Pracht, bei der dramatische Pausen der gesamten Band für besondere Spannungsmomente sorgen. In diesem Song bestehen sowohl Pre-Chorus als auch Refrain immer aus den gleichen Worten.

Die Strophen-Refrain-Form mit Bridge

Eine Bridge hat den Zweck, ein Intermezzo zwischen anderen Songteilen zu bilden. Verse-Chorus-Songs mit einer Bridge sind heutzutage fast schon die Regel. In diesem Abschnitt zeigen wir Ihnen einen Strophen-Refrain-Song mit Bridge einmal genauer.

Vertical Horizon ist eine jener Bands, bei denen es Jahre und zahlreiche Albumveröffentlichungen dauerte, bis sie endlich über Nacht zur großen Sensation wurden. Das 2000 veröffentlichte »Everything You Want« (geschrieben von Matt Scannell) wurde zu ihrem großen Durchbruch. In nur vier Minuten und 17 Sekunden definiert dieser Titel, wie moderne Rockmusik sich anhören sollte – intelligent, knapp, eingängig, kryptisch und handwerklich einwandfrei. Im Grunde ist der Song in der Verse-Chorus-Form geschrieben, mit zwei Strophen vor dem Refrain. Eingeleitet von einer telegrammartigen Tonfolge auf der E-Gitarre und wenig später begleitet von der akustischen Gitarre und dem Bass, beginnt die Strophe mit einer sehr provokativen Gesangsstimme, die den Hörer sofort ins Geschehen hineinzieht.

Nach den ersten beiden Strophen erreicht der Song den sehr eingängigen und einprägsamen Refrain. Wenn man den Titel gerade zum ersten Mal gehört hat, ist es dieser Teil, an den man sich am besten erinnern wird. Darauf folgt die dritte Strophe, die emotional bereits erschlossenes Land noch einmal betritt, wenn auch auf geringfügig andere Weise. Der Refrain wiederholt sich nun, dann folgt die Bridge, die eigentlich alles enthält, was eine Bridge enthalten sollte: Ihre Akkordprogression lässt thematisch gesehen eine neue Welt erstrahlen und erhöht den Einsatz, so wie der Sänger nach höheren Noten strebt. Schließlich hat der Song seine vierte Strophe erreicht – eine Art von nostalgischem Rückblick, der für diesen Song die perfekte Verpackung liefert. Darauf folgt ein Doppelrefrain, dessen erster Teil ein Klon der anderen beiden Refrains ist. Im zweiten Durchgang jedoch wechselt der Refrain in die Ich-Perspektive. Der Song ist durchwirkt vom hör- und spürbaren Gewebe eines magischen und stimmungsvollen Gitarrenmotivs, das vermutlich ein ebenso wichtiges Element darstellt wie sämtliche anderen Bestandteile des Stücks.

Wenn Sie auf Bridges stehen und mehr darüber erfahren wollen, befassen Sie sich mit den Songs in Tabelle 3.6 und lernen Sie, wieso es ausgerechnet die Bridge war, die so manchen Song zum großen Hit machten.

Songtitel	Songwriter	Sänger/Interpreten
»Here Comes The Sun«	George Harrison	The Beatles
»Rehab«	Justin Timberlake, Timothy Mosley, Hannon Lane	Rihanna
»I Turn To You«	Diane Warren	Christina Aguilera
»I Want It That Way«	Max Martin, Andreas Carlsson	Backstreet Boys
»Hands«	Jewel Klicher, Patrick Leonard	Jewel
»Un-break My Heart«	Diane Warren	Toni Braxton

Tabelle 3.6: Beispiele für Songs in der Verse-Chorus-Form mit Bridge

Die Strophen-Refrain-Form mit Pre-Chorus und Bridge

Diese beliebte Songform wird den Hörer vollends davon überzeugen, dass Songwriting harte Arbeit ist. Diesmal geht dem Refrain nicht nur ein Pre-Chorus voran, sondern es kommt auch mitten im Song eine reguläre Bridge vor, normalerweise nach dem zweiten und vor dem abschließenden Refrain. Und wer wirklich Mut hat, kann sogar die Aufmerksamkeitskurve der Zuhörerschaft prüfen, indem er nach der Bridge noch eine dritte Strophe einbaut, vor dem Abschlussrefrain.

Diese Form macht es dem Songwriter leichter, seine Textbotschaft an den Mann zu bringen und weitere musikalische Standpunkte einzunehmen. Für viele Rundfunk-Programmchefs stellt sie eine Herausforderung dar, da dabei oft Songs entstehen, die länger sind als das Format es erlaubt. Wenn Sie sich an einen solchen Song wagen, sollten Sie unbedingt darauf achten, dass er nicht unter der Last seiner musikalischen Bestandteile in sich zusammenbricht.

»Hold On Loosely«, der Top-Ten-Hit von .38 Special (geschrieben von Jim Peterik, Don Barnes, Jeff Carlisi und Frankie Sullivan) ist ein Beispiel für einen Song, der aufgrund dieser speziellen Form zu Höchstpower aufläuft, daher auch seine Beliebtheit in den Playlists der Rundfunkstationen. Achten Sie beim Mitsingen darauf, wie der Song sich allmählich aufbaut, dann verstehen Sie auch, weshalb er im klassischen Rockradio zum großen Renner avancierte.

»Hold On Loosely«, geschrieben von Jim Peterik, Don Barnes, Jeff Carlisi und Frankie Sullivan

Strophe 1

You see it all around you
Good lovin' gone bad
And usually it's too late when you
Realize what you had

Pre-Chorus

And my mind goes back to the girl I met
Long years ago, who told me

Refrain

Just Hold On Loosely
But don't let go
If you cling too tightly
You're gonna lose control
Your baby needs someone to believe in
And a whole lotta space to breathe in

Strophe 2

It's so damn easy
When your feelings are such
That you overprotect her
That you love her too much

Pre-Chorus

And my mind goes back to the girl I met
Long years ago, who told me

Refrain

Just Hold On Loosely
But don't let go
If you cling too tightly
You're gonna lose control
Your baby needs someone to believe in
And a whole lotta space to breathe in

Bridge

Don't let her slip away
Sentimental fool
Don't let your heart get in the way
Yeah, yeah, yeah

Strophe

You see it all around you
Good lovin' gone bad
And usually it's too late when you
Realize what you had

Refrain

So hold on loosely
But don't let go
If you cling too tightly
You're gonna lose control
Your baby needs someone to believe in
And a whole lot of space to breathe in

Wie Sie vielleicht bemerkt haben, überspringt die letzte Strophe den Pre-Chorus und leitet unmittelbar zum Schlussrefrain über. An dieser Stelle hielten die Songwriter den Pre-Chorus kein weiteres Mal für notwendig, sondern erachteten es für wichtiger, gleich zum eigentlichen Dreh- und Angelpunkt des Songs zu kommen.

»I Can't Hold Back«

Einer von Jims Lieblingssongs, an denen er mitgeschrieben hat, ist »I Can't Hold Back«, der seiner Band Survivor 1985 einen Hit bescherte. Er beginnt mit Frankies trickreich gezupftem Gitarrenintro, geht dann über zur ersten Strophe (»There's a story in my eyes ...«), leitet weiter zum Pre-Chorus (»I can feel you tremble when we touch ...«), und mündet in den Refrain (»I can't hold back – I'm on the edge ...«). Von da an wird er ganz unvermutet zu einer Instrumentalversion des Pre-Chorus, gleitet hinüber in eine ziemlich abgespacte Bridge (»Another shooting star goes by …«), um dann wieder in den Pre-Chorus zu rutschen. Als Nächstes folgt nicht der Refrain, sondern eine Rückkehr zur Strophe (»There's a story in my eyes …«), der Pre-Chorus wird übersprungen, und schon ist der Song beim Schlussrefrain angelangt. Uff! Als Jim und sein Koautor Frankie Sullivan zusammen mit ihrem Produzenten Ron Nevison im Record-Plant-Schallplattenstudio in Los Angeles am Klavier saßen und mit Ideen um sich warfen, hatten sie ihre Zweifel daran, ob diese unorthodoxe Struktur funktionieren würde, doch als sie den Song am nächsten Tag einspielten, klang er zauberhaft! Diese Erfahrung lehrte Jim, niemals vor kleinen Spielereien mit der Songstruktur zurückzuschrecken. Hier ist das Ergebnis:

»I Can't Hold Back«, geschrieben von Jim Peterik und Frankie Sullivan

Strophe 1

There's a story in my eyes
Turn the pages of desire
Now it's time to trade those dreams
For the rush of passion's fire

Pre-Chorus 1

I can feel you tremble when we touch
And I feel the hand of fate
Reaching out to both of us

Strophe 2

I've been holding back the night
I've been searching for a clue from you
I'm gonna try with all my might
To make this story line come true

Pre-Chorus 2

Can ya feel me tremble when we touch
Can ya feel the hand of fate
Reaching out to both of us
This love affair can't wait

Refrain

I can't hold back, I'm on the edge (I can't hold back)
You voice explodes inside my head
I can't hold back, I won't back down
Girl it's too late to turn back now

Bridge

Another shooting star goes by
And in the night the silence speaks to you and I
And now the time has come at last
Don't let the moment come too fast

Pre-Chorus 3

I can feel you tremble when we touch
And I feel the hand of fate reaching out to both of us

Strophe 3

There's a story in my eyes, turn the pages of desire
Now it's time to trade those dreams
For the rush of passion's fire

Refrain

I can't hold back, I'm on the edge (I can't hold back)
You voice explodes inside my head
I can't hold back, I won't back down
Girl it's too late to turn back now

Pre-Chorus 4

I can see you tremble when we touch
Oooh, and I feel the hand of fate reaching out to both of us
This love affair can't wait
I can't hold back, I can't hold back
I can't hold back, I can't hold back

© Words and music by Jim Peterik and Frankie Sullivan III © 1984 EMI Virgin Music, Inc., Easy Action Music and Rude Music. All rights for Easy Action Music controlled and administered by EMI Virgin Music, Inc. All rights reserved. International Copyright secured. Used by permission.

 Hören Sie sich die Songs von Lennon und McCartney sowie der verschiedenen Motown-Songwriter an. Auf diese Weise lernen Sie viel über die Variation von Songstrukturen.

Auch wenn es sich bei den Liedern in Tabelle 3.7 um lauter ältere Songs handelt – sie setzten die Maßstäbe für die neue Musik, die Sie täglich im Radio hören, und weisen einige Songformen außerhalb des Standards auf.

Songtitel	Songwriter	Sänger/Interpreten
»Standing In The Shadows Of Love«	Holland/Dozier/Holland	The Four Tops
»My Girl«	Smokey Robinson, Ronald White	The Temptations
»I'm Looking Through You«	John Lennon, Paul McCartney	The Beatles
»We Can Work It Out«	John Lennon, Paul McCartney	The Beatles

Tabelle 3.7: Strukturvariationen

»Drops Of Jupiter« (geschrieben und eingespielt von Train) ist einer der Songs, die sofort Eindruck machen. Es ist eine jener Nummern, bei denen man sich stets daran erinnern wird, wo man war und wie man sich gerade fühlte, als man sie zum ersten Mal hörte. »Drops Of Jupiter« steht beispielhaft für Songs, die sich einer erprobten Standardform bedienen, die jedoch an der einen oder anderen Stelle ein wenig verbogen wird, damit das Ganze unverbraucht und ungewöhnlich klingt – ein Meisterstück des Pop-/Rock-Genres. Der Song beginnt mit einer Pianoversion der Strophe. Die erste Strophe enthält als einzige eine Anspielung auf den Titel. So viel zur traditionellen Weisheit, die Hookline müsse tief im Song verankert werden – die Verkaufszahlen sprechen jedenfalls eine andere Sprache.

Übrigens – die bekannten Musik-Charts (zum Beispiel aus dem *Billboard*, aus *Radio and Records* und so weiter) haben zwecks Wiedererkennung des Songs den kryptischen Titel »Drops Of Jupiter« durch den schlichteren, aber auch einprägsameren Titel »Tell Me« ersetzt (es sind die Worte, die auf den Titel folgen).

Als Nächstes kommt der Refrain – kein Refrain der traditionellen Art übrigens, da er den Titel kein einziges Mal ausspricht, darauf folgt ein bemerkenswerter Instrumentalpart mit Streichinstrumenten. Dann folgt die zweite Strophe. Sie hält sich an die gleiche Struktur wie Strophe 1, mit der einzigen Ausnahme, dass die letzte Zeile vor Strophenbeginn zur Steigerung des Effekts erweitert wird. Intelligenterweise hat der Song aktuelle Bezüge, wie etwa »tae-bo« (Sportart) oder »soylatte« (Sojamilch). Das Ungewöhnliche an der zweiten Strophe: Obwohl der Rhythmus der Worte und die Melodie gleichbleiben, handelt es sich praktisch um einen völlig anderen Text; das so ziemlich Einzige, was erhalten bleibt, ist die Hookline »Tell Me«. Einzigartig ist dabei, wie das Geschehen nahezu unbemerkt in den Refrain mündet.

Der zweiten Strophe folgt eine Bridge, bei der allerdings nicht wie üblich Tonart und Stimmung wechseln. Sie ähnelt mehr einer Art Singsang und sorgt für mehr Action durch eine Veränderung des Textrhythmus. Danach reduziert sich das Arrangement wiederum auf Klavier und Gesang, und es folgt der Schlussrefrain. Erneut brechen die Songwriter mit der Form, indem sie Elemente der beiden vorangegangenen Refrains in einem einzigen Refrain zusammenwürfeln. Der Song endet mit dem ansteckenden »Na, na, na«-Refrain mit einander abwechselnden Stegreifgesängen aus verschiedenen Teilen des Songs. Die letzte Zeile ist die nagelneue Variante einer früheren Passage. Der Text des Songs kann auf sehr vielfältige Weise interpretiert werden, und der majestätische Tonfall der Musik passt hervorragend zum großen Spielraum, den der Text bietet.

Es gibt auf dieser Welt ein paar großartige Songs, die sich einfach nicht an die Regeln halten. Ihre Komponisten haben die Standardformen ignoriert, um etwas wirklich Einzigartiges zu erschaffen. »Drops Of Jupiter« lässt sich mit Hängen und Würgen in eine Art traditionelle Form zwingen, doch damit steht der Song wirklich allein auf weiter Flur. Machen Sie doch ein Experiment: Geben Sie Ihrem Publikum zu kauen auf, indem Sie die einzelnen Bestandteile Ihres Songs hin- und herschieben, sodass mehr daraus wird als nur eine weitere Nullachtfünfzehn-Nummer. Falls Ihr Song, wenn Sie ihn für andere spielen, zum konturlosen Verwirrspiel wird, sollten Sie sich wieder auf Ihr Regelbuch besinnen und von vorn anfangen.

Übung macht den Meister

Die beste Methode, ein Handwerk zu erlernen, besteht oft darin, sich die besten Beispiele zu suchen, die man finden kann, und sie so lange auseinanderzunehmen, bis man weiß, was sie zum Ticken bringt. Wählen Sie fünf Ihrer Lieblingssongs aus – es darf alles sein, vom 1940er-Jahre-Standard bis zum aktuellen Hit von Nickelback. Hören Sie sich jeden Song an und analysieren Sie seine Struktur, indem sie als Erstes den gesamten Text aufschreiben (falls Sie Verständnisschwierigkeiten haben – so gut wie jeder Songtext findet sich heute im Internet), danach gliedern Sie ihn in verschiedene Abschnitte (Strophe, Pre-Chorus, Refrain, Bridge, Schlussrefrain und was Sie sonst noch so entdecken können). Danach fragen Sie sich: Folgen die Songs, die mir besonders gut gefallen, einem ganz speziellen Muster? Falls ja, sollten Sie auch Ihren eigenen Song nach diesem Muster anfertigen.

Achten Sie beim Analysieren der Struktur Ihrer Lieblingssongs auch auf Regelverstöße und Grenzüberschreitungen, mit deren Hilfe eine größtmögliche Wirkung erzielt werden soll. Während Sie zuhören und sich Notizen machen, richten Sie bitte Ihr Hauptaugenmerk auf folgende Punkte:

✔ **Wodurch genau unterscheidet sich jeder einzelne Songteil vom Rest des Stückes?** Übersehen Sie zum Beispiel nicht, wie die Strophen nacheinander die Handlung der Geschichte zur Entfaltung bringen, wie der Refrain das Stück zu neuen Höhen emporträgt und wie die Bridge dem Hörer neue, unverbrauchte Akkordwechsel und einen Nachschub an emotionaler Munition bietet.

✔ **Was genau ist an der Struktur oder dem Aufbau des Songs so ungewöhnlich oder originell?** Die meisten Songs, denen man begegnet und die der Zeit nicht zum Opfer gefallen sind, enthalten ein oder mehrere Elemente, die sie aus der Masse herausheben. »We Built This City« (geschrieben von Bernie Taupin, Peter Wolf, Martin Page und Dennis Lambert), der 1980er-Jahre-Hit von Starship, beginnt sofort mit seinem zum Mitsingen einladenden Refrain. Manche Songs widersetzen sich der Logik, indem sie ihr unverkennbares Wasserzeichen nicht nach vorn, sondern nach hinten in den Schlussrefrain verschieben. Machen Sie diese speziellen Elemente in den Songs ausfindig, die Sie wirklich in ihren Bann ziehen.

✔ **Wo genau ist in Ihren Lieblingssongs der Titel untergebracht?** Ganz unerschrockene Songwriter missachten oft die traditionelle Vorgehensweise, den Titel an den Anfang des Refrains zu stellen. Achten Sie auf Songs, die den Titel am Ende des Refrains oder in der Strophe beziehungsweise dem Pre-Chorus platzieren beziehungsweise ihn ganz weglassen.

Teil II

Entfesseln Sie den Dichter, der in Ihnen steckt

IN DIESEM TEIL ...

... lernen Sie, wie man gute Texte schreibt. Schließlich gehört der Text beim Hören eines Songs zu den ersten Dingen, die man wahrnimmt. Ohne einen guten Text (im Englischen *Lyrics* genannt) ist es oft schwer, jemanden für die dazugehörige Musik zu begeistern. Texte sollten so geschrieben sein, dass man sie sich leicht merken kann – sie müssen aber auch Aussage und poetische Ausdruckskraft haben (das ist beileibe kein Widerspruch!). In den folgenden Kapiteln zeigen wir Ihnen einige gelungene Texte und versuchen herauszufinden, wie sie es schafften, den betreffenden Song in die Charts zu lancieren und sich ins Gedächtnis der Leute einzuprägen. Und dann dürfen Sie natürlich auch selbst die Feder schwingen und Ihrer dichterischen Ader freien Lauf lassen.

Kapitel 4

Am besten, die Sache hat einen Haken!

Wenn ein Angler seine Angel auswirft, wartet er – manchmal übrigens tagelang – darauf, dass »einer anbeißt«. Gemeint ist damit, dass ein Fisch nach dem Haken mit dem Köder schnappt und sich damit selbst in die Gewalt des Anglers bringt. Sie aber sind ja Songwriter und kein Angler, und um einen Hörer zu »ködern« und in ihre Fänge zu bekommen, wird Ihnen ein Angelhaken nicht reichen. Sie müssen den Haken – den *Hook*, wie man auf Englisch sagt (bei dem Wort wollen wir der Einfachheit halber bleiben) – in Ihrem Song verstecken, wo er den Hörer auf etwas subtilere Weise in seinen Bann zieht. Langer Rede kurzer Sinn: Es geht um jene Stelle in einem Lied, die bei den Hörern sozusagen »zündet«, sprich »einschlägt«, sodass sie sich auch den Rest des Songs anhören wollen, und das nicht nur einmal, sondern immer wieder. In diesem Kapitel wollen wir diesen äußerst wichtigen Bestandteil eines Songs genau unter die Lupe nehmen, denn »Hooks« gibt es in allen Größen und Ausführungen, von denen Sie immer einen gewissen Vorrat in Ihrem Angelkasten bereit haben sollten. So gewinnen Sie nicht nur Fans, sondern erlangen auch den Ruf, als Songwriter der reinste Zauberer zu sein.

Bestücken Sie Ihren Angelkasten!

Ein Hook besteht aus mehreren Elementen. Im schlimmsten Fall ist es eine nervige, immer wiederkehrende Phrase, die sich der Hörer oft merkt, ohne es zu wollen. Im besten Fall ist es eine kurze, eingängige Melodie – genauer gesagt, jener Teil des Songs, den man immer wieder vor sich hinsummt und nicht mehr aus dem Kopf bekommt, selbst wenn man sich noch so bemüht! Dieser Teil, der sich der Erinnerung leicht einprägt, ist es, der dafür sorgt, dass sich eine Platte gut verkauft und in kommerzieller Hinsicht unwiderstehlich wirkt.

Es gibt sogar Leute, die behaupten, der Hook sei das eigentliche A und O des kommerziellen Songwriting. Meist verbirgt er sich im Titel des Songs, am häufigsten begegnen wir ihm im Refrain. Die anderen Bestandteile des Songs dienen vor allem seiner Hervorhebung.

Aus musikalischer Sichtweise ist der Hook der dynamischste Teil eines Songs. In vielen Fällen handelt es sich um Textzeilen, gefolgt von einer musikalischen Tonfolge, die jene Zeilen betonen soll. Diese Technik zeigt sich auf sehr anschauliche Weise im Song »Sultans Of Swing« von den Dire Straits.

Was für einen Köder befestigen Sie nun an Ihrem Haken? Ganz einfach: Überzeugen Sie den Hörer davon, zu wissen, wohin Sie sich bewegen. Bieten Sie ihm ein- oder zweimal eine kurze Akkordfolge an. Bieten Sie ihm eine Melodie an, die den Eindruck erweckt, die Auflösung der darin enthaltenen Spannung sei vorhersehbar. Füttern Sie ihn mit Worten und Reimen, die auf der Hand zu liegen scheinen. Wiegen Sie ihn in einem falschen Gefühl von Sicherheit. Und dann zerren Sie fest an der Leine und ziehen ihn an Land.

Manche würden wohl sagen, Hooks seien so etwas wie ein musikalischer Hinterhalt, der – solange er noch außer Sichtweite ist – nur darauf wartet, im richtigen Moment zum Angriff genutzt zu werden. Egal, für welche Art von Hook Sie sich entscheiden – wichtig ist nur, dass Sie unerwartet zuschlagen und man Ihnen nicht entkommt.

In Ihren Lieblingssongs werden Ihnen folgende Arten von Hooks begegnen:

- ✔ der Melodie-Hook,

- ✔ der Text-Hook,

- ✔ der Musik-Hook,

- ✔ der Rhythmus-Hook,

- ✔ der Soundeffekt-Hook.

Manchmal werden Sie in einem Song gleich mehrere Hooks entdecken. Tatsächlich enthalten die erfolgreichsten Songs meist eine Kombination aus mehreren Typen. Normalerweise jedoch ist es einer davon, der die anderen dominiert. Gestalten Sie Ihre Hooks so schlicht wie möglich und denken Sie daran, dass weniger oft mehr ist. Selbst wenn Ihre Hörer nicht wissen, was ein Akkord ist, werden Sie sie kriegen, sofern Ihre Hookline sich leicht mitsummen lässt und bei anderen mitten ins Schwarze trifft. In den folgenden Abschnitten wollen wir uns einmal ansehen, wie die einzelnen Arten von Hooks funktionieren und welche Wirkung sie haben.

Wenn ein Song zu viele Hooks enthält, tut ihm das gar nicht gut, denn sobald sämtliche Zeilen um die Aufmerksamkeit des Hörers wetteifern, fällt es umso schwerer, sich an die eine oder zwei Schlüsselzeilen zu erinnern. Einige von ihnen sollen den Song zwar vorantreiben und dazu beitragen, seine Geschichte zu erzählen, aber nicht selbst um Aufmerksamkeit buhlen. Auf ähnliche Weise sollten Sie darauf achten, dass nicht zu viele Melodie-Hooks miteinander konkurrieren, da sie den maßgeblichen Hook verschleiern und der Hörer bald gar nicht mehr weiß, welcher Teil des Songs jetzt eigentlich der wichtigste ist. Schon Kinder lernen das Sprichwort: »Zu viele Hooks verderben den Brei« – oder Moment, waren das nicht die Cooks?

Der Melodie-Hook

Der Melodie-Hook ist vielleicht das überzeugendste Instrument im Angelkasten des Songwriters. Wenn Sie sich für einen Melodie-Hook entscheiden, besteht Ihre Aufgabe darin, wenigstens einen Teil Ihres Songs so zu gestalten, dass man ihn leicht mitsummen kann, egal wie der dazugehörige Text lautet. Diesen Teil nennt man dann den *Melodie-Hook.* Er sollte Ihnen noch lange, nachdem der Song verklungen ist, durchs Gehör geistern und zu jenem Teil werden, auf den die Leute gewissermaßen warten, wenn sie den Song hören, weil er auf sie wirkt wie eine Oase in der Wüste.

In den folgenden Abschnitten zeigen wir Ihnen ein paar Songs, die Millionen einbrachten – nicht zuletzt wegen ihrer mitreißenden Melodie-Hooks.

Beethovens Fünfte

Nein, nicht seine fünfte Frau – er war nicht mal mit *einer* verheiratet, sondern seine berühmte Fünfte Symphonie, die er Anfang des 19. Jahrhunderts komponierte. Dieses Opus enthält womöglich die bekannteste aus vier Noten bestehende Tonfolge aller Zeiten. Drei kurze Noten und eine lange (*Ta-ta-ta-taaaa!*) haben sich mit ihrer zeitlosen Power über mehrere Generationen hinweg am Leben erhalten. Manche bezeichnen sie als *den* Riff schlechthin, da sie eine Dringlichkeit des Gefühls vermitteln, ohne dazu eines Textes zu bedürfen.

 Im Zweiten Weltkrieg lautete der Kampfruf V (der Buchstabe stand für »Victory«, bedeutete also Sieg), und der legendäre Status von Beethovens Fünfter wurde dadurch nur höher. Warum? Weil im Morsealphabet der Buchstabe V ein »kurz-kurz-kurz-lang« ist, und genau dem gleichen Muster entspricht der Melodie-Hook von Beethovens Fünfter Symphonie.

»The Way«

Hunderte von Jahren und musikalischen Lichtjahren entfernt von Beethoven zeichnet diese 1999 entstandene, von Fastball gesungene (und von Anthony Scakzo geschriebene) Perle der Popmusik sich durch eine hyperansteckende Melodie aus, die den Hörer im Refrain begrüßt. Der Text, der dieses musikalische Festmahl begleitet (»Don't you know the road that we walked on paved with gold«) ist ganz nett, doch woran man sich wirklich erinnert, ist die Wucht, die in jener speziellen Notenfolge steckt. Der Song, dem es an einem überzeugenden Titel oder einem Musik-Hook mangelt, stützt sich voll und ganz auf die Melodie des Refrains, sodass er sich wie ein Hochrelief von den hunderttausend anderen Songs aus dem Pop-Genre abhebt.

»Chasing Pirates«

Dieser Song von Norah Jones steht stellvertretend für die »Weniger ist mehr«-Schule des Songwritings. Die Melodie-Hooks sind vielleicht der Teil des Songs, der am meisten haften bleibt: »and I don't know how to slow down, my mind's racing from chasing pirates.« Der kleine, aus acht Noten bestehende Synthesizer-Riff ist das perfekte Tablett zum Servieren dieser edlen Pop-Praline. Bei der Vorstellung, Jagd auf Piraten zu machen, könnte es sich um die kindliche Fantasie eines kleinen Mädchens handeln, das in der bedrohlichen und riskanten Zeit aufwuchs, als es noch richtige Seeräuber gab.

»Land of a Thousand Dances«

Dieses trashige 60er-Jahre-Juwel von Cannibal and the Headhunters (geschrieben von Chris Kenner), führte zur Geburt des Begriffs *Garagenband*. Über einem monoton dröhnenden Akkord zählte der ehrwürdige Sir Cannibal die vielen coolen Tänze auf, die es in jenem mythischen Teenagerparadies gab. Der eigentliche Hook jedoch hatte nichts mit dem Text zu tun. Es war ein ganz simpler, ja primitiver Singsang: na nananana, na nananana, na nana, na nana – na nanana! Da schnürten sich die harten Boys von der Schule in der Disco immer ihr Kopftuch um den Schädel und legten so richtig los.

Der Text-Hook

Nichts lässt einem ein Stück so richtig ans Herz wachsen wie ein kraftvoller Text-Hook. Wenn ein verliebtes Pärchen einen ganz bestimmten Song zu »ihrem Song« erklärt, dann liegt das meistens an seiner ausdrucksvollen Message. Und der *Text-Hook* ist es, der diese Message zusammenfasst.

Oft ist der Titel eine der Schlüsselstellen des Text-Hooks. Der Titel ist es, anhand dessen man einen Song identifiziert. Wenn Sie in einem Plattenladen nach einem bestimmten Song suchen und den Titel nicht kennen, ist es nahezu hoffnungslos. Einmal trafen wir in einem Geschäft eine Frau, die das Lied, das sie haben wollte, den Verkäufern vorsang – doch die zuckten nur ratlos die Schultern, und so musste sie mit leeren Händen wieder abziehen. Das ist einer der Gründe, weshalb Titel so wichtig sind.

Nicht selten verwenden Songwriter den Titel eines Songs als Text-Hook, da sie ihn auf mannigfache Weise einsetzen können, um den Hörer in seinen Bann zu ziehen und den Titel in seinem Kopf zu verankern.

Jim brauchte eine Weile, bis er sich daran gewöhnt hatte, den Titel eines Songs als dessen Hook zu bezeichnen. Er ist der Meinung, ein Song verfüge über so viele potenzielle Möglichkeiten für einen Hook, dass es geradezu vermessen ist, einzig und allein dem Titel diese Auszeichnung zu verleihen. Wenn Sie dem Begriff also irgendwo in der Musikszene begegnen, seien Sie gewarnt – er kann alles bedeuten und nichts.

Versuchen Sie, an Ihrer Rhythmusmaschine einen Groove zu kreieren (mehr Details über Drum-Maschinen am Ende dieses Kapitels). Sie können dabei entweder so lange experimentieren, bis sie einen aus dem Stegreif gebastelt haben, Sie können aber auch auf eine der vorprogrammierten Einstellungen zurückgreifen. Versuchen Sie, eine einfache Akkordfolge zu erschaffen, die zum Beat passt. Und dann denken Sie sich noch eine Melodie dazu aus und suchen nach einem Text-Hook, der sich gut zur Melodie fügt.

Manchmal ist es ein einziges Wort, das aus einem Text-Hook »herausspringt« und fest in Ihrem Kopf abgespeichert wird. In den folgenden Abschnitten nehmen wir einige gelungene Text-Hooks genau unter die Lupe, von denen manche Teil des Titels sind, andere wiederum nicht.

Werfen Sie einen guten Titel als Köder aus!

Wann wird ein Titel zum Hook? Ganz einfach: Wenn er während des gesamten Songs ständig wiederholt wird. Wie auch eine Erkenntnis oder ein Geistesblitz kann ein Titel von überall herstammen – aus den täglichen Schlagzeilen, aus einer Redensart, aus einem Filmdialog, aus einem Buchtitel. Titel lauern hinter jeder Ecke, und (außer in ganz seltenen Fällen) sie unterliegen auch keinem Copyright. Jeder darf zulangen und aus dieser Quelle der Inspiration schöpfen.

Der Titel wird in einem Song meist sorgsam platziert und so oft wie möglich wiederholt. Und das ist der Moment, in dem er beginnt, zum Hook zu werden. Titel können sowohl am Anfang wie auch am Ende des Refrains stehen (manchmal sowohl als auch), man kann sie aber auch am Ende der einzelnen Strophen finden. Oft werden sie sogar an allen möglichen Stellen wiederholt, hier und da und oben und unten, und auf diese Weise dem Hörer regelrecht eingehämmert. Ob sie unbedingt immer vor Originalität strotzen, ist eine andere Frage. Das ist wie mit dem Namen einer Person: Er hilft uns dabei, sie zu identifizieren, aber nur äußerlich; Zugang oder Aufschluss über die andere Person gewährt er uns nicht. Bei einem Song kann man das wie folgt betrachten: Der Titel ist der Name, der Inhalt ist seine Seele, sein Wesen. Oft ist es sogar dieser Inhalt, der dem (zunächst banal anmutenden) Titel eine völlig neue Bedeutung verleiht. So kann ein Klischee zur Weisheit werden, ein Gemeinplatz zum Aphorismus. Was einen Durchschnittssong von einem richtig tollen Song unterscheidet, hängt oft davon ab, was aus dem Titel gemacht wird.

Manchmal jedoch wird der Titel keineswegs als Hook eingesetzt, ja kommt im gesamten Text sogar kein einziges Mal vor, obwohl der Song trotzdem einen hohen Erinnerungswert hat. »For What It's Worth« (geschrieben von Steven Stills, gesungen von Buffalo Springfield), »Positively Fourth Street« (geschrieben und gesungen von Bob Dylan) und »Badge« (geschrieben von Eric Clapton und George Harrison, gesungen von Cream) – all das sind Beispiele für Songs, in denen der Titel an keiner Stelle auftaucht. (Der Song »Badge« heißt deswegen so, weil George Harrison, der ihn auf der Gitarre begleitete, das Textblatt auf dem Kopf stehend vor sich liegen hatte und Claptons Anmerkung »Bridge« fälschlich für das Wort »Badge« hielt. »Die spinnen, die Musiker!« (Obelix)

»Therapy«

Noch nie war eine Therapie so sexy wie in dem gleichnamigen Song von India Arie. Die Nummer beginnt mit dem ansteckenden »Wo-o, wo-o«, das während des gesamten Songs wiederholt wird. Unter Songwritern gilt es als offenes Geheimnis, dass Laute ohne jeglichen »Nährstoffgehalt« wie »Wo-o«, »Da dada«, »Na nana« oder »Sh-boom, sh-boom« oftmals wichtiger sind als der eigentliche Text. »Therapy« trifft uns mit doppelter Härte, indem es uns unter Verwendung einiger exzellenter Wortspiele in die Denkwelt einer Liebenden entführt, die jedes romantische Stelldichein als Therapiesitzung betrachtet: »He lays me on the couch and says how has your day been.« Na, wer sagt's denn? Nachvollziehbare Fantasien sind so etwas wie ein vollautomatischer Hook! Der Song bietet endlos viele Möglichkeiten, Hooks in Reimform einzubinden: »hands on me«, »weak in the knees«, »boy I can't bear to leave« – alle gehen sie dem maßgeblichen Hook, nämlich den Worten »I need your Therapy« voraus. Und der Patient ist geheilt … fürs ganze Leben!

»I Heard It Through The Grapevine«

Dieser Motown-Klassiker (geschrieben von Barrett Strong und Norman Whitfield), der durch den großartigen, bereits verstorbenen Musiker Marvin Gaye bekannt wurde (zuvor gab es bereits je eine Version seiner Motown-»Arbeitskollegen« Smokey Robinson sowie Gladys Knight and the Pips), schenkt uns seine kraftvolle lyrische Prämisse bereits mit dem Titel. Man hört ihn und weiß sofort, wovon der Song handelt, nämlich von der Gerüchteküche und der stillen Post, an der eine Liebesbeziehung zerbrechen kann. (»To hear something through the grapevine« bedeutet so viel wie »etwas hintenrum, durch die Hintertür erfahren«. »Grapevine« bedeutet eigentlich »Weinstock«, und das ist natürlich ein farbiger Begriff, anschaulich, poetisch, aber trotzdem nicht zu kryptisch für den Durchschnittshörer.)

Ihr Titel sollte so etwas wie eine kondensierte (verdichtete) Version des Songinhalts sein. Wenn jemand beim Lesen des Titels bereits eine Vorstellung davon bekommt, worum es in dem Lied geht, wird er sich natürlich auch dafür interessieren, wie diese Idee im Song umgesetzt wurde. Verzichten Sie auf abgedroschene Wischiwaschi-Titel, die es in ähnlicher Form schon tausend Mal gibt, es sei denn, sie lassen sich im Kontext des Songs auf völlig frische, neue Weise interpretieren. Ein Beispiel: »I Love You« ist nicht allzu originell; aber wenn sich der Song von den unzähligen ähnlichen Songs ganz wesentlich unterscheidet, kann er funktionieren. Am besten ist ein verführerischer Titel, der den Hörer lockt und nicht mehr loslässt – bis er ihn sich endlich anhört.

»She Loves You«

Dieser Klassiker aus der Frühzeit der Beatles (geschrieben von John Lennon und Paul McCartney) beweist, dass es nicht unbedingt der Titel sein muss, der zum Hook eines Songs wird. In diesem Fall waren es die Worte »Yeah yeah yeah«, die zum Schlachtruf der Babyboomer-Generation wurden, und auch unsere Kinder und Kindeskinder werden, wenn sie ihn hören, immer an die Beatles denken. Den Song sollten Sie sich immer vor Augen halten, wenn Sie irrtümlich zu glauben beginnen, ein Hook müsse besonders tiefgründig und bedeutungsschwanger sein. »She loves you, yeah yeah yeah …« – noch Fragen?

Mit dem Phänomen Beatles sah sich Jim erstmals konfrontiert, als er sich den grobkörnigen Mitschnitt eines Auftritts ansah, den Jack Paar für das Publikum seiner *Jack Paar Show* aus England mitgebracht hatte – ganze drei Monate, bevor die Beatles in der *Ed Sullivan Show* auftraten. Jim spürte: *Das* ist die Zukunft des Rock 'n' Roll, und als er am nächsten Morgen aufwachte, ertappte er sich dabei, »Yeah yeah yeah« zu singen. Er lief sofort in den nächsten Plattenladen, um der verblüfften Dame hinter dem Ladentisch diese Worte vorzusingen (den Songtitel kannte er noch gar nicht) – und bewies damit die Macht, die ein ansteckender Text-Hook auf andere ausüben kann.

»Just The Way You Are«

Dieser Klassiker von Singer/Songwriter Billy Joel zeigt erneut, dass der stärkste Text-Hook nicht unbedingt der Titel sein muss. Billy rauft sich wahrscheinlich die Haare, weil so viele Leute denken, der Song heiße eigentlich »Don't Go Changing«. Wenn ein Song von einem so einprägsamen Satz eingeleitet wird, ist es immer sehr wahrscheinlich, dass er irgendwann an die Stelle des richtigen Titels tritt.

»Oops, I Did It Again«

Dieser (von Martin Sandberg und Rami Yacoub geschriebene und von Britney Spears gesungene) Titel schaffte es – sicher auch aufgrund dieser suggestiven Titelwahl – bis in die Spitzen der Charts. Der Hörer möchte sofort wissen: Was meint sie denn? Was hat sie denn schon wieder getan, die gute Britney? Und wie oft? Und mit wem? Und wie war's? Zumindest hat man sich das früher einmal gefragt – bevor die Boulevardzeitungen uns mit solchen Themen förmlich belästigten.

Der Musik-Hook

Der Musik-Hook (man könnte ihn auch *Geld-Hook* nennen) ist es, der die Kassen klimpern lässt. Er ist keine eigentliche Komponente des Songwritings, sondern ein Teil des Arrangements eines Stückes. Ein musikalischer Hook – das kann zum Beispiel ein Riff sein, wie die Gitarrenfigur im Intro von »Day Tripper« (geschrieben von John Lennon und Paul McCartney, gesungen und gespielt von den Beatles) oder der rhythmische Hook in »I Want Candy« (geschrieben von Bertram Berns, Bob Feldman, Gerald Goldstein und Richard Gottehrer; gesungen von den Strangeloves) oder jeder andere Instrumentalteil, der ans Ohr des Hörers pocht. Im Laufe der Jahre kam es immer wieder zu Unstimmigkeiten zwischen Musikern und Songwritern hinsichtlich der Frage, wo Songwriting endet und wo Arrangement beginnt. Wenn ein Musik-Hook den Wiedererkennungswert eines Songs so sehr steigert, dass die verschiedensten Versionen ihn als unverzichtbaren Teil so belassen, wie er ist, dann betrachten viele aus der Songwriter-Zunft ihn als Bestandteil des Songs als solchen. Weitere Begriffe, die in die Rubrik des musikalischen oder Musik-Hooks fallen, wären etwa:

- ✔ **Riff:** Eine sich stetig wiederholende Notenfolge, die oft auf der Gitarre oder dem Keyboard, aber auch von Blechbläsern gespielt und gut über den Song verteilt wird.

- ✔ **Lick:** Ein wieder aufkommender Begriff aus den guten alten Bebop-Tagen; das Gleiche wie ein Riff, nur kürzer.

- ✔ **Figur:** Vager Sammelbegriff, der für jede Notenfolge steht, die wiederholt wird und in der Regel während des gesamten Songs die gleiche bleibt.

Vielleicht denken Sie jetzt, es wäre Job der Studiomusiker oder womöglich des Arrangeurs oder Produzenten, Instrumental-Hooks zu erzeugen. Das muss aber nicht so sein, gerade wenn es zum Beispiel darum geht, die Aufmerksamkeit eben jenes Produzenten zu erregen. Hooks verkaufen den Song, und Sie müssen Ihren Colt mit guter Munition geladen haben, um ihn zunächst mal an den Produzenten oder Interpreten zu verkaufen – und zwar noch *ehe* er im Studio aufgenommen wird.

In den folgenden Abschnitten werden wir diese Begriffe verwenden, wenn es darum geht, einige Songbeispiele auf musikalische Hooks als Bestandteil der Melodie zu untersuchen.

»Black Horse And The Cherry Tree«

Enthält gleich eine ganze Fülle von Hooks – einige davon dort, wo man sie am wenigsten erwartet – und mehreren praktisch angewandten Techniken. Normalerweise ist der hook-reichste Teil eines Songs ja der Refrain; hier jedoch ist das Erste, was sich dem Gedächtnis anbiedert, das einleitende »woohoo«, und es bleibt den ganzen Song über erhalten. Dann ist da noch die beharrliche akustische Gitarrenfigur, die noch mehr Teil des Gefüges wird, nachdem die Gesangsstimme sich vorgestellt hat. Der Gesang besteht aus einem einfachen Blues-Riff, aber das Ohr ist fortwährend auf ihn gerichtet (und erinnert sich auch an ihn), da er nur von einem Viertelnoten-Riff der Bass Drum unterstützt wird. Die *Abwesenheit* der Gitarre ist es gerade, die Lust darauf macht, den Gitarrenrhythmus erneut zu hören. In diesem Fall ist der Refrain wahrscheinlich sogar der am wenigsten einprägsame Teil – am häufigsten singt man nachher in der Regel »woohoo«.

Eines der untrüglichsten Zeichen dafür, dass man es mit einem Hook zu tun hat, ist es, wenn jemand, der den Songtitel nicht kennt, etwas über den Song sagen will und dann fragt: »Wie heißt noch mal das Lied von K. T. Tunstall, wo sie immer »woohoo« singen? Bingo – »woohoo« lautet also der wichtigste Hook!

»Satisfaction« (Mick Jagger/Keith Richards)

Wenn Keith Richards einziger Beitrag zu diesem Rolling-Stones-Klassiker aus dem Jahre 1965 die Erfindung des einleitenden Fuzztone-Riffs gewesen wäre, hätte er sich die Weihen zum Songwriter allein dadurch in vollem Umfangverdient. Dass er noch sehr viel mehr beisteuern konnte (zum Beispiel, indem er den einprägsamen Titel aus einem alten Chuck-Berry-Song entlehnte), war nur das krönende Sahnehäubchen. Dieser Riff, den Keith stets als die Klänge eines Blasinstruments empfand (wie es bei späteren Coverversionen, vor allem in Otis Reddings Version aus dem Jahr 1966, tatsächlich der Fall war) war inspiriert von den großen Motown-Hooks der 1960er-Jahre, hauptsächlich von »Dancing In The Streets« (geschrieben von Marvin Gaye, Ivy Hunter und William Stevenson; gesungen von Martha and the Vandellas). Man hört diesen Riff und weiß sofort, welcher Song da gespielt wird.

»Vehicle«

Das aus fünf Noten bestehende Bläser-Riff, das diesen von Jim Peterik geschriebenen und von der Chicagoer Band The Ides of March aufgenommenen Klassiker einleitet, darf als eine der bekanntesten musikalischen Phrasen in der Geschichte des Bläser-Rocks gelten. Mit Unterstützung des Text-Hooks »I'm the friendly stranger in the black sedan, won't you hop inside my car« lässt die Tonfolge samt ihrer Dringlichkeit und Power den Hörer nicht zur Ruhe kommen.

»Someone to Call My Lover«

Dieser Tophit der unverwüstlichen Janet Jackson aus dem Jahre 2001 (geschrieben von Dewey Bunnell, James Harris, Janet Jackson und Terry Lewis), ist ein *Sample* des musikalischen Riffs aus dem 1972er-Hit »Ventura Highway« (geschrieben von Dewey Bunnell; gesungen und gespielt von der Band America) und fügt ihn einer brandneuen Melodie hinzu. (*Sampeln* ist die Verwendung bereits aufgenommener Musikbruchstücke.) Das Ergebnis ist ein höchst innovativer Song, angereichert mit der musikalischen Tiefe, für die der Gitarrist von America bekannt war.

Es ist wichtig, hier anzumerken, dass die Technik des Sampelns bei Plattenaufnahmen unserer Zeit sehr verbreitet ist. Denken Sie trotzdem daran, dass Sie auf jeden Fall die Zustimmung des Urhebers der Originalversion benötigen und außerdem einen Unkostenbeitrag bezahlen müssen, den man als Lizenzgebühr bezeichnet, um ein solches Sample auch benutzen zu dürfen.

Frankie Sullivan und Jim bekamen eine Anfrage von dem mehrfach mit Platin ausgezeichneten Rapper Busta Rhymes, ob er ihren Song »Eye Of The Tiger« sampeln dürfe. Seine Version hielt sich musikalisch zwar größtenteils an die Vorlage; jedoch waren Teile des Textes durch die für das Rap-Genre typische frivole Sprache ersetzt worden – was jedoch wiederum nicht zu dem Song passte, den sie geschrieben hatten. Unabhängig voneinander entschieden Frankie und Jim, Busta Rhymes eine negative Auskunft zu erteilen und den aufbauenden Charakter des Songs nicht zu riskieren, auch wenn ihnen dadurch eventuell ein lukrativer Zahltag entgehen würde. Andererseits – als die geschäftstüchtige Rapband Strata III um Erlaubnis fragte, ihren Song »Vehicle« für eine pflegeleichte Interpretation mit dem Titel »Hop Dis« zu sampeln, gaben sie ihren Segen dazu.

Der Rhythmus-Hook

Wie sang schon Bob Dylan in den 1960er-Jahren? »The times, they are a-changin'.« Wenn man früher von Songwriting sprach, meinte man auf schematische Weise immer Text und Musik. Heute sind es oft rhythmische Elemente, die die Grundlage eines Songs bilden, vor allem in den Bereichen Urban, Hip-Hop und Rap, und man darf sie ebenso zu den festen Bestandteilen eines Songs rechnen wie jedes andere Element. Natürlich ist der Gebrauch eines Rhythmus-Hooks nichts Neues: Viele Songs der 1950er- und 1960er-Jahre eilten dem Trend unserer Tage voraus. Im Folgenden zeigen wir Ihnen, auf welch unterschiedliche Weise der Rhythmus einem Song zu Einprägsamkeit und Schlagkraft verhelfen kann.

»Uprising« (Matthew Bellamy)

Dieser Song ist ein internationaler Hit der über Nacht berühmt gewordenen (und seit 1999 existierenden!) Band Muse, die sich einiger recht überzeugender musikalischer Hooks bedient, um diesem Fistpumper seinen besonderen Reiz zu verleihen. Auch wenn zahlreiche seiner Elemente sich völlig selbsttätig in die Psyche des Hörers schleichen, wird man doch als Allererstes von seinem Rhythmus erfasst. Das Alternative-Rock-Trio aus England greift auf den Sledgehammer-Powerboogie-Beat zurück, den wir bereits aus älteren Muntermachern wie Norman Greenbaums »Spirit In The Sky« (1970) und dem von Debbie Harry und Giorgio Moroder geschriebenen 1980er-Jahre-Hit »Call Me« kennen, der die Punk/New-Wave-Band Blondie in die Top Ten beförderte. Hier tritt dieser Beat sogar vor einem kraftvolleren Background zu Tage, aufgeheizt durch einen unwahrscheinlich lebhaften Synthesizer-Bass und überblendet mit einem Telstar-ähnlichen Synthesizer, der die gespenstische Nachbildung einer futuristischen Tonfolge ins Spiel bringt (»Telstar« war ein 1960er-Jahre-Hit der englischen Tornados). Zu diesen musikalischen Schätzen gesellen sich die klassischen Akkorde des Refrains (in der Reihenfolge d-Moll, g-Moll, F-Dur, A-Dur, g-Moll, F-Dur); darüber singt Matthew Bellamy die langen Noten F F F F F – E E E G F. Die Art und Weise, in der diese Melodie den Akkorden entgegenwirkt, spiegelt den Einfluss der romantischen Klavierkomponisten Rachmaninow, Tschaikowsky und Liszt wider. Gerade das Zusammenwirken von Alt und Neu sorgt oft für den Bau einer stabilen Brücke, die von der neuen Generation gefahrlos überquert werden kann.

»Hey, Bo Diddley«

Die Dschungelrhythmen von Bo Diddley ebneten vielen Künstlern einen für sie gangbaren Weg. Betont durch Bos verzerrte E-Gitarrenklänge wurde in diesem und vielen anderen seiner Songs ein Akkord in Grund und Boden gespielt, während ein intensiver Rhythmus für die notwendige Wucht sorgte. Viele frühe Songs der Rolling Stones, wie etwa ihr ungestümes Remake von Buddy Hollys (und Norman Pettys) »Not Fade Away« griffen auf Bo Diddleys Werk als Startpunkt zurück. Dieser Einfluss zeigt sich auch in den Songs »I Want Candy« (geschrieben von Bertram Berns, Bob Feldman, Gerald Goldstein und Richard Gottehrer; gesungen von The Strangeloves) und »Bad to the Bone« (geschrieben von George Thorogood; gesungen von George Thorogood und The Destroyers).

»Wipe Out«

Dieser Surfklassiker der Surfaris (geschrieben von Robert Berryhill, Patrick Connolly, James Fuller und Robert Wilson) schuldet seinen Erfolg vor allem den magischen Tamtam-Sticks des jungen Drummers. Das irre Lachen im Intro war hübsch, das Gitarrenspiel lecker, alles andere jedoch diente nur dem Aufbau des Rhythmus-Hooks.

 Wie schon der Dirigent von Jims Highschool-Band zu sagen pflegte: »Am Anfang war der Rhythmus.« Und wie lauteten die ersten Worte der Kandidaten von *Dick Clark's American Bandstand*, als sie eine neue Platte bewerteten? »Hat einen super Beat. Man kann dazu tanzen. Wir geben 97 Punkte!«

»Stayin' Alive«

Der Song bietet ein Musterbeispiel für einen Rhythmus-Hook – deutlich erkennbar im Timing des von den Bee Gees gesungenen (und komponierten) »Stayin' Alive« aus dem Soundtrack zu *Saturday Night Fever* zum echten Rhythmus von John Travoltas Schritten, als er in der Rolle des Tony durch New Yorks Straßen stolziert. Die unverkennbare Art, auf der die Brüder den gehauchten Rhythmus (»Hah-hah-hah-hah, stayin' alive, stayin' alive«) einsetzen, ist einer der Marken-Hooks der 1970er-Jahre – ob man die Discomusik nun liebte oder hasste.

Der Soundeffekt-Hook

Obwohl sie technisch gesehen kein Bestandteil des Songs sind, wurden Soundeffekte doch zu einer unverzichtbaren Komponente bestimmter Hits. Wenn Sie die Demo zu Ihrem Song planen, erwägen Sie bitte die Möglichkeit, gewisse Sounds hinzuzufügen – egal, ob es sich nun um Soundeffekte handelt, die Sie auf Ihrem Synthesizer erzeugen, oder um die Samples wirklicher Effekte (das kann alles sein, von Kirchenglocken bis hin zur Explosion. Man kann solche gesampelten Effekte online als Downloads oder auf ganz normalen CDs kaufen, wie sich den hinteren Umschlagseiten zahlloser Musik- und Recording-Magazine entnehmen lässt). Soundeffekte können für Atmosphäre sorgen und manchmal auch zum Hook Ihres Songs werden. Wenn man die Effekte kunstvoll und wohldurchdacht einbaut, kann man Stimmungen erzeugen, Emotionen wecken und Reaktionen fördern, wie sie allein durch Text und Melodie nicht zustande kommen.

Eine der besten Methoden, als Songwriter zu starten, besteht im Einsatz einer Drum-Maschine, sowohl ganz real als auch virtuell. Wenn Sie vorhaben, für ein bestimmtes Genre zu schreiben, wählen Sie einen Beat aus und schalten Sie die Maschine ein – Sie werden über den daraufhin einsetzenden Ideenfluss erstaunt sein. Falls Sie in einen Trott geraten, schließen Sie die Augen, drücken Sie einen Knopf und warten Sie ab, wohin der Beat Sie trägt.

Drum-Maschinen gibt es schon seit langem, und ohne sie wäre die moderne Tanzmusik nicht, was sie ist. Da fällt einem sofort die gute alte Roland TR-808 ein. Wenn Sie Hip-Hop oder modernen R & B schreiben, ist so eine Maschine (oder ihr virtuelles Äquivalent) eigentlich ein absolutes Muss.

Da ständig neue und verbesserte Software auf den Markt kommt, wie zum Beispiel Acid von Sony, Live von Ableton und Reason von der Firma Propellerhead, hat die Drum-Maschine einen Schritt in Richtung Zukunft gemacht, indem sie es dem Songwriter gestattet, vorher aufgenommene Drumbeats, auch *Loops* genannt, (sowie andere musikalische Bruchstücke) zu manipulieren und zu Arrangements umzugestalten, die kreative Höhenflüge ratzfatz möglich machen. GarageBand von Apple hat diesen Prozess noch mehr vereinfacht und gehört bei den meisten neuen Mac-Computern inzwischen zur Standardausrüstung.

Alle, die eine DAW (Digital Audio Workstation) benutzen, halten mit Programmen wie BFD von Expansion, EZdrummer von Toontrack und Stylus RMX von Spectrasonics das ideale Werkzeug in Händen, um jede Taste eines MIDI-Keyboards mit anderen (wenn auch verwandten) Drumbeats zu unterlegen und in jedem gewählten Tempo einen sofortigen Zugang zu Beats, Fills, Intros und Endings zu haben. Um diese Programme effektiv zu nutzen, brauchen Sie nicht einmal Klavier spielen zu können.

Wenn Sie einen Loop oder Beat laufen haben und darin eintauchen, beginnen Sie vielleicht zu tanzen (oder wenigstens mit dem Fuß zu wippen), Bilder schießen Ihnen durch den Kopf und Sie werden Lust verspüren, die »Leerstellen« mit einer Melodie oder einem Riff zu füllen. Sie werden nie wissen, was dabei herauskommt, aber *irgendwas* kommt dabei heraus. Auf diese Weise gelangt man zu mehr Zuversicht, da man sich ja selbst überrascht. Wir wollen hier zwar nicht auf die New-Age-Schiene abgleiten, aber wenn Sie sich auf einen Beat konzentrieren, übernimmt Ihr Körperrhythmus das Kommando, und Ihr Geist kann frei umherschweifen. Für den Songwriter ein wertvolles Training und eine echte Abkürzung, um an Orte innerhalb der Seele zu gelangen, die man entweder vergessen hat oder gar nicht wusste, dass es sie gibt.

In den folgenden Abschnitten zeigen wir Ihnen ein paar Beispiele für Hits, die den Soundeffekt-Hook erfolgreich einsetzen.

»Fireflies«

Früher stand der Begriff Songwriting für die Benutzung von Bleistift, Papier, einer Gitarre oder eines Klaviers. Im neuen Jahrtausend jedoch stehen jedermann alle möglichen Technologien zur Verfügung. Das heißt: Recording-Techniken und Tricks können zu wesentlichen Bestandteilen eines Songs werden. Im Underground-Hit des Zauber-Nerds Owl City (tatsächlich nur eine Person, nämlich Adam Young an seinem Desktop-Computer), ist Hook Nummer eins das Synthesizer-Motiv, bei dem der Song seinen Höhepunkt erreicht. Wenn Sie bereits wissen, wie das Stück heißt, können Sie auch schon die Glühwürmchen (»Fireflies«) sehen, und egal, womit Sie den Rest des Songs verbinden, für Sie wird das immer der »Firefly Song« bleiben – so anhänglich ist dieser Synthesizer-Riff! Hook Nummer zwei ist der behutsame Einsatz von *Autotuning* (der roboterhaften Übermodulation von Singstimme oder Instrumenten, wie sie extrem deutlich in Chers Hit »Believe« zu hören ist), das über die einleitende Stimmlinie informiert (die ihrerseits eine handfeste, erprobte Popmelodie darstellt), sich aber aufgrund seiner akustischen Eigenart in Ihrem Kopf einnistet. Wie in dem bereits zuvor beschriebenen Song von K. T. Tunstall verliert die Stimme mit dem Verschwinden des Synth-Riffs eine Menge instrumentaler Unterstützung (zuzüglich der Autotuning-Trickserei), und es zieht Sie wieder in den Song hinein, wo Sie einen Grund dafür finden werden, weiter an ihm interessiert zu sein. Bei der Rückkehr des Eröffnungsmotivs reimt der Sänger »hugs« auf »lightning bugs«, was in jedem anderen Kontext lahm anmuten würde, doch der kindliche Gesang und die Autotuning-Behandlung strahlen diese Worte wie mit einem Scheinwerfer an. Plötzlich haben Sie keine Skrupel mehr, auf alles zu achten, was dieser Sänger zu sagen hat. Drei rasche und interessante Wendungen im ersten Songteil bemächtigen sich Ihrer Ohren, um nicht wieder lockerzulassen!

»Let's Roll«

Dieser Song (geschrieben und gesungen von Neil Young) wurde kurz nach den tragischen Ereignissen des 11. September 2001 in einem schlichten braunen Umschlag an die Radiostationen verschickt. Alles andere als schlicht jedoch fielen die Reaktionen auf diesen Song aus, der sich mit den heldenhaften Passagieren an Bord von Flight 93 beschäftigte, die eine Handvoll Möchtegern-Selbstmordattentäter überwältigten und ihre Maschine auf einem Feld in Pennsylvania bruchlandeten, bevor sie ihr angepeiltes Ziel erreichen konnte. Neil erinnert sich noch an die Worte, die einer der Passagiere sagte, bevor er mit dem Flugzeug aufsetzte: »Let's Roll« – und so lautet auch der Songtitel, und das klirrende dreimalige Läuten eines Münzfernsprechers im Intro des Songs steht symbolisch für die letzten Gespräche, die die Passagiere führten. In diesem Fall verhilft der Einsatz von Sounddesign einem ohnehin schon wirkungsvollen und ergreifenden Song zu noch mehr Aussage.

»Reflections«

Motown-Produzenten wie Holland-Dozier-Holland und Smokey Robinson waren mit dem Einsatz verschiedener Soundeffekte auf ihren Platten nicht unvertraut. Dieser Song (geschrieben von Lamont Dozier, Brian Holland und Edward Holland; gesungen von Diana Ross und The Supremes) bedient sich der (damals) neuartigen Technologie des Moog-Synthesizers, um den emotionalen Gehalt des Titels hervorzuheben. Der ätherische Sound des Moog wird fast zu einer weiteren Stimme, die den Song mit bittersüßen Feelings erfüllt. Obwohl die elektronischen Klänge des Moog seit damals zur gehobenen Kunstform geworden sind, diente der Sound in »Reflections« mehr der Erzeugung einer ätherischen Stimmung. Wenn Sie den Song das nächste Mal hören, versuchen Sie, ihn sich ohne die vom Moog erzeugten Effekte vorzustellen.

»Barbara Ann«

Das Beach-Boys-Cover dieses Songs (geschrieben von Fred Fassert; gesungen von The Regents) wurde als Teil des Beach-Boys-Albums *Party!* seinerseits zu einem Riesenhit. Was die meisten Leute nicht wissen: Die Party wurde erst später dazugeschnitten! Heutzutage heißt so etwas *Nachbearbeitung* und bedeutet, dass bestimmte Soundeffekte erst *nach* Aufnahme eines Songs hinzugefügt werden. Die Soundeffekte von einer Menschenmenge, bei denen gerade die ultimative Tanzparty steigt, steuerten dem ohnehin schon ausgelassenen Track ein zusätzliches Fun-Element bei. Danken wir Brian Wilson für diese Produktion und dem erst nachträglich eingebauten Hook!

»Leader Of The Pack«, »Last Kiss« und »Teen Angel«

»Leader Of The Pack« (geschrieben von Jeff Barry, Ellie Greenwich und George Morton; gesungen von den Shangri-Las), »Last Kiss« (geschrieben von Wayne Cochran und erstmals aufgenommen von Wayne Cochranand the C. C. Riders, später von J. Frank Wilson) und »Teen Angel« (geschrieben von Jean Surrey; gesungen von Dion and the Belmonts) bedienen sich alle des Sounds eines aufprallenden Autos, um ihre Geschichte von einem Teenagerdrama zu erzählen. Wenn Sie J. Frank Wilsons Heulnummer »Last Kiss« das nächste Mal hören, achten Sie auf den im Hintergrund singenden Engel, der die hohe Note gemeinsam mit dem Helden zu sterben lassen scheint.

Die Songs der Beatles

Leider fehlt uns der Platz, um alle Beatles-Songs zu erwähnen, bei denen Soundeffekte für zusätzliche Atmosphäre sorgen und die Musik mit weiteren Hooks versorgen. Es beginnt mit dem Album *Revolver* und findet seinen Höhepunkt bei *Sergeant Pepper*. Vielleicht kennen Sie ja die bekannte Zirkus-Geräuschkulisse, die zu dem Song »For The Benefit Of Mr. Kite« ertönt, oder die klangliche Kakophonie, mit der das Orchester am Ende des ersten Teils von »Day In The Life« aufwartet. Die Beatles – vor allem Paul McCartney (der geradezu vernarrt war in die Klangexperimente Karlheinz Stockhausens) – ergriffen jede Gelegenheit, um avantgardistische Sound-Samples in ihre Abmischungen einzubauen. Ihr Produzent George Martin stellte ihnen die gigantische Soundeffekt-Bibliothek der BBC (British Broadcasting Corporation) samt ihrem Bestand an elektronischen Extras zum Experimentieren zur Verfügung. Er brachte ihnen auch Techniken bei, mit denen man die Bandgeräte verlangsamen und beschleunigen konnte, um auf diese Weise die Tonalität (oder das Timbre) des Sounds zu verfremden; er zeigte ihnen außerdem, wie man ein Band rückwärts laufen lässt, um noch jenseitiger klingende Effekte zu erzielen (wie bei dem rückwärts gespielten Gitarrensolo in dem Beatles-Song »Taxman«).

Ein Song – mehrere Hook-Techniken

Natürlich gibt es zahlreiche Beispiele, bei denen ganz unterschiedliche Hook-Techniken in ein und demselben Song zum Einsatz kommen. Alle zusammen ergeben sie ein recht unwiderstehliches Gesamtpaket. Allzu viel von der gleichen Art ist natürlich ungesund; handelt es sich jedoch um eine Vielfalt an Hooks, wird dem Leser ständig ein neues Argument geboten, doch noch auszuharren, bis der Song zu Ende ist. Man kann sie lieben und man kann sie hassen – aber hier sind zwei Songs, deren Angelkästen (Sie wissen schon, die kleinen Koffer mit den Hooks drin) echt gut bestückt sind:

»Turn Out The Lights« (Turn Off The Light, 2001)

Dieser Hit der Kanadierin Nelly Furtado aus dem Jahre 2001 (den sie auch selbst geschrieben hat) nutzt die verschiedensten Typen von Hooks, um damit größtmöglichen Nutzen zu erzielen. Das Intro bietet sofort etwas, das sich anhört wie Gregorianischer Chorgesang (Musik-Hook), der in die Background-Klänge eines Beckens mündet (Soundeffekt-Hook), danach aber in einen kargen Hip-Hop-Groove übergeht (Rhythmus Hook), um mit einer hypnotischen Tonfolge auf dem E-Piano zu schließen – und das alles, noch bevor Nelly zum ersten Mal den Mund zum Singen geöffnet hat! Begleitet werden diese Intro-Elemente von einer unaufdringlichen Disharmonie aus Vogel- und Grillengesängen sowie einigen bis zur Unkenntlichkeit gefilterten Gesangsstimmen. Nelly singt die Strophe und den Pre-Chorus mit dezentem Charme – die perfekte Hinführung zum Refrain also, darin enthalten der große Text/Melodie-Hook »They say that girl ya know she act too tough, tough, tough – well it's till I turn off the light, turn off the light.« Eine Zeile, an der eigentlich alles Hook ist, von der zum Einstimmen geeigneten Melodie bis hin zur rhythmischen Wiederholung des Wortes *tough*, das sich auf das dreifach wiederholte *rough* in der nächsten Textzeile reimt. Danach erhöht Nelly den Einsatz mittels einer maschinengewehrsalvenartigen Wiederholung der Worte »follow me« und »down«. Ihre Bridge lässt sich als Rap-Abschnitt mit Melodie bezeichnen. Der Schlussrefrain klingt aus mit der Rückkehr des nächtlichen Chors aus Grillen und Vögeln.

»Music«

Madonnas mehrfach mit Platin ausgezeichneter Hit aus dem Jahr 2000 (geschrieben von Miruais Ahmadzai und Madonna) ist einer jener Songs, denen auch das letzte Gramm Fett wegtrainiert wurde, sodass er nur noch aus Hooks besteht. Er beginnt mit dem zentralen Text-Hook (auch wenn jener nicht identisch ist mit dem Titel), »Hey Mr. D. J., put a record on, I wanna dance with my baby«, artikuliert von einer kühlen, emotionslosen Männerstimme. Danach macht der Song uns mit seinem zugrunde liegenden Musik-Hook vertraut (der an den Orgel-Riff des 1960er-Jahre-Hits »It's My Life« von den Animals erinnert, geschrieben von Roger Atkins und Carl Derrico), in Kombination mit einem unaufhaltsamen Groove, erdacht von Miruais Ahmadzai. Darauf folgt der zentrale Musik-Hook, gespielt auf einem Synthesizer unter Verwendung der drei Noten D, B und C, wobei die letzte Note wiederholt wird (es hört sich an, als wäre der Sound von einer künstlichen Stimme durchdrungen, die etwas in der Art von »Do You Like It?« singt). Dann rückt Madonna selbst in den Mittelpunkt, indem sie die gesungene Version der zuvor nur gesprochenen Worte

»Hey, Mr. D. J.« zum Besten gibt. Dieser Text-Hook wird nun mit dem Nebenmelodie-Hook kombiniert (der Hauptmelodie-Hook kommt erst im Refrain zum Einsatz), sodass eine Art musikalischer Doppeldecker entsteht. Die Hinleitung zum aufrüttelnden Refrain besteht aus einer gefilterten Stimme (Soundeffekt-Hook), die schon mal dem Text vorgreift, der gleich folgen wird. Nun ist es an der Zeit für den Haupt-Hook: »Music makes the people come together …« Es handelt sich um ein fernöstlich angehauchtes Motiv in Kombination mit der powergeladenen Haupt-Message des Songs. Nach der zweiten Strophe und dem Refrain setzt ein Instrumentalteil ein, der die elektronischen Effekte und Sweeps hervorhebt, die in eine stark gefilterte Version der Songstrophe münden (beim Filtern wird der Frequenzbereich eines Songs eingeschränkt – ein gutes Beispiel dafür ist der Telefoneffekt). Und nun kommt erstmals ein dritter Melodie-Hook ins Spiel, der mehrere Minuten des Songs in Anspruch nimmt (wer Madonna heißt, kann sich alles erlauben), um wenig später von dem aus vier Noten bestehenden Hook kontrapunktiert zu werden, der bereits an einer früheren Stelle des Songs vorgestellt wurde. Und so kompliziert das alles auch klingt … wie bei den meisten Tophits tritt es auf schlichte und elegante Weise in Erscheinung – und daran zeigt sich, was wirklich ein großartiger Song, ein großartiges Arrangement ist.

Ein Härtetest für die Behauptung, dass viele Hooks angeblich den Brei verderben.

Die richtige Einstellung für das Arbeiten mit Hooks

So etwas wie einen Universal- oder Allzweck-Hook gibt es ebenso wenig wie einen Hook, der durch die Bank bei jedem Hörer gut ankommt. (Wenn es so etwas gäbe, würde es schließlich in jedem Song auftauchen.) Jede Person reagiert auf leicht unterschiedliche Reize. Songwriter zeigen sich schnell entmutigt, wenn ihre Hooks nicht bei ausnahmslos jedem Hörer auf Resonanz stoßen, aber ein Song, den die ganze Welt liebte … den gab's bisher noch nicht.

Lassen Sie den Kopf nicht hängen, wenn jemand einen Ihrer Songs nicht so goutieren kann wie andere. Ja, selbst wenn der Präsident eines Schallplattenunternehmens zu Ihnen sagt »Ich muss diese Woche wohl auf den Ohren sitzen, weil ich keinen Hook höre«, sollten Sie Ihren Überzeugungen treu bleiben. Wir wissen aus persönlicher Erfahrung: Es haben auch schon Leute einen Plattenvertrag für Songs bekommen, bei denen fast alle »auf den Ohren saßen« –vielleicht taten sie es ja wirklich. Dass es oft lange dauert, bis man solche Kommentare verdaut hat, steht auf einem anderen Blatt.

Wie oft und auf wie viele verschiedene Möglichkeiten Sie einen Hook benutzen, kann sich auf die Haltbarkeitsdauer Ihres Songs auswirken. Jeder kennt Songs, die ihm auf Anhieb gefallen haben, aber nach 50 oder 60 Mal Anhören quellen sie einem einfach zu den Ohren raus. Das könnte von einem Phänomen herrühren, das in den mucksmäuschenstillen Korridoren von Verlagsimperien als *hookonale Dysfunktion* bekannt ist. Um ihr vorzubeugen, raten Ärzte (der bekannteste davon soll Gerüchten zufolge Dr. Hook sein) dazu, es mit dem Haupt-Hook nicht zu toll zu treiben (also ihn nicht zu oft zu wiederholen) oder ihn so fad zu gestalten, dass er einen in den schlimmsten Albträumen heimsucht (man denke an »Yummy, Yummy, Yummy«, das One-Hit-Wonder aus den 1960ern, gesungen von Ohio Express; geschrieben von Joey Levine und Kris Resnick).

Seien Sie stattdessen um einen Song bemüht, dessen Hook sich Ihnen zunächst auf subtile Weise nähert, dann aber seine Schlingen fester zuzieht, um schließlich nicht mehr lockerzulassen. Wenn der Text genügend Aussage hat, wird er bei jedem Mal Anhören mehr in den Vordergrund rücken und dem Song schließlich zu bleibender Kraft verhelfen.

Nicht jeder, der Ihren Song zum ersten Mal hört, wird gleich auf jedes einzelne Wort im Text achten. Deshalb sollte der Text auch immer ein paar leicht verdauliche, hookähnliche Sätze enthalten, in denen die Prämisse (oder Grundidee) des Songs auf einen Nenner gebracht wird.

Übung macht den Meister

Sehen Sie sich einmal die Top Ten aus den Top-100-Charts einer guten Musikzeitschrift an und picken Sie drei Titel davon heraus. Hören Sie sich jeden davon an und versuchen Sie herauszufinden, wie viele Hooks er enthält. Und denken Sie daran – Sie suchen sowohl nach Melodie-, Text-, Musik- als nach auch Rhythmus-Hooks, außerdem nach allerlei Soundeffekten oder sonstigen Zutaten, die dem Song zu Einprägsamkeit verhelfen. Indem Sie aktuelle Hits zerpflücken, machen Sie sich Appetit auf das Kreieren eigener Hooks. Nachdem Sie festgestellt haben, welche unterschiedlichen Formen von Hooks die Songs enthalten, notieren Sie sich, wie oft jeder von ihnen in den einzelnen Stücken zum Einsatz kommt.

Wenn Sie bereits einen Song fertig geschrieben oder zumindest angefangen haben, gehen Sie ihn einmal durch und analysieren Sie, welche Arten von Hooks darin vorkommen, wie wirkungsvoll sie sind und wie man sie noch deutlicher herausarbeiten und verbessern kann. Falls Sie Ihren ersten Song noch zu schreiben haben, verfeinern Sie ihn mit einem Hook, von dem Sie spüren, dass er gut ist. Das kann ein potenzieller Titel sein, ein Musik-Riff, ein faszinierendes Geräusch, ein hypnotischer Rhythmus oder eine eingängige Akkordfolge. Halten Sie an ihm fest, während Sie immer mehr über die Mechanismen des Songwriting lernen.

Eine super Methode, um zu ergründen, ob der Hook, für den Sie sich entschieden haben, wirklich etwas taugt, besteht darin, fünf enge Freunde oder Verwandte hinzuzuziehen – oder Leute, die Ihnen auch bei Sonnenaufgang noch in Liebe zugetan sind. Spielen Sie ihnen Ihr Lied vor, und dann bitten Sie jeden von ihnen, einmal zu notieren, was genau an dem Song sich ihm am besten eingeprägt hat. Wenn Sie nach Lektüre der geheimen Stimmzettel feststellen müssen, dass ein Songelement gleich auf allen fünf Stimmzetteln vermerkt ist, dann ist Ihnen vermutlich ein guter Hook gelungen. Und wenn alle Stimmberechtigten ein paar Tage später bei Ihnen anrufen und sich beklagen, dass ihnen das Stück einfach nicht mehr aus dem Kopf geht, dann haben Sie gewonnen. Dann halten Sie den Beweis in Händen, dass Sie vom Komponieren überzeugender Songs tatsächlich mehr als nur ein wenig Ahnung haben.

Kapitel 5
Wie Sie Ihre Hörer mit guten Texten beeindrucken

Versuchen Sie, sich einmal an den ersten Song zu erinnern, den Sie als Kind gehört haben. Welcher Teil dieses Songs hat an der Synapsenbildung in Ihrem Gehirn wirklich entscheidend mitgewirkt? Vielleicht war es der Beat, vielleicht waren es auch die Soundeffekte oder es war nur eine schlichte kleine Melodie. Wie auch immer: All jene Teile hätten Sie längst nicht so beeindruckt, wenn sie nicht mit den richtigen Worten einhergegangen wären. Worte, die Ihnen vielleicht am Anfang sehr alltäglich vorkamen, vielleicht war es ein Wortspiel (»Ringel Ringel Reihe«) und so weiter. Als Sie größer wurden, zog es Sie dann immer mehr zu Liedern hin, die Ihnen irgendwelche Einsichten vermittelten oder Ihr Bewusstsein erweiterten. Wenn Sie voll Überzeugung zu einem Freund sagen konnten »Hey, der Song handelt ja von mir« oder »Genau das lag mir schon immer auf der Zunge« oder »Der Sänger hat anscheinend das Gleiche durchgemacht wie ich« – dann standen die Chancen gut, dass Sie sich diese Platte kauften und immer wieder rauf und runter spielten. Für einen Songwriter ist es die Verbindung, die er zu einem Song herstellt, und das Ausmaß, in dem er seine Gefühle dem Publikum vermitteln kann, die zu so etwas wie »Publikumskontakt« oder »good vibrations« zwischen ihm und seiner Hörerschaft führen. Schreiben Sie über etwas, das Sie bewegt – das ist der ideale Einstieg!

In diesem Kapitel zeigen wir Ihnen, welche verschiedenen Möglichkeiten ein Songwriter hat, das Publikum mithilfe seiner Texte zu beeindrucken, wenn nicht gar zu beeinflussen. Wie kann man seine Ideen in Worte fassen? Wie machen es die Profis? Was tun, damit es sich auch professionell anhört? In Kapitel 6 werden Sie dann lernen, Ihre eigenen Texte zu schreiben.

Lernen Sie die verschiedenen Texttypen kennen!

Im Lexikon heißt es unter *Text*: »Die Worte, aus denen ein Lied besteht, im Gegensatz zur Musik.« Eigentlich eine knappe und eindeutige Definition. Präziser, aber auch vielschichtiger wird es, wenn Sie in Betracht ziehen, dass man zum Beispiel im Englischen nicht vom »Text« eines Songs spricht, sondern von den *Lyrics*. Dahinter verbirgt sich der deutsche Begriff *Lyrik* beziehungsweise *lyrisch*, und Letzteres definiert das Lexikon als »liedähnlich; in poetischer Sprache gehalten, um die Gefühle des Dichters zum Ausdruck zu bringen«. Jetzt kommen Sie der Sache schon näher. Lyrik – das ist Rhythmus und Reim. Und manchmal – das wissen Sie von modernen Gedichten – geht es auch ohne Reim.

Wenn wir also im Folgenden den Begriff *Text* verwenden, meinen wir damit immer das, was der Amerikaner meint, wenn er *Lyrics* sagt – nämlich den Text eines Songs, nicht etwa den eines Zeitungsartikels oder gar Gesetzesparagraphen. Und ein Text in diesem speziellen Sinne, so könnte man ganz lyrisch sagen, ist eine Idee, die auf Flügeln schwebt.

Sehen Sie sich einmal die verschiedenen Formen an, in denen ein Text daherkommen kann. Sie können daran erkennen, ob zum Beispiel der Text Ihres Lieblingssongs bereits Wurzeln geschlagen hatte, ehe er sich in die Lüfte hob.

✔ Texte mit einer Prämisse

✔ Texte, die eine Geschichte erzählen

✔ Texte von Liebesliedern

✔ Texte mit politischem oder Protestcharakter

✔ Originelle und humorvolle Texte

✔ Parodien

✔ Inspirative und spirituelle Texte

Wenn Jim sich hinsetzt, um zusammen mit anderen einen Song zu schreiben, fragt er, noch bevor die erste Note zu Papier gebracht wird, erst einmal jeden, was er auf dem Herzen hat, und versucht herauszufinden, was für diese Leute von persönlichem Belang ist. Am besten sei es, so sagt er zu ihnen, wenn jemand über etwas schreibt, das ihm bekannt ist, ja worin er vielleicht sogar Experte ist (jeder hat da sein Spezialgebiet, auch wenn es nur darum geht, wie sich ein gebrochenes Herz anfühlt). Die Gespräche, die aus diesen Fragen entstehen, werden oft zum Startpunkt für einen Song, der wirklich Substanz hat – weil er von etwas handelt, das für die Leute, die ihn schreiben, von Bedeutung ist.

In den folgenden Abschnitten dieses Kapitels wollen wir die einzelnen Textformen genau erklären und zur Illustration des Ganzen jeweils ein paar Songbeispiele mitliefern.

Eine super Methode, in die tiefen Gewässer des Songwriting einzutauchen, besteht darin, einen Blick auf bereits existierende beliebte Songs zu werfen. Wenn Sie die Texte gelungener Songs auseinandernehmen und analysieren, stoßen Sie vielleicht genau auf die Inspiration, nach der Sie suchen. Nein, das heißt nicht, dass Sie etwas von dem, was es schon gibt, kopieren sollen! Es ist nur eine Übung, damit Sie »in den Flow kommen«, die Worte analysieren, sich Reimmuster ansehen und erkennen, wie Emotionen emporsteigen und den Song zum Leben erwecken. Eine ganze Fülle von Material liegt direkt vor Ihnen, wenn Sie im Internet surfen – geben Sie einfach mal Suchbegriffe ein wie »Songtexte« oder »lyric search«, und klappern Sie einen Teil der Seiten, die Ihnen angeboten werden, versuchsweise ab, zum Beispiel `songlyrics.com`, `metrolyrics.com`, `lyricsmania.com`, `lyricsmode.com`, `songmeanings.net`, `azlyrics.com`, `lyricsondemand.com` und so weiter.

Texte mit einer Prämisse

Hinter nahezu jedem großen Song steckt eine große Idee, ein Konzept, eine Prämisse. Es ist sozusagen die textliche Rohform, nach der ein Song (und seine Textdichter) sich richten müssen. Einem starken Song liegt meist auch eine starke Prämisse zugrunde.

Schreiben Sie ganz zu Beginn die Prämisse Ihres Songs in Prosa nieder (also nicht in poetischer Form) und werfen Sie immer mal wieder einen Blick darauf, damit Sie den Sinngehalt Ihres Songs nicht aus den Augen verlieren, denn das ist es, was wir mit Prämisse meinen: in einem oder zwei Sätze zusammenfassen, worum es in dem Song gehen soll. Wenn Ihre Idee sich nicht auf ein oder zwei Sätze reduzieren lässt, ist sie vielleicht zu komplex für einen Song, oder Sie wissen selbst nicht so genau, was Sie eigentlich aussagen wollen.

Es wird Ihnen bei vielen Songwriting-Sitzungen passieren, dass Sie auf Ihr ursprüngliches Konzept zurückblicken – und feststellen müssen, dass plötzlich etwas anderes daraus geworden ist. Dann stehen Sie natürlich vor der Wahl, welche der beiden Prämissen Ihnen lieber ist. Versuchen Sie auf keinen Fall, zwei Songs in einen zu packen – das geht nie gut! Sie müssen genau wissen, wo Ihr Song sich hinbewegt, oder Sie verwirren damit sich, den Hörer und die ganze Welt.

Lassen Sie sich von dem Wort *Prämisse* nicht einschüchtern. Eine Prämisse kann ausgesprochen simpel sein – und hinter den erfolgreichsten Songs stehen in der Tat oft total simple Ideen. In den folgenden Abschnitten nehmen wir ein paar bekannte Songs mit Prämisse unter die Lupe.

»Missing You«

Dieser Klassiker aus den 1980ern (geschrieben von Charles Sanford, Mark Leonard und John Waite, dem ehemaligen Leadsänger von The Babys und Bad English) wurde zum Top-Ten-Hit und mehrfach von anderen Künstlern gecovert (am bekanntesten ist wohl die durch und durch soulige Version von Tina Turner), hauptsächlich wegen der Power seiner telegrammstilartigen Gitarrenfigur sowie der Ironie, die seiner Prämisse zugrunde liegt.

Das Songkonzept kreist um den gepeinigten Helden, der in sämtlichen Strophen bekundet, der Lauf dieser Welt sei nicht mehr der gleiche – jetzt, wo die Liebe seines Lebens ihn verlassen habe. Warum sie ihn verlassen hat, weiß er nicht so genau, und es klingt, als wäre er drauf und dran, den Kopf in den Ofen zu stecken, wenn zu seiner Rettung der Refrain ertönt.

Der Zwiespalt zwischen dem, was er in den Strophen sagt (in denen er seine Qual zum Ausdruck bringt) und dem, was er im Refrain sagt (in dem er sich vor der Welt hinter einer Fassade verbirgt) ist das einzige Konzept, das der Song hat. Egal, was seine Freunde sagen, was er sagt und wie es vielleicht erscheint – er vermisst sie jedenfalls ganz und gar nicht.

Oft sind es die Gegensätze im Leben, die eine besonders starke Wirkung ausüben – der Unterschied zwischen unseren Lippenbekenntnissen und der Sprache unseres Herzens (ein weiteres Beispiel dafür wäre »Tears of a Clown«, geschrieben von Henry Cosby, Stevie Wonder und Smokey Robinson) – oder der Unterschied zwischen den Gefühlen, die du für jemanden hegst, und den Gefühlen, die er/sie für dich hegt.

»Good Vibrations«

Dieser Hit – das Ergebnis einer Zusammenarbeit zwischen den Songwritern Brian Wilson und Mike Love von den Beach Boys – bietet das Musterbeispiel für eine großartige Prämisse, die im Laufe des gemeinsamen Projekts immer besser und immer kommerzieller wurde (was bedeutet, dass sich immer mehr Leute davon angesprochen fühlten, was zu gigantischen Verkaufszahlen führte). Brian war zunächst ziemlich befremdet von der Vorstellung, dass im Universum Schwingungen (*vibrations*) sowohl positiver als auch negativer Natur existieren sollten, die sowohl Hunde als auch Menschen wahrnehmen könnten.

In seiner ersten Textfassung war in keinem Wort die Rede von Beziehungen, und es gab auch keine romantische Hintergrundstory. Mike Love hörte den Song und liebte ihn, war jedoch der Meinung, irgendetwas fehle noch. Dann kam ihm die rettende Idee: Eine Mädchen-und-Junge-Geschichte, denn so was verkaufte sich immer! An der eigentlichen Message des Songs – nämlich der von den Schwingungen, die das Universum durchdringen – musste sich dadurch ja nichts ändern. »I'm picking up good vibrations, she's giving me excitations« – das waren die Worte, die diesen Song mit seiner brillanten Gegenüberstellung von Himmel und Erde bei der Babyboomer-Generation auf Gehör stoßen ließen.

Falls Ihrem Text ein Konzept oder eine Prämisse zugrunde liegt, die auf andere befremdend wirken könnte, sorgen Sie dafür, dass trotzdem so viele Leute wie möglich etwas damit anfangen können. Sobald der Hörer seine Situation oder sich selbst in dem Song wiederentdeckt, haben Sie es geschafft: etwas in Worte gefasst, die ihm so nicht eingefallen wären.

»Viva La Vida«

Dieser Tophit von Coldplay (geschrieben von Chris Martin, Guy Berryman, Will Champion und Jonny Buckland) spielt mit dem Kontrast zwischen einer königlichen Vergangenheit und einer trostlosen Zukunft. Dieser Typ hat ernsthafte Depris. Der Hörer weiß nicht, ob er nun wirklich ein König ist oder nur an Hirngespinsten leidet: »Seas would rise when

I gave the word«, »now I sweep the streets I used to own« – mit solchen Gefühlen können sich viele von uns identifizieren. Zwischen einem Helden und einem Versager besteht nur ein schmaler Grat – und auf dem wandeln wir jeden Tag.

Das Letzte, was man sich als Songwriter wünscht, ist es, wegen einer Copyrightverletzung angeklagt zu werden – obwohl Ihnen das, wenn Sie ein produktiver und beliebter Autor von Liedtexten sind, im Laufe Ihrer Karriere sowieso irgendwann passiert. Das Syndikat sogenannter Abmahnanwälte schläft nie – und je größer Ihre Popularität, umso mehr Leute wollen sie Ihnen streitig machen. So gesehen scheint der Song von Coldplay sogar mehr als populär gewesen zu sein – es gab nämlich gleich drei Klagen, was – milde ausgedrückt – eher selten vorkommt. Die aufsehenerregendste davon war die eines Gitarristen namens Joe Satriani, der Coldplay vorwarf, sich für »Viva La Vida« verschiedener Elemente aus seiner Komposition »If I Could Fly« bedient zu haben. Normalerweise geht man in solchen Fällen so vor, dass man nachfragt, inwieweit die beschuldigte Band (also Coldplay) vor Aufnahme ihrer Platte überhaupt Zugriff auf den Song hatte, bei dem sie geklaut haben soll. Dann versucht man zu ermitteln, inwieweit die Ähnlichkeiten den Vorwurf einer Urheberrechtsverletzung eigentlich rechtfertigen, und ob vielleicht »unbewusst« und ohne böse Absicht Teile von Satrianis Song in die Komposition eingeflossen sind. Einer der spektakulärsten Fälle von Plagiat fand übrigens 1981 statt, als George Harrison argumentierte, sein Diebstahl geistigen Eigentums habe »unbewusst« stattgefunden, als er für seinen Nummer-1-Hit »My Sweet Lord« einen Song von den Chiffons (»He's So Fine«) praktisch eins zu eins kopierte. (Mehr über »My Sweet Lord« später in diesem Kapitel.)

Texte, die eine Geschichte erzählen

Songs, die uns eine Geschichte erzählen, sind so alt wie die Zeit. Schon in den guten alten Zeiten entdeckten Songwriter, dass Lieder sich hervorragend dazu eignen, eine relativ einfache Story in ein attraktives Gewand zu hüllen, sodass jeder sie sich gern anhören würde. Viele große Geschichtenerzähler schreiben heute Songs im Countrystil, doch den Storysong gibt es auch in allen anderen Genres.

Sehen Sie sich den Text des Storysongs »Just To Get High« (geschrieben von Chad Kroeger; gesungen von Nickelback) einmal ganz genau an. Spüren Sie nicht auch Emotionen von gewaltiger Intensität hochkommen, wenn Chad Kroeger die tragische Geschichte vom Tanz seines besten Freundes mit dem Drogendämon berichtet? Seine eigene Mutter äußert sich nicht dazu, bis er ihre Ringe verkauft. Die spezielle Bilderwelt, auf die Chad zurückgreift – die Wunden auf seinen Lippen, die zerfließenden Fingerspitzen –, übermittelt dem Hörer grausame Szenen, die mit der Erzählung einhergehen. Das gebetsmühlenartig wiederholte Mantra »Tell me what you know … tell me what you gone and done now« bringt den Leser zum Nachdenken darüber, ob der Freund noch lebt oder tot ist – oder vielleicht nur noch so etwas wie ein wandelnder Toter. Man wird den Verdacht nicht los, dass es diese Person in Chads Leben wirklich gegeben hat. Ob das stimmt oder nicht, ist nebensächlich; in dem Song zumindest erwacht sie zum Leben.

»Just To Get High«, geschrieben von Chad Kroeger

Strophe 1

He was my best friend, I tried to help him,
But he traded everything, for suffering,
And found himself alone
I watched the lying, turn into hiding,
With scars on both his lips, his fingertips
Were melted to the bone

Refrain

But I can still remember
What his face looked like,
When I found him in an alley
In the middle of the night
Tell me what you know
Tell me what you gone and done now
Tell me what you know
Tell me what you gone and done now
A gun would do the trick, get it over with,
You're better off to take all
You've got and burn it on the spot,
To get high-igh, igh, igh (high-igh, igh, igh).

Strophe 2

Three days no sleeping, he gave up eating
He sold his mother's rings, she said nothing
And pretended not to know
He started stealing, to supply the feeling,
Found out he pulled a knife, on someone's wife ...
And held it to her throat

Erweiterter Refrain

But I can still remember
What his face looked like,
When I found him in an alley
In the middle of the night
Tell me what you know
Tell me what you gone and done now
Tell me what you know
Tell me what you gone and done now
A gun would do the trick, get it over with
You're better off to take all that
You've got and burn it on the spot,
Just to get high-igh, igh, igh (high-igh, igh, igh)
Tell me what did, where you gone and hid?

Show me, is what you really want, watching what you got?
Slowly circling the drain, throw it all away
Just to get high-igh, igh, igh (high-igh, igh, igh)
High-igh, igh… oooooh
Tell me what you know
Tell me what you gone and done now
Tell me what you know
Tell me what you gone and done now
A gun would do the trick, get it over with
You're better off to take all that
You've got and burn it on the spot,
Just to get high-igh, igh, igh (high-igh, igh, igh)
Tell me what did, where you gone and hid?
Show me, is what you really want, watching what you got?
Slowly circling the drain, throw it all away
Just to get high, just to get high
Circle in the drain, throw it all away
Just to get high-igh, igh, igh (high-igh, igh, igh)

Texte von Lovesongs

Liebe … eines jener Gerichte, das man in tausend Varianten servieren kann, ohne dass es aufhört, ein Gaumenschmaus zu sein. Würde man eine Liste mit allen Songs erstellen, in denen das L-Wort vorkommt (so wie Bubbas Shrimps-Liste in dem Film *Forrest Gump*) – sie würde von »hier bis New Orleans« reichen.

Die Bandbreite von Lovesongs ist gewaltig: Da kann es um das größte Glück auf Erden gehen, aber auch um Selbstmord, sämtliche Zwischentöne inklusive. Trotzdem bleiben es immer Lovesongs. Die Liebe ist die treibende Kraft, die hinter allem menschlichen Handeln steht, deshalb gehen den Lovesong-Writern auch nie die Themen aus. Und das Verblüffende ist: Jede neue Generation thematisiert wieder genau die Emotionen, Situationen und Notlagen, die schon Jahrzehnte zuvor das Thema von Liebesliedern waren – und merkt es nicht einmal. Sehen Sie sich in den folgenden Abschnitten einmal an, auf welch vielfältige Weise man immer wieder auf dieses »größte Thema« der Menschheit zugreifen kann.

»Love Story«

Im Zentrum dieses Liebeslieds steht das uralte, immer wieder bewegende Romeo-und-Julia-Motiv, für das sich auch ein Shakespeare nicht zu schade war. Um die zeitliche Dimension einzubringen, bediente sich die Komponistin und Künstlerin Taylor Swift hier der wirksamen Technik von Rückblenden, was dem Text eine traumähnliche Stimmung verleiht, sodass der Hörer sich fortwährend fragt: Ist das alles wirklich geschehen? Oder lebt sie in einer Illusion? Achten Sie auf die rasche Reimfolge, wenn die Sängerin ihren Angelhaken auswirft: »We'll make it out of this mess, it's a love story baby, just say yes« und »go pick out a white dress, it's a love story baby, just say yes«. Dass dieser Song zum Hit wurde, hat vielerlei Gründe: Taylors hingebungsvolle Stimme, ihre Persönlichkeit, die starke Melodie, ein heißes Video, und – was das Wichtigste von allem ist: Ihr Zielpublikum kann sich mit der Geschichte identifizieren. Es ist ein junges Publikum, dem jedes ihrer Worte etwas sagt und das dadurch selbst zu lauter modernen Romeos und Julias wird.

»Love Story«, geschrieben von Taylor Alison Swift

Strophe 1

We were both young when I first saw you
I close my eyes and the flashback starts
I'm standing there
On a balcony in summer air
See the lights,
see the party, the ball gowns
I see you make your way through the crowd
And say hello, little did I know

Pre-Chorus

That you were Romeo, you were throwing pebbles
And my daddy said stay away from Juliet
And I was crying on the staircase
Begging you please don't go, and I said

Refrain

Romeo, take me somewhere we can be alone
I'll be waiting, all there's left to do is run
You'll be the prince, and I'll be the princess
It's a love story, baby, just say yes

Strophe 2

So I sneak out to the garden to see you
We keep quiet 'cause we're dead if they knew
So close your eyes
Escape this town for a little while

Pre-Chorus

'Cause you were Romeo, I was a scarlet letter
And my daddy said stay away from Juliet
But you were everything to me
I was begging you please don't go, and I said

Refrain

Romeo, take me somewhere we can be alone
I'll be waiting, all there's left to do is run
You'll be the prince, and I'll be the princess
It's a love story, baby, just say yes

Romeo, save me, they try to tell me how to feel
This love is difficult, but it's real
Don't be afraid, we'll make it out of this mess
It's a love story, baby, just say yes
Oh, oh

Bridge

I got tired of waiting
Wondering if you were ever coming around
My faith in you was fading
When I met you on the outskirts of town, and I said

Refrain

Romeo, save me, I've been feeling so alone
I keep waiting for you but you never come
Is this in my head? I don't know what to think
He knelt to the ground and pulled out a ring
And said, marry me, Juliet, you'll never have to be alone
I love you and that's all I really know
I talked to your dad, go pick out a white dress
It's a love story, baby, just say yes
Oh, oh, oh, oh
'Cause we were both young when I first saw you

© Sony/Atv Songs d/b/a Tree Pubg. Co; Taylor Swift Pub Designee

 Wenn Sie einen Lovesong schreiben, versuchen Sie, sich dem Thema von einer völlig neuen Seite zu nähern! Sehen Sie sich einige Ihrer Lieblings-Lovesongs an und versuchen Sie, herauszufinden, wie die Songwriter ihr Stück aufgebaut haben, um es von den tausend anderen, die es schon gibt, abzuheben.

Wie so vielen anderen Songwritern kann es auch Ihnen oder mir passieren, dass wir sprachlos sind angesichts dieses Phänomens namens Liebe. (Das Verlangen ist ein weiteres Hauptnahrungsmittel im Speiseschrank des Songtexters.) Die Herausforderung liegt selbstverständlich darin, das Gericht auf völlig neuartige Weise zu servieren. Wenn Sie im Zweifel sind, folgen Sie einfach Ihrem Herzen. Wenn Ihre Empfindungen echt klingen, haben Sie vielleicht soeben einen neuen Lovesong (in dem es trotz seines Namens auch um einen Mangel an Liebe gehen kann) ins Leben gerufen.

»I Don't Want To Miss A Thing«

Dieser Supertophit von Aerosmith (geschrieben von Diane Warren) zeigt, dass auch die größten Songschreiber es kaum schaffen, besser oder beliebter als Diane Warren zu sein. Der A-&-R-Fritze von Aerosmith, John Kalodner, fragte sie damals, ob sie nicht Lust hätte, den Titelsong für den in Produktion befindlichen Kinokassenknüller *Armageddon* zu schreiben – und was dabei herauskam, brachte die Emotionen des Films exakt auf den Punkt. Der Song ist berührend, ohne ins Kitschige oder Rührselige abzugleiten, sowie voller

Gefühle, die die Glaubwürdigkeit einer Band wie Aerosmith im Nu zerstört hätten! Wenn Sie in einer Rock-Enzyklopädie der Zukunft einmal den Begriff »Power Ballad« nachschlagen, wird dieser Song, da wetten wir drum, an oberster Stelle stehen.

»I Don't Want To Miss A Thing«, geschrieben von Diane Warren

Strophe 1

I could stay awake just to hear you breathing
Watch you smile while you are sleeping
While you're far away and dreaming
I could spend my life in this sweet surrender
I could stay lost in this moment forever
Well, every moment spent with you
Is a moment I treasure

Refrain

I don't wanna close my eyes
I don't wanna fall asleep
'Cause I'd miss you, baby
And I don't want to miss a thing
'Cause even when I dream of you
The sweetest dream would never do
I still miss you, baby
And I don't want to miss a thing

Strophe 2

Lying close to you
Feeling your heart beating
And I'm wondering what you're dreaming
Wondering if it's me you're seeing
Then I kiss your eyes and thank God we're together
And I just wanna stay with you
In this moment forever, forever and ever

Refrain

I don't wanna close my eyes
I don't wanna fall asleep
'Cause I'd miss you, baby
And I don't want to miss a thing
'Cause even when I dream of you
The sweetest dream would never do
I still miss you, baby
And I don't want to miss a thing

Bridge

I don't wanna miss one smile
I don't wanna miss one kiss
Well, I just wanna be with you
Right here with you, just like this
I just wanna hold you close
I feel your heart so close to mine
And just stay here in this moment
For all the rest of time

Refrain

Don't wanna close my eyes
Don't wanna fall asleep
'Cause I'd miss you, baby
And I don't wanna miss a thing
'Cause even when I dream of you
The sweetest dream would never do
I still miss you, baby
And I don't wanna miss a thing
I don't wanna close my eyes
I don't wanna fall asleep
'Cause I'd miss you, baby
And I don't wanna miss a thing
'Cause even when I dream of you
The sweetest dream would never do
I'd still miss you, baby
And I don't want to miss a thing
Don't wanna close my eyes
Don't wanna fall asleep, yeah
I don't wanna miss a thing
I don't wanna miss a thing

© *Realsongs*

»Ghost Story«

Dieser Storysong aus Stings 1999 veröffentlichtem Album *Brand New Day* führt die Gattung des Lovesongs auf ein völlig neues Terrain. In dem Stück (geschrieben und gesungen von Sting), das sich mit einer komplizierten Beziehung beschäftigt, blickt der Sänger zurück auf die vielen Jahre, in denen er jemandem seine Liebe verweigert hat. Von wem dabei die Rede ist, erfährt das Publikum nie so genau – vielleicht ist es Stings Vater oder eine frühere Geliebte. Alles, was uns verraten wird: Seine »indifference was my invention« (die Gleichgültigkeit dieser Person war seine eigene Erfindung) und »I must have loved you« (er muss sie trotzdem geliebt haben).

Wenn Sie den Text nachlesen, achten Sie darauf, dass der Songwriter, während die Geschichte sich entfaltet, auf verschiedene Techniken zurückgreift: Personifizierung (»his icy sinews«, womit der Winter gemeint ist), Metaphern (»the moon's a fingernail«), Anaphern (die Wiederholung von einem oder mehreren Wörtern zu Beginn eines Satzes wie »the same«, »I did not« und »you were«), der ausschließliche Gebrauch von reinen Reimen (suffer/tougher, stars/scars, measure/treasure) und viele andere – wie zum Beispiel das Fehlen eines Titels als Hook und als neuartige Form. Doch wie bei den meisten großen Songs werden all jene Techniken unsichtbar, da der Hörer sich sogleich vom Text dieses einzigartigen Lovesongs verzaubern lässt.

Es bieten sich so viele unterschiedliche Möglichkeiten, mit dem Thema Liebe umzugehen. Wenn man hört, wie Sting mit viel Gefühl in der Stimme die Hookline »I must have loved you« singt, möchte man denken: »Überlasst es Sting, Songs als eine Form der Selbsttherapie anzuwenden – er beherrscht das wie kein zweiter!« Indem er die Chance erhält, einen Blick in das Tagebuch des Sängers zu werfen, in seine emotionalen Aufzeichnungen, wird der Hörer zum Insider – und aufgrund dieser Rolle zum lebenslangen Fan.

Texte, die Stellung beziehen

Wie kann man besser zu irgendeiner Sache Stellung beziehen als mit einem Song? Die Leute neigen viel leichter dazu, jemandem zuzuhören, wenn dessen Ideen zu einer einprägsamen Melodie und einem guten Beat vorgetragen werden – und für einen Songwriter ist es eine hervorragende Methode, sich etwas von der Seele zu reden, Aufmerksamkeit zu wecken und vielleicht sogar etwas auf dieser Welt zu verändern. Es gibt Künstler, die bekannt wurden für ihr Talent, das Weltgeschehen in eine musikalische Form zu kleiden und oftmals die Empfindungen der Leute auf einen Nenner zu bringen. Wir zeigen Ihnen ein paar Beispiele, in denen es um aktuelle Ereignisse ging oder die geschrieben wurden, um gesellschaftlichen Protest zum Ausdruck zu bringen.

»Sunday Bloody Sunday«

In diesem archetypischen Song und Megahit von U2 (geschrieben von Paul Hewson, Dave Evans, Adam Clayton und Larry Mullen jr.) fand der Sound der Band zu seiner vollkommenen und prägenden Form aufgrund von Larry Mullins jr. fesselndem und hypnotisierendem Drumbeat, der fast roboterhaften, aus Sechzehntelnoten bestehenden Akkorde von The Edge und der aufrichtigen Empörung des Sängers Bono. Der Song schildert die Unruhen in Nordirland und rückt die Geschehnisse jenes einen blutigen Sonntags in Derry in den Mittelpunkt, als britische Truppen auf demonstrierende Bürgerrechtler schossen. Auch wenn es so aussieht, als würde das Publikum das letzte Urteil darüber fällen, welches das wahre Anliegen eines Songs ist, behauptete Bono stets, »Sunday Bloody Sunday« würde nicht von Rebellion handeln; vielmehr gehe es darum, ein friedliches Mittel gegen die Gewalt zu finden, die zwischen Irland und Großbritannien herrscht.

»Sunday Bloody Sunday« von U2

Strophe 1

Yes
I can't believe the news today
Oh, I can't close my eyes and make it go away
How long, how long must we sing this song?
How long? How long?
'Cause tonight we can be as one, tonight

Strophe 2

Broken bottles under children's feet
Bodies strewn across the dead end streets
But I won't heed the battle call
It puts my back up, puts my back up against the wall

Refrain

Sunday, Bloody Sunday
Sunday, Bloody Sunday
Sunday, Bloody Sunday

Strophe 3

And the battle's just begun
There's many lost but tell me who has won
The trench is dug within our hearts
And mothers, children, brothers, sisters torn apart

Refrain

Sunday, Bloody Sunday
Sunday, Bloody Sunday
How long, how long must we sing this song?
How long? How long?
'Cause tonight we can be as one
Tonight, tonight
Sunday, Bloody Sunday
Sunday, Bloody Sunday

Bridge

Wipe the tears from your eyes
Wipe your tears away
Oh, wipe your tears away
Oh, wipe your tears away
Oh, wipe your blood-shot eyes

Refrain

Sunday, Bloody Sunday
Sunday, Bloody Sunday

Strophe 4

And it's true we are immune when fact is fiction and TV reality
And today the millions cry
We eat and drink while tomorrow they die
The real battle just began to claim the victory Jesus won on

Refrain

Sunday, Bloody Sunday
Sunday, Bloody Sunday

© *Polygram Int. Music Publ. B. V.*

»Ohio«

Neil Youngs powervolle Reaktion auf die Ermordung von vier Studenten durch Nationalgardisten bei einer Antikriegsdemonstration an der Kent State University am 18. Mai 1970 wurde zum Protestsong schlechthin in einem Amerika, das es leid und überdrüssig war, zuzusehen, wie seine Truppen im Vietnamkrieg dahinstarben. »Tin soldiers and Nixon's coming, we're finally on our own, this summer I hear the drumming, four dead in Ohio.« Die Fotos in den Zeitungen erzählten die Geschichte jenes schrecklichen Ereignisses, und diese Rockhymne wurde zu ihrem Soundtrack. (»Ohio« wurde geschrieben von Neil Young und gesungen von Crosby, Stills, Nash and Young).

»Youth Of A Nation«

Wer wird je die Wirkung dieses bahnbrechenden Hits der Rap-Metal-Band P.O.D. vergessen? Dass ein großartiger Song von aktuellen Ereignissen beeinflusst ist, kommt ja öfter vor – aber eine empfängliche Antenne zu haben für sämtliche eingehende Signale, das ist eine Kunst! In diesem Fall waren die Mitglieder der Band gerade unterwegs zu einer der Aufnahmesessions für ihr Album *Satellite*, als sie in einen Verkehrsstau gerieten. Der Grund dafür: eine Schießerei an einer Schule. Der Song, zu dem dieses Ereignis führte, kam mit einer solchen Wucht, dass es der Band sogar gelang, das Veröffentlichungsdatum des Albums einzuhalten und das Stück trotzdem in aller Ruhe aufzunehmen. Im Mittelpunkt stehen drei Protagonisten: der Sänger selbst, die kleine Suzy und Johnnyboy. Drei willkürlich ausgewählte Existenzen, die allesamt zu Opfern eines Schul-Amokläufers werden und von denen jedes seine eigene Geschichte hat. Ziemlich gespenstisch ist es, dass der Sänger aus dem Jenseits zu uns spricht, wo er die Dinge anscheinend aus göttlicher Perspektive betrachten kann. Der kraftvoll gesungene Refrain »We are, we are, the youth of a nation« unterscheidet nicht wirklich zwischen Täter und Opfern – beide sind sie gefangen in der heutigen Zeit. Man wartet auf den Refrain, so wie ein Verdurstender in der Wüste auf eine Oase hofft. In den letzten Zeilen spiegelt sich die Frustration darüber, bei solchen unbegreiflichen Taten zusehen zu müssen – »There's got to be more to life than this, there's got to be more to everything I thought exists.«

»Cop Killer«

Dieser Rapsong ist dafür verantwortlich, dass Platten über Jahre hinweg mit Warnaufklebern versehen wurden, die darauf hinwiesen, dass man die Sprache mancher Songs für anstößig und nicht jugendfrei hielt. Diese Platte wurde auch von Geschäften wie K-Mart und Wal-Mart indiziert und sorgte in ganz Amerika für Rassenunruhen. Der Song stellte erneut unter Beweis, welche Macht ein Lied ausüben kann, je nachdem, ob man es zu positiven oder negativen Zwecken einsetzt. (»Cop Killer« wurde geschrieben von Ernest Cunnigan und Tracy Marrow; gesungen von Body Count).

Originelle und humorvolle Texte

Eine Sache, die von »seriösen« Songwritern oft unbeachtet bleibt, ist, dass ein Song durchaus auch ein originelles Element oder so etwas wie Humor aufweisen darf. Das gilt auch für sonst ernste Texte – eine kleine Spur Humor kann einem Song viel von seiner oft nicht allzu ermutigenden Schwerkraft nehmen. Bob Dylan zum Beispiel beherrscht es ziemlich gut, Humor in seine Songs einzubauen – »the pump don't work 'cause the vandals took the handle« aus »Subterranean Homesick Blues« ist dafür ein gutes Beispiel.

Manche Songs hingegen wirken besonders anziehend aufgrund des Originellen, des Neuartigen in ihrem Konzept. Diese »Gimmicksongs« gab es von Beginn an in immer wieder neuen Spielarten. Manchmal stützen sie sich auf eine aktuelle Modewelle oder das, was gerade als »der letzte Schrei« gilt – was natürlich wiederum bedeutet, dass ihre Haltbarkeitsdauer oft nicht länger währt als das Leben der betreffenden Macke. Manchmal handelt es sich einfach um Ausdrücke, Begriffe oder Slogans, die gerade »in« sind. Und gelegentlich sind sie auch mal langlebiger als das ihnen zugrunde liegende Phänomen. Wollen wir ein paar solcher Songs darauf prüfen, ob sie »ihre« Zeit überdauert haben.

»The Thong Song«

Dieser Millenniumshit des jungen Urban-Musikers Sisqo (geschrieben von Mark Andrews, Desmond Child, Marquis Collins, Tim Kelley, Joseph Longo, Bob Robinson und Robert Rosa) thematisierte die aktuelle Lieblingsunterwäsche der typischen, von Club zu Club cruisenden Hip-Hopperin: den String-Tanga. Die Mädchen aus dem Publikum von Sisqos Shows waren bekannt dafür, dass sie dieses Wäschestück während der Vorstellungen zentnerweise auf die Bühne schleuderten, was den Schutzleuten in ihren unvorteilhaften Klamotten so manche Überstunde bescherte. Der Nachfolgetitel des »Thong Song« bediente sich als Hook keines Zeitgeist-Gimmicks mehr, vielleicht weil der Sänger ernster genommen und nicht als der »Typ mit der Unterwäsche« in die Musik-Annalen eingehen wollte. Auch bei einigen seiner Shows ließ er den Song zur Bestürzung seiner Fans einfach weg. Nicht der erste Musiker übrigens, der sich von dem, womit man ihn identifizierte, irgendwann nur noch genervt fühlte.

»I Kissed A Girl«

Dieser Song von Katy Perry (geschrieben von Lukasz Gottwald, Max Martin, Cathy Dennis und Katy Perry) demonstriert den Drang der menschlichen Natur, mit dem Unbekannten zu experimentieren – in diesem Fall, eine Person des gleichen Geschlechts zu küssen. Um darauf hinzuweisen, dass dies nicht ihrem üblichen Verhalten entspricht und keineswegs etwas ist, woraus sie eine Gewohnheit zu machen gedenkt, gesteht sie »I got brave, drink in hand, lost my discretion« und dass sie fortan deshalb mit sich im Widerstreit steht: »It felt so wrong, it felt so right … I hope my boyfriend don't mind it.« Ein Musterbeispiel für einen Song, der eine so alltägliche Sache wie jemanden zu küssen einer völlig neuen Betrachtungsweise unterzieht.

»Surfin' USA«

Brian Wilson von den Beach Boys hatte zweifellos seinen Finger am Puls der amerikanischen Jugend, als er diesen Song schrieb. Er verpackte das gesamte sorglose West-Coast-Feeling in Songs wie »Surfin' USA«, »409« (seine Hommage an einen coolen Chevy mit 409-Kubikzoll-Motor) und »Surfer Girl« (heißer Trend plus heißes Girl – was willst du mehr?). »Surfin' USA«, eigentlich eine Neubearbeitung von Chuck Berrys »Sweet Little Sixteen«, tritt den Beweis dafür an, dass man, um authentisch rüberzukommen, das Thema eines Songs nicht unbedingt aus eigener Erfahrung kennen muss (Brian kann gar nicht surfen!). Ein Publikum kann sich sowohl zurücklehnen als auch die Tanzfläche stürmen oder stellvertretend das weichgezeichnete Bild, das durch die Linse eines Songs fällt, leben. Songs, die auf einem Trend oder Modefimmel gründen, »surfen« bekanntlich auf den Generationswellen und erfreuen sich oft schon großer Beliebtheit, noch ehe die Wellen, von denen sie inspiriert wurden, hochbranden und wieder verebben.

»Maschendrahtzaun«

Ein Nachbarschaftskrieg im vogtländischen Auerbach war es, der den deutschen TV-Entertainer Stefan Raab im Jahr 1999 zu diesem Song inspirierte. Vor der Fernsehrichterin Barbara Salesch hatte die Hausfrau Regina Zindler sich über den »Knallerbsenstrauch« ihres Nachbarn beklagt, der angeblich ihren so sorgsam um das Grundstück errichteten »Maschendrahtzaun« beschädigte. Der urigen Aussprache dieser beiden Worte konnte Raab nicht widerstehen – er sampelte sie und bastelte zusammen mit der Band Truck Stop einen einprägsamen Countrysong daraus. Und siehe da: »Maschendrahtzaun« stürmte die Hitparaden und wurde für lange Zeit in Deutschland zum geflügelten Wort.

Der Gimmicksong, der dem Hörer einen originellen Einfall oder etwas Neues präsentiert, bietet dem Songwriter eine weitere Möglichkeit zum Experimentieren. Die Popularität und Langlebigkeit des eigentlichen Themas jedoch kann sich auch auf die Popularität und Langlebigkeit des betreffenden Songs auswirken.

Als großer Fan des Comedian Mel Brooks und seines Meisterwerks »The Two Thousand Year Old Man« (an dem auch Carl Reiner mitwirkte) ließ Jim sich dazu inspirieren, eine Reihe von Songs zu schreiben, die auf dieser berühmten, weitgehend aus dem Stegreif dargebotenen Stand-up-Routine aufbauten. Einer dieser Songs nimmt Mels eigene Perspektive ein und erteilt urkomische Gesundheitstipps und Weisheiten aus angeblich 2.000 Jahren Erfahrung als Erdenbürger. Der zentrale Hook des Songs lautet »Eat a nectarine every day«. Obwohl es nie zu einer kommerziellen Veröffentlichung dieses Songs kam, hat Jim (der ihn unter anderem auf Partys spielte) sich mit ihm einiges an Verantwortung aufgeladen, und er wartet den Tag ab, an dem er ihn »dem Mann« höchstpersönlich vorspielen kann. Bis dahin: »You've been a great civilization!«

Parodien

Eine Parodie ist die (hoffentlich) komische Neuinterpretation eines nicht so komisch gemeinten Textes von jemand anderem. Manche parodistischen Songs brachten es zu großer Popularität, einige wurden sogar bekannter als das Original. Ein Parodiekünstler nimmt sich in der Regel einen bekannten Song vor und schreibt dazu einen Text, der meist das gleiche Thema betrifft, aber das völlige Gegenteil aussagt. Wenn man die Welt mit humorvollen Augen betrachtet und die komischen oder ironischen Möglichkeiten erkennt, die sich hinter jeder Situation verbergen, ist man zum Schreiben parodistischer Texte vermutlich prädestiniert. Nachfolgend eine Reihe von Künstlern, die ihren Erfolg vor allem dem Talent verdanken, bekannte Songs auf gekonnte Weise durch den Kakao zu ziehen.

»Weird Al« Yankovich

Zum ersten Mal knackte er im Jahre 1984 die Top 40 der Zeitschrift »Billboard« mit einer Parodie auf Michael Jacksons Megahit »Beat It«. In »Weird Al«s Version hieß dieser Song »Eat It«, dazu lieferte er ein Musikvideo ab, in dem er als krankhaft Fresssüchtiger in Erscheinung tritt. Mit seinen intelligenten und sauber produzierten Nachahmungen bekannter Künstler hat Al sich seine eigene Nische geschaffen. Zu seinen bekanntesten Parodien gehören »Lasagna« (von »La Bamba«, geschrieben und gesungen von Ritchie Valens), »Addicted To Spuds« (von »Addicted To Love«, geschrieben und gesungen von Robert Palmer), »Like A Surgeon« (von Madonnas Hit »Like A Virgin«, geschrieben von Thomas Kelly und William Steinberg) und »The Rye Or The Kaiser« (von Survivors »Eye Of The Tiger«, in dem Rocky Balboa anscheinend dick und schwach wird und einen Delikatessenladen führt, in dem er seinen Kunden Roastbeef »on the rye or the Kaiser« anbietet. Al ist ein Meister darin, große Songbotschaften auf bewusst schwachsinnige Messages zurechtzustutzen).

Als Frankie Sullivan (der Koautor von »Eye Of The Tiger«) von seinem und Jims Label und Verleger darum gebeten wurde, die Veröffentlichungsrechte für eine Parodie ihres damaligen Hits »Eye Of The Tiger« einem neuen Künstler namens Al Yankovich einzuräumen, hatte Jim, wie er auch zugibt, seine Zweifel. Zwei Faktoren waren ausschlaggebend dafür, dass die Musiker ihre Meinung änderten: als Erstes das gelungene Ergebnis, das der Comedian vorlegen konnte, und als Zweites die Tatsache, dass Michael Jackson soeben seine Zustimmung zu Als Parodien auf mehrere seiner Songs gegeben hatte. Dies schien für Jim und Frankie den Gedanken an eine mit etwas Komik servierte Version ihres großen Motivationshits rasch zu legitimieren.

Cletus T. Judd

Einige würden Cletus T. Judd als den unumstrittenen König der Countrysong-Parodien bezeichnen. Zu seinen Verulkungen von Titeln dieses Genres gehören seine urkomische Parodie von Deana Carters Hit »Did I Shave My Legs For This?« (geschrieben von Deana

Carter und Rhonda Hart) unter dem Titel »Did I Shave My Back For You?«, ferner »If Shania Were Mine« (von Shania Twains Hit »Many Man Of Mine«, geschrieben von Mutt Lange und Shania Twain), »Cletus Went Down To Florida« (von »The Devil Went Down To Georgia«, geschrieben und gesungen von The Charlie Daniels Band) – und, last not least, »Third Rock From Her Thumb« (von Joe Diffles Hit »Third Rock From The Sun« (geschrieben von John Greenebaum, Tony Martin und Sterling Whipple), mit der unvergesslichen Textzeile: »Nothing else shines like a zirconium, don't tell her what it's worth, third rock from her thumb.«

Dingolstadt Comedy

Christina Stürmers poetischer 2005-Charthit »Engel fliegen einsam« (»Weißt du, wie die Dichter dichten? (...) Weißt du, wie die Maler malen? ...«) wurde vom Dingolstadt-Comedy-Ensemble als so sinnfrei empfunden, dass es das Stück auf urkomische Weise zu einer Ulknummer (»Männer pinkeln einsam«) umdichtete (»Weißt du, wie Kanonen kugeln? (...) Weißt du, wie die Fliegen klatschen? ...«), die eine Menge Fans für sich begeistern konnte.

Der sicherlich realitätserprobte Refrain: »Männer pinkeln einsam, Frauen nur gemeinsam ...«

Inspirative Texte

Lobpreis und Anbetung, Worte der Inspiration und religiöse Lyrik bildeten die Grundlage für viele der großartigsten und langlebigsten Songs überhaupt. Einem Song kann sehr viel Kraft innewohnen, er kann das Denken der Menschen verändern, Nationen vereinen, neuen Konzepten den Weg bahnen und die Herzen trösten. Für einen Songwriter ist es völlig akzeptabel, seine Hörer zum Tanzen zu bringen (»Bootylicious«, geschrieben von Beyoncé Knowles, Rob Fusari, Stevie Nicks, Falonte Moore und Frank Tai; gesungen von Destiny's Child; oder »... Baby One More Time«, geschrieben von Martin Sandberg; gesungen von Britney Spears), aber auch zum Lachen (siehe die parodistischen Texte von Weird Al) – kann er sie jedoch inspirieren, so leistet er vielleicht einen Beitrag zu einer besseren Welt. Als Songwriter haben Sie die einzigartige Gelegenheit, Ihre Message an Millionen potenzieller Empfänger weiterzutragen. Hier ein paar bemerkenswerte Beispiele aus dieser wundervoll reichhaltigen Kategorie.

»Don't Laugh At Me«

Obwohl es diese Hitsingle als Plattenaufnahme von Mark Willis (geschrieben von Allen Shamblin und Steve Seskin) auf Platz 2 der Billboard-Country-Charts schaffte, ist es doch ein unvergleichliches Erlebnis, diesen Song bei einer Live-Performance zu hören, wenn die Komponistin Donna Michael ihn auf dem Klavier darbietet. Kein Taschentuch bleibt trocken, wenn sie singt »I lost my wife and little boy when someone crossed that yellow line« – »the day we lay them to the ground is the day I lost my mind«. Finden Sie heraus, warum dieser Song Donna bei ihrer Arbeit als Trainerin für »uneingeschränkte Vergebung« so große Dienste leistet:

»Don't Laugh At Me«

Strophe 1

I'm a little boy with glasses
The one they call the geek
A little girl who never smiles
'Cause I've got braces on my teeth
And I know how it feels
To cry myself to sleep
I'm that kid on every playground
Who's always chosen last
A single teenage mother
Tryin' to overcome my past
You don't have to be my friend
But is it too much to ask

Refrain

Don't laugh at me
Don't call me names
Don't get your pleasure from my pain
In God's eyes we're all the same
Someday we'll all have perfect wings
Don't laugh at me

Strophe 2

I'm the cripple on the corner
You've passed me on the street
And I wouldn't be out here beggin'
If I had enough to eat
And don't think I don't notice
That our eyes never meet
I lost my wife and little boy when
Someone crossed that yellow line
The day we laid them in the ground
Is the day I lost my mind
And right now I'm down to holdin'
This little cardboard sign ... so

Refrain

Don't laugh at me
Don't call me names
Don't get your pleasure from my pain
In God's eyes we're all the same
Someday we'll all have perfect wings
Don't laugh at me

Bridge

I'm fat, I'm thin, I'm short, I'm tall
I'm deaf, I'm blind, hey, aren't we all

Refrain

Don't laugh at me
Don't call me names
Don't get your pleasure from my pain
In God's eyes we're all the same
Someday we'll all have perfect wings
Don't laugh at me

»Change The World«

Dieser Mitte der 1990er-Jahre veröffentlichte Hit des Sängers Eric Clapton (geschrieben von Gordon Kennedy, Wayne Kirkpatrick und Tommy Sims) zeigt Wege auf, wie jeder von uns in diesem gewaltigen Universum ein Zeichen setzen kann. Er bietet ein großartiges Beispiel dafür, wie ein altes Konzept durch einen unverbrauchten musikalischen Ansatz zu neuem Auftrieb gelangen kann. Das Arrangement für diesen Song ist eine einzigartige Mischung aus Country-Blues und Soul.

»My Sweet Lord«

George Harrison galt stets als der »Beatle auf Sinnsuche«, und dieser von ihm geschriebene Song ist eine hervorragende Dokumentation dieser Reise. Als er die Religionen aller Völker erforschte, gelangte er zu dem Schluss, dass ihnen allen etwas gemeinsam war: der Glaube an etwas Größeres als uns selbst. Dieser Song spiegelt seine staunende Loyalität zu seinem »My Sweet Lord« wider und reißt uns mit, nicht zuletzt aufgrund von Produzent Phil Spectors behaglichem Bett aus 12-String- und Slidegitarren.

In den 1970er-Jahren wurde George Harrison in einen Rechtsstreit verwickelt, als der Verleger des 1960er-Jahre-Hits »He's So Fine« ihn wegen »My Sweet Lord« einer Copyrightverletzung bezichtigte, da beide Songs angeblich unüberhörbare Ähnlichkeiten aufwiesen. Am Ende gestand George, er habe vielleicht unbewusst einige Bestandteile des alten Songs der Chiffons für seine eigene Nummer übernommen. Wenn Sie also einen Song schreiben, gehen Sie möglichst auf Nummer sicher, dass er nicht allzu sehr an eine bereits existierende Melodie erinnert. Im Zweifelsfall sollten Sie das Stück Ihren Freunden (und Ihrem Verleger) vorspielen, um zu beobachten, ob bei ihnen ein starkes Déjà-vu-Feeling aufkommt und sie das Gefühl haben, diese Takte irgendwo schon einmal gehört zu haben.

»With Arms Wide Open«

Dieser Hit aus dem Jahre 1999 (gesungen von Creed; geschrieben von Scott Stapp und Mark Tremonti) bringt die grenzenlose Freude eines Mannes zum Ausdruck, der erfährt, dass er bald Vater eines Kindes wird. Sie können seine Ehrfurcht, aber auch seine Unsicherheit hinsichtlich der Reise spüren, die vor ihm und der Frau liegt, die er liebt. Er ist bereit und guten Willens, dem Kind ein Wegbegleiter und Ratgeber auf diesem Planeten zu sein, noch wichtiger aber ist es ihm, seinen Nachkommen dazu zu inspirieren, sich dem Leben und seinen spirituellen Reichtümern mehr noch als er selbst hinzugeben, um »die Welt mit offenen Armen zu begrüßen (greet the world with arms wide open)«.

Übung macht den Meister

In diesem Kapitel haben wir Ihnen ein paar typische Beispiele für die verschiedenen Textarten gezeigt, die ein Song vorweisen kann. Wenn Sie Sätze bauen, die Ihrem allgemeinen Konzept entgegenkommen, achten Sie darauf, zu welcher Art von Text sie passen, danach machen Sie Ihr Anliegen dem Hörer auch im restlichen Text klar. Vergessen Sie nicht, immer mal wieder zurückzulesen, um zu erkennen, welche Form Ihr Stück annimmt, und den Kernpunkt nicht aus den Augen zu verlieren. Falls Sie eine Geschichte erzählen wollen, erzählen Sie die Geschichte. Ist Ihr Text situationsabhängig, versuchen Sie sich stets an die Situation zu erinnern, die Sie zu dem Song überhaupt erst inspiriert hat.

Gehen Sie den Weg von der ersten Idee zum fertigen Text

Beschäftigen Sie sich mit sämtlichen Aspekten des Textes

Bauen Sie das Element Musik in Ihren Song ein

Machen Sie einen kleinen Crashkurs für angehende Dichter

Lernen Sie, wie Ihnen auch ohne Energy-Drink Flügel wachsen

Kapitel 6
Über den Text zu seiner eigenen Stimme finden

Ein Text kann eine Melodie unheimlich aufwerten, er kann sie aber auch kaputt machen. Aber einen Text schreiben – das ist oft leichter gesagt als getan. In diesem Kapitel stellen wir Ihnen einige erprobte Techniken vor, wie auch Profis sie anwenden, wenn sie sich auf das Abenteuer des Textens einlassen. Dabei wollen wir Schritt für Schritt vorgehen und Ihnen genau zeigen, wie man einen Songtext auf eines der derzeit gängigen Formate abstimmen kann.

Wie man einen super Text schreibt

Stellen Sie sich vor, Sie haben sich gerade ein ultramodernes Notebook gekauft (also eins, das etwa so flach ist wie eine Scheibe Knäckebrot und so leicht, dass es sofort wegfliegt, wenn man es loslässt). Sie haben sich einen silbernen Füllfederhalter mit Ihren Initialen gekauft. Sie haben sich eine Villa in der Karibik gemietet. Sie haben auch Ihren verlässlichen Digital-Audiorekorder stets an Ihrer Seite, der die kosmische Überlagerung von Text und Musik einfangen soll. Sie haben alles, was Sie bräuchten, damit der Musiksender VH1 mit Ihnen eine Folge der Sendereihe *Behind the Music* drehen könnte.

Sie sind bereit, einen großartigen Text zu schreiben. Aber wo fangen Sie an? Am besten im Herzen. Finden Sie heraus, welche Themen Ihnen am meisten bedeuten. Entdecken Sie die Melodien, die in Ihrer Seele ein Echo erzeugen. In diesem Abschnitt zeigen wir Ihnen ein paar Dinge, die Profis oft den Einstieg erleichtern, ehe sie sich auf die Reise machen, um mit einem großartigen Text wieder zurückzukommen. Zum Einstieg gleich eine Liste mit lauter Sachen, die Sie vielleicht gut gebrauchen können – suchen Sie sich eine davon aus:

✔ einen Titel (den Sie überall hernehmen können), der das Konzept eingrenzt;

✔ eine Idee oder ein Konzept, das zur Findung eines Titels führt;

✔ eine Erfahrung, die Sie gemacht haben;

✔ eine Sache, an die Sie uneingeschränkt glauben;

✔ die Idee zu einer Geschichte (oder ein Erlebnis, das Sie hatten);

✔ ein einprägsamer Satz oder eine Wortfolge mit Erinnerungswert;

✔ eine Melodie, die der Textfindung dient.

Ein großer Teil des Schaffensprozesses beim Texteschreiben besteht aus Experimentieren sowie aus Trial and Error (das heißt, nachdenken, ausprobieren, beibehalten oder verwerfen). Viele Textdichter ziehen es vor, ihre Arbeit zusammen mit einem Koautor zu beginnen, um sie später ohne ihn zu Ende zu führen (wobei man sich zum Schluss noch einmal treffen kann, um beispielsweise Noten abzugleichen oder dem Song den letzten Schliff zu geben). Wie beim Betrachten eines Gemäldes kann es sehr nützlich sein, einen Schritt nach hinten zu tun, um das Gesamtbild deutlicher sehen zu können. Ein guter Text lässt sich nicht erzwingen. Sie werden feststellen: Wenn man sich ein wenig Zeit nimmt (allerdings nicht Unmengen an Zeit), kommen die richtigen Worte ganz automatisch. Es ist toll, wenn man nach einer Pause die Arbeit wieder aufnimmt und sich gegenseitig durch den Austausch von Standpunkten bereichert hat.

Wenn Sie zunächst nur einen Titel haben ...

... dann besteht der nächste Schritt darin zu prüfen, welche Möglichkeiten in seinen Worten stecken. Ganz alltägliche Worte können zu einer einzigartigen Wirkung führen – aber auch umgekehrt. Es folgt nun eine Liste bekannter Songtitel. Machen Sie gleich eine kleine Blitzübung daraus: Tun Sie so, als würden Sie jeden dieser Titel zum ersten Mal hören! Dann überlegen Sie sich, was für eine Geschichte Ihnen eventuell dazu einfallen würde – so, als hätten Sie den Titel gerade in Ihrem eigenen Notizbuch entdeckt. Was würde dabei herauskommen? Was wäre anders als beim Original, was genauso? Welche Ihrer Lebenserfahrungen, welches Erlebnis könnten Sie zur Grundlage machen?

✔ **»Heart Of The Matter«** (geschrieben von Don Henley, Mike Campbell und JD Souther; gesungen von Don Henley)

✔ **»My Life Would Suck Without You«** (geschrieben von Max Martin, Dr. Luke und Claude Kelly; gesungen von Kelly Clarkson)

✔ **»If I Were A Boy«** (geschrieben von B. C. Jean und Toby Gad; gesungen von Beyoncé)

✔ **»Breakeven«** (geschrieben von Stephen Kipner, Danny O'Donaghue, Mark Sheenan und Andrew Frampton; gesungen von The Script)

 Ein guter Titel wird nicht selten zum Auslöser für einen Text und einen Song. Im günstigsten Fall enthält dieser Titel bereits eine Zusammenfassung dessen, was in dem Song passiert. Jim, der immer genau zuhört, was die Leute so sagen, macht sich ständig Notizen für mögliche Titel; das funktioniert auch mit Überschriften, die man in Zeitungen oder Magazinen liest, oder mit Sätzen, die auf einmal da sind, ganz unvermutet. »The Search Is Over«, »Vehicle«, »High On You«, »Hold On Loosely« … alles Titel, deren Leben in Form von etwas Tinte auf den Zeilen eines Spiralhefts begann, als hingekritzelte Idee oder etwas, das Jim irgendwo aufgeschnappt hatte.

Beispiel für Schritt Nr. 1: die Idee zu einem Titel entwickeln

Ein Ziel kann man auf vielerlei Weise erreichen, und auch wenn wir uns in diesem Abschnitt auf eine ganz bestimmte Methode beschränken, einen Songtext von der Pike auf zu schreiben – am besten ist es, Sie entdecken selbst Ihre ganz persönliche Vorgehensweise, mit der Sie gut zurechtkommen und auch Ergebnisse erzielen.

Wenn Ihnen anfangs nur ein Titel im Kopf herumschwirrt und sonst nichts, dann sollten Sie zusehen, dass daraus eine Idee wird. Falls Sie noch nicht genau wissen, wovon der Song handeln soll, dann setzen Sie sich hin und erstellen Sie eine Liste mit den verschiedensten Ideen, zu denen Ihr Titel hinführen könnte. Stellen Sie sich zum Beispiel vor, Sie hatten vergangene Nacht einen Traum. Sofort fiel Ihnen der Titel »Spät in der Nacht« ein, und Sie zweifeln kein bisschen daran, dass er aus den Sphären des Lichts über Sie gekommen ist. Dann müssen Sie als Nächstes eine Verbindung zwischen dem Titel und einem möglichen Songinhalt herstellen.

»Spät in der Nacht« … was könnte denn da geschehen sein? Schreiben Sie eine Liste mit sämtlichen Möglichkeiten, die Ihnen dazu einfallen. Die könnte in etwa so aussehen:

✔ *Spät in der Nacht* könnten Sie sich verliebt haben.

✔ *Spät in der Nacht* könnten Sie von einer neuen Liebe zumindest geträumt haben.

✔ *Spät in der Nacht* könnten Sie sich aber auch an eine verlorene Liebe erinnert haben.

✔ *Spät in der Nacht* sind die Gefühle und Gedanken anders als am Tag.

✔ *Spät in der Nacht* kann man aus einem Traum erwachen.

✔ *Spät in der Nacht* kann das Telefon läuten.

✔ *Spät in der Nacht* kann man einsam durch die Gegend laufen.

Jetzt haben Sie den Dreh raus. Nachdem Sie eine Weile nachgedacht haben, entscheiden Sie sich für »Spät in der Nacht lief ich einsam durch die Straßen«. Vielleicht, weil Sie es zu Hause nicht mehr aushielten. Vielleicht, weil Sie auf der Suche nach jemandem waren.

Vielleicht, weil Sie einfach nur allein sein wollten. Sie werden aus Ihrer Liste automatisch das auswählen, wozu Sie den stärksten Bezug haben. Diese Verbindung zu Ihrem Thema wird zum Treibstoff für Ihr Gehirn, der dafür sorgt, dass die kreative Flamme nicht erlischt.

Um zu zünden, braucht ein Titel nicht vor lauter Originalität zu funkeln. Manchmal hilft es, wenn alltäglich klingende Worte mit einer neuen Kameraeinstellung betrachtet werden oder etwas Vertrautes in neuem Licht erstrahlt. Sehen Sie nur, wie drei so althergebrachte Worte wie »I Love You« in dem gleichnamigen Song von Martina McBride (geschrieben von Tammy Hyler, Adrienne Follese und Keith Follese) aufgrund des neuen Kontexts, in dem sie dargeboten werden, plötzlich wieder so frisch daherkommen, als hätte man sie zuvor nie gehört. Durch die Verwendung ausgefallener, ähnlich klingender Worte zur Herausarbeitung des Titel-Hooks wie »electrically, »kinetically«, »erratically«, »fanatically« und »magically« verleihen die Songwriter den Schlussworten des Refrains »sure as the sky is blue, I love you« zusätzlichen Kontrast.

Den Titel geschickt im Song platzieren

Wenn Ihnen ein guter Titel eingefallen ist, dürfen Sie wieder ein wenig experimentieren: Probieren Sie aus, wo er sich innerhalb des Songs am besten macht. Viele erfolgreiche Songwriter versuchen, ihn an einem der »Kraftorte« zu platzieren – also dort, wo die Aufmerksamkeit des Hörers am größten ist. Sehen Sie sich dazu die Beispiele in Tabelle 6.1 an.

Wohin also jetzt mit dem Songtitel? An so viele Stellen, wie es geht, ohne dass es »zu viel des Guten« wird. Manche Songs überlasten den Titel als Hook bis ins Extrem – na schön, vergessen wird er dann bestimmt nicht mehr! In dem Song »Let It Be« (geschrieben von John Lennon und Paul McCartney) kommt der Titel insgesamt 42 Mal vor.

Verstreuen Sie den Titel nicht wild über den ganzen Song, nur weil Ihnen danach zumute ist – es sei denn, so etwas ergibt wirklich Sinn. Ein guter Titel bleibt schon im Gedächtnis haften, nachdem man ihn nur ein paar Mal gehört hat. Es gibt auch Fälle, bei denen der Titel im ganzen Song überhaupt nicht auftaucht – wie zum Beispiel in »For What It's Worth« von Stephen Stills, »A Dustland Fairytale« von The Killers, »Superstar« (geschrieben von Bonnie Bramlett und Leon Russell), der vor allem durch die Version von den Carpenters bekannt wurde (aber auch von vielen anderen gecovert wurde, wie etwa Ruben Studdard und Luther Vandross) und »Chasing Cars« (Text von Gary Lightbody; Musik von Snow Patrol) – na okay, bei Letzterem bekommt man ihn wenigstens in der letzten Strophe einmal zu hören, aber Sie wissen jetzt, was gemeint ist.

Übrigens: Keine Panik, falls Sie feststellen müssen, dass Ihnen jemand zuvorgekommen ist und Ihren genialen, unschlagbaren und einprägsamen Titel, für den Sie sich zwei Wochen lang jeden Tag hingesetzt und gegrübelt haben, bereits für einen eigenen Song benutzt hat – denn auf Titel gibt es kein Copyright! Sie können sich also ohne Hemmungen bedienen – auch bei mehrfach belegten Titeln wie »On The Road Again« oder »The Devil And The Deep Blue Sea« kamen jeweils völlig unterschiedliche Songs heraus.

Am Ende jeder Strophe	Songwriter	Sänger/Interpreten
»Bridge Over Troubled Water«	Paul Simon	Simon and Garfunkel
»Blue Eyes Crying In The Rain«	Fred Rose	Willie Nelson
»The Times They Are A-Changin'«	Bob Dylan	Bob Dylan
Zu Beginn des Refrains	**Songwriter**	**Sänger/Interpreten**
»By The Way«	Tyler Connolly/Musik von Theory of a Deadman	Theory of a Deadman
»Valentino«	Diane Birch	Diane Birch
»Lucky«	Jason Mraz, Colbie Caillat, Timothy Fagan	Jason Mraz
Am Ende des Refrains	**Songwriter**	**Sänger/Interpreten**
»Second Chance«	Dave Richard Bassett, Brent Smith	Shinedown
»Love The Only One You're With«	Stephen Stills	Stephen Stills
»Something In Your Mouth«	Mutt Lange, Chad Kroeger	Nickelback
Sowohl vorn als auch hinten im Refrain	**Songwriter**	**Sänger/Interpreten**
»Human«	Brandon Flowers, Dave Keuning, Mark Stoermer, Ronnie Vannucci jr.	The Killers
»Apologize«	John Mayer, Taylor Swift	John Mayer (mit Taylor Swift)
An verschiedenen Stellen der Strophe	**Songwriter**	**Sänger/Interpreten**
»Never Say Never«	Joseph King und Isaac Slade	The Fray
»Breakeven«	Stephen Kipner, Danny O'Donaghue, Mark Sheenan und Andrew Frampton	The Script
»Different Name For The Same Thing«	Benjamin Gibbard	Death Cab for Cutie
»Superstition«	Stevie Wonder	Stevie Wonder
»Try Sleeping With A Broken Heart«	Jeff Bhasker, Alicia Keys, Patrick »Plan Pat« Reynolds	Alicia Keys
Im Refrain und in der Strophe	**Songwriter**	**Sänger/Interpreten**
»If You Only Knew«	Dave Richard Bassett, Brent Smith	Shinedown

Tabelle 6.1: Geeignete Platzierungen für den Titel

Wenn Sie schon eine Idee oder ein Konzept haben ...

Immer, wenn der Prozess des Songschreibens mehr zu einer handwerklichen als künstlerischen Tätigkeit wird, also mehr einer zu lösenden Aufgabe ähnelt als einer Leidenschaft, ist es am besten, alle Tricks erst mal außen vor zu lassen (zumindest zeitweise) und sich wieder mehr des Themas oder Konzeptes zu erinnern. An viele der denkwürdigsten Texte erinnert man sich eher aufgrund ihres Inhalts oder ihrer Story als wegen ihres gut durchdachten Reimschemas, ihrer Hooks und Twists, Wortspielereien und erweiterten Klischees.

Ein Thema, das Ihnen etwas zu sagen hat, kann sich nebenbei auch ziemlich stark mit Emotionen aufladen und Ihnen auf diese Weise – als kleinen Bonus – zu außerordentlichen Titeln, Reimen und Hooks verhelfen.

Wie man sich ein Konzept zu Nutzen macht

Wenn man einen Riesenstapel aus Blättern mit Hooks, Wortfolgen und Titeln vor sich liegen hat, dann stehen einem auch jede Menge potenzieller Songkonzepte zur Verfügung. Wie oft kommt es vor, dass es bei einer Co-Writing-Sitzung mit jemand anderem (oder mir selbst bezüglich einer alten Idee) gerade die Songidee ist, die einen dann zu einem guten Titel inspiriert, zur Grundstimmung (zornig, traurig, fröhlich, nostalgisch und so weiter) und einem dazu passenden musikalischen Hook. Für den Songwriter, dessen Welt oft zum großen Teil aus der Suche nach Titeln und Hooks besteht, kann es geradezu erfrischend sein, sich wieder auf sein Konzept zu besinnen und von dort aus weiterzuarbeiten. Manche Songschreiber sagen, die besten Songs gelingen ihnen, wenn sie gerade tief in einer Depression stecken, aber für mich wäre das nichts. Die großartigste Idee verliert für mich an Reiz, wenn ich gerade down bin. Wenn ich jedoch meinen toten Punkt überwunden habe, kann ich mir die Erfahrung, dort gewesen zu sein, durchaus zunutze machen. Man kann lernen, seinen Kummer auf kreative Weise zu nutzen, doch dieser Prozess setzt bei den meisten Songwritern erst nach der Erfahrung ein. Genauso verhält es sich bei Songwritern, die meinen, unbedingt erst high sein zu müssen, bevor sie sich an die Arbeit machen. Aus langjähriger Erfahrung kann ich sagen, dass man nur allzu leicht dem Irrtum unterliegt, zu glauben, man habe soeben etwas Geniales zu Papier gebracht, sobald man aber wieder nüchtern ist, nur sagen kann: »Was hab ich mir dabei nur gedacht?«

Jim Peterik, Musiker, Songwriter und Multi-Instrumentalist für Ides of March und Survivor, ferner Komponist und Texter mehrerer Songs für .38 Special, Sammy Hagar und andere

Beispiel für Schritt Nr. 2: das Konzept weiterspinnen

Wenn man ein Konzept hat – also weiß, wovon der Song handeln wird – verspürt man meist den Wunsch, dieses Konzept auszuarbeiten und zu einer Story zu machen. Dabei sollte man seiner Fantasie freien Lauf lassen. Kehren wir zurück zu unserem fiktiven Beispiel mit dem Titel »Spät in der Nacht«. Versetzen Sie sich in diese Stunde spät in der Nacht und achten Sie auf sämtliche Gefühle, die Sie durchströmen, während Sie da draußen auf den Straßen unterwegs sind. Welche Bilder fallen Ihnen dazu ein? Die Sterne, die Wolken, die Pflastersteine, das Schlagen der Kirchturmuhr? Genau diese Eindrücke sollten Sie in Ihrem Text unterbringen.

Wohin könnten Sie laufen? Vielleicht zur nächsten Tramperstelle? Um dort auf ein Auto zu warten, das Sie mit nach Bayreuth nimmt? Warum gerade Bayreuth? Vielleicht weil es ein Städtename ist, über den es noch nicht so viele Songs gibt wie über Berlin, Hamburg oder München? Vielleicht ist es der Weg dorthin, durch die schroffe Landschaft Oberfrankens, der Sie besonders in seinen Bann zieht? Vielleicht wartet in Bayreuth auch jemand auf Sie. Vielleicht steht es auch symbolisch für einen Neustart in Ihrem Leben. Vielleicht sind Sie aber auch zufällig mit dem Finger auf der Landkarte draufgestoßen und haben sich gedacht: »Egal wohin, Hauptsache, ich muss nicht hier zu Hause bleiben.« Wenn Sie den Gedanken, spät in der Nacht nach Bayreuth zu fahren, weiterspinnen, sollten Sie sich Fragen stellen wie zum Beispiel:

✔ Was hat mich zu diesem Aufbruch bewogen?

✔ Warum ausgerechnet Bayreuth?

✔ Schreibe ich aus einem persönlichen Blickwinkel oder aus der Sicht einer anderen Person, deren Blickwinkel ich für die Dauer des Songs einnehme?

✔ Schreibe ich über diese Reise in der Gegenwartsform oder in Form eines Rückblicks auf eine zurückliegende Fahrt? Oder fantasiere ich über ein zukünftiges Ereignis?

✔ Was geht mir während der Fahrt durch den Kopf?

✔ Welche Gefühle verspüre ich, während der Wagen immer weiterrollt?

✔ Wer oder was erwartet mich an meinem Ziel?

Das Beantworten dieser Fragen, das Treffen jener Entscheidungen wird den Tonfall Ihres Textes mitbestimmen – zornig, zärtlich, aufgeregt, sehnsuchtsvoll, reumütig und so weiter. Es wird auch einen Einfluss darauf haben, welcher Stilebene (förmlich, salopp oder Slang) Sie sich bedienen.

Es gibt viele Dinge, über die man nachdenken muss, wenn man sein Konzept ausbaut. Schreibt man zum Beispiel ein Drehbuch für einen Film, so ist es wichtig, dass man genau weiß, wie die Story ausgehen wird, und zwar noch bevor man mit Schreiben beginnt. Man muss immer wissen, worauf man in seinem Text zuläuft. Und genauso ist es auch bei einem Song: Denken Sie Ihr Konzept zu Ende und fahren Sie im Geiste wirklich bis nach Bayreuth – irgendwann, spät in der Nacht.

Eine Geschichte erzählen

Man muss aber nicht mit einem Konzept anfangen – viele Künstler haben Songs von bleibendem Wert geschrieben, indem sie einfach eine Geschichte in Textform kleideten. Storysongs (was das genau ist, haben wir in Kapitel 5 besprochen) können den Hörer sehr gefangen nehmen, da er aus irgendeinem Grund immer erfahren möchte, wie die Sache ausgeht. Und es können ganz unterschiedliche Songs sein, die auf den Hörer wirken, wie zum Beispiel auf der einen Seite Eminems »Stan« (geschrieben von Eminem, Paul Herman und Dido), der von einem Fan handelt, der vom Künstler selbst wie besessen ist, auf der anderen Seite Gene Pitneys »24 Hours From Tulsa« (geschrieben von Burt Bacharach und Hal David), in dem es um einen Mann geht, der seiner Frau 24 Stunden, bevor er nach langer Reise zu ihr nach Hause kommt, untreu wird. Es hängt ganz davon ab, zu welcher Art Thema der jeweilige Hörer sich mehr hingezogen fühlt. Im Fall dieser beiden Tophits dürfte das klar sein.

 Machen Sie sich auf die Suche nach einer Geschichte – in den aktuellen Zeitungen, in einem fiktiven Bericht, in einem Geschichtsbuch. Und nun versuchen Sie, diese Geschichte in Versform zu kleiden – ganz in Ihrem eigenen Stil.

Die Melodie als Weg zu einem Text

Manchmal hat ein Songwriter sehr viel Glück und hört plötzlich eine Melodie in seinem Kopf. Und manchmal spielt er auch mit seinem Keyboard oder der Gitarre, der Mandoline oder der Posaune herum und stößt unvermutet auf eine Folge von Noten, die auf diese Weise gut zusammenklingen. Noch größer ist der Segen, wenn die Stimmbänder und Sprechwerkzeuge dazu einige Laute erzeugen, die sich tatsächlich nach Worten anhören. Dann nämlich ist man über eine Melodie zu einem Text gelangt.

Manchmal, wenn Jim auf eine interessante Melodie stößt, wendet er eine Technik an, die er *kreatives Gelalle* nennt – das heißt, er singt sie laut und formt dazu Silben, die eigentlich keinen Sinn ergeben, sich aber stark nach Worten anhören. Einmal sang er einem Freund einen neuen, aber noch unvollendeten Song vor, wobei er nichts als solche Silben von sich gab. Danach ließ sein Freund ihn wissen, er halte es für einen seiner besten Texte. Als Jim ihm gestand, dass er eigentlich nur irgendwelchen Nonsens vor sich hingesungen habe, bestand der andere dennoch darauf, es handle sich um einen seiner aussagekräftigsten Texte. (Als Paul McCartney John Lennon eine noch unfertige Version von »Hey Jude« vorsang, sagte er zu John, die Textzeile »The movement you need is on your shoulder« sei nur irgendein Schwachsinn, den er anstelle eines sinnvollen Textes singe, um die Takte so lange zu füllen, bis ihm ein intelligenterer Einfall gekommen sei. John jedoch war der festen Meinung, man müsse das so stehen lassen und sagte, es sei eine der besten Zeilen des Songs!) Das Erstaunliche daran: Wenn man sich Tonbandaufnahmen mit solch künstlichen Texten anhört, stößt man auf Klänge, die sich tatsächlich in richtige Worte umdenken lassen. Und wenn man diese Kunst erst mal beherrscht, hält man vielleicht ein nützliches Werkzeug zum Schreiben von Texten in Händen. Der Trick besteht darin, sich so weit von der deutschen, englischen (oder jeder anderen) Sprache zu lösen, bis ein natürlich klingender Sound und Rhythmus in den Vordergrund rücken, ohne dass die (womöglich fehlende) Bedeutung der Worte einen befangen macht.

Wenn Sie mit einem Song beginnen, versetzen Sie sich selbst in den aufnahmefähigsten Zustand, der Ihnen möglich ist. Manchmal kommt ein Songschreiber mit seinem Song nicht über die erste Strophe hinaus, weil er sie für nicht gelungen hält. Seien Sie so geduldig und nachsichtig mit sich selbst wie mit einem Freund, aus dem Sie das Beste hervorlocken wollen! Lassen Sie sich treiben und lassen Sie die Worte fließen – ohne ein Urteil darüber zu fällen, ob sie gut sind oder nicht.

Das richtige Format für Ihren Text

Verschiedene Abschnitte eines Songs dienen verschiedenen Zwecken. Manchmal muss man lange herumexperimentieren, um das richtige Format für seinen Text zu finden (alles über Songformen in Kapitel 3). In den folgenden Abschnitten zeigen wir Ihnen ein paar Methoden, wie Sie den Text dazu benutzen können, diese Songabschnitte voneinander abzugrenzen, ferner einige Techniken des Textschreibens, die Ihnen helfen, Ihrem Song zu einem Gerüst und einer Form zu verhelfen.

 Jim Morrison von den Doors schrieb gern Gedichte. Und so setzte er sich manchmal mit einer jungen, regionalen Band zusammen, deren Musik ihm gefiel, und begann, während der Sets Gedichte zu rezitieren. Der Rhythmus der Musik half ihm dabei, seine Worte in Bewegung zu versetzen. (Diese junge Band, nebenbei bemerkt, nannte sich später Kansas und schaffte es im Laufe ihrer Karriere zu einer Menge Platin.)

Der Text der Strophe

Die Strophe dient Songschreibern in der Regel dazu, ihre Grundidee, ihre Prämisse zu präsentieren. Der Text der Strophe *(Strophentext)* ist sozusagen das Fleisch am Gerippe eines Songs. Zunächst lenkt er die Aufmerksamkeit des Hörers durch ein griffiges Eingangsstatement oder eine Frage auf sich, dann legt er seine Prämisse dar, die schließlich zum Refrain überleitet. Jede folgende Strophe bietet neue Informationen – und nähert sich der Prämisse oftmals aus einem anderen Blickwinkel. Eine beliebte Technik ist es, in der ersten Strophe eine allgemeine, unspezifische Idee in den Raum zu werfen, um in den folgenden Strophen immer situationsspezifischer zu werden. Man kann das Geschehen auch geographisch eingrenzen (»In the town where I was born …«), um die Geschichte an einem ganz bestimmten Schauplatz anzusiedeln, oder dasselbe mit der zeitlichen Komponente machen (»Many, many years from now …«). Die Strophen dienen also zur Vorbereitung des Refrains. In Storysongs sind sie überaus wichtig und lassen den Hörer in einen Sog geraten, während die Handlung sich vor ihm entfaltet. Drücken Sie sich immer so einfach und interessant wie möglich aus und schmücken Sie Ihre Sätze durch den Einsatz poetischer Hilfsmittel wie etwa Reim, Wortrhythmus, Alliterationen, bildhafte Ausdrücke, Personifizierungen, Gleichnisse, Metaphern, Assonanzen und Anaphern. (Lesen Sie dazu im weiteren Verlauf dieses Kapitels den Abschnitt »poetische Hilfsmittel«.) Sie können den Hörer auch »packen«, indem Sie in der ersten Strophe des Songs eine Frage aufwerfen und ihn somit auf interaktive Weise an dem Song beteiligen – zum Beispiel mit Sätzen wie »Is there anybody going to listen to my story?«, der ersten Zeile des Beatles-Songs »Girl«, oder »Roll up, roll up for the mystery tour« aus »Magical Mystery Tour« (beide aus der Feder von John Lennon und Paul McCartney).

Beispiel für Schritt Nr. 3: die Erschaffung des Strophentextes

Bei dem fiktiven Song, an dem wir gemeinsam gearbeitet haben (»Spät in der Nacht«) haben wir uns für eine der gängigsten Formen des populären Songwritings entschieden, nämlich für die Aufteilung in Strophe, Pre-Chorus, Refrain, Strophe, Refrain, Bridge, erneuter Refrain (weitere Möglichkeiten zum Aufbau eines Songs finden Sie in Kapitel 3). Falls der Song sich später in eine andere Richtung entwickeln sollte, kann man dieses Schema immer noch verändern.

Nun, da Sie auch das grundlegende Konzept oder die Prämisse des Songs kennen, können Sie ein wenig Brainstorming hinsichtlich des Strophentextes betreiben. Da es in diesem Kapitel ums Texten geht, fangen wir auch mit dem Text an (im Gegensatz zur Melodie oder den Begleitakkorden), wobei es aber durchaus sein kann, dass Ihnen während der Arbeit am Text eine gute Melodie oder Akkordprogression einfällt. Wir machen Ihnen einen Vorschlag für die ersten beiden Zeilen, und von dort aus können Sie selbst weitermachen.

Später können Sie die beiden Zeilen jederzeit durch andere ersetzen, aber zumindest bieten sie Ihnen erst mal einen Ausgangspunkt:

✔ »Warum sitz ich hier in einem wildfremden Wagen?«

✔ »Tief in Gedanken, und lass mich einfach tragen?«

Von diesen beiden Zeilen ausgehend, kann es in hundert verschiedene Richtungen weitergehen. Egal, welches Konzept Sie gewählt haben, um den Titel »Spät in der Nacht« zu verdeutlichen – sorgen Sie dafür, dass jede Songzeile dieses Konzept stützt und den Plot vorantreibt. Versuchen Sie nach Möglichkeit, ein paar anschauliche Worte und faszinierende Bilder einzubauen (vielleicht in Zeile 3 den Begriff »Mondlicht«?). Sie können jetzt natürlich erst mal nur an Strophe 1 arbeiten, dann am Refrain und dann erst an Strophe 2 (häufig bestimmt der Refrain nämlich, wie es in Strophe 2 weitergeht). Sie können aber ebenso gut erst mal entscheiden, ob Sie eine dritte Strophe oder eine Bridge brauchen.

Lassen Sie die Strophe das Konzept ausdrücken!

Die erste Zeile Ihres Songs ist äußerst wichtig. Versuchen Sie die Fantasie und Neugier des Hörers anzuregen, damit er unbedingt wissen will, wie es jetzt weitergeht.

Wenn Sie sich John Lennons und Paul McCartneys Song »Eleanor Rigby« ansehen, haben Sie ein wunderbares Beispiel für die Weiterentwicklung einer Strophe. Das Stück besteht aus drei Strophen und dem Refrain und bedient sich der Strophen-Refrain-Form. Die Grundidee des Songs (Einsamkeit und die grundlegende Nichtigkeit des Lebens) wird am Beispiel zweier Figuren aufgezeigt, die in das Geschehen verwoben sind: eine unverheiratete ältere Frau namens Eleanor Rigby und der örtliche Geistliche Father McKenzie.

Dieses Konzept entfaltet sich im Verlauf dreier Strophen. Die erste Strophe zeigt uns Eleanor Rigby, wie sie nach einer Hochzeit den Reis vor einer Kirche aufliest. Sofort bekommen Sie einen Eindruck von der rücksichtsvollen und andächtigen Person, die sie verkörpert. In der zweiten Strophe lernen Sie Father McKenzie kennen, der »den Text für eine Predigt schreibt, die keiner hören will« und klammheimlich nachts seine Socken stopft, als wäre es eine Sünde. Diese beiden einsamen Menschen werden in der letzten Strophe zusammengeführt, als Eleanor Rigby stirbt (»niemand kommt« zu ihrer Beerdigung), und Father McKenzie sie zu Grab trägt und »sich den Schmutz von den Händen wischt, als er sich vom Grab entfernt«. Der gute Pater hat in seinem Leben nichts bewirkt (»keiner wurde erlöst«). Den beiden Songwritern gelingt es mit diesem Stück hervorragend, eine traurige Geschichte zu erzählen und in den wenigen Minuten, die der Song dauert, zwei denkwürdige Charaktere vor unseren Augen erstehen zu lassen.

Eigentlich sollte man sein Konzept immer innerhalb der Strophe vorstellen und es dann, während diese Strophe sich fortentwickelt, weiter ausbauen.

Wenn Sie die erste und zweite Strophe Ihres Songs haben, versuchen Sie einmal, deren Reihenfolge umzukehren. Häufig klingt eine zweite Strophe als erste Strophe besser – und umgekehrt.

Der Text des Pre-Chorus

Wenn Sie der Meinung sind, Ihr Song muss einen Pre-Chorus haben (Sie wissen noch, was das ist, oder? Es steht in Kapitel 3.), dann sorgen Sie dafür, dass dieser Pre-Chorus im Gesamtgefüge auch seinen Zweck erfüllt. Ein Pre-Chorus kann neue Akkorde in das Stück einbringen, um Strophen und Refrain voneinander abzugrenzen. Textlich gesehen dient er vor allem einer noch unmittelbareren Vorbereitung auf den Refrain. Wenn die Strophe sehr ins Spezifische geht – also zum Beispiel Namen, Daten, Orte erwähnt – dann sollten Sie Ihren Pre-Chorus vielleicht etwas allgemeiner gestalten, indem Sie ihn mit dem Hook versehen. Ist die Strophe dagegen recht allgemein gehalten (wenn sie sich also zum Beispiel mehr über das Phänomen Liebe als solches ergeht als eine Bettgeschichte serviert), können Sie den Pre-Chorus dazu nutzen, vor Einsetzen des Refrains etwas spezieller werden.

Beispiel für Schritt Nr. 4: die Erschaffung des Pre-Chorus-Textes

Bei unserem fiktiven Song »Spät in der Nacht« hatten wir als Erstes den Titel, dann haben wir mehrere Konzepte erwogen und uns schließlich für eines entschieden. Danach haben wir eine potenzielle Songform bestimmt und angefangen, die erste Strophe zu schreiben. Da die von uns ausgesuchte Form auch einen Pre-Chorus enthält, ist es nun an der Zeit, uns dieses Songelement näher anzusehen. Was im Pre-Chorus vorkommt, hängt davon ab, wohin Sie Ihre Strophe geführt haben. Wenn die Strophe sich auf sehr spezifische Weise über die Fahrt äußert, zu der Sie sich aufgemacht haben (also zum Beispiel schon klar wird, dass es nach Bayreuth geht), dann können Sie im Pre-Chorus vielleicht etwas mehr »in sich gehen« und den Hörer an Ihren Gedanken teilhaben lassen. Ist die Strophe in der Gegenwartsform gehalten, kann der Pre-Chorus auch eine Art Rückblende auf die Vergangenheit darstellen, indem er zum Beispiel verdeutlicht, aufgrund welcher zurückliegenden Ereignisse Sie Ihren Entschluss überhaupt gefasst haben. Zum Beispiel:

✔ Ob ich dich diesmal umstimmen kann?

✔ Fangen wir diesmal ganz von vorn an?

Falls Sie noch mehr sagen wollen, können Sie statt zwei auch vier Zeilen in den Pre-Chorus packen, aber in der Regel sollten vier Takte ausreichen (mehr über Takte in Kapitel 8), und dieser Pre-Chorus sagt schon einiges über die Vergangenheit aus: zum Beispiel, dass der Mann nicht das erste Mal in dieser Sache nach Bayreuth fährt (das verrät das Wörtchen *diesmal*) oder dass es zu einer Person geht, mit der der Sänger einst liiert gewesen sein muss (»ganz von vorn anfangen«). Ein gutes Beispiel für einen viertaktigen Pre-Chorus in zwei Zeilen sind übrigens die Worte »You're trying hard not to show it (baby), but baby, baby you know it« (aus »You've Lost That Lovin' Feeling«, geschrieben von Barry Mann, Phil Spector und Cynthia Weil; gesungen von den Righteous Brothers).

Den Pre-Chorus funktionsbereit machen

 Oft ist es der textliche Kontrast zwischen verschiedenen Abschnitten, der Bewegung in einen Song bringt. Haben Sie keine Hemmungen, Ihre Perspektive vom Allgemeinen ins Spezielle, von der Vergangenheit in die Gegenwart zu verlagern. Selbst ein Ortswechsel ist erlaubt – sofern Sie den Hörer damit nicht allein lassen, sondern ihn führen.

Manchmal tüfteln Sie vielleicht stundenlang an einer zweiten Strophe oder Bridge herum, nur um danach feststellen zu müssen, dass sie sich dem Flow des restlichen Songs nicht angleichen lassen. Achten Sie immer darauf, dass Sie Ihrer Textprämisse treu bleiben. Und haben Sie keine Scheu, alles nochmal von vorn durchzulesen, unter Umständen auch mehrmals, damit auch alles zum Bestandteil ein und desselben Songs wird.

Der Text des Refrains

Der Text des Refrains ist in der Tat der eigentliche »Geldesel« eines Songs (denn Geld muss man verdienen, und verdienen tut man an Plattenverkäufen und Streams, und das läuft umso besser, je mehr den Hörern der Refrain zusagt). Wenn Ihre Strophe oder Ihr Pre-Chorus sehr ausgefeilt ist, dann darf der Refrain durchaus ein wenig »Erholung« bieten, indem er alles so schlicht und eingängig wie nur möglich auf einen Nenner bringt. In den Refrain baut man normalerweise auch den Hook ein; manchmal besteht er auch nur aus einem oder zwei Worten, die gebetsmühlenartig wiederholt werden, wie etwa in »Mony, Mony« (geschrieben von Tommy James, Bo Gentry, Ritchie Cordell und Bobby Bloom; gesungen von Tommy James), in anderen Fällen ist er sehr ausführlich und alles, was in der Strophe gesagt wurde, darf noch einmal herauskristallisiert werden, wie in »Because You Loved Me« (geschrieben von Diane Warren, gesungen von Céline Dion). Ob der Hörer sich mit dem Refrain nun voll bestätigt fühlt oder ihn eher als Verführung empfindet – auf jeden Fall muss in ihm der Wunsch entstehen, ihn wieder (und wieder und wieder und wieder) zu hören.

Es gibt keine Regel, die besagt, dass der Text des Refrains bei jeder neuen Wiederholung genau derselbe sein muss. Manchmal gelangt man beim Schreiben eines Refrains zu mehreren Fassungen mit nur kleinen Variationen, zwischen denen es schwer ist, sich zu entscheiden. In solchen Fällen ist es oft am besten, sie alle zu verwenden, auch wenn die Gefahr besteht, dass manche Hörer dann beim Mitsingen durcheinandergeraten. Achten Sie nur darauf, dass der Titel sich nicht allzu drastisch ändert.

Beispiel für Schritt Nr. 5: die Erschaffung des Refraintextes

In unserem künftigen Hit (und vielleicht Chart-Stürmer?) »Spät in der Nacht« besteht nun der nächste Schritt darin, sich mit dem wichtigsten Teil des Songs, dem Refrain, zu beschäftigen. Worauf Sie achten sollten: dass er wirklich schlicht und schnörkellos bleibt und dem Titel des Songs zu seinem Ausdruck verhilft. Der Refrain ist es, in dem Sie die Prämisse des Songs auf direkteste Weise präsentieren. Je nach zugrunde liegendem Konzept kann er so simple Worte enthalten wie: »Spät in der Nacht kann ich dich seh'n, spät in der Nacht kann ich dich spüren.« Auf jeden Fall ist er Teil des Songs, der die Hörer zum Mitsingen zwingt.

Der Refrain als Quintessenz des Songs

Häufig ist der Refrain das Erste, das man beim Komponieren eines Songs schreibt, da er sich direkt aus dem Titel ergibt und den Sinn des Stücks unmittelbar auf einen Nenner bringt, also sozusagen seine Quintessenz bildet.

Wenn Sie ein Lied schreiben wollen, an das die Leute sich erinnern, in das sie sich verlieben und das sie auch Jahre später noch singen werden – dann versuchen Sie es mit einem tollen Refrain! Während wir in den Strophen oft über Details aufgeklärt werden, redet der Refrain nicht lang um den heißen Brei. Dieses Prinzip lässt sich an zahlreichen Beispielen nachverfolgen:

✔ **»Goodbye Yellow Brick Road«** (geschrieben von Elton John und Bernie Taupin; gesungen von Elton John),

✔ **»Amazed«** (geschrieben von Marv Green, Chris Lindsey und Aimee Mayo; gesungen von Lonestar),

✔ **»Live Like You Were Dying«** (geschrieben von Tim Nichols und Craig Wiseman; gesungen von Tim McGraw),

✔ **»Circle Of Life«** (geschrieben von Elton John und Tim Rice; gesungen von Elton John),

✔ **»The Wind Beneath My Wings«** (geschrieben von Larry Henley und Jeff Silbar; gesungen von Bette Midler),

✔ **»Un-break My Heart«** (geschrieben von Diane Warren; gesungen von Toni Braxton),

✔ **»I'm In Love«** (geschrieben und gesungen von Geoff Byrd).

Der Refrain kann den Strophen klanglich durchaus ähnlich sein, sodass beide ineinander überfließen, er kann aber auch eine Überraschung oder einen Höhepunkt bieten, wie zum Beispiel in dem Song »The Night They Drove Old Dixie Down« (geschrieben von Robbie Robertson; gesungen von The Band).

Der Text der Bridge

Die Bridge kann für Ihren Song aus vielerlei Gründen von großer Bedeutung sein. Sie kann, in groben Zügen, seine Hauptidee zusammenfassen. Sie kann dieses Hauptthema aber auch erweitern oder ergänzen; oder sie bietet sich einfach als Ruheplätzchen an, als Oase, um von der Intensität des restlichen Songs ein wenig verschnaufen zu können. Bei der Bridge von »What A Girl Wants« (geschrieben von Jenny Bicks und Elizabeth Chandler; gesungen von Christina Aguilera), verlagert sich das Feeling des Songs vom intensiven Groove hin zu einem leichtfüßigeren, synkopierten Rhythmus, der für Kontrast sorgt. Er bietet der Sängerin die Gelegenheit, dem Mann, den sie liebt, von ganzem Herzen dafür zu danken, dass er für sie da ist. Die Bridge ist also die große Chance, über das bereits Ausgesprochene noch einmal zu reflektieren und es in leicht andere Worte zu kleiden – wie in »Don't let her slip away, sentimental fool, don't let your heart get in the way« aus dem Song »Hold On Loosely« (geschrieben von Don Barnes, Jeff Carlisi und Jim Peterik; gesungen und gespielt von .38 Special).

Unserer Meinung nach schrieben die Beatles, was Bridges anbetrifft, geradezu Geschichte. Oftmals versorgten sich John Lennon und Paul McCartney gegenseitig mit Bridges für ihre Songs (sie nannten sie »die mittleren Acht«, da eine Bridge in der Regel acht Takte umfasst).

Der textliche Unterschied von einem zum anderen Songwriter sorgte innerhalb des Songs für eine willkommene Abwechslung, sowohl in puncto Text als auch Melodie. So war es zum Beispiel John, der dem Song »We Can Work It Out« mit seinem positiven Grundtenor die Bridge »Life is very short« hinzufügte und somit einen Kontrast herstellte, den die Hörer sehr willkommen hießen.

Beispiel für Schritt Nr. 6: die Erschaffung des Bridge-Textes

In unserem imaginären Song »Spät in der Nacht« ist es nun ebenfalls Zeit für eine Bridge. Nachdem wir das Songkonzept in den Strophen verewigt und mithilfe unseres Pre-Chorus mit ein wenig Kontrast versehen haben, nachdem wir im Refrain mutig unseren Titel präsentiert haben, müssen wir jetzt umdenken und für eine leicht veränderte Stimmung sorgen. Das Ohr braucht jetzt etwas Neuland, über das es sich seine Gedanken machen kann, unsere Gefühle verlangen nach einem anderen Boden unter den Füßen. Falls unsere Strophen und der Refrain aus sehr vielen Worten mit schnell gesungenen Silben bestanden, könnte es nun an der Zeit sein, das Tempo des Kontrastes halber etwas zu drosseln und die Worte langsamer zu artikulieren. War hingegen unsere Gangart bisher recht entspannt, können wir jetzt einen Zahn zulegen. Wir können sogar ein wenig Textinterpretation betreiben, indem wir die Story aus den anderen Teilen mit einer vagen Deutung versehen, die dem Hörer zwar noch immer genügend Spielraum lässt, aber in die geplante Richtung lenkt. Und noch eine andere literarische Technik steht uns zur Verfügung: eine Art kleine »Vorschau« auf das, was noch kommt, sprich, was den Sänger »spät in der Nacht« am Ende seiner Reise erwartet, bevor wir uns der dritten Strophe oder dem Schlussrefrain zuwenden.

Eine der besten Methoden, etwas über Sinn, Zweck und Konstruktion einer Bridge zu lernen, besteht darin, sie in möglichst vielen bekannten Songs näher zu studieren.

Die Kurzform einer Bridge

Wenn wir unsere Bridge dort platzieren, wo sie üblicherweise hingehört – nämlich hinter den zweiten Refrain –, hat der Hörer bereits jede Menge Informationen verarbeiten müssen. Viele moderne Popsongs bedienen sich extrem kurzer Bridges (zwei bis drei Zeilen), um einen Tempowechsel zu vollführen, ohne den Song unnötig in die Länge zu ziehen. Viele Songwriter orientieren sich dabei an den »Meistern der Bridge« Lennon und McCartney und an ihren Songs wie »I'll Be Back« – »I love you so, I'm the one who wants you, yeah, I'm the one who wants you, oh, oh, oh, oh.« Songautoren wie Richie McDonald, Gary Baker und Frank Meyers, die für die Band Lonestar im Jahre 2001 das Gänsehaut erzeugende »I'm Already There« verfassten, bedienen sich einer einfachen, aber hochwirksamen Zwei-Zeilen-Bridge, um die Message des Songs auszusprechen: Selbst wenn Vater und Kind tausend Meilen voneinander getrennt sind, ist der Vater doch in jeder Sekunde bei ihm und begleitet es auf tausend verschiedene Arten bei jedem seiner Schritte. Auf ähnliche Weise ist auch die Bridge in »This I Promise You« (geschrieben von Richard Marx; gesungen von 'N Sync) kurz und bündig, steuert eine Prise neuer Informationen und (beginnend mit der Mollparallele der Subdominante) ein paar neue Akkordwechsel bei und erklärt uns: »Over and over I fall, when I hear you call, without you in my life baby, it just wouldn't be living it all.« Und weiter geht's zum Schlussrefrain.

Zur richtigen Form gehört ein guter Sound

Beim Texteschreiben ist es sehr wichtig, dass man seinen Text in eine der bewährten Songformen einpflegt. Aber diese Form einzuhalten und zugleich mit einem attraktiven und professionellen Sound aufzuwarten – das ist eine Kunst für sich. In diesem Abschnitt geben wir
Ihnen ein paar konkrete Tipps, damit Ihre Texte auch dem Song angemessen klingen.

Achten Sie auf den Rhythmus der Worte!

Egal, an welchem Teil des Songs Sie gerade schreiben – es kommt nicht nur auf die Bedeutung
der Worte an, sondern auch auf ihren Rhythmus. Dieses oft übersehene Element der Maschinerie des Textschreibens ist die Geheimwaffe vieler erfolgreicher Songwriter. Oft wird in einem bestimmten Songabschnitt der Beat beschleunigt, damit das Ganze aufregender klingt.
(Hören Sie sich zum Beispiel den Refrain des 2009-Hits »Boom Boom Pow« an, geschrieben
von William Adams, Stacy Ferguson, Jamie Gomez und Allen Pineda; gespielt von den Black
Eyed Peas). In anderen Fällen wiederum erstrecken sich nur ein paar Worte über eine Vielzahl
von Takten, sodass eine romantische und leidenschaftliche Wirkung erzielt wird, wie etwa in
den Songs »You Are So Beautiful« (geschrieben von Bruce Fisher und Billy Preston; gesungen
von Joe Cocker) und »Without You« (geschrieben von Peter Evans und Tom Ham von Badfin-
ger; die bekanntesten Covers stammen von Harry Nilsson oder auch Mariah Carey).

Weitere Songs, in denen die Silben sich an manchen Stellen weit ausdehnen, sind »Pride In
The Name Of Love« (geschrieben von Bono; gespielt von U2) und »Doesn't Mean Anything«
(geschrieben von Alicia Keys und Kerry Brothers jr.; gesungen von Alicia Keys).

Der Rhythmus der Worte eines Songtexts kann ebenso wichtig sein wie das Reimschema
und die Bedeutung. Darauf beruhen zu weiten Teilen das Feeling und der Reiz von Rapmusik. In dem Rap und Melodie miteinander aussöhnenden Song »Empire State Of Mind«
(geschrieben von Alicia Keys, Al Shuckburgh, Sean Carter, Jane't »Jnay« Sewell-Ulepic,
Angela Hunte, Bert Keyes und Sylvia Robinson; gesungen von Jay-Z und Alicia Keys) wird
der Motor des ganzen Songs vom Rhythmus der Worte angetrieben.

Die Auftaktzeile für den Song »Vehicle« (einem Nummer-1-Hit der Band The Ides of Mar-
chaus dem Jahre 1970) lautete ursprünglich: »I got a set of wheels, pretty baby, won't you
hop inside my car.« Doch erst, als sie umgeändert wurde in »I'm the friendly stranger in the
black sedan, won't you hop inside my car« (eine Zeile, die inspiriert war von einer jener gut-
gemeinten, aber unzeitgemäßen Anti-Drogen-Broschüren der Regierung), geriet der Song
so richtig in Bewegung. Nicht nur, dass die neue Version viel anschaulicher war, sie hatte
auch ihren ureigenen Rhythmus, der zum Backbeat und der abgehackten Rhythmusgitarre
einen Gegensatz bildete.

*Ich hatte damals keine Ahnung, was an der Zeile so Besonderes war – so vieles von
dem, was wir machen, wenn wir uns an einen Song wagen, geschieht rein instinktiv. Es dauerte Jahre, bis ich endlich kapierte, was ich bei den Songs, die zu Hits
wurden, richtig gemacht hatte. So fand ich zum Beispiel heraus, dass diese erste
Zeile aus »Vehicle«, wenn man sie nicht sang, sondern nur sprach, auf erstaunliche Weise den Rap-Rhythmen ähnelte, wie sie Jahre später »in« wurden.*

Jim Peterik, Autor von 18 Top-Ten-Hits der Zeitschrift »Billboard«

Auch wenn Sie kein begnadeter Sänger sind, sollten Sie sich den Song, an dem Sie arbeiten, immer wieder vorsingen, um zu erkennen, ob die Worte einen fließenden Rhythmus bilden. Manche Texte lesen sich echt gut, klingen aber furchtbar, wenn man sie singt. Falls Ihre Zunge immer wieder bei den gleichen Worten ins Stolpern kommt, sollten Sie darüber nachdenken, ob Sie diese Stelle nicht lieber umschreiben sollten. Nehmen manche Worte zu viel Platz ein, andere wiederum zu wenig? Ist der Kontrast zwischen den Abschnitten im Rhythmus der Worte stark genug? Sich einen Text erst mal nur durchzulesen, ist ein guter Anfang, aber den Härtetest sollten Sie mit einem Sänger durchführen, der es wirklich beherrscht, die Stärken und Schwächen eines Textes hörbar zu machen.

Achten Sie auf den Klang der Worte im Text!

Ein weiteres, oft übersehenes Element beim Texteschreiben ist der eigentliche *Klang* der Worte. Es gibt Wörter und Sätze, die einem nur so von der Zunge gleiten, und andere, bei denen das nicht hinhaut. Die beliebtesten Songs sind Lieder, die jeder gern singt. Wenn Ihr Text seltsam oder hölzern klingt, kann seine Bedeutung noch so tief sein – er erreicht den Hörer dann einfach nicht. Manchmal genügt es sogar, wenn man ein ungewöhnliches Wort einwirft oder (als Special Effect) ein gewöhnliches Wort auf ungewöhnliche Weise ausspricht, wie Elton John in dem Song »Don't Let The Sun Go Down On Me« (gemeinsam mit Bernie Taupin verfasst) den Begriff *discarded*.

Beispiel für Schritt Nr. 7: den Worten den richtigen Klang geben

In unserem fiktiven Song »Spät in der Nacht« sind wir bisher wie folgt vorgegangen: Wir haben einen Titel gewählt, ihn zu einer Prämisse erweitert, uns für eine Songform entschieden, um danach den Text für die Strophe, den Pre-Chorus, den Refrain und die Bridge zu schreiben. Wie geht es jetzt weiter? Als Nächstes sollten wir dafür sorgen, dass unsere Worte auch gut *klingen*. Wenn Sie sich die ersten beiden Zeilen ansehen (»Warum sitz ich hier in einem wildfremden Wagen, tief in Gedanken, und lass mich einfach tragen?«), müssen wir zugeben, dass wir das schon sehr schön und auch poetisch hinbekommen haben. Beachten Sie auch die Wiederholung des Konsonanten »w« in »wildfremder Wagen« – das nennt man eine *Alliteration*, die wir später noch genauer besprechen wollen; achten Sie außerdem auf den reinen Reim der Worte »Wagen« und »tragen« und darauf, wie die Silben rollen und rollen, so wie die Räder des Autos.

Lassen Sie die Worte fließen!

Stilfiguren und poetische Hilfsmittel (wie die oben erwähnten) sollten Sie beim Schreiben eines Songtextes immer wieder einbauen. Wenn sich dann eine Melodie hinzugesellt, prüfen Sie, wie das Ganze im Zusammenhang klingt – also, ob Text und Melodie ein stimmiges Gefüge ergeben.

Eine gute Methode, um zu gewährleisten, dass der Klang Ihrer Worte ein Gewinn für den Song ist, besteht darin, so zu schreiben, wie man sprechen würde. Ein Song im Plauderton, dessen Sprache nicht übermäßig förmlich ist, lässt sich mit Sicherheit leichter singen und klingt auch natürlicher.

Baby ist ein Wort, das in zahlreichen Songs vorkommt, obwohl man es beim Sprechen gar nicht mal so häufig verwendet. Manche bekannten Textdichter würden eher sterben, als auf dieses Wort zu verzichten, ja einige haben sogar ihre gesamte Karriere auf diesem *einen* Wort aufgebaut.

Den Blickwinkel verdeutlichen!

Ein weiteres wichtiges Textelement ist der Blickwinkel, aus dem erzählt wird – die sogenannte Perspektive. Es wurden schon Hitsongs aus allen nur erdenklichen Perspektiven geschrieben. In »A Day In The Life Of A Tree« (geschrieben von Brian Wilson und John Rieley; gesungen von den Beach Boys) wird beispielsweise aus der Sicht einer gefährdeten Baumspezies berichtet. In »I Am The Walrus« (geschrieben von John Lennon und Paul McCartney; gesungen von den Beatles) schlüpft John Lennon während des Songs in ganz unterschiedliche Verkleidungen.

Erste Person

Die Ich-Perspektive ist vermutlich die am häufigsten verwendete. Die Geschichte wird hierbei aus der Sicht des Sängers selbst erzählt – insofern ist sie auch die persönlichste Form von allen. Hier ein paar Songbeispiele zur Veranschaulichung:

- ✔ »**Every Little Kiss**« (geschrieben und gesungen von Bruce Hornsby),

- ✔ »**Pretty Wings**« (geschrieben von Hod Davis und Maxwell; gesungen von Maxwell),

- ✔ »**Superman (It's Not Easy)**« (geschrieben von John Ondrasik; gesungen von Five For Fighting).

Selbst wenn Sie einen Text aus Ihrer ganz persönlichen Perspektive schreiben, sollten Sie ihn danach im Geiste noch einmal in die dritte Person »umdichten« (siehe folgender Abschnitt), um festzustellen, wie er Ihnen gefällt. Ein Perspektivenwechsel zeigt manchmal auf, dass es einem Song noch an gewissen Stellen an Tiefe fehlt.

Dritte Person

Die Er- oder Sie-Perspektive eignet sich sehr gut für einen Songtext, da der Songwriter dabei gewissermaßen zum Reporter wird, der über die im Song stattfindenden Ereignisse berichtet. Er wird zum Geschichtenerzähler, und alle Welt möchte seine Story hören. Obwohl er nicht so persönlich ist wie die Ich-Perspektive, ist der Blickwinkel aus der dritten Person dennoch extrem wirkungsvoll, da er den Sänger als nur halb beteiligten Beobachter in die Lage versetzt, Gefühle auszudrücken sowie Kommentare oder Lob und Kritik anzubringen, ohne selbst die volle Verantwortung übernehmen zu müssen. In »Well Respected Man« (geschrieben von Ray Davies; gesungen von den Kinks) dokumentiert der Sänger die Verlogenheit von Englands Klassensystem – bleibt dabei selbst jedoch stets außerhalb der Schusslinie, da er ja nur Berichterstatter ist. Die Rolling Stones vermischen ihre aus der Ich-Perspektive erzählten Songs (»I Can't Get No Satisfaction«, geschrieben von Mick Jagger und Keith Richards) gern mit solchen aus der dritten Person (»She bitches 'bout things that she's never seen, look at that stupid girl«). Songs wie »Dirty Laundry« (geschrieben von Don Henley und Daniel Kortchmar; gesungen von Don Henley) beziehen ihre Kraft aus der Fähigkeit des Texteschreibers, die Welt des Sensationsjournalismus aus einem unbeteiligten Blickwinkel satirisch-kritisch darzustellen.

Beispiel für Schritt Nr. 8: Sichtweise, Tonfall und Perspektive festlegen

Bei dem fiktiven Song »Spät in der Nacht« ist es nun an der Zeit, sicherzustellen, dass wir unsere Perspektive nicht aus den Augen verlieren, und außerdem über Dinge wie die Sichtweise und den Tonfall des Textes nachzudenken. In unserem Probetext haben wir jetzt den Anfang der ersten Strophe: »Warum sitz ich hier in einem wildfremden Wagen, tief in Gedanken, und lass mich einfach tragen?« Die Story wird in der ersten Person Singular erzählt – in der Ich-Form also, das heißt, sie zeigt uns Ereignisse aus dem Leben der Person, die da singt. Nun kann man weitermachen, indem man diese Erzählperspektive beibehält; man kann aber auch in die dritte Person wechseln. Wir könnten zum Beispiel einen Sprung machen in die Gefühlswelt der Frau, die allem Anschein nach sein Herz gebrochen hat und die Ursache dafür ist, dass er sich jetzt auf der Autobahn befindet. Im Pre-Chorus sind wir dann bei einer Art Rückblende gelandet (»Ob ich dich diesmal umstimmen kann? Fangen wir diesmal ganz von vorn an?«), um im Refrain wieder bei der Ich-Form anzukommen: »Spät in der Nacht kann ich dich seh'n, spät in der Nacht kann ich dich spüren.« Und egal, ob Sie jetzt genau diesen Text verwenden oder nicht – wenn Sie mithilfe dieses Songs üben, sollten Sie gewährleisten, dass der Tonfall des Textes stets einheitlich bleibt. Ein übermäßig feindseliger Tenor zum Beispiel würde sich überhaupt nicht mit dem wehmutsvollen Tonfall vertragen, der das Lied bisher bestimmt hat.

Spielereien mit der Perspektive

Manchmal geschieht es, dass ein Songwriter innerhalb ein und desselben Stück plötzlich die Perspektive ändert. In »Hold On Loosely« von .38 Special zum Beispiel beginnt der Pre-Chorus in der Ich-Form – »My mind goes back to the girl I met some years ago who told me« – sind Sie jedoch beim Refrain angelangt (»Hold on loosely, but don't let go«), wird auf einmal aus der Perspektive der Frau weitererzählt. Auf die Worte »who told me« folgt unmittelbar der Ratschlag, den diese Frau ihm damals gegeben hat – obwohl es weiterhin der Sänger ist, dessen Stimme Sie hören. Bevor Jim, der bei diesem Song als Co-Writer tätig war, auf diese Technik kam, klang der Refrain irgendwie »belehrend«, als wäre es der Sänger, der dem Hörer diesen Happen Weisheit präsentierte. Wenn man also einen Song schreibt, der einen »Ratschlag« enthält, bei dem man sich gern einen Schritt vom Geschehen entfernt, sollte man die Worte einer anderen Person in den Mund legen (oder sie als Zitat von einer Plakatwand oder aus einer Zeitschrift darbieten).

Experimentieren Sie getrost ein wenig mit der Erzählperspektive, auch wenn Sie den Eindruck haben, Ihr Songtext sei bereits fertig. »She Loves You« (geschrieben von John Lennon und Paul McCartney; gesungen von den Beatles) hätte textlich bei Weitem weniger komplex gewirkt, wenn John und Paul beschlossen hätten, ihn »I Love You« zu nennen. Indem man den Blickwinkel in die dritte Person verlagert, gestattet man dem Hörer, zum Beobachter an der Seite des Sängers zu werden – und ein Insider ist schließlich jeder gern.

Eine Perspektive einnehmen

Die Perspektive eines Textes bestimmt, an wen der Song sich richtet und wessen Stimme ihn spricht. Sie steht außerdem mit dem Zeitrahmen in Verbindung. Als Songwriter denken Sie vielleicht an eine ganz bestimmte Person als Interpret des von Ihnen geschriebenen Songs. Und schon beim Schreiben versetzen Sie sich geistig in diese Person und wählen für das Stück – je nachdem, ob es auf eine Frau oder einen Mann gemünzt ist, ob sein Tonfall rau ist oder höflich, ob es politisch ist oder unpolitisch, religiös oder agnostisch, sarkastisch oder aufrichtig – die ihm angemessene Perspektive.

Bevor Sie beim Schreiben an einen ganz bestimmten Interpreten denken, sollten Sie versuchen, so viel wie möglich über diesen Künstler in Erfahrung zu bringen. Schreiben Sie einen Text, der sich eng innerhalb der Persönlichkeitsgrenzen dieses Künstlers bewegt. Ist er verheiratet oder ledig? Welche Hobbys hat er? Welche Philosophie vertritt er? So etwas erfährt man aus Interviews oder dem Inhalt anderer Songs, die von der Person selbst geschrieben wurden.

Auch die Zeitform, in der Sie schreiben, spielt beim Texten eine wichtige Rolle. Zeitgenössische Songs greifen meist auf die Gegenwartsform zurück, da sie am frischesten, direktesten und unmittelbarsten wirkt. Um eine dringliche Message zu übermitteln, eignet sich das Hier und Jetzt am besten – ein gutes Beispiel dafür bietet »Survivor«, geschrieben von Anthony Dent, Beyoncé Knowles und Mathew Knowles; gesungen von Destiny's Child. Die Vergangenheitsform hingegen ist immer mit einem Rückblick auf eine bestimmte Zeit oder Situation verbunden. Sie inspiriert dazu zu berichten, was hätte sein können und hätte sein müssen, sie kann aber auch ein Lobgesang auf die guten Tage sein. Bob Seger ist ein Musiker, dessen Zukunft in der Vergangenheit liegt – mit eindringlichen Songs wie »Night Moves«, seine bittersüße Ode auf das Erwachsenwerden im Herzen Amerikas, und »Against The Wind« (beide geschrieben und gesungen von Bob Seger selbst). Der Mensch lässt gern seine Fantasie spielen und spekuliert gern über die Zukunft. »We'll BeTogether« (geschrieben und gesungen von Sting) ist ein gutes Beispiel für die Zukunftsform.

Manchmal versucht Jim, Vergangenheit und Gegenwart in ein und demselben Song unter einen Hut zu bringen. In »High On You« (geschrieben von Jim Peterik und Frankie Sullivan; gesungen von Survivor) konfrontiert uns der Textdichter mit einem Szenario aus der Nacht zuvor – »There you stood, that'll teach ya, to look so good and feel so right.« Im Pre-Chorus findet dann ein Wechsel in die Gegenwart statt: »Now I'm higher than a kite, I know I'm getting hooked on your love.« Die Kombination verschiedener Zeiten bringt Bewegung in das Geschehen. Man kann sogar einen sogenannten *Someday-Abschnitt* (so nennt es Jim immer) einbringen, um die Story in die Zukunft zu transportieren. Songs, die alle Zeiten abdecken, wirken auf mich immer besonders stark.

Einstimmung auf Tonfall und Stil

In den Grundtenor eines Songs fließen zahlreiche Faktoren ein. In musikalischer Hinsicht bedeutet das: Welche Faktoren wirken sich am stärksten auf die Stimmung des Stückes aus? Der Text wiederum muss zu dem von der Musik vorgelegten emotionalen Tonfall passen (und umgekehrt). Die Bilder, die man für einen traurigen, tragischen oder schwermütigen

Song wählt, unterscheiden sich schließlich deutlich von der Bilderwelt eines fröhlichen, ausgelassenen oder humorvollen Stücks. Positive Songs enthalten lichte, farbige Bilder, während negative Songs meist durchdrungen sind von Düsternis und Schatten. Oftmals empfiehlt es sich jedoch, die emotionalen Schattierungen miteinander zu vermischen, sodass ein neuer Farbton entsteht.

Wenn Sie einen bestimmten Song in nicht-förmlicher Sprache schreiben (inklusive Slang, bewusster Grammatikfehler und umgangssprachlicher Ausdrücke), achten Sie darauf, in der dritten Strophe nicht unvermutet zum Eliteschüler zu mutieren und Ihre Tarnung auffliegen zu lassen. Bewegen Sie sich jedoch auf einer förmlichen und intelligenten Sprachebene (als Beispiel kann Don Henleys Song »Heart Of The Matter« dienen, geschrieben von Don Henley, Mike Campbell und JD Souther; gesungen von Don Henley), dann versuchen Sie nicht zu klingen wie John Mellencamp, der sich weitaus mehr nach einem Land- als einem Stadtjungen anhört.

Die meisten Songs, die ich schreibe, sind eher positiver Natur. Ich gehöre zu den Typen, die ein Glas halbvoll sehen anstatt halbleer, und meine Texte spiegeln diese Haltung wider. Selbst wenn ich ein trauriges Lied schreibe, strahlt da immer ein Licht am Ende des Tunnels (und es ist nicht das eines entgegenkommenden Zuges!) Vermutlich gelingen einem Texte besser, in denen die eigene Persönlichkeit sichtbar wird, als solche, in denen man »seinen Anti-Typen« zu verkörpern sucht.

Jim Peterik, Autor von 18 Billboard-Top-Ten-Hits

Der musikalische Marktplatz, auf dem Sie Ihren Song verkaufen wollen, bestimmt Ihren Lyrikstil ebenfalls in einem gewissen Ausmaß. Gewisse Wörter, Ausdrücke und Redewendungen eignen sich für einen Rocksong hervorragend; bei einer Countrynummer jedoch wären sie fehl am Platz. Viele Texte sind genrespezifisch. Der Countrymarkt zum Beispiel lehnt weitgehend Begriffe ab, die Schimpfwortcharakter haben oder ungehobelte Anspielungen enthalten (schreiben Sie also lieber *verflixt* statt *verdammt*, und ersetzen Sie *Verlangen* durch *Hingabe*). Auf dem Gebiet des Hardrock jedoch sind solche Begriffe keineswegs mit einem Bann belegt (man denke nur an Limp Bizkit, Korn und Slipknot). Manche der harmlosen Wendungen aus dem christlichen, dem Country- oder dem Easy-Listening-Bereich, klingen hingegen recht unangebracht, wenn sie in einem der rotzfrechen Songs von Linkin Park oder gar der Chemical Brothers auftauchen.

Poetische Hilfsmittel beim Texten

Oft wollen Leute wissen, was eigentlich der Unterschied ist zwischen Songtexten und Gedichten, worauf sie meist eine Standardantwort zu hören bekommen. Gedichte, erklärt man ihnen zum Beispiel, werden vorwiegend gelesen; Songtexte dagegen hört man sich an. Aber was ist dann zum Beispiel mit Dichterlesungen? Im Grunde genommen ist Dichtung eine Musik für sich selbst, und das Konversationslexikon weiß zu berichten, dass Dichten so viel bedeutet wie »die starken und spontanen Gefühle eines Autors in einem Gedicht oder einem Lied zum Ausdruck zu bringen«. Was also für Gedichte gilt, gilt auch für Lieder – und die Gesetze der Lyrik gelten beim Songschreiben genauso.

Im Laufe der Jahrhunderte wurden somit auch zahlreiche Gedichte von Komponisten vertont. Bei manchen konnte der Text praktisch unverändert übernommen werden, andere wiederum mussten erst auf die Form populärer Lieder »zurechtgeschneidert« werden. Dabei kommen jede Menge Faktoren wie Liedform, Reim, Rhythmus, Songlänge und Singbarkeit ins Spiel.

Einige Songwriter sind nicht einfach nur Songwriter, nein, es sind Poeten. Wenn man die Texte von Musikern wie Leonard Cohen, Bob Dylan, Joni Mitchell und Jewel liest, wird klar: Das sind Sachen, die auch ohne Musikbegleitung von magischer Wirkung sind. Und an ihnen erkennt man, hinter welchem Songwriter ein echter Poet steckt.

Bob Dylan heißt in Wirklichkeit Robert Zimmerman; der Nachname, den er sich als Künstler selbst gab, ist eine Hommage an den großen Dichter Dylan Thomas.

Ein Songwriter kann eine Menge lernen, wenn er Gedichte der Weltliteratur liest und interpretiert. Sehen Sie sich im Folgenden doch einige poetische Stilmittel an, die einem Songtext – und somit dem gesamten Song – zu mehr Klang verhelfen.

Wiederholung

Die Wiederholung als Stilmittel ist sowohl beim Song- wie auch beim Gedichteschreiben eine wichtige Komponente. Durch den Gebrauch von Wiederholungen entsteht so etwas wie poetische Musik. Indem Sie Worte, Wortfolgen (wie etwa den Titel), Strophen und Refrains wiederholen, fällt es Ihnen leichter, Ihren Hörern den eigentlichen Knackpunkt Ihres Songs zu vermitteln.

Wiederholung von Worten und Wortfolgen

Beginnen wir unsere Besprechung von Wiederholungen doch mit Worten und Wortfolgen. Das typischste Beispiel dafür ist der Songtitel.

Man kann den Titel in einem Song sehr oft wiederholen. Nehmen wir als Beispiel »Hey Jude« von den Beatles (geschrieben von John Lennon und Paul McCartney). Hier wird der Titel zu Beginn jeder Strophe gesungen und dann immer und immer wieder im Outro des Songs (Outro ist das Gegenteil von Intro). Zusammen mit der ebenfalls pausenlos wiederholten »na nana na«-Passage entsteht eine hypnotische Klangkulisse zum immer größer werdenden Durcheinander der Instrumente.

Manche Worte kann man wiederholen, um ihnen Nachdruck zu verleihen oder sie einer Melodie anzupassen. Gelegentlich geschieht dies im Titel, wie in »Say, Say, Say« (geschrieben und gesungen von Paul McCartney und Michael Jackson) und »Hi, Hi, Hi« (geschrieben von Paul und Linda McCartney/Wings). Manchmal sind es ganze Songteile, die aus einem einzigen Wort bestehen (oftmals dem Titel), wie in dem Song »Hero« aus dem Kinohit *Spider-Man* (geschrieben von Chad Kroeger; gesungen von Chad Kroeger von Nickelback und Josey Scott von Saliva).

Wiederholung von Strophen

Es müssen nicht nur einzelne Worte sein – auch ganze Songabschnitte lassen sich wiederholen. Sehr häufig kommt das bei Strophen vor, und in der Regel handelt es sich um die erste Strophe, die am Ende des Songs wiederholt wird. Ein Beispiel ist »California Dreamin'« (geschrieben von John Phillips und Michelle Phillips; gesungen von The Mamas and the Papas). Manchmal macht der Songwriter das, weil ihm keine weitere Strophe eingefallen ist. Manchmal aber auch, weil die Strophe wirklich wiederholenswert ist oder weil der Songwriter etwas hervorheben will, das bereits vorher im Song gesagt wurde.

Wiederholung des Refrains

Die Strophen-Refrain-Form eines Songs führt nahezu automatisch dazu, dass der Refrain wiederholt wird. Ein ausdrucksstarker Refrain profitiert mit Sicherheit davon, dass er mehrmals gesungen oder am Ende des Liedes permanent wiederholt wird.

Die wichtigsten poetischen Hilfsmittel

Die Verwendung poetischer Hilfsmittel – das ist ein wenig wie das raffinierte Würzen eines Gerichts. Mit der richtigen Kräutermischung im richtigen Mengenverhältnis wird das Essen schmackhafter, so wie ein Song dadurch mitreißender wird oder auch romantischer. Man darf die Speise nur nicht überwürzen – sonst geht der Eigengeschmack des Gerichts verloren und das Essen wird ungenießbar.

Wie verschiedene Stiltechniken wirken

Nachfolgend ein paar bewährte Gewürze, wie Songwriter sie bevorzugt zum Würzen ihrer Stücke verwenden, indem sie Worten zum Beispiel eine andere Bedeutung verleihen oder eine emotionale beziehungsweise sinnliche Wirkung hervorrufen.

- ✔ **Reim:** Die regelmäßige Wiederkehr korrespondierender Laute, vor allem an den Zeilenenden. Der Reim gehört zu den erprobtesten Gewürzen, wenn es darum geht, das Aroma eines Gerichts (oder Songs) auf optimale Weise zu entfalten. (In Kapitel 7 sprechen wir ausführlicher über Reime.)

- ✔ **Alliteration:** Auch Stabreim genannt. Hier handelt es sich ebenfalls um eine Wiederholung des gleichen Lautes (für gewöhnlich Konsonanten, also alle Buchstaben außer A, E, I, O und U) am Anfang zweier oder mehrerer Worte, die unmittelbar aufeinanderfolgen. »I turned stranger into starman in the Sunday New York Times … like Anne Sexton and her star rats working backward till it rhymes …« (»Stranger Into Starman« von Aimee Mann). Hier eine kleine Liste von Songs, die bevorzugt auf Alliterationen zurückgreifen, gelegentlich sogar innerhalb des Titels:

  - »**Umbrella**« (geschrieben von The-Dream, Tricky Steward, Kuk Harrell und Jay-Z; gesungen von Rihanna featuring Jay-Z),

  - »**Silent Lucidity**« (geschrieben von Chris DeGarmo; gesungen von Queensryche),

  - »**She Sells Sanctuary**« (geschrieben von Ian Astbury und Billy Duffy; gesungen von The Cult).

✔ **Bildsprache (Symbolik):** Jene magischen Worte und Wortfolgen innerhalb eines Songtextes, die in Ihrer Vorstellung Bilder entstehen lassen; jene anschaulichen Worte, die für bleibende Erinnerungen sorgen, jene aus Worten bestehende Gemälde. Wer erinnert sich nicht an die »tangerine trees« und »marshmallow skies« in John Lennons und Paul McCartneysSong »Lucy In The Sky With Diamonds«? Bilder verleihen großartigen Wortfolgen ihre unauslöschliche Prägung. Ein beeindruckendes Beispiel für die Verwendung von Sprachbildern (und zahlreicher anderer poetischer Techniken wie Vergleiche/Gleichnisse – »wie bei Sinatra zu Beginn seiner Karriere«) – bietet der Text zu »A Dustland Fairytale« (geschrieben von Brandon Flowers, Dave Keuning, Mark Stoermer und Ronnie Vannucci jr.; gespielt von den Killers) – »saw Cinderella in a partydress … I saw the devil wrapping up his hands …«

✔ **Personifizierung:** Wenn ein Dichter oder Lyriker von einer Sache, einem Etwas, einer Eigenschaft oder Idee spricht, als handle es sich dabei um einen Menschen, oder wenn er unbelebten Objekten menschliche Charaktereigenschaften zuspricht. Gute Beispiele für dieses Stilmittel sind der Song »They Call The Wind Mariah« (geschrieben von Alan Lerner und Frederick Loewe; gesungen von Sam Cooke) oder die berühmte Zeile aus »Mrs. Robinson« (geschrieben von Paul Simon; gesungen von Simon and Garfunkel): »Where have you gone Joe DiMaggio, *the nation turns its lonely eyes to you.*« Nationen haben in der Regel keine Augen – außer in so wunderbar kreativen Songs wie diesem.

✔ **Vergleich:** Wenn man zwei völlig unterschiedliche Dinge einander mithilfe des Wörtchens *wie* gegenüberstellt. »I'm In Love« (geschrieben und gesungen von Geoff Byrd) ist dafür ein ebenso gutes Beispiel wie »You Love Me Like A Dollarbill« in »Phoenix« (gesungen und geschrieben von Aimee Mann) und »Like A Virgin« (geschrieben von Tom Kelly und Billy Steinberg; gesungen von Madonna).

✔ **Metapher:** Eine Stilfigur, bei der ebenfalls zwei Dinge miteinander verglichen werden, jedoch nicht durch das Wort *wie*, sondern als wären sie identisch. Ein hervorragendes Beispiel dafür findet sich in dem Song »Save Me From Myself« (geschrieben von Matt Scannell; gesungen von Christina Aguilera), der randvoll ist mit metaphorischen Anspielungen. Ferner empfehlen sich zum Anhören »I Am The Walrus« und »Happiness Is A Warm Gun« (beide geschrieben von Paul McCartney und John Lennon; gesungen von den Beatles).

Ein vorzügliches Beispiel für einen Text, in dem Metapher, Vergleich und Symbolik auf geschickte Weise kombiniert werden, ist ein Song von John Mayers Debütalbum *Room for Squares* mit dem Titel »Your Body Is A Wonderland«, der bereits eine Metapher für sich ist. Die Textzeile »Your skin is like porcelain« ist ein Vergleich und bei »Swim in a deep sea of blankets« kommt Symbolik ins Spiel.

✔ **Assonanz:** Von einer Assonanz spricht man, wenn bei zwei Worten, die einen unreinen Reim bilden, nur die betonten Vokale gleich klingen, nicht aber die Konsonanten – wie in »late« und »make«, oder im Deutschen zum Beispiel »Ohr« und »Wohl«. In dem Simon-and-Garfunkel-Klassiker »America« (geschrieben von Paul Simon) kommt eine herrlich anschauliche Zeile vor, in der der lange *o*-Laut gleich dreimal auftaucht: »The moon rose over an open field«. Ein Songtext mit Assonanzen lässt sich viel leichter singen.

Trotzdem: In der Regel sollte man einen reinen Reim anstreben. Falls man jedoch keinen findet, ohne dem Sinngehalt des Satzes zu schaden, ist es besser, darauf zu verzichten und auf einen unreinen Reim zurückzugreifen. »Reim dich oder ich beiß dich« – so etwas überlassen wir lieber den Schreibern ellenlanger Pseudogedichte für die Geburtstagsfeier.

✔ **Konsonanz:** Konsonanz steht für den Wohlklang, der entsteht, wenn man einen Satz (oder längeren Textkörper) mit Lauten versieht, die sich gut zusammenfügen, ja gewissermaßen fließen. Um einen Eindruck davon zu bekommen, greifen wir etwas tiefer in die Literaturkiste und zitieren eine Strophe aus einem Sonett von Rainer Maria Rilke:

Sei allem Abschied voran, als wäre er hinter
dir, wie der Winter, der eben geht.
Denn unter Wintern ist einer so endlos Winter,
dass, überwinternd, dein Herz überhaupt übersteht.

Dieser Text lässt sicher keine Fragen mehr offen.

Beispiel für Schritt Nr. 9: mit poetischen Stilmitteln arbeiten

Sie sind beim letzten Schliff angelangt, der feinsten aller Feinarbeiten, mit denen Sie unseren Song »Spät in der Nacht« so ansprechend gestalten können wie die Torte eines Meisterkonditors. Enthält er genügend Stilfiguren, um die Fantasie des Hörers zu beflügeln? Setzen Sie sich doch ein letztes Mal auf den Beifahrersitz des Wagens, in dem Sie nach Bayreuth trampen und achten Sie auf jede noch so kleine Gefühlsregung. Lassen Sie Ihren Blick über die Landschaft schweifen, achten Sie auf jeden Sinneseindruck: die Sterne, die am Himmel bizarre Muster bilden, den Mond, dessen Licht auf die Heide fällt. Machen Sie Rast und lauschen dem Gesang der Zikaden. Und dann überlegen Sie sich, was Sie davon alles verwerten können, damit aus unserem Song ein Sahnestück wird, und mit welchen poetischen Techniken uns das am eindrucksvollsten gelingt. Dann werden Ihre Hörer sich vielleicht noch an das Lied erinnern, wenn in Bayreuth längst die Sonne aufgegangen ist und der Held unserer Geschichte – vielleicht, aber auch nur vielleicht – dort angekommen ist, wo seine Seele nach einer Nacht der Sorgen endlich Frieden findet.

Übung macht den Meister

So, nun dürften wir Ihnen die Lippen wässrig genug gemacht haben, sodass Sie es kaum erwarten können, sich an einem eigenen Song zu versuchen. Nehmen Sie sich ein Stück Papier und skizzieren Sie darauf mit wenigen Worten die Prämisse, das Konzept, das Ihnen durch den Kopf geht – und dann arbeiten Sie sich Wort für Wort, Satz für Satz voran.

Ein bisschen Vorarbeit haben Sie ja schon geleistet: in Kapitel 3 vielleicht schon eine Songform gewählt, in Kapitel 4 den entscheidenden Hook gefunden und im zurückliegenden

Kapitel ein paar Zeilen geschrieben. Sehen Sie, was Sie davon verwenden können – aber lassen Sie sich von Ihrem Material nicht festnageln! Manche Songwriter denken, sie könnten banal klingen, wenn sie einfach zu Papier bringen, was ihnen in den Sinn kommt – machen Sie diesen Fehler nicht! Nichts von dem, was Sie schreiben, ist sofort wie in Stein gemeißelt, und streichen kann man immer.

Lass fließen – das ist der beste Rat, den wir Ihnen geben können. Wo etwas fließt und jeder Zwang, jede bewusste Bemühung zurücktritt, klingt das Ergebnis meist auch stimmig. Und machen Sie Brainstorming! Einfach erst mal alles festhalten – man weiß nie, wie man es noch gebrauchen kann. Wer auf dem Spielfeld im entscheidenden Moment immer den Fuß wegzieht, wird nie ein Tor schießen. Und jetzt wünschen wir Ihnen einen regelrechten Kantersieg.

Beschäftigen Sie sich mit den verschiedenen Reimschemata

Lernen Sie weitere Reimtechniken kennen

Entscheiden Sie, ob sich das Reimen überhaupt lohnt

Nehmen Sie ein paar gelungene Reime zwecks Forschungsarbeiten auseinander

Kapitel 7

Wie man gute Reime macht

Stellen Sie sich mal einen Song vor, in dem sich gar nichts reimt. Es gibt solche Songs, und manche davon funktionieren tatsächlich, aber unser Ohr mag Reime nun mal, und so übermittelt es wie in Ottos Sketch dem Gehirn die Nachricht: »Ohr an Denkapparat – coolen Reim entdeckt, bitte gut abspeichern!« Reime – so viel steht fest – sind bei vielen Songs die ideale Würze, und auch marktstrategisch sind sie bekanntlich von hohem Wert.

Einen guten Reim zu finden, ist oft nicht leicht – trotzdem ist es für viele Songwriter der Teil der Arbeit, der ihnen am meisten Spaß macht. Es ist wie das Lösen eines Rätsels oder Puzzles – einfach eine Aufgabe mit hohem Funfaktor. Und wer ein paar Techniken beherrscht, die beim (Er-)Finden von Reimen hilfreich sind, hat möglicherweise schon bald ein neues Hobby. Ob ein Reim (sowohl rein als auch unrein) oder der Verzicht auf einen Reim die richtige Wahl war, sagt uns unser Gehör. Alles, was gut klingt, *ist* auch gut. Und so gilt erneut: Ein Tropfen Inspiration ersetzt ein ganzes Meer voller Regeln.

Wie und woran man welchen Reim erkennt

In manchen Songwriting-Lehrbüchern werden Reimschemata sehr detailliert dargestellt und mit Fachbezeichnungen wie zum Beispiel männlicher oder weiblicher Reim versehen. Diese Analysetechniken stammen aus der klassischen Poetik, und für den Literaturwissenschaftler sind sie sicher nützlich. Aber all das erst zu lernen und sich zu merken, nur weil man einen guten Song schreiben will – lohnt sich das wirklich? Viel besser ist es, sich auf gelungene Beispiele zu konzentrieren und aus ihnen zu lernen, was man wissen muss. Wenn ein Song zum Hit geworden ist, ist das doch der beste Beweis dafür, dass der Songwriter etwas richtig gemacht hat – egal, ob er es nun in wissenschaftlicher Geheimsprache ausdrücken konnte oder nicht.

Was man über Reimstrukturen wissen sollte

Wenn Sie zu den großen Lyrikexperten zählen, werden Sie über manche der nachfolgenden Beispiele wahrscheinlich nur lachen können. Tun Sie sich keinen Zwang an! Wir aber legen nun mal Wert auf eine einfache und anschauliche Darstellung, die alles Wissenswerte auf den Punkt bringt. Nur so gelangt man zu dem Selbstvertrauen, das man als Songschreiber braucht. Und eins haben sicher alle Leser gemeinsam: Sie kennen den Text des Wiegenliedes »Schlaf, Kindlein, schlaf«, mit dem deutsche Kinder schon seit Anfang des 17. Jahrhunderts in den Schlaf gesungen werden.

> Schlaf, Kindlein, *schlaf,*
>
> Der Vater hüt die *Schaf'*

Welches sind hier die Reimworte? Richtig, *Schlaf* und *Schaf'*. Beide haben am Ende den gleichen Laut, nämlich »-af«. Einfacher geht's nicht. Aber das sind die Basics der Reimtechnik. Sie dürfen gern lachen, aber denken Sie – wenigstens nebenbei – auch mal drüber nach. Warum können Sie sich denn an dieses Lied aus Ihrer Kindheit noch erinnern, warum kennen Sie den Text auswendig? Weil er sich reimt und dadurch unvergesslich wird. Um die Macht des Reims zu beweisen, genügen solche schlichten Wiegenlieder, die man im angelsächsischen Sprachraum auch als »nursery rhymes« bezeichnet. Und davon gibt es viele.

Einen Song schreiben bedeutet eigentlich ein Gedicht schreiben, nur eben mit Melodie. Einfache Dichtung, so könnte man sagen, besteht aus Worten mit einem Rhythmus, einem »Beat« – und einem Gleichklang der jeweils letzten Worte einer Zeile, einem Reim eben.

»Schlaf« und »Schaf«, die Worte aus unserem Beispiel, erfüllen diese Voraussetzung, sie bilden den perfekten Reim. Vielleicht folgten Ihre ersten Reimversuche ja einem ganz ähnlichen Schema. Recht und gut, werden Sie sagen, aber wenn sich so etwas über mehr als zwei Zeilen hinzieht, wird es mit Sicherheit langweilig. Aber wird es das wirklich? Sehen Sie sich einmal folgenden Ausschnitt aus dem kurzen Song »Enterlude« von den Killers an, geschrieben von Brandon Flowers:

> We hope you enjoyed your *stay*
>
> It's good to have you with us, even if it's just for the *day*
>
> We hope you've enjoyed your *stay*
>
> Outside the sun is shining, it seems like heaven ain't far *away*
>
> It's good to have you with us, even if it's just for the *day*
>
> © *Universal-Polygram Int'l Pub Obo Universal Music Pub. Ltd.*

Die Killers bringen hier das einfachste Reimschema der Welt zum Zünden – und das können Sie auch! Wir wollen das Thema nicht zu Tode reiten, aber um unseren Punkt zu verdeutlichen und kleine Variationen der Reimstruktur hervorzuheben, hier ein weiterer »nursery rhyme«:

> Alle meine Entchen
>
> schwimmen auf dem *See*
>
> Köpfchen in das Wasser,
>
> Schwänzchen in die *Höh*

Hier reimen sich nur die zweite und die vierte Zeile – mit *See* und *Höh* (ein unreiner Reim, okay, aber das soll uns jetzt mal nicht kümmern). Nach diesem Schema sind mehr Songs aufgebaut als ein Tintenfisch Arme hat. Und was wir über »Schlaf, Kindlein, schlaf« gesagt haben, gilt auch für dieses Kinderlied: Es ist der Reim, der uns zwingt, es nicht zu vergessen.

In »Alle meine Entchen« ist es immer die übernächste Zeile, die den Reim enthält, aber das klingt fast interessanter, als wenn nur direkt aufeinanderfolgende Zeilen sich reimen. Natürlich kann man den Effekt auch verdoppeln und es so einrichten, dass jeweils ungerade (also erste und dritte, fünfte und siebte …) und gerade Zeilen (zweite und vierte, sechste und achte …) sich reimen. Es gibt da endlos viele Möglichkeiten.

Zeilen, die sich abwechselnd reimen

Dies ist ein sehr verbreitetes Reimschema. Die Zeilen reimen sich abwechselnd, wie in den Versen des Songs »Heavy Metal« von Sammy Hagar, der in den 1980er-Jahren zum Hit wurde, von seiner Struktur her an einen Film erinnert und an dem Jim Peterik als Koautor beteiligt war.

> Head bangers in *leather*
>
> Sparks flying in the dead of the night
>
> They all come *together*
>
> When they shoot out the lights
>
> Fifty thousand watts of *power*
>
> And it's pushin' overload
>
> The beast is ready to *devour*
>
> All the metal they can hold

Jeder Vers führt auf perfekte Weise zum nächsten, während uns eine Heavy-Metal-Show geschildert wird. (Achtung! »Vers« bedeutet in der Literatur das Gleiche wie «Zeile«, während der Volksmund den Begriff oft fälschlich als Synonym für »Strophe« verwendet.) Man achte auch darauf, wie die kursiv gesetzten Reimworte (*leather, together, power, devour*) ihre eigene Story erzählen – es steht außer Frage, weshalb dieser Song ausgerechnet »Heavy Metal« heißt. Nicht selten stellen die Reimworte maßgebliche Eckpunkte eines Songs dar, und der Reim selbst wird zu einem weiteren Hook.

Als Jim zusammen mit Sammy Hagar den Song »Heavy Metal« schrieb, versetzten sich beide in den Augenblick, in dem das Konzert stattfindet, und schöpften aus ihrer eigenen Erfahrung, solche Megashows entweder als Besucher oder als die »Macher« auf der Bühne zu erleben. Dann unterhielten sie sich einfach, und die Reime kamen wie von selbst. Es war nicht so, dass einer von ihnen sagte: »Daraus machen wir einen Song mit ABAB-Reimschema.« Sie begannen einfach mit den Zeilen »Head bangers in leather, sparks flying in the dead of the night«, und diese Zeilen legten von selbst fest, wo im Folgenden die Reime stehen würden.

Dieses Reimschema ist eines der ältesten beim Schreiben von Popsong-Texten. Egal, was ausgesagt wird, welche Gefühle darin zum Ausdruck kommen und welcher Sprachstil gerade up to date ist – diese Form hatte in jeder Ära Bestand. In »Vehicle«, einem 1970er-Jahre-Hit, den Jim Peterik für The Ides of March schrieb, wird er ebenfalls benutzt:

> I'm the friendly stranger in the black sedan
>
> Won't you hop inside my car
>
> I got pictures, got candy, I'm a lovable man
>
> And I can take you to the nearest star

Falls Sie es nicht schon selbst bemerkt haben – es ist völlig akzeptabel, wenn die Reimworte nicht exakt die gleiche »Gestalt« haben. Bei obigem Beispiel sind die Reimworte von der gleichen Beschaffenheit: *sedan ... man, night ... tight* und so weiter. In »Heavy Metal« hingegen – und einem geschulten Ohr ist das sicher aufgefallen – reimen sich die geraden Zeilen zwar auch, aber nicht in gleicher Weise wie die ungeraden. Es gibt unzählige Reime, bei denen nur der dominierende Laut zweier Worte übereinstimmt, die ansonsten völlig anders aufgebaut sind.

In »Superman (It's Not Easy)« von John Ondrasik (Five For Fighting) stoßen Sie bei einer Strophe auf folgendes, sehr nützliches Reimschema:

> ... stand to *fly*
>
> ... that naive
>
> ... out to *find*
>
> ... part of me

In der ersten und dritten Zeile besteht der Reim aus dem lang ausgesprochenen i-Sound [ai] von *fly* und *find*. Es eröffnet ein ganzes Universum von Möglichkeiten. Wenn ein Reim sich unbeholfen anhört, ist er es meistens auch – andererseits kann er trotzdem funktionieren. Das kann Ihr Ohr besser beurteilen als Ihr Verstand – *vertrauen Sie ihm*!

 Wenn man etwas lernt, empfiehlt sich auch immer ein Blick auf die Geschichte. Aus den großen Songs der 1930er- und 1940er-Jahre können Sie eine Menge über die Konstruktion von Reimen lernen. Auf Ihrem iPod mögen sie sich nicht gerade wie die großen Highlights anhören, aber dass man sie sich näher ansieht, haben sie ebenso verdient wie die Hits der heutigen Zeit.

Weitere grundlegende Reimmuster

Damit Ihre Reime auch wirklich eine Bereicherung für Ihre Songs sind, zeigen wir Ihnen jetzt ein Beispiel, bei dem sowohl die erste und zweite als auch die dritte und vierte Zeile jeweils einen anderen Gleichlaut aufweisen. Hier sehen Sie, wie einer von Amerikas renommiertesten Songwritern, nämlich John Mellencamp, sich in einer Strophe seines 2001 erschienenen Songs »Peaceful World« dieser Form bedient:

… world is a *wreck*

… being politically *correct*

… didn't at *first*

… made it worse and *worse*

»All Fall Down« ist ein modernes Beispiel von der Band One Republic. Sehen Sie sich dieses aus der Feder von Ryan Tedder, Andrew Brown, Zack Filkins, Brent Kutzle und Eddie Fisher stammende Juwel einmal an:

Step out the door and it feels like *rain*

That's the sound, that's the sound on your window *pane*

Take to the streets but you can't *ignore*

That's the sound, that's the sound you're waiting *for*

© *Sony/ATV Tunes Obo Midnite Miracle Music*

Ein weiterer Song mit diesem Pattern ist »Night Of The World Stage« von Jim Peteriks Ensemble World Stage. In der zweiten Strophe heißt es:

You're sittin' at the phone with your everyday *frustrations*

I'll take you to the zone for mood *elevation*

There's a whole rhythm section bangin' in your *head*

Your heart could be my drummer, let's run it in the *red*

Weitere Beispiele für grundlegende Reime finden Sie in den Songs aus Tabelle 7.1:

Songtitel	Songwriter	Sänger/Interpreten
»Uprising«	Matthew Bellamy	Muse
»Waiting On The World To Change«	John Mayer	John Mayer
»If You Ever Have Forever in Mind«	Vince Gill, Troy Seals	Vince Gill
»Marrakesh Express«	Graham Nash	Crosby, Stills, and Nash
»Your Song«	Elton John, Bernie Taupin	Elton John
»All Along The Watchtower«	Bob Dylan	Jimi Hendrix
»Because You Loved Me«	Diane Warren	Céline Dion

Tabelle 7.1: Songs mit grundlegenden Reim-Patterns

Raffiniertere Reimformen

Ein anderer Reimtypus sieht so aus: Von vier Zeilen haben die vierte und die ersten beiden einen Gleichklang, die dritte fällt aus dem Rahmen. Als Beispiel dafür folgende Strophe aus »I Can't Hold Back«, dem 1980er-Jahre-Hit der Band Survivor (geschrieben von Jim Peterik und Frankie Sullivan):

> There's a story in my *eyes*
>
> Turn the pages of *desire*
>
> Now it's time to trade those dreams
>
> For the rush of passion's *fire*

Die dritte Zeile sorgt für die notwendige Variation, damit die gesamte Strophe ihren frischen Klang behält. Hätte sie ebenfalls einen Gleichklang, würde sich das Ganze furchtbar langweilig anhören (setzen Sie nur mal spaßeshalber die erfundene Zeile *Now it's time to trade those lies* ein!) Im Original jedoch bietet der lange ea-Laut [i:] eine willkommene Abwechslung zu all den langen i-Klängen [ai].

Manchmal lassen sich die Reime auf ein Mindestmaß reduzieren und trotzdem hört sich der Song noch immer top an. Zum Text von Elvis' Klassiker »Can't Help Falling In Love With You« (geschrieben von Luigi Creatore, Hugo Peretti und George Weiss) gibt es eine interessante Hintergrundstory: Der Song, der ursprünglich »Can't Help Falling In Love With Him« hieß (was Elvis so natürlich nicht singen konnte), wurde zurechtgeschneidert, nachdem der King sein Interesse daran bekundet hatte. Liest man sich den Text durch, fällt auf, dass sämtliche Reime so angelegt sind, dass sie zum Originaltitel passten. Lesen Sie im Geiste den Text erst in der Neufassung, dann – in einem zweiten Durchgang – ersetzen Sie in der Refrainzeile das Wort *you* jeweils durch *him* und achten Sie darauf, welchen Unterschied es bewirkt.

»Can't Help Falling In Love With You« von Elvis

Wise men say, »Only fools rush in«
But I can't help falling in love with you

Shall I stay?
Would it be a sin
If I can't help falling in love with you
Like a river flows
surely to the sea
Darling, so it goes
Some things are meant to be
Take my hand
Take my whole life, too
For I can't help
falling in love with you

Like a river flows
surely to the sea
Darling, so it goes
Some things are meant to be
Take my hand
Take my whole life, too
For I can't help
falling in love with you
For I can't help
falling in love with you

Als Jim an dem Text für »Eye Of The Tiger« arbeitete (Co-Writer war Frank Sullivan), legte er mehr Wert darauf, Rockys Geschichte zu erzählen als ein Feuerwerk an Reimen zu präsentieren. Das Wort »rival« lag schon zurecht als Reimwort für den ursprünglichen Titel »Survival«. Als man die (äußerst kluge) Entscheidung traf, die Wortfolge »Eye Of The Tiger« zum Hook zu machen, kam das Wort »rival« trotzdem zu seinem Recht, und zwar als »ungefährer Reim« zu »tiger«. Auch wenn es natürlich erfreulicher gewesen wäre, wenn man für »tiger« oder »rival« einen genau passenden Reim gefunden hätte, so rechtfertigte die Emotionalität des Textes diesen Tauschhandel trotzdem. Es ist faszinierend, sich die groben Skizzen zu berühmten Texten anzusehen, um zu erkennen, wie ungeschliffen die Worte am Anfang oft dastehen, manchmal nur als hingeschmierte Worte auf einer Notizbuchseite, um schließlich immer mehr verfeinert und zum Meistertext zu werden. In Abbildung 7.1 sehen Sie eine der Rohentwürfe von »Eye Of The Tiger« aus Jims Notizbuch.

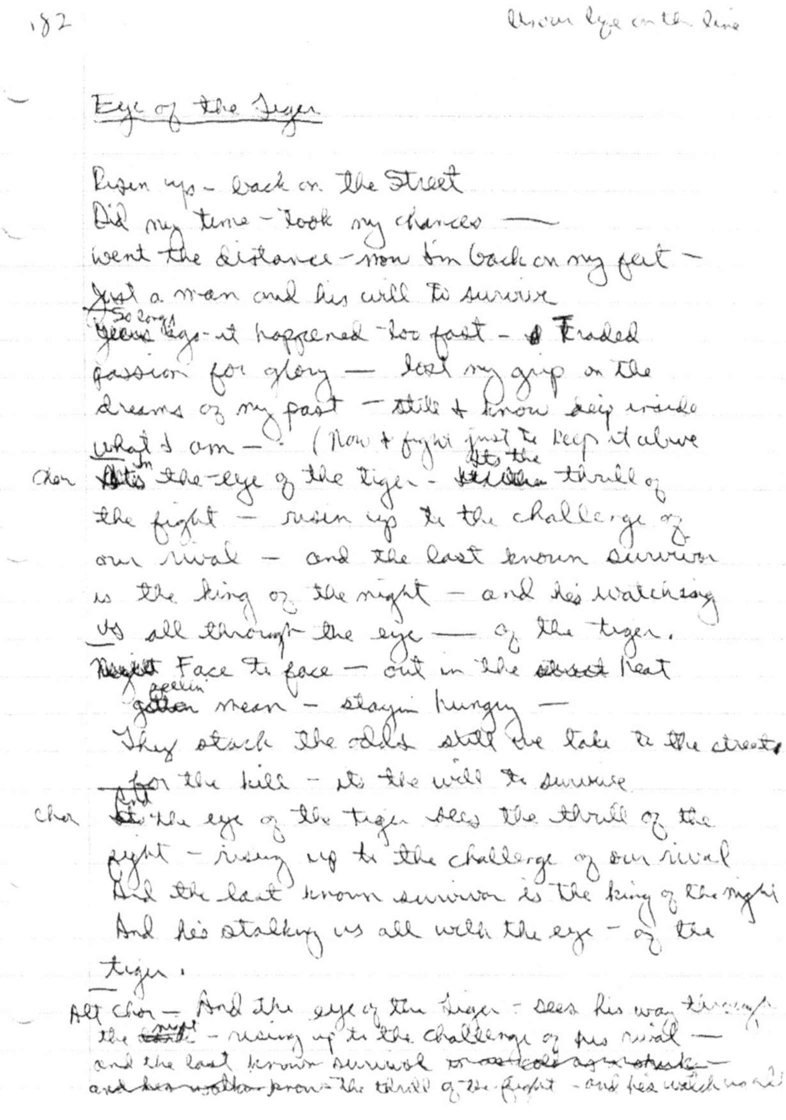

Abbildung 7.1: Textentwurf für »Eye Of The Tiger«

Sehen Sie sich außerdem einen Auszug aus dem Text zu dieser Ode an den menschlichen Geist an, um seinen Mangel an traditionellen Reimtechniken aufzuzeigen:

> Rising up, back on the *street*
>
> Did my time, took my chances
>
> Went the distance, now I'm back on my *feet*

Just a man and his will to *survive*

So many times, it happens too *fast*

You trade your passion for glory

Don't lose your grip on the dreams of the *past*

You must fight just to keep them *alive*

Achten Sie darauf, wie das Reimschema sich eigentlich über zwei Strophen erstreckt, von denen die jeweils letzte Zeile das Reimwort enthält.

Im Refrain taucht dann ein neues Muster auf:

It's the eye of the tiger

It's the thrill of the *fight*

Rising up to the challenge of our rival

And the last known survivors talks his prey in the *night*

And he's watching us all with the eye – of the tiger

© 1982 WB Music Corp., Easy Action Music, Holey Moley Music, and Rude Music. All Rights o/b/o Easy Action Music administered by WB Music Corp. All rights reserved. Used by permission. Warner Bros. Publications U.S. Inc., Miami, FL 33014

 Manchmal lässt sich das Ohr durch einen ungefähren Reim täuschen. *Tiger* ist ein so starkes Wort, dass es das Fehlen eines reinen Reims mehr als wettmacht.

Wie bei vielen Songs ändert sich auch hier das Reimschema von Abschnitt zu Abschnitt, was tatsächlich dazu beiträgt, dass man die einzelnen Songteile besser voneinander abgrenzen und unterscheiden kann.

Wie Sie sehen, arbeitet man in der populären Musik mit einer Menge unterschiedlicher Reimschemata. Hier noch zwei weitere Arten von Patterns (jeweils mit Beispielsongs):

✔ **AAAA-Patterns** (die ersten vier Zeilen reimen sich):

- »Fortunate«, geschrieben von Robert Kelly; gesungen von Maxwell

- »American Pie«, geschrieben und gesungen von Don McLean

- »Every Breath You Take«, geschrieben und gesungen von Sting

✔ **ABCB-Patterns** (die zweite und die vierte Zeile reimen sich, die erste und dritte Zeile nicht):

- »My Girl«, geschrieben von Smokey Robinson und Ronald White; gesungen von den Temptations

- »God Must Have Spent A Little More Time On You«, geschrieben von Carl Sturken und Evan Rogers; gesungen von 'N Sync (Pophit) und Alabama (Countryhit)

- »House Of The Rising Sun«, geschrieben von John Sterling und Eric Burdon; gesungen von den Animals

- »In My Life«, geschrieben von John Lennon und Paul McCartney; gesungen von den Beatles

Das einzig wahre Kriterium dafür, ob ein Reimschema funktioniert, ist nicht die Anzahl von Songs, in denen es benutzt wird, sondern wie das Ohr es empfindet. Nicht zufällig stoßen wir bei den größten Hits auf Patterns, die für das Ohr am angenehmsten sind.

Auch Binnenreime können toll klingen

Der Gebrauch von Reimen beschränkt sich nicht aufs Zeilenende. Reime können auch irgendwo innerhalb der Verszeile auftauchen oder genau in der Mitte zwischen zwei aufeinanderfolgenden Versen. Das nennt man einen »Binnenreim« (so wie auch Binnenhäfen mitten im Land gelegene Häfen sind), und er kommt in mehr bekannten Songs vor als uns vielleicht bewusst ist, denn Binnenreime bemerkt man nicht direkt, sondern eher unterbewusst – ein Satz schmeichelt dem Ohr, ohne dass man genau sagen kann, warum. Nicht umsonst heißt es oft also: Wahre Schönheit kommt von (b)innen.

Hier gleich ein gutes Beispiel für einen Binnenreim, der sich innerhalb einer einzigen Zeile verbirgt. Sie stammt aus der zweiten Strophe des Survivor-Songs »The Search Is Over« (geschrieben von Jim Peterik und Frank Sullivan): »You followed me through changes and patiently you'd wait/Till I came *to* my senses *through* some miracle of fate.« Damit Sie nicht bis morgen früh suchen, haben wir die betreffenden Worte kursiv gesetzt: Es sind *to* und *through*. Der Reim ist, wie man sieht, fast unsichtbar, aber er »greift«. Durch solche verborgenen Reime wirkt ein Song professionell und »vollendet«.

In dem Song »Long Day« von Matchbox Twenty (geschrieben von Rob Thomas) greift einer der Reime von der ersten auf die nächste Zeile über: » ... sitting by the over*coat* ... second *shelf*, the *note* she *wrote* ... can't bring my*self* to throw away.« Das Wort *note* ist ein Binnenreim auf das Wort *wrote* (das wiederum einen Endreim zu *overcoat* in der erste Zeile bildet). *Shelf* ist ein Binnenreim zu dem Wort *myself* in der folgenden Verszeile.

In John Mayers Song »No Such Thing« (an dem Clay Cook mitschrieb) finden Sie bereits in der ersten Zeile des Songs einen Binnenreim: »... she said to *me* condescending*ly*.« Ein paar Verse später wendet er diese Technik erneut an: » ... the *dreams* of the prom*kings*.«

Welche Reimtechniken es sonst noch gibt

Beim Schreiben eines Textes können Sie auf eine Vielfalt von Techniken zurückgreifen, die Ihnen das Leben erleichtern. Es ist nichts Ehrenrühriges daran, unreine Reime zu verwenden oder sich von einer Endzeile aus rückwärts vorzuarbeiten und die Aussprache zu variieren, damit ein wohlgeformter Reim entsteht. Sehen Sie sich wieder an, wie die Profis es machen.

Der Idealfall: reine Reime

Irgendwie paradox: Der Begriff »reine Reime« ist in sich schon ein unreiner Reim, aber das nur zur Auflockerung. Was ist ein reiner Reim? Nun, es ist ein Reim, bei dem sowohl der Vokal als auch der Endkonsonant (beziehungsweise die Endkonsonantenfolge) identisch sind, also wie in *Gespenst* und *rennst* oder in *Katze* und *Tatze*.

Wie man das Wort schreibt, spielt keine Rolle – Hauptsache, der Klang ist der gleiche: »Dem Ingenieur ist nichts zu schwör.« (*Dr. Erika Fuchs, Disney-Übersetzerin*) Auch *Stoiber* und *Räuber* wären ein reiner Reim, während *Stoiber* und *Zerstäuber* gar kein Reim wären, da die Schreibung zwar unterschiedlich ist, die beiden Endlaute aber durch die gleiche Konsonantenfolge »st« eingeleitet werden (wie bei *Lärche* und *Lerche*, die ebenfalls kein Reim sind). Es gibt aber auch den umgekehrten Fall: Dass die Schreibung zwar die gleiche ist, die Aussprache jedoch eine andere: *Ton* und *Karton* sind demnach kein reiner Reim (weil man im Deutschen nicht »Kartohn« sagt, sondern »Kartong«). Auch der *Wert* und das *Kuvert* lassen sich (aus ähnlichen Gründen) nicht zusammenbringen.

Aus praktischer Sicht gibt es für mich keinen Grund, von Anfang bis Ende eines Songs auf ausschließlich reinen Reimen zu bestehen. Falls es klappt, umso besser – man sollte aber auf keinen Fall Bedeutung und Gefühle verfälschen, nur damit ein reiner Reim entsteht.

Jim Peterik, Singer/Songwriter (Survivor und The Ides of March)

Manchmal sind es nur Nuancen, die darüber entscheiden, ob man ein Wortpaar als reinen Reim durchgehen lassen kann oder nicht. Schauen Sie auf ein Beispiel aus dem Englischen – den von David Pomeranz und David Zippel geschriebenen Hit »Born For You«, gesungen von Cathy Lee: Dort wird *stars* auf *ours* gereimt. Obwohl die Vokale nicht genau gleich ausgesprochen werden – beim Singen hört man praktisch keinen Unterschied.

Manche Songwriter-Teams der Vergangenheit, wie zum Beispiel Richard Rodgers und Oscar Hammerstein II, benutzten in ihren Texten ausschließlich reine Reime – etwas »Unreines« kam ihnen nicht aufs Papier. Hören Sie sich die makellosen Reimschemata in »My Favorite Things« aus dem Musical *The Sound of Music* an, und Sie wissen, was wir meinen.

Als Begründung für diese Art Perfektion wird häufig die absolute Untadeligkeit des Songs bemüht – so wie man als Soldat die Winkel seines gemachten Bettes am besten mit einem Schweizer Präzisionsinstrument nachprüft oder sich als Ehemann dafür tadeln lassen muss, dass beim Rasen, den man soeben gemäht hat, einer von sieben Millionen Grashalmen um einen halben Millimeter zu lang ist. Kein Mensch mag es bemerken – dem Unteroffizier beziehungsweise der Gemahlin fällt es auf.

Selbst wenn Sie mit einem erfolgreichen Songwriter aus Nashville zusammenarbeiten, sollten Sie ihm nicht gestatten, die ganze Zeit auf reinen Reimen zu bestehen, denn auch wenn dabei perfekte Songs entstehen, wurden wohl auch gleichzeitig viele wunderschöne emotionale Stellen auf dem Altar der Perfektion geopfert. Man merke sich also: Das *perfekte Wort* entspricht nicht immer auch dem *perfekten Reim*.

Unreine Reime müssen nicht unreinlich sein

»Unreine Reime« – das sind Reime, die einem reinen Reim zwar so nahe wie möglich kommen, im Endeffekt aber dennoch keiner sind. Sie finden in sämtlichen Musikstilrichtungen eine breite Anwendung, und sie scheinen mehr und mehr in Mode zu kommen, je weiter Reimworte in einem Text voneinander entfernt stehen. Aus »Take The Money And Run« (geschrieben und gesungen von Steve Miller) bleibt einem am häufigsten jener herrliche Knetversuch mit der englischen Sprache im Gedächtnis, wo Steve *Texas* auf *facts is* reimt. Ein Beispiel für einen unreinen Reim in seiner krassesten Ausprägung.

Sehr oft begegnen Sie dieser Art von Reim im Hip-Hop. Hier ein Beispiel aus »Empire State Of Mind« von Jay-Z featuring Alicia Keys – auch hier wird der unreine Reim sehr stark strapaziert, scheint für Jay-Z jedoch bestens zu funktionieren:

>   All of my *Dominicanos*
>
>   Right there up on broadway,
>
>   Brought me back to that McDonald's,
>
>   Took it to my stash spot
>
>   © *EMI April Music Inc. »Empire State of Mind« by Al Shuckburgh, Janet Sewell, Burt Keyes, Alicia Augello-Cook, Shawn Carter, Jane't Sewell, Sylvian Robinson, Angela Hunte*

(Um das Originelle an diesem Reim zu begreifen, sollte der deutsche Leser »McDonald's« nicht so aussprechen wie er es in der Schule gelernt hat (»MäckDonnlts«), sondern wie der Ami es ausspricht: »MähcDahnelds«)

Bei »Can't Say It Loud Enough« kamen John van Zant, Robert White Johnson und Jim nicht weiter, als es um einen Reim auf das Wort *window* ging. Das kam schließlich dabei heraus:

>   I see the eyes of a child, barely five
>
>   In a photo right next to my *window*
>
>   I see the shadow of a man at my side
>
>   Feel his spirit each time the *wind blows*

Man übersehe auch nicht den unreinen Binnenreim aus *eyes* und *five* in der ersten Verszeile.

Egal, wie gut eine Verszeile oder eine Idee ist – sobald sie dem Ohr im Kontext der Musik widerstrebt, leistet sie nicht, was sie leisten soll, nämlich dafür zu sorgen, dass der Song fürs Publikum zum Hörgenuss wird. Dichtung muss sich gut lesen lassen, und Songtexte müssen sich gut lesen lassen. Grundlage der Musik sind Zeit und Metrum. Ein guter Text verschmilzt mit der Melodie, wird eins mit ihr. Er sollte so angenehm und interessant wie möglich klingen. Ich verwende so oft wie

möglich lautmalerische Worte. Bouquet/day, problem/solve 'em, God/job – alles Beispiele aus Songs, die ich selbst geschrieben habe. Eine gute Übung ist es, mit Worten zu arbeiten, auf die sich schwer ein Reim finden lässt, Musterbeispiel ist das englische »orange«. Einen reinen Reim auf »orange« gibt es nicht, aber das gilt auch für andere Begriffe wie »storm«, »born«, »torn« und so weiter.

John Greenebaum, bekannter Nashville-Songwriter und Koautor von »Third Rock From The Sun« von John Diffie und vielen anderen

Auch im Deutschen gibt es jede Menge »reimloser« Worte – oder versuchen Sie mal einen auf *Hoffnung* zu finden. Oder auf *Atem*. Und für unfreiwillige Lachtränen sorgte einst die durch Stefan Raab bekannt gewordene Hobbyliedermacherin Christel Jaenniches, die sich, wenn es ihr an Reimen gebrach, eines recht eigenwilligen Tricks bediente: »Die Freundlichkeit in der Arbeit würde wachsen ja ja/der Respekt vor den Politikern würde größer ja jaja.«

Besonders ärgerlich für den deutschsprachen Lyriker: Selbst für einen der am gängigsten Begriffe – nämlich »Mensch« – bietet seine Muttersprache keinerlei Reimwort an. Da muss man schon so frech sein wie der Songtexter Wolfgang Hofer, der bereits in den 1970er-Jahren in einem Song über das deutsche Fernsehen reimte: »Wie freut sich doch ein jeder Mensch/auf Lassiehund und Shiloh Ranch.«

Sich von hinten nach vorn arbeiten

Wenn man einen Text schreibt, hat man am Anfang oft nur eine Schlüsselzeile – häufig die erste des Songs. Da wäre es eine gute Idee, für die nächsten drei oder vier Zeilen (oder wie lang die Strophe eben ist) vorläufig einen Dummy-Text zu verwenden. Wie wir bereits in Kapitel 1 erläutert haben, ist ein Dummy-Text ein Textteil, der nicht stehen bleiben, sondern nur vorübergehend Leerraum ausfüllen und daran erinnern soll, wie viele Silben man für eine Textzeile braucht oder welches Reimschema sich empfiehlt.

Als großer Fan von Dummy-Texten (wie wär's übrigens mit einem Buch *Dummy-Texte für Dummies*? Kleiner Scherz am Rande.) sagt Jim, wenn er mit jemand anderem zusammenarbeitet, immer: »Setzen wir hier erst mal einen Dummy-Text ein, damit wir die Melodie nicht vergessen.« Eine hervorragende Medizin übrigens auch gegen die sogenannte Schreibblockade, die Autoren zu dem Glauben verführt, alles aus ihrer Feder Stammende müsste sofort perfekt klingen. Das tut es in den meisten Fällen nicht – meist schreibt man als Nächstes einfach zwei oder drei weitere Zeilen, die sicher mordsmäßig cool klingen, wenn man seine Erwartungen zuvor etwas herabschraubt.

Sie sind keine Maschine, und einen guten Text zu schreiben, ist ein *Prozess*, bei dem man vieles wieder verwirft und ändert, bis man endlich eine Zeile gefunden hat, die der große Bringer ist. Ist es soweit, schnellt man wie ein Bumerang in die Gegenrichtung und sucht nach passenden Reimen für den Rest der Strophe.

Als ich zusammen mit Robert White Johnson und Jim Peterik an dem Text zu »Can't Say It Loud Enough« für das Van-Zant-Album schrieb, hatten wir zunächst nur eine sehr gute zweite Zeile: »My daddy said that the truth is the truth and there just ain't no space in between it.« Wir arbeiteten uns den ganzen Tag lang nach hinten vor, um eine adäquate erste Zeile und einen adäquaten Reim zu finden. Zuletzt war uns Folgendes eingefallen: »Some people think that a lie ain't a lie if you find enough fools to believe it.«Wenn man sich im »Rückwärtsgang« durch einen Song bewegt, fallen einem oft tolle Sätze ein, auf die man andernfalls gar nicht gekommen wäre.

Johnny Van Zant, Leadsänger von Lynyrd Skynyrd und Mitglied von Van Zant

Die Aussprache korrigieren für den Reim

Manchmal hängt es nur davon ab, wie ein bestimmter Sänger ein Wort ausspricht, ob daraus ein Reim wird oder nicht. Auf *sinkt* reimt sich *gewinkt* – ein perfekter Reim. Im süddeutschen oder österreichischen Sprachraum aber kann man (zum Beispiel in einem Austria-Popsong) auch hemmungslos einen Reim aus *gesunken* und *gewunken* machen, während dem Nordlicht letzteres Wort etwas zu südlich (wenn nicht sogar spanisch) vorkommt.

Einen gewissen Spielraum hinsichtlich der Aussprache hat man des Öfteren – man sollte ihn aber auch nicht überstrapazieren. Im Englischen kann man zum Beispiel nicht *pain* auf *again* reimen, weil das »ai« in beiden Fällen unterschiedlich ausgesprochen wird.

Strophenübergreifende Reime

Nehmen wir uns einen alten Standard vor – den Song »In The Chapel In The Moonlight« (geschrieben und gesungen von Billy Hill; bekannteste Coverversion von Dean Martin) und prüfen, wie Reime und Strophen sich zueinander verhalten:

Strophe 1

How I'd love to hear the organ

In the chapel in the moonlight

While we're strolling down the aisle

Where roses ent*wine*

Strophe 2

How I'd love to hear you whisper

In the chapel in the moonlight

That the *lovelight* in your eyes

Forever will *shine*

Bridge

Till the roses turn to ashes

Till the organ turns to rust

If you never come, I'll still be there

Till the *moonlight* turns to *dust*

Strophe 3

How I love to hear the choir

In the chapel in the moonlight

As they sing »Oh Promise Me«

Forever be mine

Words and Music by Billy Hill, 1936 Shapiro, Bernstein & Co., Inc. New York Copyright Renewed/International Copyright Secured/All rights reserved/Used by permission

Achten Sie darauf, wie die Worte *lovelight* und *moonlight* eingesetzt werden, aber auch auf die Technik, aufeinanderfolgende Strophen oder Verszeilen mit dem gleichen Wort zu beginnen: *How I'd love to hear …* (1) *the organ,* (2) *you whisper,* (3) *the choir … in the chapel in the moonlight.* Es ist ein Bild, das hier gemalt wird: Mondlicht, der Chor, die Stille. Dann kommt die Bridge und sorgt für das Gegengewicht: Rost (*rust*) und Staub (*dust*). Ein Reimschema existiert in diesen Strophen nicht; es sind die Wiederholung von Verszeilen sowie die Kreuzstrophe und die strophenübergreifenden Endreime, die das ganze Ding zusammenhalten: *entwine, shine* und *mine.* Was für eine perfekt runde Perle dieser Song doch ist – kein Wunder, dass er 1954 auf Platz 5 der Charts landete und sich vier Monate lang in den Hitlisten hielt.

Reim'n oder nicht reim'n – das ist hier die Frage

Mehr noch: Sie sind es, der Sie beantworten muss! Die Anwendung des Reims in Pop-, Rock-, Country- und R-&-B-Songs hat sich seit den 1960er-Jahren sehr verändert, wobei in vielen Fällen dem Reim immer weniger Bedeutung zukommt. Zur Verzierung eines Textes greift man heutzutage immer öfter auf unreine Reime zurück, geht also gewissermaßen den gleichen Weg wie die Lyrik zu Beginn des 20. Jahrhunderts, als die freie Versform sich immer mehr durchsetzte.

Songs mit nur wenigen Reimen

Raten Sie mal – wie viele Reime enthält Ihrer Schätzung nach der bekannte Paul-Simon-Song »Bridge Over Troubled Water«? Sie werden staunen – nur einen einzigen! Ein weiterer

Beweis dafür, dass es tausend Möglichkeiten gibt, sich der Reimtechnik zu bedienen. Oder sehen Sie sich ein ähnliches Beispiel an – nämlich »Wild-Eyed Southern Boys« (geschrieben von Jim Peterik; gesungen von .38 Special). Auch hier reimen sich nur ganz wenige Worte:

Strophe 1

It's a hot night at the juke joint

And the bands pumpin rhythm and *blues*

Gonna spill a little rock and roll blood tonight

Gonna make some front page *news*

Pre-Chorus

And the ladies hate the violence

Still they never seem to look away

Cause they love those

Refrain

Wild-eyed southern boys

Wild-eyed boys

Wild-eyed southern boys

Strophe 2

It's a southern point of honor

You got a get right in on the act

You can hear the outlaws holler

Fightin' for the lady in black

Pre-Chorus

And she's just one in a million

But she's all I need tonight

Cause she loves those

Refrain

Wild-eyed southern boys

Wild-eyed boys

Wild-eyed southern boys

Ein weiterer Song, dessen Text kaum ein Reimschema aufweist, ist »Happy Endings« von Jason Mraz. Es kommen zwar einige wenige Reime vor, aber die sind sehr schwer zu erkennen – *feet, weak, …* und *anyway, grey,* das etwas leichter zu entdecken ist. Auch hier sieht man, dass ein weitgehender Verzicht auf Reime einem Song in keiner Weise schaden muss:

You are naked

Standing at the other end of this

Poison arrow

I am William Tell

And you are the girl with the golden apple

And you are hungry to be swept off your *feet*

You wanna do this out in the open

But my aim is often *weak*

And you fear my shoulders sloping

Your split ends will end up falling *anyway*

Before the weight of the apple world

Gets to turn them all *grey*

And your eyes they need

Calming down

© Goo Eyed Music ASCAP

Hier gleich noch ein paar Hitsongs, in denen die Reime eher dünn gesät sind:

✔ »Let's Make Love«, geschrieben von Chris Lindsey, Marv Green, Bill Luther und Almec Mayo; gesungen von Faith Hill und Tim McGraw

✔ »Shape Of My Heart«, geschrieben von Max Martin, Rami Yacoub und Lisa Miskovsky; gesungen von den Backstreet Boys

✔ »White Flag«, geschrieben von Dido Armstrong, Rollo Armstrong und Rick Nowels; gesungen von Dido

✔ »You Don't Have to Cry«, geschrieben von Stephen Stills und Gold Hill; gesungen von Crosby, Stills, and Nash

Dies und das

Beim Songwriting gibt es eine Reihe von Regeln, die man ganz bewusst (und ohne jegliche Schuldgefühle) brechen kann – doch denken Sie immer daran, was Shakespeare sagte: »Deinem eig'nen Lied sei treu.« (War doch Shakespeare, oder?) Hier ein Beispiel für einen

Songtext, in dem fast jeder Aspekt zum Thema Reimen, den wir in diesem Kapitel untersucht haben, Beachtung findet. Wenn Sie sich »Roses For No Reason« von Jim Peterik und Lisa McClowry genau ansehen, bekommen Sie einen guten Eindruck davon, was Reime auch für Sie leisten können:

Strophe 1

Lying on my bed, overtired, uninspired

Paging through a book of far off islands

Wondering who I am

Where I belong

I search for songs

To soothe my soul

And help me find the inner silence

Pre-Chorus

Then just when I'm about to give up hope

When nothing in this world

Can help me cope

Refrain

He brings me roses for no reason

Orchids out of season

Love right to my door

And he sends me

Where no one dares to travel

I'm taken by the man who comes to call – with roses for no reason at all

Strophe 2

I wonder if he knows

To what degree he means to me

Sometimes I'm overtaken

By emotion

And what I thought was love

Is so much more – I know for sure

Never has there been a sweeter potion

Pre-Chorus

I'm just about to call this night a day

When I hear the knock

That takes my breath away

Refrain

He brings me roses for no reason

Orchids out of season

Love right to my door

And he takes me where no one dares to travel

I've finally found the softest place

To fall – and roses for no reason at all

Bridge

A gift without occasion

The taste of sweet persuasion

A celebration of just being alive

A love without condition

My whispered premonition

These roses could be just the start

Of sharing secrets heart to heart

Of special moments just like these

Until the end of time.

© *Jim Peterik – Lisa McClowry. Jim Peterik Music – Bicycle Music ASCAP*

Übung macht den Meister

Es folgt eine Übung, bei der Sie das Reimschema von zehn Ihrer Lieblingssongs untersuchen, indem Sie jeden davon Zeile für Zeile abschreiben und sich darüber Gedanken machen, welche Methode angewandt wurde. Als Erstes werden Sie die unterschiedlichen Muster der einzelnen Reimschemata erkennen, ebenso wie die Tricks, auf die viele Songautoren zurückgreifen, damit der Text, in den sie ihre Geschichte kleiden, auch wirklich gut klingt. Und dann nehmen Sie sich bitte einen Song vor, an dem Sie gerade arbeiten und prüfen Sie, inwieweit Sie ihn noch verbessern können, indem Sie mehr reine Reime, Reimvariationen, Binnenreime und unähnlich klingende Vokallaute einbauen. Gerade am Ende eines Stückes sollten diese Techniken dem Song zu mehr Profil verhelfen und die Aufmerksamkeit des Hörers fesseln.

Schritt drei: Suchen Sie sich erneut einen Ihrer Lieblingssongs aus und notieren Sie sich alle Reimtechniken, die Sie darin vorfinden: Binnenreime (sowohl innerhalb der Verszeilen als auch zeilenübergreifend), reine und unreine Reime und auch solche Fälle, in denen die Aussprache des Sängers sich auf den RQ (Reimquotienten) auswirkt. Sind sie glaubwürdig, fördern sie den Dialog zwischen Hörer und Musiker – oder sind sie einfach nur rührselig-kitschig? Danach werfen Sie einen Blick auf Ihre eigenen fertigen oder noch in Arbeit befindlichen Songs, um die Funktionsweise dessen zu erkennen, was Sie vermutlich aus purem Instinkt zustande gebracht haben. Und auch diesmal denken Sie bitte darüber nach, wie der Text mittels weiterer Binnenreime oder auffälligerer Reimpaare noch gefälliger fürs Ohr werden kann.

Achten Sie auf die wirksamen Reimmethoden, die Songschreiber anwenden, um sich die Aufmerksamkeit des Zuhörers zu sichern, und wie gelungene Reimtechniken dafür sorgen, dass der Text sich dem Gedächtnis besser einprägt. Sehen Sie sich aber auch solche Songs an, bei denen selbst das beste Reimschema nichts mehr retten konnte, und lernen Sie daraus, wie Sie es mit Ihren eigenen Texten *nicht* anstellen sollten.

Schreiben Sie Musik, die man nie wieder vergisst!

Klar – wenn Sie gerade auf dem Dancefloor »die Sau rauslassen« oder sich Musik beim Autofahren reinziehen, analysieren Sie natürlich nicht auch noch gleichzeitig, was Sie hören, oder beschäftigen sich damit, welche Elemente einen Song so ausdrucksstark machen. Da Sie als Songwriter aber gerade solche Dinge wissen müssen, zeigen wir Ihnen in den nächsten Kapiteln, was es eigentlich ist, das ein Stück so mit unwiderstehlichem Zauber erfüllt. Keine Angst – die Antwort ist nicht halb so knifflig wie die auf Gilbert O'Sullivans berühmte Frage »What's in a kiss?« Wenn Sie ein wenig darüber Bescheid wissen, wie Rhythmus, Melodie und Akkorde zusammenwirken, damit ein Song so richtig »abhebt«, sind Sie auf dem besten Weg. Und damit das Komponieren nicht zur zeitraubenden Plackerei ausartet, verraten wir Ihnen auch ein paar Rezepte, mit denen Sie jede Menge Zeit, Energie und Aufwand sparen können.

Kapitel 8

Herzschlag der Musik – der Rhythmus

st Ihnen eigentlich schon mal aufgefallen, dass bestimmte Songs aus einer Art von »tanzenden Worten« bestehen, die sich leichtfüßig über das Parkett der Melodie bewegen? Oder wie Sie beim Fahren auf der Autobahn automatisch einen Zahn zulegen, wenn bei einem Song, dem Sie gerade lauschen, der Refrain kommt? Kein Zweifel – einige der größten Songs der Musikgeschichte verfügen über einen Wortrhythmus, gegen den man als Hörer einfach nicht ankommt. Denken Sie bloß mal an »Hot town, summer in the city, back of my neck gettin' dirty and gritty« (»Summer in the City«, geschrieben von John Sebastian, Steve Boone und Mark Sebastian; gesungen von The Lovin' Spoonful) oder »Sir or madame won't you read my book, it took me years to write, won't you take a look« (»Paperback Writer«, geschrieben von John Lennon und Paul McCartney; gesungen von den Beatles)!

Und dann hat ein Song natürlich nicht nur einen Text-, sondern auch einen Musikrhythmus. Früher, als es noch kein Telefon und keine Autos gab, wurden Botschaften von einem Dorf ans nächste übermittelt, indem man sie in ein bestimmtes Trommelschema kleidete – die Trommel als Informationsträger sozusagen. Und auch heute ist es der beharrliche Herzschlag (Drums, Loops und Percussion-Effekte) des Songrhythmus, der eine emotionale Botschaft an den Hörer weitergibt. Egal, ob im Offbeat-Stil der Reggaemusik oder mithilfe des verzwickten rhythmischen Wechselspiels afrikanischer Musik – jeder Song klingt interessanter und hat mehr Würze, wenn er gespickt ist mit sogenannten *Grooves* (unterschiedlichen Rhythmus-Patterns).

In diesem Kapitel wollen wir untersuchen, wie bestimmte Wortkadenzen, bestimmte Metren der musikalischen Phrasierung und der zugrunde liegende Schlagzeug-Groove den Rhythmus zum lebenswichtigen Herzschlag Ihres Songs machen. Wir beginnen dabei mit ganz einfachen Grundmustern, an denen Sie sich beim Schreiben Ihres Stücks orientieren können.

Der Rhythmus der Worte

Es gibt natürlich Ausnahmen (auch »Schlaftabletten« genannt) – aber die meisten Menschen heben und senken ihre Stimme beim Sprechen, um ihren Worten mehr Ausdruck zu verleihen. Nur deswegen macht es uns Spaß, miteinander zu kommunizieren. Vor Gesprächspartnern jedoch, die von ihrem monotonen Einerlei nicht ablassen wollen, ergreifen wir schnellstmöglich die Flucht. Und was beim Sprechen gilt, gilt auch für die Musik. Worte verfügen ja bereits über Rhythmus oder Groove, bevor man sie mit Musik verbindet; er ist das, was übrigbliebe, wenn man die eigentlichen Wörter durch Nonsenssilben wie Ra-ba-ba oder Tu-ta-ta-ti ersetzen würde. Und Songtexte haben im Vergleich zum gesprochenen Wort nun mal den Vorteil, dass sich der Rhythmus der Musik hinzugesellt; so lässt sich mit ihnen noch viel mehr Gehalt an den Hörer vermitteln.

Betonte und unbetonte Silben

Wenn man innerhalb eines Satzes mit der Stimme raufgeht, spricht man von einer *betonten Silbe*. Geht man hingegen mit der Stimme runter, haben Sie es mit einer *unbetonten Silbe* zu tun. Achten Sie bei den folgenden Textzeilen einmal auf die natürlichen Hebungen und Senkungen im Sprechmuster. (Betonte Silben wurden in Großbuchstaben gedruckt.)

MAry HAD a LITTle LAMB

Wenn Sie den Satz sprechen, merken Sie selbst, wie Ihre Stimme an den betonten Stellen nach oben geht, an den unbetonten Stellen wieder nach unten. Die Zeile besteht aus sieben Silben mit vier Betonungen.

Passend zu dieser Verszeile, sowohl was die Anzahl der Betonungen als auch die der Silben betrifft, folgt nun eine zweite Zeile, die dem gleichen Muster folgt:

Its FLEECE was WHITE as SNOW

Das bekannte englische Lied geht dann wie folgt weiter:

And EVEryWHERE that MAry WENT

The LAMB was SURE to GO

Wie Mary überhaupt zu diesem Lamm gekommen ist und warum es ihr eigentlich überallhin folgte, hat zwar über die Jahre zu hitzigen Debatten geführt, soll uns aber hier nicht weiter interessieren.

Sie sehen: Sowohl Zeile 1 und 3 als auch Zeile 2 und 4 stimmen rhythmisch überein. Bestimmt ist Ihnen aber auch aufgefallen, dass Zeile 1 nur aus sieben, Zeile 3 jedoch aus acht Silben besteht. Wie kann man dann von einer Übereinstimmung sprechen, werden Sie sich fragen. Ganz einfach: Der ersten Zeile fehlt jene erste unbetonte Silbe, wie Zeile 3 sie aufweist (das »And«); sie fängt unmittelbar mit »MA« an. Unbetonte Silben am Anfang einer Verszeile haben auf das Metrum der betreffenden Zeile keinen Einfluss.

Dieses Schema (vier Zeilen mit vier Betonungen in Zeile 1 und 3 sowie drei Betonungen in Zeile 2 und 4) nennt man übrigens *Vagantenstrophe*. Sie taucht besonders oft in Hymnen auf – wie zum Beispiel in John Newtons weltweit bekanntem »Amazing Grace«:

aMAzing GRACE, how SWEET the SOUND

That SAVED a WRETCH like ME

i ONCE was LOST, but NOW I'm FOUND

was BLIND but NOW i SEE.

Kommen wir nun zu einem moderneren Beispiel – zu dem Song »Alcohol« von den Barenaked Ladies (geschrieben von Stephen Page und Stephen Duffy). Die betonten und unbetonten Silben verteilen sich dort wie folgt:

ALcoHOL, my PERmaNENT asCESsory

ALcoHOL, a PARty-TIME neCESsity

ALcoHOL, alternative to FEELing like yourself

O ALcoHOL, i STILL DRINK TO YOUR HEALTH

© 1998 WB Music Corp. and Treat Baker Music. All rights administered by WB Music Corp. All rights reserved. Used by permission. Warner Bros. Publications U.S. Inc., Miami, FL 33014

Hicks! Oder geht's Ihnen grad anders? Schon der Rhythmus des Songs, das permanente Auf und Ab der betonten und unbetonten Silbenmacht beschwipst – auch ohne Musik!

Bevor Sie sich ans Schreiben eines Textes machen, sollten Sie erst einmal den Rhythmus in seiner Grundstruktur ermitteln – das können Sie mithilfe eines Dummy-Textes tun (was das genau ist, steht in Kapitel 1) oder einfach, indem Sie die einzelnen Zeilen mit sinnlosen Silben füllen (»Ra-tum-ra-taaa-ra-tum-ti-tum«). Hauptsache, Sie haben eine Möglichkeit, den Beat erst mal festzuhalten! Zur Übung sollten Sie sich den Text von jemand anderem hernehmen und ihn auf ein solches Ra-tum-Muster reduzieren, dann haben Sie die Rohstruktur. Oder Sie greifen auf die Holterdiepolter-Methode zurück (dazu können Sie zum Beispiel Fantasieworte wählen oder Worte, die genau den Rhythmus haben, den Sie brauchen). Aus einem »Holterdiepolter-und-Schwarzbrot-mit-Quark« wird dann vielleicht »Ännchen von Tharau ist's, die mir gefällt« – wer weiß? Auch der Titel des Beatles-Songs »Yesterday« stand nicht von vornherein fest – Paul McCartney sang behelfsweise erst mal »Scrambled Eggs«, was den gleichen Rhythmus hat. (Daher auch die Bezeichnung »Scrambled Eggs«-Methode, und »Scrambled Eggs« – für alle, die es nicht wissen – bedeutet so viel wie »Rührei«.)

Wenn die Leute vom Rhythmus eines Popsongs reden, meinen sie normalerweise den Beat – also den überaus zuverlässigen Pulsschlag, der die treibende Kraft beim Tanzen ist. Aber das ist nur ein Teil davon. Der Rhythmus kann ebenso dazu dienen, die Melodie interessanter zu gestalten oder mehr Nachdruck auf bestimmte Aspekte des Textes zu legen: Wenn zum Beispiel Anita in der West Side Story singt »I like to be in America«, bedient sich der Komponist Stephen Sondheim des Rhythmus, um das Wort »A-me-ri-ca« von der restlichen Aussage abzutrennen und ihm gewissermaßen eine Sonderstellung einzuräumen. Ein kreativer

Rhythmus – das bedeutet im Grunde eine Kombination aus vorhersagbaren und nicht vorhersagbaren Betonungen, die auf kunstvolle Weise zusammengefügt werden. Ich mag Songs, die einen auf verlässliche Weise geradeaus die Straße entlangführen – und auf einmal, hoppla, nach links abbiegen, nur um sogleich wieder auf den vertrauten Weg zurückzufinden. Der große Meister auf diesem Gebiet ist natürlich Burt Bacharach, deshalb gehören er und Stephen Sondheim für mich auch zu den großartigsten Popkomponisten unserer Zeit. Seine Art, mit Rhythmus umzugehen, ist einfach unnachahmlich. Nehmen wir doch seine Textzeile »The moment I wake up, before I put on my make-up ...« aus dem Song »I Say a Little Prayer For You«: Da legt er Hal Davids wundervollem Text ein verlässliches 4/4-Muster zugrunde, um bei den Worten »on my« kurz in den 2/4-Takt umzuschwenken! Etwas, womit kein Mensch rechnet, das aber sofort aufhorchen lässt, da Bacharach in den ersten Zeilen an der vertrauten Spur festhält und auch wieder zum 4/4-Takt zurückkehrt. So lässt sich sagen, dass der Rhythmus nicht nur den Groove eines Songs bestimmt, sondern wer ihn perfekt beherrscht, kann aus einem Song das reinste Abenteuer machen.

David Pomeranz, Gewinner zahlreicher Platin-Schallplatten sowie der Songwriter von Hits wie »Trying to Get the Feeling Again« und »It's in Every One of Us«

Wenden wir uns jetzt einmal dem Sprechmuster des Nummer-1-Klassikers »Sister Christian« zu, geschrieben von dem Drummer/Sänger Kelly Keagy, gespielt von Night Ranger, und achten Sie dabei auf die Hebungen und Senkungen:

SISter CHRIStian, oh the TIME has COME

And you KNOW that you're the ONE to SAY oKAY.

WHERE you GOin' what you LOOKin' FOR

You KNOW those BOYS don't wanna PLAY NO MORE with YOU it's TRUE.

Ich habe »Sister Christian« im Laufe meiner Karriere bestimmt tausende Male gespielt, und trotzdem war es für mich immer wie das erste Mal. Zum Teil singe ich es deswegen so gern, weil es auf persönlichen Erfahrungen beruht, zum anderen wegen des streitlustigen Tonfalls der Strophen. Die Worte werden so betont, als würde ich mich direkt mit dem Publikum unterhalten.

Kelly Keagy, Gründungsmitglied, Drummer und Sänger der Rockband Night Ranger

Die Kraft eines Songs kann sich auch auf eine Abfolge langer, gleichmäßig betonter Worte stützen, bei denen auf jedes Wort der gleiche Nachdruck gelegt wird.

Bei vielen Songs, die ich schreibe, wechselt das Muster des Textrhythmus von Abschnitt zu Abschnitt. Auch so kann man einen Song mit Dynamik erfüllen. Allerdings strebe ich danach, miteinander korrespondierende Abschnitte in puncto Betonung und Silbenlänge möglichst identisch zu gestalten.

Jim Peterik, Musiker, Songwriter und Multi-Instrumentalist für die Bands Ides of March und Survivor, außerdem Hitschreiber für .38 Special, Sammy Hagar und andere

Silbenlänge

Ein weiterer Parameter, der sich neben betonten und unbetonten Silben auf den Rhythmus der Worte auswirkt, ist die Länge der Silben selbst. Wenn auf kurze und rasche Silben lange und langsame Worte und Silben folgen, entsteht zusätzliche Dynamik, das Ohr wird wacher, und der Song klingt interessanter.

Ein gutes Beispiel für Variationen der Silbenlänge sind die Verszeilen »We really NEED TO see this through« und »We never WANTED to be abused« aus dem Song »Anthem Part II« von Blink 182.

Achten Sie auf die raschen Auftaktnoten (das sind die unbetonten Noten, die noch vor dem ersten Taktschlag, dem Downbeat kommen – mehr dazu später in diesem Kapitel) von »We really« und auf den Kontrast, den sie zu der langen Phrase »need to« bilden, dann auf »see this through« (mittleres Tempo, jedes Wort entspricht einem Taktschlag), das lange »wanted« und das wiederum mittelschnelle »be abused«.

Sehen Sie sich nun den klassischen Motown-Hit »My Girl« an (geschrieben von Smokey Robinson und Ronald White; gespielt von den Temptations). Deutlich erkennbar ist der wirkungsvolle Einsatz langer und kurzer Silben. Wenn man etwas von den Techniken der Textmetrik versteht, fallen einem plötzlich Dinge auf, die zuvor ganz selbstverständlich erschienen.

I've got SUNSHINE on a cloudy day

When it's COLD OUTSIDE

I'VE got the month of May

Pre-Chorus

I GUESS YOU SAY

WHAT can MAKE me FEEL this WAY

MY Girl, talkin 'bout MY GIRL

Words and Music by William »Smokey« Robinson and Ronald White. © 1964, 1972, 1973 (Renewed 1992, 2000, 2001), 1977 Jobete Music Co., Inc./All rights controlled and administered by EMI April Music. Inc./All rights reserved/International Copyright Secured/Used by Permission

Beachten Sie, wie das Wort *sunshine* in die Länge gezogen wird, um das ihm innewohnende prickelnde Feeling aufzufangen. Achten Sie ferner auf die langen, gleichmäßig betonten Silben (ein Rhythmus, den man *Spondeus* nennt) im Pre-Chorus, die ein Gefühl der Entspannung und Seelenruhe erzeugen (»I guess you say«). Wenn dann der Hook kommt, wechselt der Wortrhythmus über zu den raschen, schwungvollen Viertelnoten von »My Girl« (und dem wundervollen Background-Gesangsecho »My Girl, My Girl«), um dem Hörer den Titel des Songs unmissverständlich klarzumachen.

Ein Blick auf das Metrum

So wichtig der Rhythmus der Worte auch ist – er wäre gar nichts ohne das Metrum (die Taktart) der Musik im Hintergrund. Das *Metrum* verrät uns, wie die Taktschläge (Beats) innerhalb eines Taktes organisiert sind. Ein *Taktschlag* ist der regelmäßige, immer wiederkehrende Pulsschlag, der das *Tempo* des Songs bestimmt, also die Geschwindigkeit. Gemessen wird in bpm (beats per minute = Taktschläge pro Minute). (Ganz penible Musikwissenschaftler würden uns jetzt belehren, dass Metrum und Taktart nicht in allen Fällen genau das Gleiche bezeichnen – und damit nur Verwirrung stiften anstelle von Klarheit. Vergessen wir's also.) Und was ist nun eigentlich der *Takt* als solcher? Es ist eine Einheit innerhalb eines Songs, die aus einer gewissen Anzahl von Beats besteht. Auf Notenblättern erkennen Sie an den senkrechten Strichen, wo ein Takt aufhört und ein neuer beginnt.

Aber selbst die Momente, in denen es still bleibt, tragen zum Pulsschlag eines Songs oder Musikstücks bei. Wo man Musik mit Worten verbindet, ist der Rhythmus ein unverzichtbares einigendes Element. Beim Erschaffen von Melodien und Harmonien wirkt sich die Kraft des Rhythmus ganz vehement auf das Endergebnis aus. Die Anwendung musikalischer Metren und Wortrhythmen gehört also zu den wichtigsten Facetten des Songwritings.

Die Beats im Takt sind die Nüsse in der Schokolade

Die gängigste Struktur zur Verteilung von Taktschlägen ist: vier Beats pro Takt, acht Takte pro Abschnitt. Besteht ein Takt aus vier Taktschlägen, spricht man von einem *Viervierteltakt* (4/4-Takt). Von diesen vier Taktschlägen sind der erste und der dritte die stärksten; sie bekommen in der Regel entsprechenden Nachdruck durch ein betontes Wort aus dem Songtext (in diesem Fall spricht man von *Onbeat*). Der zweite und der vierte Taktschlag sind schwach und werden normalerweise durch ein unbetontes Wort besetzt (in diesem Fall spricht man von *Offbeat*).

Woran erkennt man nun einen Song im Viervierteltakt? Ganz einfach daran, dass jeder einzelne Takt aus vier Beats, also vier Taktschlägen, besteht, wobei ein solcher Beat jeweils einer Viertelnote entspricht. Ein Song im *Zweivierteltakt* (2/4-Takt) enthält pro Takt zwei Taktschläge, wobei ebenfalls jeder Beat einer Viertelnote entspricht. Ein Stück im Dreivierteltakt (3/4-Takt, dem bekannten *Walzer*) besteht aus drei Schlägen pro Takt mit wiederum einer Viertelnote pro Beat.

Jeder musikalische Takt enthält Noten von unterschiedlichem Notenwert. Eine ganze Note zum Beispiel entspricht beim 4/4-Takt vier Taktschlägen, füllt also den gesamten Takt, eine halbe Note entspricht zwei Taktschlägen (also der Hälfte des Taktes) und eine Viertelnote einem Taktschlag (einem Viertel des Taktes). Eine Viertelnote lässt sich wiederum unterteilen in zwei Achtelnoten (die jeweils doppelt so schnell wie eine Viertelnote erklingen), vier Sechzehntelnoten (doppelt so schnell wie eine Achtelnote) sowie acht Zweiunddreißigstelnoten (erraten – jede davon doppelt so schnell wie eine Sechzehntelnote). Diese Variation von Notenwerten ist es, die einer Melodie zu ihrer rhythmischen Bewegung verhilft.

Die Noten

Musikalische Metren stützen sich auf ein System von Noten mit unterschiedlichen Längenwerten:

✔ **Eine ganze Note** ist vier Taktschläge lang. Beim Viervierteltakt umfasst sie einen gesamten Takt.

✔ **Eine halbe Note** ist zwei Taktschläge lang. Im Viervierteltakt kann ein Takt nicht mehr als zwei halbe Noten enthalten.

✔ **Eine Viertelnote** ist einen Taktschlag lang. Im Viervierteltakt kann ein Takt nicht mehr als vier Viertelnoten enthalten.

✔ **Eine Achtelnote** ist einen halben Taktschlag lang. Im Viervierteltakt kann ein Takt nicht mehr als acht Achtelnoten enthalten.

✔ **Eine Sechzehntelnote** ist einen Vierteltaktschlag lang. Im Viervierteltakt kann ein Takt nicht mehr als 16 Sechzehntelnoten enthalten.

Außerdem gibt es auch punktierte Noten. Wenn hinter einer Note ein Punkt steht, erhöht sich der Wert (also die Länge) der betreffenden Note um 50 Prozent. Steht ein solcher Punkt also zum Beispiel hinter einer normalen halben Note, so müssen Sie die Länge einer Viertelnote hinzuzählen, sodass sich insgesamt der Wert von drei Viertelnoten (drei Taktschlägen oder Beats) ergibt.

Wenn kein Ton erklingen soll, verwendet man anstelle einer Note eine sogenannte *Pause*. Pausenzeichen sehen ein wenig seltsam aus (Sie finden sie unten in unserer Abbildung). Jedes von ihnen entspricht in seiner Länge einem bestimmten Notenwert, sodass es also ganze Pausen, halbe Pausen, Viertelpausen und so weiter gibt. Genau wie Noten lassen sich übrigens auch Pausen punktieren, um ihren Wert um die Hälfte zu erhöhen. Erscheint in der Notation eines Musikstückes ein Pausenzeichen, so heißt das, dass während der Dauer dieses Zeichens kein Ton zu hören ist.

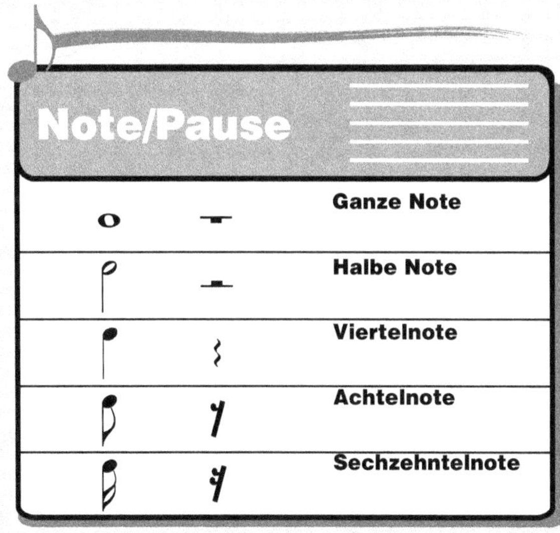

Manchmal suche ich mir, bevor ich einen Song schreibe, ein Rhythmusschema aus, an dem ich mich orientiere. Vielleicht bin ich gerade in einer sanften Stimmung – dann wähle ich ein Walzertempo (also ein Stück im ¾-Takt, mit drei Beats pro Takt und mit dem Backbeat auf der zweiten Zählzeit) oder eine Variation wie in dem Song »Go Now« (geschrieben von Larry Banks und Milton Bennett; gesungen von den Moody Blues), bei dem der Backbeat auf der dritten Zählzeit liegt. Vielleicht werkel ich auch an einem Song im 6/8-Takt herum, mit sechs Zählzeiten pro Takt, bei dem der Backbeat entweder auf die zweite oder vierte Zählzeit fällt – wie in »Take It To The Limit« (geschrieben von Glenn Frey, Don Henley und Randy Meisner; gespielt von den Eagles). Oder, falls ich rocken oder eine große Popballade schreiben will, bleibe ich normalerweise beim 4/4-Takt (mit den guten alten vier Beats pro Takt und dem Backbeat auf der zweiten Zählzeit) und spiele nur ein wenig mit den BPMs (beats per minute) herum, die das Spieltempo bestimmen (120 BPM sind dabei am verbreitetsten – die Durchschnittsgeschwindigkeit eines erregten Herzschlags), und probiere vielleicht verschiedene Rhythmus-Patterns aus. Wenn man bei einem 4/4-Takt die Betonung ändert, kann aus einem »Samba Cool«-Feeling von Burt Bacharach rasch ein Jungle Overdrive à la Bo Diddley werden oder irgendwas dazwischen. Beim 4/4-Takt experimentiere ich auch gern mit dem »Shuffle«-Feeling, das durch die frühen Bluesinterpreten bekannt wurde. Moderne Verkörperungen dieses Feelings wären Songs wie »Everybody Wants To Rule The World« (geschrieben von Chris Hughes, Roland Orzabal und Ian Stanley; gespielt von Tears for Fears) oder »Revolution« (geschrieben von John Lennon und Paul McCartney, gespielt von den Beatles). Manchmal ist es der Beat, der dich genau in die Richtung führt, die du für deinen neuen Song brauchst.«

Jim Peterik, Songwriter von 18 Top-Ten-Hits der Billboard

Wie man mit Noten im 4/4-Takt umgeht

Sehen Sie sich nun an, wie man Noten und Pausen benutzt, um Musik so aufs Notenblatt zu bannen, dass ihr Rhythmus hervortritt. In Abbildung 8.1 stoßen Sie auf sieben Takte im 4/4-Takt:

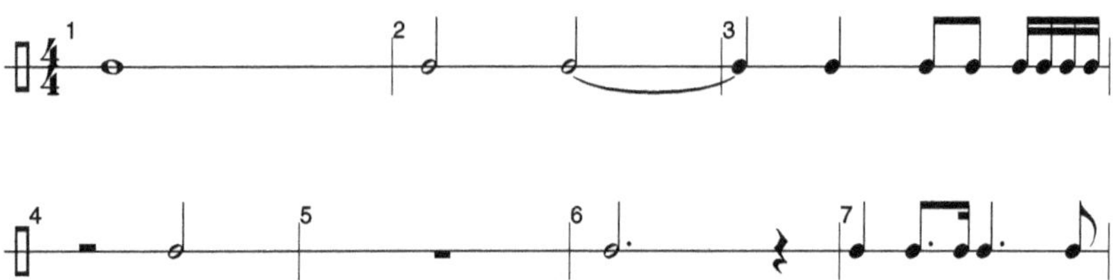

Abbildung 8.1: So geht man mit Noten und Pausen im 4/4-Takt um.

Ganz vorn sehen Sie die »Taktvorgabe« (4/4) – in unserem Fall sind das also vier Schläge pro Takt, wobei jeder Schlag einer Viertelnote entspricht. Im ersten Takt finden Sie nur eine einzige Note, und zwar eine ganze Note, die vier Taktschläge lang dauert (also den gesamten Takt ausfüllt). Im zweiten Takt sind es zwei halbe Noten, von denen jede zwei Taktschläge umfasst. Die zweite Note jedoch ist durch einen sogenannten *Haltebogen* mit der ersten Viertelnote in Takt 3 verbunden – was bedeutet, dass beide Noten wie eine einzige behandelt werden, die in diesem Fall drei Taktschläge lang dauert.

In Takt 3 sehen wir, dass zwei Viertelnoten (die erste davon ist mit der halben Note im vorangegangenen Takt verbunden) gefolgt werden von zwei Achtelnoten und diese wiederum von vier Sechzehntelnoten. Die Viertelnoten entsprechen dabei jeweils dem Wert eines Taktschlags, die Achtelnoten dem eines halben Taktschlags und die Sechzehntelnoten dem eines Vierteltaktschlags, sodass sie alle vier zusammen *einen* Beat ergeben, der auf die vierte Zählzeit des Taktes fällt.

Dann sehen Sie sich Takt 4 an. Hier stoßen Sie erstmals auf ein Pausenzeichen, und zwar das für eine halbe Pause, und in Takt 5 auf eine ganze Pause, was bedeutet, dass für die Dauer des gesamten Taktes keine Musik ertönt. Der sechste Takt enthält dann eine punktierte halbe Note. Da sie samt Punkt trotzdem nur einen Dreivierteltakt umfasst, bleibt also der Notenwert eines Taktschlags übrig, der in diesem Fall mit dem Zeichen für eine Viertelpause gefüllt wird, das heißt: Die letzte Zählzeit bleibt ohne Ton. Der siebte Takt zeigt uns (auf den *Punkt* gebracht), wie man Punkte bei Viertel- und Achtelnoten anwendet.

Vor allem in der Rockmusik wird oft sehr viel Nachdruck auf die Backbeats gelegt (also auf diejenigen Zählzeiten, die mit dem zweiten und vierten Beat zusammenfallen) – ja, es gibt sogar Produzenten, die eine ganze Woche opfern, um zu ermitteln, wie man mithilfe dieser Backbeats den ultimativen Snare-Drum-Sound erzielt. Und es zahlt sich aus: Songs wie »She Drives Me Crazy« von den Fine Young Cannibals erkennen die meisten Hörer sofort am unvergleichlichen Klang der Snare Drum (die Snare Drum ist die, die man bei einem Schlagzeug in der Mitte findet und deren lebhafter und perkussiver Sound von den feinen Drahtsträngen am Boden »lebt«). Um sich selbst ein Bild davon zu verschaffen, von welch enormer Wichtigkeit der Backbeat in der Rockmusik ist, hören Sie sich einmal den Song »Human« von den Killers an. Der erste Refrain stützt sich fast ausschließlich auf die Bass Drum (auch als Kick Drum bezeichnet), die zu jedem der vier Beats pro Takt (4/4) ertönt – bei solchen Klängen füllt sich die Tanzfläche rasch, und die Leute winden sich und beben im Takt der Musik – die Urkraft des Tanzes könnte man sagen, wie nur ein guter Backbeat sie zu Stande bringt.

Khari Parker, Sessiondrummer aus Chicago, Tourdrummer bei Boz Skaggs

Was Songwriter mit Rhythmus und Metrum so alles anstellen können

Texte, das ist uns jetzt klar, haben Betonungen und Silben. Sehen Sie sich nun an, wie Texte sich auf das Metrum eines Songs auswirken können. Zu diesem Zweck leisten wir Mary und ihrem kleinen Lamm noch einmal Gesellschaft und versuchen, den Song jetzt auf einen ¾-Takt umzuschreiben. (Sie hätten auch 4/4 oder sogar 5/4 wählen können – wobei Letzterer bei dem Song ein wenig unbeholfen klingt). In Abbildung 8.2 sehen Sie, wie Text und Rhythmus aufeinander abgestimmt werden.

Übrigens –»Mary had a little lamb« waren die ersten Worte der Musikgeschichte, denen man die Ehre erwies, sie mit einer Tonaufzeichnungsmaschine zu verewigen. 1877 sprach Thomas Edison diese »Famous Words« in seinem Labor in Menlo Park, New Jersey, in ein Aufnahmegerät.

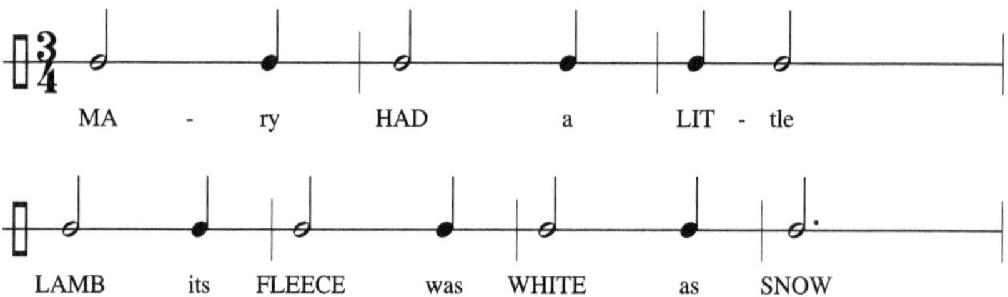

Abbildung 8.2: In diesem Beispiel wird dem Song »Mary Had a Little Lamb« ein ¾-Takt »verpasst«.

Dem aufmerksamen Leser ist sicher nicht entgangen, dass die starken Textbetonungen (zu erkennen an den Großbuchstaben) jeweils auf den ersten (und starken) Taktschlag fallen. Auf diese Weise (starke Betonung gesellt sich zu starkem Beat) wird gewissermaßen das Textmetrum mit dem Melodiemetrum »verheiratet«. Es ist der naheliegendste Weg, die beiden zusammenzuführen – auch wenn es Ausnahmen und Variationen gibt. Es handelt sich dabei nicht um eine eherne Regel, sondern mehr um eine hilfreiche Richtschnur.

In Abbildung 8.3 sehen Sie, wie eins der erfolgreichsten Texter-Komponisten-Teams mit dieser Aufgabe umgegangen ist. Es handelt sich um die ersten Takte des Songs »All The Things You Are« von Jerome Kern und Oscar Hammerstein II.

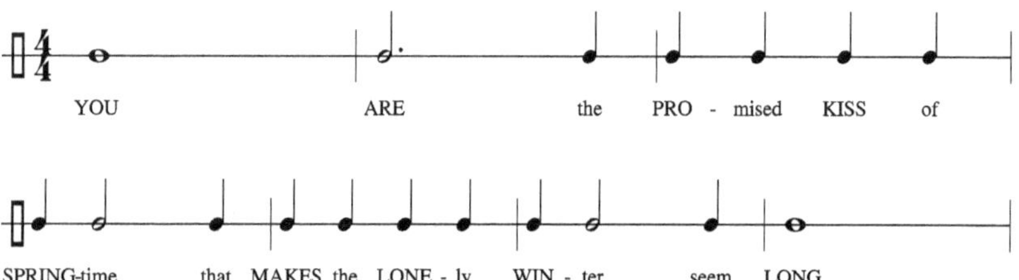

Abbildung 8.3: So lösten Kern und Hammerstein im Eröffnungsteil Ihres Songs »All the Things You Are« das Problem, aus Text- und Melodiemetrum eine Einheit zu machen.

Achten Sie als Erstes darauf, wie sämtliche starken Silben mit starken Beats (1 und 3) zusammenfallen. Da die ersten beiden Worte (*you* und *are*) beide stark betont sind, haben die Songwriter sie klugerweise auch alle beide einem starken Beat (erster Taktschlag = *Downbeat*) zugeordnet und somit hervorgehoben. Das erste Wort des Songs (*you*) hat einen angenehmen Vokalsound; es klingt deshalb besonders gut, wenn es über die Länge eines ganzen Taktes ausgedehnt wird (was man bei einem ersten Wort wie *zeke* bestimmt nicht gewagt hätte).

Songwriting mit Synkopierung

Von *Synkopierung* spricht man, wenn eine Betonung von einem starken auf einen schwachen Taktschlag verlagert wird – also wenn es zu einer Abwandlung oder Unterbrechung des gewohnten rhythmischen Ablaufs kommt. Aus irgendeinem Grund werden Synkopierungen in vielen Songbooks einfach nicht mit notiert, aber wer auf gekonnte Weise Songs schreiben will, sollte sich damit ein wenig auskennen.

Zu den ersten Synkopierungen im Bereich des Mainstreams kam es in den 1930er-Jahren bei der Swingmusik. Es wurden Arrangements geschrieben, bei denen einige der Noten entweder vor oder hinter den *Downbeat* verschoben wurden (ein modernes Beispiel für eine solche Synkopierung ist der Hook des Streicherteils in dem von Vanessa Carlton geschriebenen und gesungenen Song »1000 Miles«). Wie das funktioniert, wollen wir an einem Ausschnitt des Stücks »You Can't Take That Away From Me« (von George und Ira Gershwin) untersuchen. Wie Sie in Abbildung 8.4 sehen können, steht der Song im 4/4-Takt.

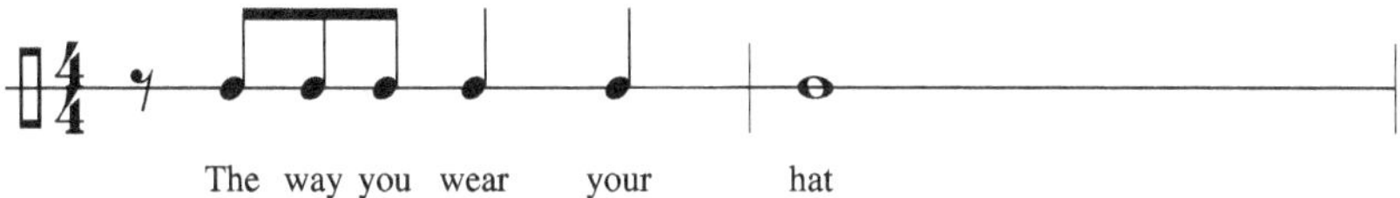

Abbildung 8.4: In dieser Passage des Songs »You Can't Take That Away From Me« fällt das betonte Wort »hat«, wie Sie sehen können, mit dem Downbeat zusammen.

Sie sehen: In Abbildung 8.4 entfällt das Wort *hat* auf den Downbeat. Und hätten die Gebrüder Gershwin es so belassen (dass also die betonte Silbe *hat* sich zum starken Taktschlag gesellt), würde alles ein wenig zu steif und förmlich für diesen Song klingen. Also haben sie es anders gemacht – und in Abbildung 8.5 sehen Sie, wie dieser Songabschnitt tatsächlich notiert und gesungen wird: Das Wort *hat* nimmt den Downbeat gewissermaßen um einen halben Taktschlag vorweg, um dann in den folgenden Takt hineinzuswingen.

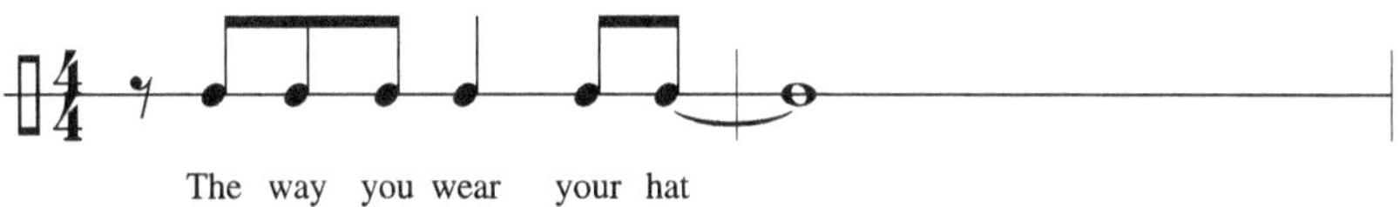

Abbildung 8.5: Die gleiche Phrase wie in Abbildung 8.4 (aus dem Song »You Can't Take That Away From Me«), diesmal jedoch so notiert, wie sie wirklich gesungen wird, nämlich mit einem synkopierten (vorgezogenem) Downbeat

Das Wort *hat* erscheint nun einen halben Taktschlag vor dem Downbeat. Diese Verschiebung einer rhythmischen Betonung verleiht dem Text zusätzlichen Ausdruck.

Das nächste Beispiel zeigt, wie John Lennon und Paul McCartney sich in ihrem Song »I'll Be Back« auf ganz ähnliche Weise einer Synkopierung bedienten (siehe Abbildung 8.6):

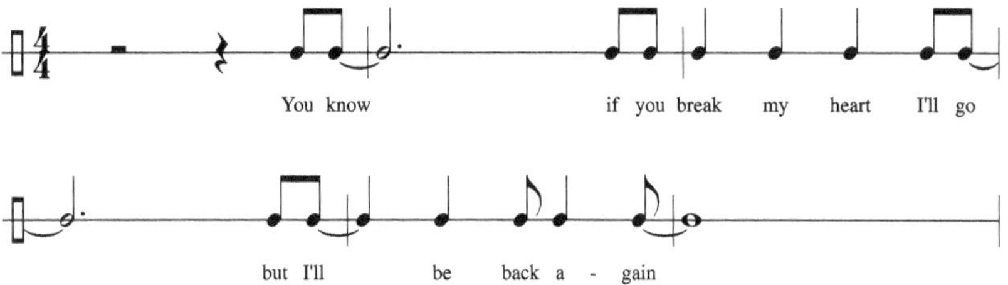

Abbildung 8.6: So arbeiteten John Lennon und Paul McCartney in ihrem Song »I'll Be Back« mit synkopierten Downbeats.

Synkopierungen sind ein standardmäßiger Bestandteil von Pop, R & B, Jazz, Country und Rock. Dabei muss es nicht immer so sein, dass ausgerechnet der Downbeat vorweggenommen wird, man kann die Worte des Textes auch fortwährend offbeat einsetzen. Sehen Sie sich dazu einen Ausschnitt aus »Genie In A Bottle« an, geschrieben von Pamela Sheyne, David Frank und Steve Kipner und gesungen von Christina Aguilera (siehe Abbildung 8.7).

Abbildung 8.7: Bei diesem Beispiel (es stammt aus dem Song »Genie In A Bottle«) wurde jeder einzelne Beat synkopiert.

Text und Musik, die verstärkend aufeinander einwirken, um interessante Rhythmen zu erschaffen – das ist eines der Markenzeichen eines guten Songs. Arbeiten Sie in Ihren Texten ruhig ebenfalls mit Synkopierungen, sodass die Silben nicht immer genau gleichzeitig mit den Beats zusammenfallen, sondern etwas vor- oder nachgezogen werden. Und untersuchen Sie in der Eröffnungszeile des (von Chris Rues und Ross Cullum geschriebenen und von Wang Chung gespielten) Songs »Dancing Hall Days« (sie lautet »Take your baby by the hand«) dahin gehend, ob die Worte und Beats genau übereinander liegen – klingt relativ langweilig, oder?

In manchen Genres – hauptsächlich beim Country und Country-Pop – neigen viele Songwriter dazu, bei analogen Songabschnitten auch auf einem gleichbleibenden Wortrhythmus zu bestehen. Ein Beispiel: Die erste Strophe eines Songs hat pro Verszeile eine bestimmte Anzahl von Silben und Betonungen – da kommt es dann häufig vor, dass die zweite Strophe diesem Schema genau »nachgebaut« wird. Eine Denkschiene, an der traditionelle Broadway-Songwriter ebenso hartnäckig festhalten wie an der ausschließlichen Benutzung reiner Reime. Ihre Theorie lautet: Wenn diese Gleichmäßigkeit gewahrt bleibt, kann erstens der Sänger das Stück viel ungekünstelter singen, zweitens prägt es sich dem Publikum leichter ein. Diese Grundregel wird in anderen Genres – wie etwa beim Soul oder Rock – nicht annähernd so streng befolgt. Die Rapmusik zum Beispiel lebt geradezu davon, ständig die Silbenbetonungen zu verlagern. Oder sehen Sie sich den Song »My Girl« von den Temptations an: Der Wortrhythmus der ersten Zeile der ersten Strophe (»I got sunshine on a cloudy day«) weicht in der ersten Zeile der *zweiten* Strophe(»I got so much honey, the bees envy me«) einem völlig anderen Rhythmus – obwohl die Akkorde und der musikalische Rhythmus gleichbleiben. Und warum macht man so etwas? Ich nehme an – und ich finde keine andere Erklärung –, weil die Neugier des Hörers auf die zweite Strophe einfach viel größer ist, wenn er nicht schon genau weiß, womit er zu rechnen hat.

Übung macht den Meister

»Feel the rhythm. Feel the ride. Get on up. It's bobsled time.« Kennen Sie ihn noch, diesen gesungenen Schlachtruf aus dem bekannten Film über ein jamaikanisches Bobschlittenteam? Die Ausnahmesportler sangen ihn, um in den richtigen Rhythmus zu kommen und auf harmonische Weise im gleichen Takt zusammenarbeiten zu können.

Ist das nicht toll, was für eine wichtige Rolle der Rhythmus selbst bei ganz alltäglichen Dingen spielt? Aus denselben Gründen ist er auch so ausschlaggebend für den »Herzschlag« eines Songs. Wie oft hat schon ein Sportler, der soeben eine Höchstleistung erzielt hatte, gesagt: »Ich hab einfach den richtigen Rhythmus gefunden.« Und das Wort »groovy« wurde vor einigen Jahren nicht grundlos als eine Art Superlativ gebraucht (sogar ein Schokoriegel durfte damals in Deutschland so schmecken). Wer oder was den richtigen »Groove« hat, ist klar im Vorteil.

Als ich noch Profitennisspieler war, hatte ich oft richtiges Herzrasen. Meine Pumpe geriet total außer Kontrolle. Um dem entgegenzuwirken, atmete ich zwischen den Punkten immer tief durch und stellte mir vor, mein Herz würde ganz langsam und gleichmäßig schlagen. Das bewahrte mich davor zu hetzen und aus dem Rhythmus zu kommen. Und wenn ich heute mit Sängern im Studio arbeite, lasse ich sie ein paar Mal an den Song herangehen, danach quatschen wir meist ein wenig und ich bitte sie, ein paar tiefe Atemzüge zu machen, sich zu entspannen und einfach den Rhythmus der Musik zu spüren. Je mehr meine Sänger mit diesem Rhythmus eins werden, umso größer stehen die Chancen, dass gleich etwas Magisches geschehen wird.

Dave Austin, Mental- und Motivationscoach, ehemaliger Weltklasse-Tennisprofi und Manager in der Schallplattenbranche

Und nun ist es auch für Sie als Songwriter an der Zeit, aus sich herauszugehen, den richtigen Groove zu finden und den Rhythmus, den Sie in sich spüren, nach außen zu verlagern. Schnappen Sie sich Ihr digitales Aufnahmegerät und halten Sie damit den grundlegenden Beat für einen Song fest – einfach, indem Sie mit den Lippen ein Schlagzeug nachahmen, also zum Beispiel: »Paa, pa pa paa, pa paa, pa pa …« Und dann singen Sie einen Dummy-Text dazu und lassen den Beat auf Ihrem Gerät den Textrhythmus bestimmen. Ist Ihnen irgendetwas Fesselndes eingefallen, das Sie zum Weiterschreiben animiert, sollten Sie sich all die tollen Passagen und Songschnipsel vornehmen, die Sie bereits zu Papier gebracht und katalogisiert haben. Picken Sie eine Idee heraus, die zum Rhythmus des Songs passt, und dann ersetzen Sie den Dummy-Text durch einen sinnvollen Text und fangen an zu erzählen. Und auch wenn man noch immer nicht weiß, weshalb das kleine Lamm der guten Mary überallhin folgte, so hat Sie vielleicht wenigstens der Rhythmus nicht mehr losgelassen.

Lernen Sie das Wie, Was und Woher von Melodien zu verstehen

Zeigen wir Ihnen, wie man eine Melodie rund und perfekt macht

Starten Sie mit Ihrem Raumschiff ins »Universum der Ideen«

Kapitel 9

Musiker als Magier der Melodien

S ie haben Ihr sauer verdientes Geld für dieses Buch hingeblättert, und vielleicht hat es sich ja bereits gelohnt und in Ihrer Seele schwirren ein paar Songs herum oder eine oder zwei Melodien geistern durch Ihr Gehirn. Dann sind Sie vermutlich als Nächstes scharf darauf, zu erfahren, wie Sie auch andere an Ihren Ideen teilhaben lassen können – indem Sie Ihre Noten zu Songs werden lassen, und zwar zu guten.

Was ist eine Melodie eigentlich genau? Das Lexikon sagt, »eine angenehme Klangfolge, eine Sequenz von einzelnen Tönen«. (Falls Sie auch den Begriff »Platin-Hit« nachzuschlagen gedenken – der steht höchstwahrscheinlich nicht drin.) Die Melodie – um es etwas weniger akademisch auszudrücken – ist das, was bei einem Song »den Ohren schmeichelt«. Es ist jene Abfolge von Noten, mit deren Hilfe der Text transportiert wird; und wenn es ein Song ohne Text ist, also ein *Instrumental*, ist es die »wunderschöne Weise«, die das Hauptinstrument spielt.

Wo kommen diese Melodien her? Hm, vielleicht schweben sie ja bereits fertig durch den Kosmos, und wenn unser Geist auf seinen nächtlichen Reisen dort vorbeikommt, braucht er sich nur eine zu pflücken und hat dann das Gefühl, die wäre in seinem Kopf »total aus dem Nichts« entstanden. Vielleicht gehören Sie ja auch zu den Leuten, die gern auf einem Instrument herumexperimentieren, bis sie auf eine Notenfolge stoßen, die sich gut anhört. Aber vielleicht arbeiten Sie auch lieber mit Papier und Bleistift, schreiben sich verschiedene Notenfolgen auf und merken erst, wenn Sie sie spielen, auf was Sie da gestoßen sind.

Egal – der eigentliche Prüfstein für eine Melodie ist, ob sie schön klingt oder nicht. Ein wichtiger Maßstab ist dabei auch die Summbarkeit (bei manchen eher Brummbarkeit) einer Notenfolge. Summt sie der Hörer, nachdem er sie gehört hat, noch eine Weile vor sich hin? Kann er sie sich überhaupt merken? Und – das ist der zweite große Maßstab – wie *lang* bleibt sie in seinem Kopf? Die Melodien, die sich so richtig festsetzen, ohne dass sie irgendwann zu nerven beginnen, sind meist recht schlicht, haben aber trotzdem etwas Spezielles an sich.

Grundlagen der Melodiegestaltung

So hieße dieser Abschnitt wahrscheinlich in einem trockenen Fachbuch; etwas verbraucherfreundlicher wäre: »Wie gehe ich vor, wenn ich eine gute Melodie schreiben will?« Schon seit Jahren versuchen Songwriter, da eine Art Erfolgsrezept zu finden. Wie klingt sie denn nun, die »Melodie d'amour«, von der so oft die Rede ist, und vor allem: Wie schreibt man selber eine?

Die Melodie ist der rote Faden, der einen Song zusammenhält. Bei einem schlecht komponierten Stück sieht man jede einzelne Nahtstelle, und es wird auch nicht lange Bestand haben. Wird es hingegen sorgfältig vernäht, so entsteht eine melodische Gesamtheit, deren einzelne Abschnitte wie nahtlos ineinander übergehen.

David Pomeranz, Songwriter für Barry Manilow (»Trying To Get the Feeling Again«) und viele andere

Melodien haben Macht über unsere Gefühle

Wenn der Rhythmus das Rückgrat eines Songs ist, die Akkorde die Muskeln und der Text das Herz, dann ist die Melodie zweifellos die Seele. Sie ist das Element, das über mehr Macht verfügt als alles andere – die Komponente eines Songs, an die man sich erinnert, lange bevor man den Text richtig verstanden oder auch lange nachdem man ihn schon wieder vergessen hat.

Wenn Sie sich zum Beispiel Christina Aguileras Latin-Album *Mi Reflejo* aus dem Jahr 2000 anhören, werden Sie feststellen, dass sie darauf sämtliche ihrer Hits in Spanisch singt. Doch egal ob Sie diese Sprache nun beherrschen oder nicht – die Musik wird Sie erreichen: über den Rhythmus, vor allem aber über die Schönheit der Melodien. Um die Gefühle zu verspüren, die in diesen Songs stecken, brauchen Sie nicht zu verstehen, was die Sängerin sagt.

Oder versuchen Sie es einmal mit einem Song des aus Portland stammenden Singer/Songwriters Geoff Byrd, bekanntlich der erste Musiker, der mithilfe des Internets zu allgemeiner Anerkennung gelangte (mehr über die Chancen, die das Internet bietet, in Kapitel 13): »When I Fall From Grace« handelt von Schuld, Selbstzweifel und falschen Entscheidungen – aber auch von Vergebung, daher die Textzeile »but the sun still shines on my face«. Der Sänger geht mit seinen falschen Entscheidungen hart und ehrlich ins Gericht, und trotzdem weiß er, dass in ihm noch Hoffnung lebt. Die wahre Brillanz der Melodie entfaltet sich, wenn es Ihnen gelingt, die Stimmung des Textes mit dem Zauber der Melodie zu verknüpfen. Bei diesem speziellen Beispiel können Sie förmlich spüren, wie in der düsteren Atmosphäre der Melodie tiefste Verzweiflung zum Ausdruck kommt, bis sie zu swingen beginnt und einer positiveren Stimmung Platz macht, in der sich Vergebung spiegelt. Das Rezept besteht darin, die Melodie mit den Gefühlen und Emotionen in Einklang zu bringen, die über die Botschaft des Songs vermittelt werden sollen.

Gänsehaut-Garantie?

Es gibt verschiedene Methoden, mit denen sich bestimmen lässt, wie gut Ihr Song da draußen angekommen ist: Wie viel wöchentliche Downloads hat er? Wie viele Interviewanfragen haben Sie bekommen, wie oft bat man Sie darum, an einem Projekt als Co-Writer mitzuwirken? Wie viele lokale Bands spielen Ihren Song in ihrem Club (und damit wollen wir die boomende Karaoke-Szene gar nicht mal mitrechnen)? Der nach wie vor beste Maßstab dafür, wie sehr Ihre Musik das Publikum in seinem Innersten berührt, ist jedoch ein fürs bloße Auge sichtbarer: die sprichwörtliche Gänsehaut. Meist verspürt man sie an einer bestimmten Stelle des Refrains, an dem Text und Melodie sich schneiden, wie zwei sich begegnende Flüsse und der Funke sich daran entzünden. Mehr oder minder rationale Erklärungen (Handelt es sich um eine galvanische Hautreaktion? Spielt einfach nur der Blutdruck verrückt? Ist es die Hand Gottes? Oder nur ein Überschuss an Koffein?) brauchen Sie nicht weiter zu interessieren. Tatsache ist: Es gibt einfach Songs, bei denen eine Gänsehaut nicht zu vermeiden ist. Man kann sie den Musikern nicht als Anweisung auf dem Notenblatt diktieren, ebenso wenig, wie man der Sonne befehlen kann, hinter den Wolken hervorzukommen. Es geschieht einfach dann, wenn die Voraussetzungen gegeben sind. Für einen Songwriter ist es eine der höchsten Auszeichnungen, wenn seiner Musik das gelingt, denn es bedeutet: Man ist beim Publikum in tiefere Schichten vorgedrungen, hat die rein musikalischen Grenzen überschritten. Es ist so etwas wie eine vertrauliche Beziehung zwischen Musiker und Hörer entstanden – ein nahezu heiliges Privileg, mit dem man höchst verantwortungsvoll umgehen sollte.

Wenn die Leute mich fragen, welches meine größte Stärke als Songwriter ist, antworte ich, dass ich ein Mann der Melodien bin. Gute Texte zu schreiben, das ist eine Kunst, die ich mir hart erarbeitet habe, mit ständigen Fortschritten. Je länger ich lebe, umso mehr Geschichten werde ich zu erzählen wissen, umso mehr Wasser wird die Mühlen in meiner Textwerkstatt antreiben. Meine Melodien aber kommen aus dem Nichts. Sie sind plötzlich einfach da. Allerdings – je mehr guten Melodien man lauscht und sich selbst als Melodienschöpfer übt, umso höher die Wahrscheinlichkeit, dass man irgendwann Wasser in Wein verwandeln kann. Einem Vogel braucht man das Singen auch nicht erst beizubringen – und so ist es auch besser, Melodien zu schreiben, als anderen zu erzählen, wie es geht.

Jim Peterik, Bühnenmusiker, Songwriter und Multi-Instrumentalist für die Bands Ides of March und Survivor, außerdem Hitschreiber für .38 Special, Sammy Hagar und andere

Die Grundbausteine einer Melodie begreifen

Analysieren Sie die Melodie eines Ihrer absoluten Lieblingshits! Wenn möglich, besorgen Sie sich auch die Notenblätter dazu und lernen Sie, die Melodie auf einem Instrument zu spielen – idealerweise einem Klavier oder einer Gitarre, da Sie hierbei am besten nachvollziehen können, wie sie sich mit den Akkorden ergänzt. Achten Sie auf die Intervalle zwischen den Noten, die Anzahl der Noten pro Takt, den *Tonumfang* (also den Abstand zwischen der höchsten und der tiefsten Note) sowie auf die Beziehung jeder der Noten zum Akkord (in der Tonart A zum Beispiel ist A der Grundton, sprich: die »tonangebende« Note des Akkords). Ändert sich die Tonart von A zu D, ist das gleiche A nunmehr die fünfte Note (Quinte) des Akkords und trägt nun zu einer völlig anderen Stimmung bei. Achten Sie ferner darauf, wie sich die Melodie zwischen den musikalischen Abschnitten hin- und herbewegt, und wie die Dur- oder Molltonleiter, auf der sie gründet, sich maßgeblich auf ihre Stimmung auswirkt.

Als Songwriter ist es Ihre Aufgabe, folgende Fähigkeiten zu entwickeln:

✔ **Ein untrügliches Gespür für Melodie:** Je mehr gelungene Songs Sie sich anhören und analysieren und je mehr Sie Ihr eigenes Gespür für Melodien mithilfe ständigen Experimentierens ausbauen, umso zuverlässiger, ja untrüglicher wird es werden.

✔ **Eine Methode zum Erschaffen von Melodien:** Das genau Richtige für Sie ist das, was bei Ihnen am besten funktioniert. Sie können einfach auf Ihrem Instrument herumklimpern, bis ein Melodiemuster hervortritt, Sie können aber auch im stillen Kämmerlein meditieren und darauf warten, dass eine Melodie *Sie* findet, oder – falls Ihnen das eher liegt – auch mitten im Chaos wunderschöne Melodien erfinden. Entdecken Sie selbst, aus welcher Quelle Sie am reichsten schöpfen können – und halten Sie sich oft dort auf.

✔ **Melodien zu speichern und sich an sie zu erinnern:** Ob Sie Ihre Melodien nun auf einem Pocket-Rekorder festhalten (oder sie, falls Sie ihn mal zu Hause liegen lassen haben, kurzum als Sprachmitteilung auf Ihr Handy bannen), ob Sie sie als Noten oder in Form von Zahlen in Ihr Notizbuch kritzeln oder gleich auf richtiges Notenpapier niederschreiben, ist egal – Hauptsache, Sie kennen überhaupt eine Methode, um ihre musikalischen Kleinode nicht verloren gehen zu lassen.

✔ **Die Fähigkeit, aus Melodien einen zusammenhängenden Song zu machen:** Je mehr Sie experimentieren und Ihre Melodien zu Musik machen (indem Sie auch den passenden Text dazu finden), ein umso besserer Songwriter wird aus Ihnen werden. Schrecken Sie nicht davor zurück, das ursprüngliche Akkordmuster in hundert verschiedenen Variationen auszuprobieren – wenn Ihnen keine davon gefällt, können Sie schließlich jederzeit zur Ausgangsversion zurückkehren. Und auch Ihr Text soll nicht gleich in Stein gemeißelt werden: Spielen Sie so lange mit den Worten herum, bis er zur Melodie passt wie angegossen.

So wie Texte und Akkordmuster haben auch die Melodien großer Songwriter ein unverwechselbares »Wasserzeichen«, das Sie sofort erkennen lässt, wessen Musik Sie da lauschen. Der Einfluss von Meistern der Melodie – wie Burt Bacharach, Paul McCartney, Elton John, Kenny Loggins, Todd Rundgren oder

Brian Wilson, aber auch großer Genies aus klassischen Zeiten, wie Mozart, Bach und Chopin – ist in den Melodien vieler Komponisten erkennbar. Billy Joel zum Beispiel scheint melodische Eigenheiten von Paul McCartney übernommen zu haben, dessen Musik wiederum beeinflusst war von den »Rockin' Fifties«, traditionellen Vaudeville-Klängen und Tanzsaal-Klassikern. Für moderne Alternative Bands wie Coldplay und Snow Patrol scheint die Melodie eine wichtigere Rolle zu spielen als jedes andere Songelement. Und von wem sind *Sie* beeinflusst? Wer es auch sei, Ihr Job ist es, alle Einflüsse so zu verbinden, dass Ihr ganz ureigener und persönlicher Sound entsteht.

Finden Sie Ihre Melodie!

Bei der Suche nach einer Melodie gibt es kein Richtig oder Falsch. Manchen Menschen fallen die besten Tonfolgen ein, während sie gerade mit etwas anderem beschäftigt sind, wie Autowaschen, Einkaufen, Autofahren, Spazierengehen, oder ihr musikalisches Gehirn ist am kreativsten bei der Gartenarbeit oder in der Muckibude oder während sonstiger Tätigkeiten, die mit Songwriting *nichts* zu tun haben. Es sieht fast so aus, als wäre in solchen ungezwungenen, absichtslosen Momenten unser Unbewusstes viel freier und somit eher bereit zu kreativen Spielereien. Gerade wenn man gar nicht wirklich darauf aus ist, eine Melodie zu schreiben, wird der Geist zum unverstopften Kanal für Ideen und empfängt stärkere Signale. In solchen Augenblicken sollte Ihr Gimmick zum Festhalten von Melodien (ob Aufnahmegerät oder Notenpapier) schon einsatzbereit sein, denn diese Streiflichter der Inspiration sind meist flüchtig und kurzlebig.

Manchmal kommt mir eine total coole Melodie, wenn ich eigentlich gar keine schreiben will. Das passiert häufig, wenn ich mit etwas beschäftigt bin, das mir Spaß macht, wie zum Beispiel Autofahren. Vielleicht liegt es daran, dass wir beim Fahren das wunderbare Gefühl haben, unser Schicksal selbst in Händen zu halten. Auch beim Essen fallen mir oft Melodien ein oder bei U-Bahnfahrten in London, beim Sport oder wenn ich anderen eine Nettigkeit erweise. Je nach Jahreszeit, Tageszeit oder Wetterlage fallen mir ganz unterschiedliche Sachen ein. So habe ich auch meine typischen »Regentag«-Melodien, die oft bittersüß oder besinnlich sind, und meine »Sonnentag«-Melodien, die optimistischer und weltoffener klingen. Die Melodie ist für mich der erste Schritt auf dem Weg zu einem großartigen Song; sie ist meist das Erste, was wir an einem Lied wahrnehmen, und auch das Letzte, was wir davon vergessen.

Kelly Keagy, Schreiber des Tophits »Sister Christian« von Night Ranger

Melodien sind überall um Sie herum, Sie müssen nur richtig hinhören. Manchmal kann das Auf und Ab der Stimme einer sprechenden Person Sie zu einer Melodie inspirieren – oder der Klang des Ozeans (man denke an »Sailing«, geschrieben und gesungen von Christopher Cross), der Verkehrslärm im Stadtzentrum (wie bei »Summer In The City«, geschrieben von John Sebastian, Steve Boone und Mark Sebastian; aufgenommen von The Lovin' Spoonful). Zu anderen Zeiten wiederum können die schlichten Klänge der Natur zum Liedanfang werden. Der selige Otis Redding und sein Co-Writer Steve Cropper jedenfalls gelangten auf diese Weise zu den ersten Takten von »(Sittin' On) The Dock Of The Bay«.

Als Jim zum ersten Mal mit Bill Chase zusammenarbeitete, jenem virtuosen Trompeter, der als frischgebackenes Mitglied von Woody Hermans Thundering Herd mit seinen innovativen, hohen Klagelauten den typischen Sound dieser Band mitbestimmte, erzählte Bill ihm eine lustige Story. Während er in Kanada zeltete, sei er eines Morgens von einem besonders hartnäckigen Vogel geweckt worden, der seine aus fünf Noten bestehende Tonfolge unermüdlich wiederholte. Sofort löste Bill sich unsanft aus seinen friedlichen Träumen und schnappte sich pflichteifrig ein Notenblatt, um den Riff zu Papier zu bringen, dann schlief er wieder ein. Jim war natürlich sofort begeistert, als Bill ihm den Riff vorspielte – er wurde zum unverkennbaren Bläser-Riff und zur Strophenmelodie von »Run Back Mama«, dem vielleicht gefragtesten Song auf Bills bei Epic Records erschienenen Album *Pure Music*. Obwohl Jim und Bill der National Audubon Society keinen Groschen von ihren Songwriting-Tantiemen bezahlten, ließen sie die Gelegenheit nicht aus, diesem kleinen Vogel und all seinen gefiederten Freunden dafür zu danken, dass sie unsere Sinne inspirieren und mit ihren Liedern, die sie durch den Himmel schmettern, selbst an bescheidenen Frühlingstagen die Sonne zum Leuchten bringen.

Viele Songwriter beweisen ein gutes Händchen, wenn sie auf der Gitarre oder dem Klavier experimentieren und sich einfach von verschiedenen Noten- oder Akkordfolgen leiten lassen. Sobald Ihnen eine faszinierende Akkordprogression einfällt, speichern Sie sie auf Ihrem Laptop, dem Smartphone oder Ihrem stets griffbereiten Aufnahmegerät ab. Dann spulen Sie zurück und probieren zu den Akkorden verschiedene Melodien aus. Und vergessen Sie nicht, diese kombinierte Version auf einem anderen Rekorder aufzunehmen oder zumindest in Form eines neuen Tracks. Wenn Sie genügend viele Versuche unternehmen, werden Sie garantiert irgendwann auf eine Melodie stoßen, die wie die Faust aufs Auge passt (meist eine, die sich bei sämtlichen Versuchen immer wieder herauskristallisiert hat).

Sehr hilfreich ist es auf jeden Fall, bei der Melodiesuche nicht immer auf das gleiche Instrument zurückzugreifen. Nehmen Sie doch zur Abwechslung mal eine Bassgitarre – oder vielleicht sogar eine Ukulele. Roger Cook zum Beispiel präsentiert seine größten Hits wie »Long Cool Woman« und »You've Got Your Troubles« bei den Songwriter-Treffs in Nashville auf einer ganz bescheidenen Uke – und trotzdem klingt es irgendwie wie ein Orchester. Informieren Sie sich auch, welche neuen technische Möglichkeiten sich jeweils bieten. Im Internet zum Beispiel bieten zahlreiche Plattformen eine schier unzählbare Auswahl an Sequenzen und Loops an, die wiederum zu völlig neuen Melodien und Akkordfolgen inspirieren können.

Lenny Kravitz lieferte Mick Jagger einmal einen nahezu kompletten Track, zu dem Mick dann noch den Text und die Melodie beisteuerte. Der Song »God Gave Me Everything« wurde zur ersten Single-Auskopplung von Lennys Soloalbum *Goddess in the Doorway*.

Viele erfolgreiche Songwriter haben die Kunst, gute Melodien zu schreiben, in Kursen erlernt, wie sie weltweit an den verschiedensten Musikhochschulen angeboten werden. Dort sind es oft Meister ihres Faches, die diese Lehrgänge leiten. Es gibt aber auch eine Vielzahl anderer Songwriter-Workshops und Seminare, bei denen Sie lernen können, wie man gute Melodien schreibt und was gute Melodien ausmacht.

Songs schreiben, die auch wirklich bleiben

Gewissen Songwritern gelingt es, ganz bestimmte Stimmungen zu erzeugen, und die wahren Könner unter ihnen scheinen selbst stets in einer ganz speziellen Stimmung zu sein. Burt Bacharach zum Beispiel schafft es, dass man sich auf bittersüße Weise happy fühlt. Manche Songs von Paul Simon hingegen vermitteln ein Gefühl der Stille und der Innenschau. Die von Mick Jagger und Keith Richards wiederum strotzen vor dem risikofreudigen und leichtsinnigen Lebensgefühl der Rock 'n' Roll-Generation. Und Chris Martin von Coldplay schenkt uns mit seinen Melodien eine Art kontemplative Energie.

Diane Birch beschwört in ihren Liedern die Zeiten der 1960er-Jahre, als die Brillanz des Brill-Building-Sounds eine starke Wirkung ausübte und ihre hauseigenen Songwriter (wie Carole King und Gerry Goffin, Burt Bacharach und Hal David, Neil Diamond, Ellie Greenwich und Jeff Barry) Hits am laufenden Band produzierten. Besonders beeindruckend ist es, auf welch intime Weise eine Melodie den Hörer mit dem Künstler verbindet, indem sie ihn die gleiche Stimmung, die er beim Schreiben empfand, hautnah selbst verspüren lässt. Man könnte sagen, das Gehirn schüttet auf beiden Seiten die gleichen Hormone aus.

Wenn Sie sich also das nächste Mal »Goodbye Yellow Brick Road« von Elton John und Bernie Taupin anhören, oder »Try Sleeping With A Broken Heart« von Alicia Keys, Patrick Reynolds und Jeff Bhasker, und die betreffenden Songs dabei auch wirklich *spüren*, befinden Sie sich tatsächlich auf exakt der gleichen Wellenlänge wie die Meister, während ihre Komposition entstand. Sie werden eins mit ihnen – und alles, was während der Arbeit in ihnen vorging, spielt sich nun auch in Ihnen ab. Diese Nähe, diese Intimität ist es, die einer Melodie ihre Power verleiht.

Um noch tiefer in die Geheimnisse des Melodieschreibens einzutauchen, wollen wir einmal prüfen, wie sehr die Wahl der Melodie sich auf die Stimmung oder Atmosphäre auswirken kann, die über einen Song vermittelt wird. Wir wollen ferner darauf achten, inwieweit die Auswahl an Melodien durch das jeweilige Genre eingeschränkt wird, und feststellen, welche melodischen Ansprüche die verschiedenen Abschnitte Ihres Songs an Sie stellen.

Die passende Melodie zu jeder Stimmung

Vielleicht haben Sie sich, nachdem Sie drei Stunden lang an Ihrem Klavier kreativ waren, ja ein stattliches Bündel an Akkordwechseln erarbeitet, die sich wirklich gut anhören. Sie haben Ihr Notizbuch durchgeblättert und einen Titel oder eine Textphrase gefunden, in denen sich die musikalische Stimmung am besten spiegelt. Nun ist es Zeit, Melodien auszuprobieren, die der Stimmung der Akkordwechsel und der Worte am ehesten entsprechen.

✔ **Wählen Sie eine Durtonart.** Wenn die Akkordwechsel sich um eine Durtonart gruppieren und wenn Titel und Aussage des Songs positiv und optimistisch sind, werden Sie vermutlich automatisch auch eine aufbauende Melodie haben wollen, die sich zu Ihrer Akkord- und Wortwahl fügt.

✔ **Wählen Sie eine Molltonart.** Folgt Ihre Akkordprogression einer Molltonart, wird vermutlich auch der Text düsterer ausfallen, und Sie werden mit bluesigeren und traurigeren Melodien experimentieren.

✔ **Kombinieren Sie Dur und Moll.** Eine wichtige Technik beim Songschreiben ist das Hin-und-Hergleiten zwischen einer Dur- und einer Molltonart. Vielleicht ist ja die Strophe nachdenklich und traurig – also Moll. Dann aber explodiert der Refrain mit Optimismus und großen Veränderungen – und man wechselt in eine Durtonart. Oder umgekehrt. Manchmal dauert der Ausflug von Dur nach Moll nicht länger als einen Takt. In dem hervorragenden Song »Ghetto« von India Arie (geschrieben von India Arie Simpson, Shannon Sanders und Drew Ramsey) wechselt der Refrain für nur einen Takt von Moll nach Dur, und zwar bei den Worten »Look around«. Diese Abweichung ist so etwas wie eine Oase für die Ohren und öffnet sie für die Unmittelbarkeit des Textes, der uns darum anhält, mehr Verantwortung für die Armut auf dieser Welt zu übernehmen.

✔ **Wählen Sie eine komplexe Melodie.** Falls Ihr Musikbett ausgesprochen simpel ist, sollten Sie sich wenigstens den Luxus einer etwas komplexeren Melodie leisten, indem Sie den Notenfolgen etwas mehr Rückenwind geben, das heißt, sie schneller dahineilen lassen – auf diese Weise lassen Sie den Rhythmus der Worte in völlig neuem Glanz erstrahlen.

✔ **Wählen Sie eine einfache Melodie.** Falls Ihr Musikbett plötzliche und komplexe Akkordwechsel enthält, bietet sich zur Wahrung des Kontrastes eine eher entspannte, schlichte und schwerelose Melodie an.

Vielleicht wollen Sie ja einmal das Experiment wagen, einer optimistischen Akkordfolge eine düstere, beschwörende Melodie entgegenzusetzen, die der musikalischen Stimmung geradezu widerspricht. Auch gibt es viele Songs mit Strophen in schwermütigem Moll, die von der kontrastierenden Wirkung eines Wechsels zu einer optimistischen Durtonart im Refrain profitieren (oder vom Gegenteil, wenn die traurigen Mollakkorde des Refrains zu einer Melodie mit fröhlichem Text einhergehen). Bei dieser Technik kann ein gewisser Hang zur Ironie von Nutzen sein.

Jim und Brian Anders schrieben zusammen den Song »Empty«, bei dem sie den Strophenteil, worin der Sänger über seine Entfremdung von sich selbst und der Welt um ihn spricht (»Now the fields are bare, I feel I'm breathing without air«) mit einer düsteren, nachdenklichen Stimmung versahen. Die Tonart ist Moll, der Tonumfang der Melodie schmal und begrenzt. Sobald der Song jedoch beim Refrain angelangt ist, wechselt er unversehens in die Durvariante (von d-Moll nach D-Dur), und die Melodie hebt ab. Diese Bewegung stützt das Umschwenken des Textes von der Verlassenheit des Sängers hin zu seiner Suche nach Wahrheit im Refrain. Während er Ausschau hält nach Antworten, strebt seine Stimme zu immer höheren Noten.

Abbildung 9.1 zeigt den Song »Empty« in musikalischer und Textnotation, um das Zusammenspiel der Worte, der Akkorde und der Melodie beim dramaturgischen Aufbau des Songs zu verdeutlichen.

Abbildung 9.1: Der Song »Empty«

Die passenden Melodien für jedes Genre

So wie jedem Genre eine ganz gewisse Art von Texten und Arrangements zu eigen ist, so gibt es auch hinsichtlich der Melodie bestimmte Kennzeichen. In den folgenden Abschnitten wollen wir uns die vorherrschenden melodischen Trends einiger der beliebtesten Stilrichtungen einmal genauer ansehen.

Rock 'n' Roll

Die Melodien, die zu den vom Bluesschema bestimmten Akkordwechseln des Rock 'n' Roll gesungen werden, sind in der Regel recht simpel und *mono-tonal* (Variationen von nur einer oder zwei Noten). Skizzieren Sie die Melodien von Rock-'n'-Roll-Klassikern wie »Johnny B. Goode« (geschrieben und gesungen von Chuck Berry) oder einiger ihrer späteren Nachfolger wie »Travelin' Band« (geschrieben von John Fogerty; gesungen von Creedence Clearwater Revival) oder »Rock-and-Roll Never Forgets« und »Old Time Rock And Roll« (geschrieben von George Jackson und Thomas E. Jones III; gesungen von Bob Seger), so erhalten Sie aufgrund der linearen, unmelodischen Art des Gesangs stets eine gerade Linie von Punkten. Abwechslung wird erzielt mithilfe von Tonfallwechseln im Gesang (wenn zum Beispiel ein Sänger von sanft und ruhig auf heiser und erregt umschaltet) sowie durch Akkordwechsel – die gleiche Note, über einem anderen Akkord gespielt, drückt auch eine völlig andere Stimmung aus, was oftmals ebenso wirkungsvoll ist als würde man die Note selbst wechseln.

Ich stehe auf Melodien, die so richtig abheben. Einige meiner Lieblingssongs wie »Waiting For A Girl Like You« von Foreigner (geschrieben von Mick Jones und Lou Gramm) haben erstaunlich weitreichende Melodien. Dieser spezielle Song bezieht seine musikalische Reichweite, indem sowohl beim Übergang von der Strophe zum Pre-Chorus als auch vom Pre-Chorus zum Refrain in eine höhere Tonart gewechselt wird. Einer meiner größten Hits jedoch – »Vehicle« – bedient sich eines schmalen Tonumfangs von fünf Noten, ähnlich wie die frühen Rock-'n'-Roll- und Bluesnummern, und gründet seine Wirkung auf die wechselnden Akkorde (es-Moll zu b-Moll) und die dadurch entstehende melodische Vielfalt.

Jim Peterik, Songwriter von 18 Billboard-Top-Ten-Hits

Wenn Sie einen Song schreiben, achten Sie stets darauf, dass er sich auch gut singen lässt! Wenn er sich über zwei Oktaven erstreckt, schränkt dies die Anzahl der Sänger, die ihn in den Griff bekommen werden, erheblich ein (wie bei oben genanntem Song »Empty«). Singen Sie ihn sich erst selbst vor, um sicherzugehen, dass er im Bereich des Möglichen liegt. Falls der Tonumfang sich als zu groß erweist, nehmen Sie ruhig Korrekturen an der Melodie vor! Falls Sie für die Countryszene schreiben, sollten Sie die melodische Reichweite sogar noch mehr einschränken. Dieses Genre ist dafür bekannt, seine Aussagen mit größtmöglicher Ehrlichkeit zu vermitteln – wenn der Sänger jedoch zu sehr mit Stimmgymnastik beschäftigt ist, kann diese Botschaft leicht verloren gehen.

Pop-Rock

Die Melodien aus dem Rock-Genre reichen von den auf der Bluestonleiter gründenden, zwei oder drei Noten umfassenden Klagelauten (manche nennen es »screaming on key« – also tonartgerechtes Kreischen) von Robert Plant, dem Sänger von Led Zeppelin (»Whole Lotta Love«, geschrieben von Willie Dixon und Led Zeppelin, und »The Lemon Song«, geschrieben von Led Zeppelin und Chester Burnett), bis hin zu den Oktavensprüngen von Steve Perry, dem Leadsänger der Melodic-Rock-Pioniere von Journey (»Open Arms«, geschrieben von Steve Perry und Jonathan Cain, und »Faithfully«, geschrieben von Jonathan Cain). Spätere Popbands und Solokünstler wie Fastball (»The Way«, geschrieben von Tony Scalzo), Guster (»Barrel Of A Gun«, Text von Ryan Miller; Musik von Guster), und den Barenaked Ladies (»Brian Wilson«, geschrieben von Steven Page) beziehen ihre melodischen Denkanstöße von den Beatles und den Beach Boys, die praktisch das Lehrbuch der einprägsamen Melodien schrieben. Als Beispiel für eine Melodie mit großem Tonumfang höre man sich den Sprung über eine ganze Oktave von John Lennon an, wenn er »I Wanna Hold Your Hand« (geschrieben von John Lennon und Paul McCartney) singt.

 Jedes Genre umfasst ein breites Spektrum an Melodiestilen.

Urban und Rap

Auf einen kurzen Nenner gebracht: Dieses Genre hat es nicht so mit Melodien, dafür aber umso mehr mit innerer Einstellung und Atmosphäre. Die melodische Eigenart von Rhythm and Blues (R & B) und Soul, wie sie sich in Songs wie dem reizenden »You Send Me« (geschrieben und gesungen von Sam Cooke, der übrigens in Sachen Melodie und Musikstil einen starken Einfluss auf Steve Perry von Journey ausübte) und »Try A Little Tenderness« (geschrieben von James Campbell, Reginald Connelly und Harry Woods; gesungen von dem unvergessenen Otis Redding) darstellt, schaffte den Weg auf die knallharten Großstadtstraßen nicht; zu gut ausgearbeitet und handwerklich zu perfekt waren diese Songs. Ob nun freiwillig oder unfreiwillig – jedenfalls sind es Künstler wie Joss Stone und Duffy, deren im Wesentlichen zwischen drei oder vier Noten hin- und herhüpfenden Songs den Stil bestimmen. Ihre Schwungkraft beziehen diese Songs aus den beharrlichen Grooves, den Klangfarben der Gesangsstimmen sowie den anzüglichen Untertönen in der Vortragsweise.

Der Rap ist ganz unüberhörbar ein gesprochenes Genre – wenn eine Melodie hinzukommt, dann nur als kurze, dazwischengeschaltete Passage. Als Will Smith das allseits bekannte alte Bill Withers-Stück »Just The Two Of Us« in neuem Gewand präsentierte, wurden die Strophen gerappt, der Refrain gemäß der Tradition gesungen – eine extrem wirkungsvolle Mischung aus Old School und New School. In dem Megatophit »Empire State Of Mind« übernimmt der Rapper Jay-Z die Strophen, während sich Alicia Keys für die emporschwingende Melodie des Refrains verantwortlich zeichnet (ein Sample aus ihrer komplett gesungenen Version »Empire State Of Mind Part II«). Der ungebändigte Optimismus, der im Klang und der Melodie von »Baby I'm From New York« steckt – sie kriegt ihn rüber, auf jeden Fall.

 Jim musste sich gelegentlich vorhalten lassen, die Songs, die er für den Urban-Markt schrieb, würden zu viele Akkordwechsel enthalten und seien für dieses Genre zu »melodisch«. Wenn er Radio hörte, leuchtete ihm ein, was seine Kritiker damit meinten. Bei einer Musik, die so schwerpunktmäßig eine innere Einstellung präsentiert, können ein Übermaß an Melodie und zu viele Akkordwechsel dem hypnotischen Groove nur schaden.

Die passende Melodie zu jedem Songteil

Mithilfe des melodischen Elements können Sie aus Ihrem Song wirklich alles herausholen, was es herauszuholen gibt – und zwar aus jedem Songteil für sich:

- ✔ **Die passende Melodie für die Strophen:** In den Strophen baut sich die Atmosphäre eines Songs auf – deshalb hängt es auch von den Strophen ab, wie stark die Wirkung des Refrains ausfällt und ob die Zuhörer weiter dranbleiben oder sich lieber per Knopfdruck verabschieden.

✔ **Die passende Melodie für den Pre-Chorus:** Der Pre-Chorus ist gewissermaßen die »Eingangstür« zum Refrain. Seine Melodie sollte bereits in der Strophe ihren Schatten vorauswerfen, darf aber auf keinen Fall den darauffolgenden Refrain überstrahlen.

✔ **Die passende Melodie für den Refrain:** Der Refrain ist die Hauptschlagader Ihres Songs, deshalb kann die Wichtigkeit einer guten Melodie gar nicht oft genug betont werden.

✔ **Die passende Melodie für die Bridge:** Beim Überqueren der »Brücke« tut ein Melodiewechsel gut, und oft findet auch ein Akkordwechsel statt, um dem Hörer zu signalisieren: Hier kommt etwas Neues, kommt Neuland – was ein weiteres Argument ist, sich auf diesen Song einzulassen.

Nicht selten kommt es vor, dass ein Songwriter den ganzen Tag lang an einer Melodie arbeitet, nur um gegen Mitternacht festzustellen, dass der Refrain bereits einen anderen, schon existierenden Song schmückt (in anderen Worten: Man hat ihn unbeabsichtigt abgekupfert). Aber kein Grund, jetzt den Mut oder gar den Verstand zu verlieren: Versuchen Sie am nächsten Tag einfach, die Melodie so weit abzuändern, dass sie ohne jeden Zweifel Ihnen »gehört«. Mit ein wenig Glück wird sie auf diese Weise sogar besser, und vor allem: Der Gang vor den Kadi bleibt Ihnen erspart.

Die Strophe

Die Strophe bietet Ihnen die Chance, Ihre Prämisse, also die Aussage Ihres Songs, darzulegen. Da dies die Hauptaufgabe einer Strophe ist, sollte man ihre Melodie möglichst schlicht halten. Zu viele Noten, zu viele Variationen, zu viel Ungewöhnliches – und schon laufen Sie Gefahr, den eigentlichen Zweck der Strophe zu überschreiten und die Aufmerksamkeit des Hörers vom Text abzulenken. Das heißt nicht, dass die Strophenmelodie einfallslos oder banal sein sollte – aber auch nicht zu überkandidelt. Der große Donnerschlag des Refrains darf sich in den vorangehenden Teilen nur durch ein gelegentliches Grollen ankündigen, das heißt: Wie ein Gewitter muss auch ein Musikstück sich allmählich *aufbauen* – seine Wucht muss immer größer werden, wie viele bekannte Songs beweisen. Wenn Sie Ihre gesamte Melodie-Munition auf einen Schlag abfeuern, werden Sie kein Pulver mehr haben, wenn – im Refrain – zur eigentlichen Schlacht geblasen wird.

Sheryl Crows 1990er-Jahre-Tophit »If It Makes You Happy« (geschrieben von Sheryl Crow und Jeff Trott) ist schwer zu identifizieren, bis der Refrain einsetzt. Dieser einprägsame Refrain ist es, woran man sich erinnert. Dennoch verleitet die Strophe nie dazu, den Song abzubrechen; nie ertappt man seine Hand dabei, zu einem anderen Sender zu wechseln oder zum nächsten Track zu wischen. Was die Strophe an Melodie zu wünschen übrig lässt, macht sie wieder wett durch die faszinierenden Bilder (»scrape the mold off the bread and serve you French toast again«). Die relativ belanglos klingende Strophe sorgt auch für einen erstaunlichen Kontrast zum »großen Fressen«, das uns der Refrain beschert.

Schon der erste Track auf *Room For Squares*, dem Debütalbum des in Connecticut geborenen John Mayer (der Song »No Such Thing«), stellt eine erstklassige Lektion in wirkungsvollem Melodieaufbau dar. Die Strophenmelodie ist sparsam und im Plauderton gehalten und zieht den Hörer mithilfe eines verheißungsvollen Textes ins Geschehen, durch interessante Intervalle zwischen den Noten und hübschen Denkpausen zwischen den einzelnen Phrasen, die ihm die Gelegenheit geben, das zuvor Gehörte zu verarbeiten. Auf die Strophe folgt ein fast singsangartiger Pre-Chorus, der um fünf Noten über wechselnden Akkorden kreist. Beim Einsetzen des Refrains spiegelt die außer Kontrolle geratene Melodie die Action wieder, die nunmehr das Geschehen bestimmt: »I wanna run through the halls of my high school, I wanna scream at the top of my lungs.« Wenn John diese Worte singt – »top of my lungs« – tut er genau das: Er schreit sich die Lunge aus dem Leib und stößt ans hohe C, alles der Intensität halber. All die Wunder des Pre-Chorus und des Refrains hätten sich dem Hörer nie erschlossen, wären sie von der Strophe nicht so sorgfältig vorbereitet worden.

Selbst bei meinen ersten Versuchen als Songwriter versuchte ich immer, so interessant und farbenfroh wie möglich zu sein. Und da ich als Gitarrenspieler begann, vermute ich, dass sich meine Beurteilung dessen, was interessant war oder nicht, vor allem danach richtete, was sich auf der Gitarre abspielte. Mein Aussichtspunkt befand sich immer irgendwo auf dem Gitarrenhals. Dabei denke ich schon, dass das, was ich dazu sang, auch für sich gesehen einigermaßen komplex und interessant war.

John Mayer, der auf seinem Debütalbum »Room for Squares« sein Talent als Singer/Songwriter unter Beweis stellt, indem er eine Akustik-Rock-Grundlage mit jazzigen Untertönen verschmelzen lässt; © Performing Songwriter, Ausgabe 59

Betrachten Sie die Strophenmelodie als Aperitif – als kleines Lockmittel, um den Hörer in die richtige Stimmung für das noch Folgende zu versetzen. Zu viel davon jedoch wird seinen Appetit weniger anregen als verderben.

Der Pre-Chorus

Zweck des Pre-Chorus ist, textlich zum Refrain hinzuführen, wobei man ein wenig anders vorgeht als in der Strophe und oftmals einige neue Akkorde zwischen eine Strophe und einen Refrain schiebt, die beide zufällig auf dem gleichen Akkord beginnen (wenn Ihre Strophe und Ihr Refrain beide in G-Dur beginnen, versuchen Sie es beim Pre-Chorus doch einmal mit e-Moll oder C-Dur). Melodisch gesehen hat der Pre-Chorus (auch als Songteil B bekannt) den Zweck, jeden Hörer noch ein paar Schritte näher an den Refrain zu führen. Die Melodie dieses Songteils steigt in der Regel höher (wenn auch nicht so hoch wie der Refrain), und sein Textrhythmus befindet sich in einem höheren Gang als der Rhythmus der Strophe.

In Elton Johns Klassiker aus dem Jahr 1992, »The One« (Elton John und Bernie Taupin) klingt der Pre-Chorus, wenn man ihn das erste Mal hört (»In the instant that you love someone, in the second that the hammer hits«), auf verdächtige Weise wie ein Refrain, und es fällt auf, dass Elton mit einem noch majestätischeren und zwingenderen Abschnitt den Einsatz ein weiteres Mal erhöht hat.

Ein Pre-Chorus kann so gut sein, wie man ihn hinbekommt – der Refrain sollte stets noch einprägsamer sein.

Einer unserer Produzenten (der auch mit Jefferson Starship, Led Zeppelin, The Who und Bad Company zusammenarbeitete) drängte Frankie Sullivan und mich immer dazu, Pre-Choruse für die Songs zu schreiben, an denen wir gerade arbeiteten. Er meinte, sie würden dem Song melodisch gesehen mehr Statur verleihen und die Vorfreude auf den Refrain noch erhöhen. In »High On You« bauten wir einen melodischen Pre-Chorus in der Paralleltonart e-Moll ein (die Strophe ist in G) und gingen mit der Melodie hoch (»Now I'm screaming in the night, I know I'm getting hooked on your love«). Immer wenn dieser Songteil kommt, scheint er aufgrund der sich wiederholenden Worte und der hakenförmigen Melodie wie ein Minirefrain.

Jim Peterik, Songwriter von 18 Billboard-Top-Ten-Hits

Es mag vorkommen, dass der hypnotische Text, den Sie geschrieben haben, nicht so richtig zur ansteckenden Melodie passt, mit dem Sie ihn paaren wollen. In diesem Fall sollten Sie sich folgende Fragen stellen: »Wirkt der Text auf den Hörer so kraftvoll, dass man ihn einfach nicht ändern kann?« und »Ist es wichtig, an der Melodieführung festzuhalten?« Wenn Sie sich das immer wieder fragen, werden die Antworten nicht lange auf sich warten lassen. Entweder Sie halten an der Melodielinie fest, weil sie einfach zu umwerfend ist, um verändert zu werden, dann müssen Sie im Text ein Wort gegen ein anderes mit der gleichen Bedeutung austauschen. Oder – das wäre die andere Möglichkeit – Sie nehmen eine Korrektur an der Melodie vor, damit der perfekte, unantastbare Text stehen bleiben kann. Sofern Sie diszipliniert genug und bereit sind, entweder an der Melodie oder am Text etwas zu verändern, müssen Sie sich nicht damit herumärgern, zwei Ideen zu haben, die sich nicht zusammenführen lassen.

Falls sich einfach keine Melodie einstellen will, versuchen Sie sich nicht an der Quadratur des Kreises. Lassen Sie erst mal die Finger davon und versuchen Sie es nach dem Abendessen noch einmal, oder morgen, oder nächste Woche, oder nächstes Jahr. Was geschehen soll, geschieht auch – aber die Dinge wissen meist selbst am besten, wann »ihre Zeit« gekommen ist.

Der Refrain

Wäre Songwriting eine Sportart, entspräche der Refrain den Olympischen Spielen. Hier hat jeder Songwriter die Chance auf eine Goldmedaille. Die Melodie des Refrains ist es in der Regel, die Sie singen, wenn Sie von einem Konzert, einem Theaterstück, einem Film, einem Clubtreffen oder einer Fete nach Hause kehren. Sie ist das Hauptgericht, nachdem die Vorspeise (Strophe) uns die Lippen wässrig gemacht und der Salat (Pre-Chorus) uns wieder ein wenig runterkommen lassen hat; nach all dem sehnen Sie sich höchstens noch nach einem erfrischenden Sorbet (Bridge).

Die Melodie des Refrains ist normalerweise der Höhepunkt des Songs; sie enthält die höchsten Noten und oft auch, zwischen den Noten, die größten Intervalle. (Es gibt allerdings auch Songs wie Van Halens »Love Walks In«, bei denen es genau umgekehrt ist und die Melodie sich des Kontrastes halber nach unten bewegt). Power-Balladen leben nicht selten von ihrem mächtigen, melodischen, sich emporschwingenden Refrain. Beispiele dafür sind:

✔ »All By Myself« (geschrieben und gesungen von Eric Carmen),

✔ »How Do I Live« (geschrieben von Diane Warren; gesungen von Trishy Yearwood oder auch LeAnn Rimes),

✔ »Uprising« (geschrieben von Matthew Bellamy; gespielt von Muse),

✔ »Lucky« (geschrieben von Colbie Caillat und Timothy Fagan; gesungen von Jason Mraz).

Der Song »Day of Freedom« (geschrieben von Cindy Morgan, Brent Bourgeois und Chris Eaton; gesungen von dem christlichen Musiker Rachael Lampa) begrüßt Sie in der Strophe mit einer fernöstlich angehauchten Melodie (inklusive Sitar- und Tabla-Anklängen im Arrangement), gefolgt von einer zwei Takte kurzen Hinleitung (ein Pre-Chorus muss nicht lang sein, um Wirkung zu erzielen), um danach mit einem Refrain von gewaltiger Spannweite einzuschlagen, dessen langgezogene Noten sich über die Mollparallele der Subdominante bis hin zum Septakkord der Dominante und über den gesamten Wortlaut von »We're all children of the faith, and though we walk in different ways, let's live our lives to celebrate the day of freedom« erstrecken. Die Kraft, die diesem Refrain innewohnt, stützt sich auf mehrere Faktoren: Das verlangsamte Worttempo (die Strophe ist ziemlich hibbelig und geschäftig), die hymnische und allgemeingültige Beschaffenheit des Textes, sowie auch die Melodie, die ungewöhnlicher klingt als es den einzigartigen Akkorden, die sie untermalen, eigentlich zu Gesicht steht. Versuchen Sie, die gleiche Melodie zum Dominantakkord der betreffenden Tonart zu singen – merken Sie, wie alltäglich sie auf einmal klingt?

Vergessen Sie beim Schreiben der Refrainmelodie nicht, dass sie der Höhepunkt Ihres Songs sein soll! Falls der Pre-Chorus oder die Strophe Ihnen einprägsamer gerät als der Refrain, müssen Sie so lange daran feilen, bis er wirklich die Krönung des Stücks darstellt.

Es gibt auch Songs, die sich, um Wirkung zu erzielen, anderer Hilfsmittel als des Refrains bedienen. »One Week« (geschrieben von Ed Robertson; gesungen von den Barenaked Ladies) ist ein herrlich schräges Beispiel für eine unorthodoxe Songform. Die Strophe besteht im Grunde aus einer völlig unlogisch aufgebauten Notenflut, über die sich mit dem halsbrecherischen Tempo eines nervösen Versteigerers das Geplapper des zeitweilig ausgetickten Leadsängers ergießt. Wenn der Refrain kommt, verlangsamt sich der Beat um die Hälfte, und der Text hüllt sich träge um die Melodie. Der Refrain bezieht seine Power aus der Wiederholung der aus drei Noten bestehenden Melodie, der verlangsamten Vortragsweise des Textes sowie dem schwankenden Groove des Schlagzeugs. Lesen Sie den Text und singen Sie ihn sich selbst vor. Beachten Sie dabei, wie die wechselnden Melodiemuster den Song von einem Abschnitt zum anderen geleiten.

Hier ein Geheimtipp der Musikerzunft, den Sie ausprobieren können: Wenn Sie keinen Refrain finden, der mehr musikalische Kraft hat als die Strophe oder der Pre-Chorus, dann ist vielleicht die Strophe stark genug, und Sie können den Spieß umdrehen, indem Sie *ihn* zum Refrain machen. Falls das funktioniert, schreiben Sie als Nächstes die Strophe und den Pre-Chorus um, damit sie genau zu diesem neuen Refrain hinleiten.

Bei dem Song »Fade To Blue«, den Jim zusammen mit Don Barnes und Don Chauncey von .38 Special schrieb und der auf dem 1997 er-Album der Band, »Resolution«, enthalten ist, mussten die drei Songwriter feststellen, dass er zwar einen wunderbar melodischen Pre-Chorus hatte, der aber in einen unsäglich

lahmen Refrain mündete. Irgendwann schlug Danny Chauncey vor, diesen Songabschnitt einfach zum Refrain zu machen und einen anderen Pre-Chorus zu schreiben. Erst hielt Jim ihn für übergeschnappt, doch dann probierten sie es aus, und es war tatsächlich, als hätten sie gezaubert.

Die Bridge

Was für eine Melodie nimmt man nun für die Bridge? Das hängt ein wenig von der Straße ab, die zu dieser »Brücke« führt. Eine Bridge ist ja im Wesentlichen dazu da, dem Ohr einen Wechsel der Gangart anzubieten. Dieser Wechsel kann sowohl den Rhythmus als auch die Akkorde betreffen. Auch eine melodische Veränderung lässt sich mithilfe der Bridge realisieren. Es ist die letzte Chance, etwas mithilfe von Worten, Akkorden oder einer Melodie zu sagen, das zuvor ungesagt blieb.

Gibt es allerdings nichts mehr zu sagen, dann braucht Ihr Song auch keine Bridge. Sie ist als Bestandteil des Songs wirklich optional. Funktioniert sie, dann ist sie etwas, worauf der Hörer geradezu wartet. Funktioniert sie nicht, ist sie nur Ballast, der den Song langatmiger und schwerfälliger macht.

Manchmal reicht es, wenn Ihr Song eine *Instrumental-Bridge* hat. Das heißt: Ein Soloinstrument improvisiert die Melodie oder greift sie noch einmal auf wie der klassische Gitarrist in Stings »Fields Of Gold« (geschrieben von Sting). In anderen Fällen ist eine einfache Erweiterung des Refrains genau das Richtige. Hören Sie sich an, wie die Songwriter von Jo Dee Messinas Top-Ten-Countryhit »Burn« (geschrieben von Tina Arena, Stephen Werfel und Pamela Reswick) einige Akkorde austauschen, um den Refrain zu erweitern, und so für eine wirkungsvolle Bridge sorgen.

Wenn Sie Strophe und Refrain fertig haben, prüfen Sie, wohin die Straße unter Ihrer Bridge führen könnte. Versuchen Sie es mit einer Melodie, die dem Refrain ähnelt, aber unterlegen Sie ihn wahlweise mit verschiedenen Akkordfolgen. Oder wechseln Sie auf andere Tonarten, um buchstäblich das Rad neu zu erfinden. Wenn Sie das Gefühl haben, die richtige Bridge gefunden zu haben, spielen Sie noch einmal den ganzen Song – erst dann können Sie beurteilen, ob sie überhaupt notwendig ist.

Als Jim das Vergnügen hatte, in Nashville mit der Popgröße David Pomeranz und der begabten Nashville-Songwriterin Tammy Hyler zusammenzuarbeiten, schafften sie an einem einzigen Tag die Musik für den ganzen Song, als David plötzlich mit einer supermelodischen und einfallsreichen Bridge ankam. Drei Stunden und sieben Tassen Kaffee später waren sie noch immer auf der Suche nach dem richtigen Text für diesen Teil des Songs. Das Trio war schon drauf und dran, das Handtuch zu werfen und seine Niederlage einzugestehen, als Jim sagte: »Versuchen wir es einfach ohne die Bridge!« – »Blasphemie!«, schrien alle, aber als sie den Song dann einmal durchspielten, hatten sie auch ohne die Bridge noch massig Musik– und eine Menge Zeit, die sie nun der künstlerischen Ausgestaltung des Schlussrefrains widmen konnten.

Test: Wie magisch ist meine Melodie?

Nachdem Sie Ihr melodisches Meisterwerk erschaffen haben, sollten Sie sich nunmehr seinen wichtigsten Bestandteilen zuwenden und prüfen, ob auch alle neuen Werkzeuge, die Sie in Ihrem Werkzeugkasten aufbewahren, zur Anwendung gekommen sind. Kann man sich die Melodie leicht einprägen, kann man sie mühelos mitsummen? Und wie sieht es mit dem Text und dem Titel aus – passen sie zusammen und ist der Tonumfang so beschaffen, dass die meisten Sänger ihn bewältigen können? Enthält der Song einen jener »Magic Moments«, die rechtzeitig verhindern, dass der Song irgendwann langweilig wird? Gibt es irgendeine Stelle, wo man Gewalt anwenden musste, um den vorgesehenen Text unterzubringen?

Sie sehen schon – Fragen über Fragen! Die einfachste Methode, die melodische Hitqualität eines Songs richtig einzuschätzen, besteht darin, ihn sich einmal ohne Text anzuhören. Nehmen Sie ihn auf, indem Sie diesmal nur mitsummen oder etwas Sinnloses wie »la la la« dazu singen, damit Sie erkennen, welches Feeling der Song wirklich vermittelt und wie seine Melodie tatsächlich wirkt. Sie werden rasch bemerken, ob es da noch Stellen gibt, in die zusätzliche Noten hineingezwängt wurden, um Platz für den Text zu schaffen, oder ob irgendwo ganze Silben fehlen. Falls nichts beanstandet werden kann, dann haben Sie vermutlich einen echten Chart-Stürmer in der Mache – ansonsten müssen Sie sich den Song nochmal vornehmen und, wo notwendig, daran herumdoktern.

Übung macht den Meister

Wenn ein Baseballspieler bei einem Match total im Flow ist und alles trifft, was sich zu treffen lohnt, sagt er nachher oft, der Ball sei ihm so groß erschienen wie eine Wassermelone und habe sich förmlich im Zeitlupentempo auf ihn zubewegt. Trifft ein Spieler hingegen gar nichts, hört man oft Kommentare wie: »Oh Mann, die Würfe des Pitchers kamen heute echt wie Gewehrschüsse.« Beim Tennis ist es ähnlich: Wirkt ein Profispieler unfehlbar und ist stets zur richtigen Zeit am richtigen Ort, fühlt sich die Berührung des Balls mit den Saiten des Tennisschlägers so perfekt an, dass der Spieler weiß, er kann jetzt jede beliebige Stelle auf dem Court anzielen – und wird treffen. Das nennt man »in der Zone« sein, und wer es schon mal erlebt hat, weiß, was für ein unglaubliches Gefühl das ist. Auf einmal scheint alles, was man trainiert und sich hart erarbeitet hat, zu »sitzen«, und man muss gar nicht bewusst über die kleinen Kunstkniffe nachdenken, die man sich oft nur unter großen und monatelangen Mühen angeeignet hat. Man hat plötzlich alles zur freien Verfügung!

Die meisten Songwriter, die große Hits geschrieben haben, äußern sich ganz ähnlich, wenn es um ihre sensationellen Melodien geht, die das Publikum so in ihren Bann schlagen: »Es kommt einfach so, aus dem Nichts«, oder »Ich war dermaßen im Groove, dass sich alles wie von selbst ergab«. Man muss wissen, dass all die harte Arbeit, die man ins Songschreiben investiert, es erst ermöglicht, dass man irgendwann »in der Zone« ankommt und alle Grenzen überschreitet. Kein Sportler wird je erfahren, wie es sich anfühlt, »in der Zone« zu sein, sofern er sein Können nicht immer wieder geschult hat, sodass er gewappnet ist für jenen Moment, in dem handwerkliches Können und Inspirationsich begegnen. Das Gleiche gilt auch für Songwriter – hören Sie nie auf, mit den Melodien zu arbeiten, die in Ihren Kopf ein- und wieder ausströmen. Vielleicht sind sie ja der erste Schritt zu einer großartigen Melodie, und Sie sind im Moment nur nicht in der Lage, sie in die passende Richtung zu lenken. Schreiben Sie sie auf, oder noch besser, *nehmen* Sie sie auf, damit beim nächsten Mal, wenn Sie durch die Gegend fahren, um irgendwelche Besorgungen zu machen – sprich: wenn Sie am wenigsten damit rechnen – der Melodie in Ihrem Kopf Flügel wachsen. Wenn Sie Ihre alten Noten oder Aufnahmen wieder hervorkramen, werden Sie sehen: Es hängt alles irgendwie zusammen, und jetzt haben Sie den richtigen Groove, Ihre Ideen in neue Sphären aufsteigen zu lassen.

Machen Sie sich ans Werk. Die Melodien, die ruhelos in Ihrem Kopf herumirren, und seien sie auch noch so klein – schreiben oder nehmen Sie sie auf. Viel zu viele Songwriter warten, bis alles sich noch mehr geformt hat, ehe sie etwas zu Papier bringen. Tun Sie das nicht! Fangen Sie an. Die kleinen Noten, die Sie festhalten, können Ihnen später als Katalysator dienen, um »in die Zone« zu gelangen.

Ich habe einen guten Freund (einen erfolgreichen Songwriter), in dessen Gesellschaft man sich echt wohlfühlt. Doch manchmal kommt es vor, dass ihm plötzlich aus heiterem Himmel die Idee zu einer Songmelodie kommt, und dann ist er wie weggetreten, wie abgeschieden von der Außenwelt. Ich merke das immer sofort: Auf einmal hört er nicht mehr, was man zu ihm sagt, und scheint irgendwo weit weg zu sein. Ich kenne ihn einfach gut genug, um zu wissen: Aha, jetzt hat wieder mal eine magische Melodie in ihm gezündet, die er im Kopf jetzt tausend Mal wiederholt, damit er sie aufnehmen kann, bevor sie für immer verloren geht. Wenn Ihnen eine Melodie einfällt oder Sie eine Idee haben, lassen Sie nicht mehr davon ab, und denken Sie nicht, Sie würden sich später daran erinnern. Lassen Sie alles liegen und stehen und schreiben Sie sie auf, bevor es zu spät ist.

Dave Austin, Mentaltrainer für Profisportler, zuvor leitender Angestellter einer Plattenfirma und Inhaber eines Indie-Musiklabels

Kapitel 10

Wie man beim Songwriting Akkorde benutzt

Mal angenommen, Sie haben dieses Buch bisher aufmerksam gelesen – dann wissen Sie ja schon ein wenig Bescheid über Akkorde und wie Sie sie auf Ihrem Lieblingsinstrument spielen können. Bei der Arbeit mit Akkorden können Sie ein Lied anderen Menschen bereits vorspielen, solange es noch im Werden ist, und wertvolles Feedback erhalten. Aber auch wenn Sie ausschließlich Texter sind, bietet Ihnen das folgende Kapitel brauchbares Wissen, um sich künftig auf fachkundige Weise mit Ihrem komponierenden Co-Writer zum Thema Akkorde austauschen zu können. Je besser Sie die einem Song zugrunde liegenden Akkordstrukturen verstehen, umso mehr werden Sie sie zu schätzen wissen, wenn Sie sich einen gelungenen Song im Radio oder Internet anhören. Der nächste Schritt besteht darin, dieses Wissen beim Schreiben eigener Songs anzuwenden. Deshalb zeigen wir Ihnen in diesem Kapitel, welch wertvolle Dienste uns Akkorde im Gesamtzusammenhang eines Songs erweisen können.

Was Akkorde dem Songwriter bringen

Denken Sie an den Beton, der sozusagen das Fundament Ihres Hauses bildet. Auf die gleiche Weise bestimmt die Akkordstruktur das Fundament Ihres Songs. Ist sie solide, lässt sich ein Meisterwerk darauf errichten; ist sie nicht stabil genug, besteht die Gefahr, dass alles, was man darauf baut, zum Einsturz kommt.

Gut, was ist nun ein Akkord? Ein *Akkord* ist eine Kombination aus drei oder mehr Tönen, die gleichzeitig gespielt werden. Akkorde bestehen aus unterschiedlichen Kombinationen der aus Halbtonschritten bestehenden Intervalle (Tonabstände) zwischen den Noten. Diese Intervalle können Sie sich anhören, indem Sie sich zum Beispiel an ein Klavier setzen und sich entlang der Klaviatur nach oben oder unten arbeiten, die schwarzen Tasten mit berücksichtigt. Die spezifischen Intervalle zwischen den Noten bestimmen die Klangfarbe des jeweiligen Akkords, den Sie spielen. Das heißt: Die Farbe Ihres Songs hängt von den gewählten Akkordintervallen ab. Dies ist wahrscheinlich die am meisten unterschätzte Songkomponente, da sie auf mehr oder minder unsichtbare Weise wirkt. (Oder ist schon mal ein Freund zu Ihnen gekommen und hat gesagt: »Hör dir mal die Akkordprogression in dem Song »Uprising« von Muse an – das hat schon fast Bach'schen Charakter.«) Doch wie dem auch sei: Großartige Songs benötigen großartige Akkorde und interessante Progressionen. Sie verrichten ihr Werk »hinter der Notenkulisse« und tragen entscheidend zur Stimmung eines Songs sowie dessen Melodiebewegung bei. Die gleiche Note oder Notenfolge kann völlig anders klingen, je nachdem vor welchem Akkordhintergrund sie ertönt.

Falls Sie mit keinem Instrument ausreichend Erfahrung haben, empfehlen wir Ihnen die Gitarre. Als hervorragender Einstieg eignen sich die Bücher *Gitarre für Dummies* von Mark Phillips und Jon Chappell und *Rockgitarre für Dummies* von Blake Neely (beide erschienen bei Wiley-VCH, Weinheim).

Wenn ich mir einen neuen Song im Radio anhöre, konzentrieren sich meine Ohren für gewöhnlich erst auf die Melodie, dann auf den Text – das Akkordmuster ist mehr oder weniger nur das Transportmittel. Hat es der Komponist jedoch gewagt, einen oder zwei überraschende Akkorde einzustreuen, fällt mir das sofort auf, und ich versuche abzuschätzen, ob es sich gelohnt hat, dieses Risiko einzugehen.

Jim Peterik, Musiker, Songwriter und Multi-Instrumentalist für Ides of March und Survivor, außerdem Komponist und Texter von Hits von .38 Special, Sammy Hagar und anderen

Sie werden staunen – aber Ihre Akkordwahl kann sich ganz entscheidend darauf auswirken, ob ein Song sich gut verkauft oder nicht. Schräge Intervalle (also überraschende Akkordsprünge) eignen sich für schlichte Popsongs eher nicht; beim Grunge und Alternative Rock jedoch gehören sie zum Standard. *Verminderte Akkorde* (bei denen ein musikalisches Intervall um eine Halbtonstufe erniedrigt wird) kommen in der Countrymusik so gut wie nicht vor, im jazzorientierten Bereich jedoch sind sie an der Tagesordnung. Wenn Sie wissen, welchem Genre Ihr Song zuzuordnen ist, hilft Ihnen das auch dabei, die richtigen Akkorde zu finden.

Auf Akkordprogressionen gibt es kein Copyright. Wäre dies anders, hätten die Pioniere der 12-taktigen Bluesprogression vermutlich von der Übertragung ihrer Rechte leben können wie die Made im Speck. Und sofern Sie nicht mit einer extrem ungewöhnlichen Akkordprogression aufwarten, bauen auch Sie höchstwahrscheinlich auf einem Fundament, das andere errichtet haben. Das soll nicht heißen, dass Sie nicht variieren und Akkorde austauschen dürfen, bis das Ganze Ihre eigene Schöpfung ist. Sie dürfen sich nur nicht wundern, wenn jemand anderes völlig unabhängig davon auf genau die gleiche Idee gekommen ist.

Wie man mit Akkorden vertraut wird

Auch wenn Ihre Schwerpunkte und Stärken mehr im textlichen Bereich liegen, sind Sie als Songwriter dennoch klar im Vorteil, wenn Sie mit einem Akkordinstrument wie dem Keyboard oder der Gitarre umgehen können, um so die passenden Akkorde für Ihren Song zu finden – und sei es nur, um Ihrem Co-Writer moralischen Beistand zu leisten. Lernen Sie, ein paar Ihrer Lieblingssongs auf dem Klavier oder der Gitarre zu spielen, damit Sie die verwendeten Akkordfolgen erkennen und eine Vorstellung davon bekommen, welche Stimmung sie jeweils erzeugen. Jeder Songwriter beginnt als Fan verschiedener Komponisten und Songs, dann erlernt er deren Progressionen und versucht, sie auf seinen eigenen Stil zu übertragen und umzubauen.

Der allererste Song, den ich als Neunjähriger auf der Gitarre lernte, war »Tom Dooley« vom Kingston Trio. Schon als ich meine erste, ganz simple Akkordfolge spielte – ein E-Dur, gefolgt von einem A-Dur – merkte ich, dass es wirklich Musik war, was ich da machte; ganz zu schweigen von den Begeisterungsstürmen, die ich damit bei meinen Verwandten und bei Angehörigen des anderen Geschlechts hervorrief!

Don Barnes, .38 Special

Eines der grundlegenden Dinge, die man wissen sollte, wenn man sich mit Akkorden beschäftigt, ist, dass jede Tonart aus sieben unterschiedlichen Noten besteht. Über jede dieser Noten lässt sich ein Akkord bauen – von eins bis sieben. Wenn also jemand von einer »1-4-5-Progression« spricht, dann meint er – von unten in der Skala aufwärts gezählt – die Akkorde über der ersten, der vierten und der fünften Note.

Für einen Songwriter ist es sehr hilfreich, wenn er die verschiedenen Skalen einer jeden Tonart kennt. Jede Tonart umfasst drei Durakkorde, drei Mollakkorde und einen verminderten Akkord. In einer Durtonart sind die Durakkorde die über der ersten, der vierten und der fünften Note errichteten Akkorde. Das ist die berühmte 1-4-5-Progression, von der im Rock-'n'-Roll- und Bluesbereich so oft die Rede ist. Beginnt man jedoch, über der zweiten, dritten und sechsten Note zu »bauen«, erhält man Mollakkorde (eine 2-3-6-Progression). Über der siebten Note schließlich baut man den verminderten Akkord auf. Solange man weiß, in welcher Tonart man sich befindet und welche Noten sie umfasst, kann man nun seine Dur- und Molldreiklänge (Akkorde, die aus drei Noten bestehen, beginnen mit dem *Grundton*, also der ersten Note des Akkords) über jede der entsprechenden Noten aufbauen. Technisch betrachtet, kann man sie in beliebiger Folge (je nach Geschmack und persönlichem Stil) anordnen, und in Kombination klingen sie alle ziemlich gut, da ihre Noten allesamt der gleichen Tonart entstammen.

Wenn ich einen sehr simplen, poporientierten Song komponiere, egal ob auf der Gitarre oder dem Klavier, versuche ich, die drei Durakkorde auch immer in einer anderen Tonart einzusetzen – wenn ich also in der Tonart G arbeite, kann ich mit G, C und e-Moll für etwas mehr Farbe sorgen. G, e-Moll, C und D bezeichnet man auch oft als »Eiscreme-Akkordwechsel«, da dieses Muster eine schöne Reminiszenz an die Tage der Doo-Wop- und Rock-'n'-Roll-Songs ist, wie man sie

oft in Eisdielen zu hören bekam. Das ist ein cooler Einstieg – einfach darüber Bescheid zu wissen, welche Akkorde in einer Durtonart in Dur gespielt werden und welche in Moll.

Mike Aquino, namhafter Session-Gitarrist aus Chicago

Blues- und Bluesrock-Akkorde

Der Blues sowie die meisten Formen des Rock 'n' Roll arbeiten auf der Grundlage einer Durtonart, wobei sie auf den Akkord auf der I. Stufe (die Tonika), den Akkord auf der IV. (die Subdominante) und den Akkord auf der V. Stufe (die Dominante) zurückgreifen – auf die Durakkorde also. In der Tonart A sind dies A-Dur, D-Dur und E-Dur. Was Bluesmusiker und manchmal auch Rock 'n' Roller machen: Sie machen aus dem Dominantakkord einen *Dominantseptakkord*. Ein Dominantseptakkord ist ein Septakkord, der auf der Dominante, also der fünften Stufe einer Tonleiter gebildet wird. Wenn Sie also ein A haben, wird daraus A7 – das heißt, zum A-Dur-Akkord gesellt sich die kleine Septime, ein G also, damit es besonders herb und bluesig klingt. Die kleine Septime der D-Tonleiter ist das C – wenn aus D ein D7 wird, kommt als Sahnehäubchen also ein C hinzu. Und zum E? Richtig, ein D, dann dürfen Sie den Akkord zum E7-Akkord adeln. Beim Hinzufügen der Septime zu einem Akkord überschreiten Sie übrigens die Grenzen der den Akkord betreffenden Tonleiter und bedienen sich einer Note aus der Mollskala. Und genau diese Färbung innerhalb der Dur-Akkordprogression ist es, die den bluesigen Sound erzeugt.

Die Blues-Progression in Moll ist ebenfalls eine populäre Form, auf deren Grundlage Sie Ihren Song aufbauen können. In der Tonart A ist der Akkord auf der I. Stufe nun ein a-Moll (das C#, die zweite Note des Dreiklangs, wird zum C erniedrigt), mit einem G als Beigabe, das daraus einen a-Moll-Septakkord macht. Der D-Akkord (IV. Stufe) wird zum d-Moll-Akkord mit einem C als Beigabe, was ihn zum d-Moll-Septakkord macht. Theoretisch müsste der Akkord auf der V. Stufe – das E in der Tonart A – ebenfalls ein Mollakkord in einer Molltonart sein, doch viele Komponisten machen daraus einen Dur- oder gar Septakkord, um den auflösenden Effekt, wenn er zum Akkord auf der I. Stufe zurückkehrt, deutlicher hervorzuheben. Songs wie »Ball And Chain« (geschrieben von Willie Mae »Big Mama« Thornton; gesungen von Janis Joplin) präsentieren den Mollseptakkord zum Turnaround des Akkords auf der V. Stufe, und es hört sich großartig an.

Akkordprogressionen müssen nicht kompliziert sein, um eine starke Wirkung zu erzielen. Eine schlichte, aus zwei Akkorden bestehende Folge erweist sich oft als die schlagkräftigste. Hören Sie sich als Beispiel die beiden Mollakkorde (e-Moll und h-Moll) in dem Song »Fallin'« (geschrieben und gesungen von Alicia Keys) an.

Pop-Rock-Akkorde

Die Akkordprogressionen in der Pop- und Rockmusik decken oft die gesamte Bandbreite ab. Der Preis für das am häufigsten verwendete Tongeschlecht gebührt dennoch dem Moll. Klassiker wie »Separate Ways« (geschrieben von Jonathan Cain und Steve Perry; gesungen von Journey) und »Eye Of The Tiger« (geschrieben von Jim Peterik und Frankie Sullivan; gesungen von Survivor) sind gute Beispiele dafür, wie Molltonarten sich im Rockgenre anwenden lassen. Bei »Eye …« beginnt man in c-Moll, der ersten Stufe der Skala, bewegt sich dann weiter nach As-Dur (der sechsten Stufe der Skala), wobei der Bass auf dem C verweilt. Dann geht es weiter nach B-Dur (der siebten Stufe), ebenfalls mit dem Bass auf dem C, danach wieder zurück nach Hause, zum c-Moll. Man wird sehen: Obgleich in dieser Strophe mehr Durakkorde als Mollakkorde vorkommen, hat sie doch einen mollhaften Sound, da der erste Akkord über die gesamte Strecke nachschwingt und somit selbst den Durakkorden einen Mollcharakter verleiht.

Eine weitere beliebte Progression in der Rockmusik ist die von 1 nach 4, von 7 nach 3 und von 6 nach 5. In der Tonart a-Moll hieße das: von a-Moll nach d-Moll, von G-Dur nach C-Dur und schließlich von F-Dur nach E-Dur.

Jazzakkorde

In der Jazzmusik wird an Stelle der im Pop-, Rock- und Bluesbereich so verbreiteten 1-4-5-Progression gern ein 1-6-2-5-Muster gespielt, das sich auf- und abwärts ständig wiederholt. In der Tonart A wäre dies ein A-Dur-, ein A-Sept- oder ein A-Sextakkord (was bedeutet, dass dem Akkord die siebte beziehungsweise sechste Note der Tonleiter hinzugefügt wird), der über fis-Moll und h-Moll hin zum E7-Akkord führt.

Um zu vermeiden, dass diese jazzige Progression zu bieder und althergebracht klingt, ersetzten Songwriter während der Swing-Ära den fis-Moll-Akkord durch einen Fis-Dominantseptakkord. Anstelle von h-Moll verwendeten sie einen H-Dominantseptakkord, das E in seiner Septakkordform blieb jedoch bestehen. Bei diesem Zyklus enthält jeder Akkord zwei Noten, die einen Halbtonschritt vom folgenden Akkord entfernt sind – man nennt sie auch *Leittöne*. Diese Leittöne sorgen für einen geschmeidigeren Übergang von einem Akkord zum nächsten. Solche Tricks machen alles ein wenig interessanter – sie sorgen für mehr Farbe und machen den Weg frei zu anderen Noten, auf denen man seine Melodie errichten kann. Wenn man zum Beispiel vorübergehend von einem Mollakkord zu seiner Durvariante wechselt, verschleiert man die eigentliche Tonart, in der man sich befindet.

Manchmal ist man gerade im Auto unterwegs und hat kein Instrument zur Hand (es sei denn, das Armaturenbrett hat einen eingebauten Synthesizer). Dann kann es vorkommen, dass einem ein Akkord im Kopf herumspukt, von dem man nicht weiß, wie er heißt. In diesem Fall sollte man versuchen, die Noten zu singen und mit dem Digitalrekorder oder dem Handy aufzunehmen. Zu Hause kann man sie sich dann auf dem Keyboard zusammensuchen.

Vorwärts im Akkordtempo!

Es ist so weit: Lassen Sie sich nun von den verschiedenen Akkorden inspirieren und bleiben Sie dran! Holen Sie Ihre große Akustikgitarre hervor (die mit dem kleinen Saitenabstand und der tiefen Stimme), setzen Sie sich in Ihr Lieblingszimmer oder, falls schönes Wetter ist, draußen im Garten unter den alten Lindenbaum. Vielleicht wollen Sie auch Ihre E-Gitarre an einen Verstärker anschließen und sogar eines dieser inspirierenden Effektpedale wie den Flanger hinzunehmen (Geräte wie der Electric-Mistress-Flanger von Electro-Harmonics verleihen Ihren Akkorden jenen schillernden 12-String-Effekt, den Sie von Ihren Tom-Petty- und Rush-Platten kennen), damit jeder Akkord ausreichend Tiefe bekommt. Falls Sie Hardrocksongs schreiben, stellen Sie Ihr Overdrive-Pedal (wie zum Beispiel das Ratt-Pedal von Pro-co) auf die hohe Verzerrungsstufe. Sie können zahlreiche Effekte zu einem einzigen vereinen, indem sie ein Pod-Multieffektgerät anstöpseln, das die Klänge klassischer Effektpedale und altmodischer Verzerrer, den Leslie-Lautsprechereffekt (das ist der rotierende Lautsprechersound, der die klassische Hammondorgel nachahmt), Phaser, Wah-wahs und weiterer soundentstellender Gimmicks auf digitale Weise modelliert, um die musikalischen Säfte fließen zu lassen. Oder setzen Sie sich an Ihr elektronisches Keyboard und arbeiten Sie mit einem inspirierenden *Patch* (das sind jene vom Hersteller vorprogrammierten Aufnahmen, die man meist nicht findet – als letzte Rettung konsultieren Sie bitte Ihr Handbuch!). Zu empfehlen wäre eine Piano-Aufnahme mit ein paar Saitenklängen oder einem Chor als Beigabe, die das Ganze ein wenig polstert und fülliger klingen lässt).

Spielen Sie jetzt einen schönen, üppigen C-Dur-Akkord – und zwar möglichst in den tieferen Bereichen der Tastatur oder des Griffbretts, damit er auch wirklich reich und voll klingt. Halten Sie ihn vier Taktschläge lang. Und nun spielen Sie ein G-Dur – wiederum über vier Taktschläge. Beim nächsten Durchgang fügen Sie dem C-Dur eine *große Sekunde* hinzu (so nennt man eine Note, die sich einen Ganzton oberhalb des Grundtons oder der Tonika des Akkords befindet) – das wäre in diesem Fall ein D. Hört sich doch cool an, oder? Tja, Sie haben gerade eine perfekte Akkordprogression gespielt. Als Nächstes spielen Sie die gleichen Akkorde mit geschlossenen Augen und lassen Ihren Gedanken dabei freien Lauf. Aus dem Nichts kommen oft wertvolle Melodiefragmente und Worte, und manchmal wird Ihnen auch der Weg gezeigt, den Sie, ausgehend von diesen drei anfänglichen Grundakkorden, einschlagen sollen. Es ist tatsächlich eine Art meditativer Zustand. Ihr Unterbewusstsein sitzt jetzt am Lenkrad – und es verfährt sich nie! Während Ihr Geist und Ihre Gefühle durch die Landschaft treiben, drängen sich Rhythmen wie von selbst auf. Und Sie selbst sitzen im Publikum und lauschen, stehen aber auch gleichzeitig auf der Bühne und spielen.

Spielen Sie diese Akkorde immer wieder, experimentieren Sie mit unterschiedlichen Geschwindigkeiten und Anwendungsarten der Akkorde, angefangen beim *Staccato* (abgehackt und rasch) bis hin zum *Legato* (lang und gebunden). Als Nächstes versuchen Sie, einige Akkorde gegen andere auszutauschen, um zu prüfen, ob die Progression auf diese Weise für Sie noch besser klingt. Vielleicht wird daraus ja eine völlig neue Melodie geboren. Nach dem C-Dur und dem G-Dur probieren Sie jetzt anstelle von a-Moll ein B-Dur aus, dann geht es wie zuvor weiter nach F-Dur. Die Stimmung wird dadurch kantiger, und es klingt nicht mehr so weich. Wollen Sie es noch eine Spur kantiger? Dann spielen Sie nach dem B-Dur ein As-Dur. Anstatt nun die linke Hand bei den Akkordwechseln zu verlagern (sie wurde bisher mit dem Grundton des Akkords verschoben), lassen Sie sie bei sämtlichen Akkorden auf dem Grundton C ruhen (mit dieser Technik werden Sie die Stimmung der Akkorde ganz deutlich in dunklere Bereiche transportieren). Dann kehren Sie zurück zu Ihrer ursprünglichen Progression aus C, G, Am (Abkürzung für a-Moll) und F. Was für einen Unterschied das macht! So können Sie endlos weiterexperimentieren, mit jeder beliebigen Anzahl und Folge von Akkorden – bis Sie eine gefunden haben, die Ihnen den Weg zur perfekten Melodie ebnet (oder Sie zu dem perfekten Co-Writer führt, dem es gelingen wird, Ihrem Traum den letzten Schliff zu geben).

Das Instrument, für das Sie sich beim Komponieren entschieden haben, und der von Ihnen gewählte Sound bestimmen nicht nur den Wirkungsbereich, auf den Sie Ihre Aufmerksamkeit richten, sondern auch den Stil des Songs, zu dem Ihre Kreativität Sie inspiriert.

Haben Sie nun eine grundlegende Akkordprogression gefunden, sollten Sie nicht nur versuchen, einen Akkord gegen den anderen auszutauschen, sondern auch mit verschiedenen Klangvarianten zu experimentieren. Zum Beispiel: Ein normaler C-Dur-Akkord besteht aus den Noten C, E und G. Um ihn etwas munterer klingen zu lassen, machen Sie das E zur tiefsten Note des Akkords, gefolgt vom G und schließlich vom C als höchstem Ton – und schon haben Sie eine sogenannte Umkehrung des Akkords gespielt. Ein weiterer Trick, auf den Brian Wilson beim Anordnen der Noten gern zurückgreift, besteht darin, statt des Grundtons eine andere Note zu wählen. Wenn Sie auf der rechten Seite einen C-Dur-Akkord spielen, sollten Sie links statt eines C ein E spielen. Beachten Sie, wie reibungslos diese Notenkonstellation zum F-Dur hinübergleitet.

Beim Schreiben einer Akkordprogression tausche ich oft auf die hemmungsloseste Weise Bassnoten aus. Wenn mir ein Akkordmuster irgendwie zu gewöhnlich klingt, begibt sich meine rechte Hand auf die Suche nach einer neuen Farbe, die ich ihm hinzufügen könnte. Bei »I Can't Hold Back«, einem Song, den ich zusammen mit Frankie Sullivan für Survivor geschrieben habe, gewinnt der erste Akkord des Refrains (»I can't hold back, I'm on the edge«) an Spannung, indem ich ihm anstelle der Tonika die Terz beigeselle (der Refrain ist in E-Dur, die Terz ist also um drei Tonstufen höher – ein G#). Wenn die Progression aus E-Dur, A-Dur und H-Dur zum dritten und letzten Mal wiederholt wird, sorgt der Grundton des Akkords für zusätzliche Stabilität. Mithilfe dieses Tricks hört sich der Refrain viel ungewöhnlicher an. Versuchen Sie das beim nächsten Song, den Sie schreiben, ruhig auch einmal.

Jim Peterik, Songwriter von 18 Billboard-Top-Ten-Hits

Versuchen Sie sich nun an einer Progression in einer Molltonart. Beginnen Sie mit einem a-Moll-Akkord, den Sie zwei Taktschläge lang halten. Dann folgen zwei Beats in C-Dur, dann in D-Dur, dann in F-Dur. Klingt ziemlich verrucht, oder? Ein bisschen wie »House Of The Rising Sun«, geschrieben von Eric Burdon und John Sterling, bekannt geworden in den 1960er-Jahren durch die Animals. Und nun versuchen Sie, ein paar Akkorde auszutauschen. Beginnen Sie wieder in a-Moll, dann gehen Sie wie zuvor nach C-Dur, dann zu F-Dur, dann zu E7. Die Stimmung bleibt die gleiche, doch jetzt wird niemand mehr sagen: »Klingt genau wie ,House Of The Rising Sun'.« Und jetzt trauen Sie sich was und gehen von a-Moll über d-Moll zu G#7, dann zu G-Dur. Wow! Wie toll ist das denn? Experimentieren Sie weiter mit den unterschiedlichsten Progressionen und Kombinationen, bis Sie etwas haben, bei dem Sie sich schon jetzt darauf freuen, morgen damit weiterarbeiten zu können.

Der Austausch von Akkorden ist eines der Grundnahrungsmittel in der Speisekammer des Musikers. Anstatt zum Beispiel einen A-Dur-Akkord zu benutzen, der aus den Noten A, C# und E besteht, finden Sie inner- oder auch außerhalb derselben Tonart mit Sicherheit einen anderen Akkord, der eine oder zwei der gleichen Noten enthält. Wenn ich in A bleiben und einen Ersatz für den A-Dur-Akkord finden möchte, begebe ich mich auf die sechste Stufe der Tonleiter – zum F#. Die Noten dieses Akkords heißen F#, A und C#, wobei er das A und das C# mit dem A-Dur-Akkord gemeinsam hat. Diese Ersatzakkorde sorgen für mehr Vielfalt und unter Verwendung exakt der gleichen Melodienoten für eine total andere Stimmung.

Mike Aquino, Session-Gitarrist aus Chicago

Vor einiger Zeit lernte Jim eine wertvolle Lektion in Sachen Akkordaustausch, als er sich »Private Dancer« anhörte, den Hit, den Mark Knopfler für Tina Turner schrieb. Am Ende des Refrains, bei der Textzeile »and any old music will do«, wo es auf völlig vorhersagbare Weise zum 1er-Durakkord hätte zurückgehen können, kommt stattdessen der 6er-Mollakkord. Ein solche Kadenz bezeichnet man als *Trugschluss*, da man fälschlicherweise glaubt, es ginge jetzt nach Hause zur Tonika, dabei aber geht es zur Mollparallele. Dadurch entsteht eine Beunruhigung, das Gefühl einer Frage ohne Antwort, wie sie zur bittersüßen Aussage des Textes gut passt. Seitdem sieht sich Jim, bevor er beim Komponieren die Melodie verändert, erst einmal die grundlegenden Akkorde an – vielleicht sorgt ja ein einfacher Austausch für die interessanteste Wirkung.

Lernen Sie auf dem Instrument Ihrer Wahl so viele Akkorde wie möglich zu spielen. Falls Sie Gitarrist sind, gibt es für Sie keine besseren Bücher als Mel Bays *Rhythm Guitar Chord System* (erschienen bei Mel Bay Publications, Inc.) und Antoine Polins *Gitarrenakkorde für Dummies* (Wiley-VCH, Weinheim). Zahllose Rock-, Pop- und Jazzgitarristen verweisen auf diese Bücher als ideale Möglichkeiten zum Selbststudium. Und wenn Sie einen bestimmten Akkord mal nicht finden – was soll's, dann haben Sie ihn eben gerade erfunden. Im Netz werden Sie fündig auf der großartigen Seite chordbook.com, wo Sie Ihre eigenen virtuellen Akkorde kreieren, speichern und später wieder abrufen können. Je mehr Akkorde Ihnen zur Verfügung stehen, umso mehr Möglichkeiten bieten sich Ihnen beim Komponieren.

Viele Songwriter stoßen auf interessante Möglichkeiten, Akkorde zu verbinden, indem sie bestimmte Noten innerhalb der Akkorde beibehalten, egal ob das nun die tiefsten oder höchsten sind, und bei wenigstens zwei oder drei Akkorden an der Hauptnote der betreffenden Tonart festhalten. Diese Technik sorgt für besonderen Zusammenhalt. Die Akkorde bewegen sich zwar in eine bestimmte Richtung, doch es ist ein Element vorhanden, das uns signalisiert: »Wir sind alle miteinander verbunden.«

Der aufstrebende Songwriter tut gut daran, einen oder zwei Kurse in Musiktheorie zu belegen (oder Michael Pilhofers und Holly Days Buch *Musiktheorie für Dummies*, erschienen bei Wiley-VCH, eingehend zu studieren). Man weiß danach einfach besser, *warum* etwas in Sachen Akkordprogression funktioniert oder nicht. Falls Sie aber keine Zeit für einen Kurs oder zum Bücherwälzen haben, nehmen Sie sich wenigstens eine Stunde Zeit und erlernen Sie folgende sechs Akkorde: C-Dur, d-Moll, e-Moll, F-Dur, G-Dur und a-Moll. Mit diesen sechs Akkorden sind Sie im Grunde schon bestens dafür ausgerüstet, Ihren ersten Megahit zu schreiben. Das können Sie ruhig glauben – die meisten Songs in den Charts bestehen sogar nur aus drei oder vier Akkorden. Da sind sechs wirklich mehr als genug, um sich an sein großes Meisterwerk zu wagen.

Wählen Sie das richtige Instrument für Ihren Stil!

Die Art von Instrument, die Sie wählen, wird sich gewiss auf die Richtung auswirken, in die Ihr Song sich entwickelt. Umgekehrt aber wird Ihnen das passende Instrument auch große Dienste erweisen, wenn Sie bereits wissen, in welches Genre Ihr in Planung befindlicher Song gehört. In den folgenden Abschnitten gehen wir zusammen einige Akkordinstrumente durch und ordnen sie den jeweils angemessenen Stilrichtungen zu.

Wollen Sie auf die Gitarre bauen ...

Je nach Typus ist die Gitarre eigentlich *das* Instrument, auf dem sich fast die gesamte Bandbreite an Musikstilen spielen lässt. Für Folk, Country, Lightrock und verschiedene Arten der Popmusik empfiehlt sich am ehesten eine gute akustische Gitarre (auch Folkgitarre genannt). Mit ihrem schwerelosen und glasklaren Klang eignet sie sich bestens zum Herumexperimentieren mit den Akkorden, die man für diese Musikgenres braucht. Besonders erwähnenswert ist in diesem Zusammenhang Corinne Bailey Raes Debütalbum, das seine organische, persönliche und soulgeladene Qualität größtenteils vom Einsatz der Gitarre bezieht und innerhalb ihres vom Adult-Contempary-Format geprägten Rhythm-and-Blues-Genres sicher eine einzigartige Sonderstellung einnimmt.

Falls Sie Hardrocksongs schreiben wollen (oder Stücke aus den Bereichen Alternative, Punk, Grunge, Melodic Rock und so weiter), sollten Sie sich eine E-Gitarre mit Verstärker kaufen, die sich in unterschiedlichen Graden verzerren lässt. Und damit Ihr Vermieter Sie nicht entnervt an die Luft setzt, sei dazu gesagt, dass die Hersteller von Verstärkern sogar an sogenannte Master-Volume-Regler gedacht haben, die es Ihnen erlauben, auch in ohrenfreundlicher Lautstärke nach allen Richtungen zu verzerren und zu übersteuern. Sie können Hardrock natürlich auch auf einer akustischen Gitarre komponieren, aber um sich das Klangergebnis vorzustellen, brauchen Sie schon ein gehöriges Maß an Fantasie. Außerdem können Sie mit einer Akustikgitarre nicht verzerren, um somit die Akkorde zu verlängern und die für dieses Genre typischen Riffs zu kreieren.

Falls Sie ein eigenes Homestudio haben, möchten Sie vielleicht mit Ihrem Amp Farm Line 6 oder Ihrer Sansamp-Software die verschiedenen Sounds durchexerzieren, die diese Firmen für Sie *maßgeschneidert* haben (die Kunst der Manipulation von Sinuswellen, Wellenlängen und weitere elektronische Delikatessen, mit denen sich der Sound dieser klassischen Verstärker haargenau nachahmen lässt) – also so ziemlich alles, vom kühlen Marshall Stack (dem klassischen britischen Rock-Verstärker, den auch Pete Townsend von The Who, Duane Allman und viele andere Musiker verwenden) über einen zerfetzenden Soldano-Ton bis hin zum astreinen Fender Twin Reverb.

Für Latino-Songs ist eine Gitarre mit Nylonsaiten (auch klassische, spanische oder Flamenco-Gitarre genannt) die Eintrittskarte zur Inspiration.

Eine nützliche Technik beim Songwriting ist übrigens der Gebrauch eines Kapodasters (Kapo). Ein *Kapodaster* wird am Gitarrenhals festgeklemmt, um die Tonart wechseln zu können, ohne dazu andere Akkorde greifen zu müssen. (Ein Beispiel: Wenn Sie den Kapo im dritten Bund befestigen und einen E-Dur-Akkord greifen, ist das, was Sie hören, in Wirklichkeit ein G-Dur-Akkord). Je nachdem, in welchem Bund man ihn festklemmt, verändert der Kapo also die gegriffenen Akkorde. Das ist besonders hilfreich, wenn man die richtige Tonlage für einen Sänger sucht; aber auch ein Songwriter kann davon profitieren, zumindest hinsichtlich des erzeugten Feelings, denn die Färbung und Perspektive verändert sich sehr, wenn man die Akkorde nach oben oder unten verschiebt.

Einen Kapo (einen guten bekommt man im Musikladen bereits für zehn Euro) benutze ich vor allem, wenn ich Country- oder Folksongs schreibe. In der Regel befestige ich ihn im dritten oder vierten Bund. Ich mag diese tönende, fast schon mandolinenartige Maserung, die er den Akkorden verleiht – es klingt einfach frisch. Wenn ich Rock schreibe, vor allem Alternative Rock, stimme ich gern die gesamte Gitarre um eine ganze Tonstufe herunter, damit es schmutziger klingt. Gern stimme ich auch die tiefe E-Saite zum D herab – das ist der Sound der Gitarren bei »Draw The Line« von Aerosmith.

Jim Peterik, Songwriter von 18 Billboard-Top-Ten-Hits

Vielleicht wollen Sie ja ein Buch über alternative Gitarrenstimmungen lesen. Egal, ob bei Joni Mitchell und ihrer umgestimmten Akustikgitarre oder bei Keith Richards von den Stones auf der Elektrik- und Akustikgitarre – diese Alternativen zur Standardstimmung E, A, D, G, H, E führen zu völlig neuen Akkordprogressionen und begleitenden Melodien. Hören Sie sich auch die Songs der Gruppe Creed an, deren Akkorde auf der Grundlage einer D-A-D-A-D-D-Stimmung erklingen und mit ihrem monotonen Geleier eine unerklärliche Power ausstrahlen.

Fender hat eine neuere Version des kultigen Stratocaster-Modells auf den Markt gebracht, die es ermöglicht, alternative Stimmungen auf elektronischem Weg zu erzeugen – einfach so, per Knopfdruck! Unglaublich, aber wahr.

... oder lieber in die Tasten hauen?

Das Keyboard (so wie jedes andere Tasteninstrument, das sich aus dem Klavier entwickelt hat) ist eines der vielseitigsten und am weitesten verbreiteten Akkordinstrumente für den Songwriter. Für alles, von der Powerballade bis hin zum guten alten Rock 'n' Roll (Jerry Lee Lewis war vermutlich der König des Rock-Piano), ist das akustische Klavier wohl die Allzwecklösung. Heutzutage gibt es E-Pianos, die – je nach Größe und Anschaffungskosten – dem Sound eines akustischen Klaviers verblüffend nahekommen. Die Erhabenheit und Würde eines guten Klaviers (oder Sampled Grand, wenn es um die elektronische Variante geht) ist einfach durch nichts zu übertreffen.

Für noch mehr Inspiration können Sie sich ein Keyboard oder Digitalpiano zulegen, das nicht nur eine beträchtliche Auswahl an Patches fürs Klavier enthält, sondern Ihnen auch großartige E-Piano-Klänge liefert – den Sound der Wurlitzer-Orgel, unvergesslich geworden durch »These Eyes« (geschrieben von Randy Bachman und Burton Cummings; gesungen von The Guess Who) oder das Fender-Rhodes-Piano wie bei »You Are The Sunshine Of My Life« (geschrieben und gesungen von Stevie Wonder). Außerdem bieten Sie je nach gewähltem Modell Synthesizer-Blechbläserklänge zur späteren Verwendung (sehr nützlich beim Komponieren von Rock im Stil der 1980er; hören Sie sich »Heat Of The Moment« an, geschrieben von John Wetton und Geoff Downes; gesungen von Asia), ferner Holzblasinstrumente sowie eine umfassende Sammlung von ausgefallenen und schrägen Synthesizer- und E-Bass-Sounds. R & B, Gospel, Jazz, New Age, Urban und Dance-Pop – sie alle gehören hauptsächlich zum Hoheitsgebiet der Tasten.

Da Urban-Musik von der Verwendung der Akkorde her so schlicht gestrickt ist (normalerweise nur ein bis zwei Akkorde pro Song), wird der spezielle Klang des Pianos besonders maßgeblich für die Stimmung und den Facettenreichtum der Songs.

Viele der klassischen Synthesizer-Keyboards (deren Sound gelegentlich als »retro« bezeichnet wird) wurden inzwischen in gesampelter Form in die neueren Instrumente integriert – zuvor war es unmöglich, Sounds wie die des klassischen Jupiter 8 von Roland, des Oberheim, des Yamaha DX7 und selbst des vielfach verteufelten Mellotron zu finden. Dieses wunderbare britische Keyboard, dessen Sound wir vor allem von zahlreichen Aufnahmen der Moody Blues kennen, enthielt eine Reihe von Tonband-Magnetstreifen mit erstklassigen Aufnahmen von echten Geigen, Cellos, Flöten und Gesang. Dummerweise neigte es dazu, nicht zu funktionieren. Neil Young zum Beispiel beschloss, für seine Band erst dann eines zu erwerben (für 10.000 Dollar, eine Menge Geld), als er es in seinem Transporter *auf der Seite* ruhend anstatt aufrechtstehend unterbringen konnte. Dabei jedoch fielen sämtliche Bandstreifen heraus und blieben wie Luftschlangen auf dem Fahrzeugboden liegen – und das war's gewesen!

So viel Spaß es auch macht, mit Akkorden auf dem Keyboard oder der Gitarre zu experimentieren, so interessant ist es auch, einen Bass-Patch auf dem Keyboard (entweder Synthesizer- oder E-Bass) aufzurufen oder eine elektrische Bassgitarre anzustöpseln und mit den Hauptnoten der jeweiligen Akkorde zu arbeiten. Unsere Fantasie hat mehr Raum zum Umherschweifen, wenn sie nicht durch eine Vielzahl von Akkorden behindert wird.

Obwohl sich praktisch auf jedem Akkordinstrument für jedes Genre komponieren lässt (die einzigen Ausnahmen sind vielleicht Death Metal auf der Mandoline oder Acid Rock auf dem Banjo), eignen sich dennoch bestimmte Instrumente für ein bestimmtes Genre besser als andere. Je mehr man mit unterschiedlichen Instrumenten experimentiert, umso eher findet man als Songwriter sein wahres musikalisches Zuhause.

Übung macht den Meister

Nun, da Sie einige tolle Akkorde kennengelernt haben und auch wissen, wie man sie zu einer Progression zusammenfügt, sollten Sie sich wieder den großartigen Melodien zuwenden, die Ihnen bei der Lektüre von Kapitel 9 eingefallen sind, und unterschiedliche Akkordmuster ausprobieren, mit denen Sie sie unterlegen. Wer weiß? Vielleicht gelingt Ihnen ein Akkordmuster von ganz spezieller Färbung, das Ihren Song zu ungeahnten Höhen emportreibt.

Theorien zum Thema Akkorde und Akkordprogressionen gehören sicher mehr zur technischen Seite des Songwritings – und falls sie Ihnen die Arbeit erleichtern, umso besser! Falls aber nicht, sollten Sie keineswegs den Mut verlieren. Üben Sie weiter, experimentieren Sie weiter und gönnen Sie sich die Freiheit, kreativ zu sein, aber auch mal Fehler zu machen. Lesen Sie sich bestimmte Abschnitte in diesem Buch noch einmal durch (falls nötig, sogar immer wieder) – bis Sie die Arbeit mit Akkorden aus dem Effeff beherrschen. Dann versetzen Sie sich in den richtigen Groove und lassen Ihre schöpferischen Kräfte schalten und walten, stets in Erwartung geradezu magischer Resultate. Fällen Sie nie ein Urteil, bevor Sie nicht fertig sind, und falls es Ihnen Inspiration verschafft, bekennen Sie sich ruhig dazu, zu den Songwriting-Dummies zu gehören, für die dieses Buch ja gedacht ist.

Was die anderen sagen, ist egal – verlassen Sie sich bei der Suche nach Akkorden stets auf Ihr Bauchgefühl und Ihre Intuition. Nur auf eins sollten Sie achten: Nicht über die Stränge zu schlagen und Ihre Akkordprogressionen zu überladen; auf diese Weise verjagen Sie nur Ihr Publikum (das mit einer solchen Fülle an genialer Schaffenskraft nun mal nicht mithalten kann).

Kapitel 11

Gut geblufft ist halb gewonnen: allerlei technische Hilfsmittel, Tricks und Gimmicks

Willkommen im 21. Jahrhundert – dem Zeitalter der unbegrenzten Möglichkeiten und der Dinge, die gestern noch als Wunder galten. Der Ära, in der die Worte »Das geht nicht« aus dem Sprachschatz verschwunden sind und in der es diese kleine Zauberbox namens Internet gibt, die uns nicht nur jede Information verschafft, die wir brauchen, sondern dies auch in einem Affentempo.

In diesem Kapitel sehen wir uns ein paar faszinierende technische Hilfsmittel an, die der Songwriter für sich nutzen kann. Hilfsmittel, mit denen man bessere Texte schreiben kann, seine Songs besser aufbewahren und verwalten kann und die einem sogar dabei helfen, werbewirksame und überzeugende Demos aufzunehmen. Und schon geht's los.

Songs erfinden – noch schneller, noch besser, noch müheloser

Falls Sie die letzten Jahre nicht unter einem Felsen auf einer einsamen Insel verbracht haben, ist Ihnen sicher aufgefallen: Das Musikbusiness hat sich von Grund auf verändert! In den 2000er-Jahren herrschte größtenteils ein organisiertes Chaos, und das Spielfeld wurde erweitert aufgrund zahlreicher technischer Neuerungen. Und auch wenn dies den großen Plattenlabels und dem traditionellen Musikhandel nicht unbedingt in die Tasche spielt, so kommt es den Songwritern und unabhängigen Künstlern dieser Welt doch umso mehr entgegen.

Die Gretchenfrage lautet: Haben Sie angesichts all der neuen Hilfsmittel, die Ihnen das Leben erleichtern, im Endeffekt wirklich mehr Zeit für sich selbst? Es ist inzwischen möglich, alles in Erfahrung zu bringen, was man wissen will, und selbst die Oma kann uns überall aufspüren, falls ihre Augen die Handytastatur noch entziffern können, und mit uns reden – was nicht in jeder Situation die Stimmung zu heben vermag. Manchmal, so scheint es, rennt man umher wie ein kopfloses Huhn, um in noch weniger Zeit noch mehr zu schaffen. So viel zu den Segnungen der modernen Zeit! Auf der anderen Seite: Man lebt nur einmal …

Hilfsmittel, mit denen alles schneller geht

Wenn einem die Dinge schneller und reibungsloser von der Hand gehen, ist dies in der Regel von Vorteil. Das gilt für Songwriter ebenso wie für alle anderen Berufsgruppen. Je rascher man seine Einfälle notieren, aufnehmen und der Welt zum Geschenk machen kann, umso besser. Hier eine Liste unserer Lieblings-Zeitsparmethoden, Hilfsmittel und Gimmicks:

- ✔ **iPhone (oder jedes andere Smartphone):** Ob man eine coole Gitarre fotografieren, eine schnelle Songidee aufzeichnen oder sich erkundigen will, welche Bands wo auftreten und wo ein Treffen stattfindet, oder ob man einfach nur seine Kontaktadressen verwalten will– das iPhone kann es, weiß es, hat es. In Sekundenschnelle.

- ✔ **Skype (oder MS Teams und Zoom):** Mithilfe dieser technischen Errungenschaft kann man billige Auslandsgespräche führen und mit Leuten überall auf der Welt zusammenarbeiten – was besonders nützlich beim Organisieren internationaler Tourneen ist. Warum also seine Zeit mit E-Mails vergeuden oder gar noch wie in der Steinzeit zum Postamt und wieder nach Hause latschen – wenn sich alles im direkten Gespräch erledigen lässt? Rammstein haben es in den Staaten zu großem Ruhm gebracht – weshalb nicht auch Sie?

- ✔ **Dropbox (und viele andere Clouds):** Ein virtueller Speicher, der es Ihnen ermöglicht, so ziemlich jede Art von Datei zu sichern und mit anderen zu teilen. Das Tolle daran: Sie haben jederzeit und auf jedem Rechner Zugriff zu Ihren Dateien; es ist also halb so schlimm, wenn Sie Ihr Laptop mal nicht bei sich haben. Und es ist kinderleicht zu bedienen – einfach nach der Drag-&-Drop-Methode. Sie sparen jede Menge Zeit und sind, wenn Sie darauf warten, dass man Ihnen Ihre Musik liefert, nicht mehr darauf angewiesen, auf den Post- oder gar Götterboten zu warten.

- ✔ **Filezilla FTP Client:** FTP steht für *File Transfer Protocol* (Dateiübertragungsprotokoll), was auf gut Deutsch bedeutet »große Dateien rasch übers Internet zu verschicken und zu empfangen«. In anderen Worten: Es ist ein Programm, mit dem Sie und Ihre Songwriter-Kollegen Dateien hoch- und runterladen und gegenseitig aneinander verschicken können. Auf ganz ähnliche Weise funktioniert auch »WeTransfer« – ein Superprogramm und benutzerfreundlich dazu!

✔ **Nierenmikrofon:** Ein USB-Mikro, das Sie einstöpseln und sofort in Betrieb nehmen können (Plug-n-Play), um Ihre Einfälle in angemessener Soundqualität festzuhalten – an jedem Laptop und egal wo Sie sind. Es eignet sich auch hervorragend zum *Podcasting* (dem Verteilen von Mediadateien übers Internet zwecks Wiedergabe auf Mobilgeräten, häufig im MP3-Format).

Wenn Sie ernsthaft daran interessiert sind, Ihre Songwriting-Sessions im Affentempo abzuwickeln, beachten Sie auch unsere Lieblings-Zeitsparmethoden:

✔ Haben Sie stets die richtigen Nachschlagewerke parat – wie zum Beispiel ein Reimlexikon oder ein Synonymwörterbuch.

✔ Halten Sie auf jedem digitalen Arbeitsgerät eine Mustervorlage bereit, eingestellt für ein Mikro und jedes Instrument, das Sie benutzen – oder führen Sie einen tragbaren Rekorder mit sich und achten Sie darauf, dass die Batterien nicht schon halb hinüber sind.

✔ Falls Sie einen Bleistift benutzen, sollten Sie einen mit »Klick« wählen, den Sie nicht erst anspitzen müssen. Es gibt nichts Schlimmeres, als einen kreativen Vorgang zwangsweise unterbrechen zu müssen – und den Spitzer findet man eh nie, wenn man ihn braucht!

✔ Schalten Sie Ihr Handy aus und stellen Sie an jedem Festnetzanschluss den Klingelton ab – und falls noch andere Leute im Haus wohnen, bitten Sie sie, so zu tun, als wären Sie nicht daheim. Und erledigen Sie alle anderen wichtigen Dinge vorher – ein entspannter Geist ist ein aufnahmebereiter Geist.

Wie man in null Komma nichts zum Experten wird

Vorbei sind die Tage, in denen man für jeden Handgriff einen Fachexperten benötigte. Selbst ist der Mensch, lautet die Devise, seit die Erfindung neuer Technologien es uns ermöglicht, in fast allen Bereichen auf eigene Faust zum Experten zu werden – und das, ohne ewig und drei Tage dafür lernen zu müssen und somit wertvolle Zeit zu verlieren. Fast alles, was man sich früher erst mühsam aneignen musste, erledigen heute smarte kleine Gerätschaften. Hier ein paar Bereiche, die noch bis vor Kurzem das unumstrittene Hoheitsgebiet von Experten waren:

✔ **iMovie:** Eine Mac-Software, die äußerst praktisch ist, wenn man Videoclips schnell zusammenschneiden muss. Es ermöglicht großartige Übergänge und Effekte, um Inhalte für YouTube und andere Videoseiten gewissermaßen am Fließband zu produzieren.

✔ **ReverbNation (oder Constant Contact):** Eine amerikanische Website für Musiker, auf der Sie alles finden, was Sie brauchen, um eine persönliche Kontaktliste zu erstellen und Neuigkeiten oder Updates an Ihre Fans zu verschicken. Eine einfache Methode, um Ihre Datenbank und Ihre sozialen Netzwerke von einem zentralen Punkt aus zu verwalten. Sie umfasst auch eine benutzerfreundliche Funktion, um einen

»Sign up«-Button zum Registrieren auf Ihrer Website zu verewigen, sodass Sie mit neuen Fans stets in Kontakt bleiben können.

✔ **WordPress:** Wollen Sie Ihre Ideen der ganzen Welt präsentieren und bei den Suchmaschinen-Resultaten ganz oben stehen? Mit WordPress können Sie Ihren eigenen Blog ins Internet stellen (mehr über Blogs in Kapitel 13), der sich nebenher auch als ganz reguläre Website nutzen lässt. Wenn Sie Ihre Inhalte regelmäßig und mühelos aktualisieren wollen, ist eine Blogsite genau das Richtige für Sie.

✔ **Google:** Google ist weitaus mehr als nur eine Suchmaschine – obwohl Sie durch »Googeln« in Sekundenschnelle vom Dummy zum Experten avancieren können. Sie können aber auch ein E-Mail-Konto einrichten, Ihre Kontakte verwalten, Ihren Terminkalender auf den neuesten Stand bringen, Projekte und Dokumente online stellen, sodass Sie überall darauf zugreifen können – sprich: ein allumfassendes Organisationssystem pflegen, das auch dafür sorgt, dass Sie keinen Fauxpas begehen und Ihrem Publikum in San Diego mit den Worten danken: »Ich freue mich so, in Cleveland gewesen zu sein.« In solchen Fällen guckt man nämlich meist nicht nur wie ein Dummy, sondern sogar ziemlich dumm aus der Wäsche.

Und falls Ihnen das alles noch nicht reicht, ja falls Sie sozusagen auf Genieebene aufsteigen wollen, sollten Sie unbedingt auch unsere Profi-Expertentipps beherzigen:

✔ Machen Sie sich mit der Software, die Sie benutzen – dazu gehören auch Ihre Textverarbeitungsprogramme, Ihre Audiotechnik-Software (wie zum Beispiel Pro Tools oder Logic) – und sämtliche Hardware (wie Drum-Synthesizer und so weiter) vertraut. Wenn es zu irgendetwas davon ein Handbuch im PDF-Format gibt, laden Sie es sich herunter, drucken Sie es aus – und *lesen Sie es*! Wenn Sie Glück haben, gibt es für Ihre Software sogar ein *Dummies*-Buch – und darin ist bekanntlich alles so beschrieben, dass Sie es auf jeden Fall verstehen.

✔ Entwickeln Sie ein System zum Verwalten Ihrer Textideen. Das braucht nichts Kompliziertes zu sein – ein Spiralblock oder Karteikarten reichen oft schon aus; es darf aber auch eine Datenbank auf Ihrem Computer sein. Werfen Sie *nie* etwas weg, das Sie geschrieben haben – auch wenn Sie es bescheuert finden. Beim Komponieren können diese Archive eines Tages wertvoller sein als Sie jetzt glauben. Greifen Sie oft darauf zurück!

✔ Kaufen Sie sich einen kleinen tragbaren Mikrorekorder, den Sie einfach in Ihre Aktentasche, Ihre Damen- oder Herrenhandtasche oder Ihren Rucksack werfen können. Sie wissen nie, wann die Muse das nächste Mal Lust hat, Sie zu küssen! Der hammerharte Melodie-Hook oder die Textzeile, die sich auf dem Weg zum Supermarkt durch Ihren Gehörgang bohrt, wird verwehen wie ein Blatt im Wind, wenn Sie es versäumen, die Gunst des Augenblicks zu nutzen.

✔ Lassen Sie sich überraschen. Engen Sie Ihre Muse nicht durch Ihren persönlichen Geschmack ein. Falls Sie Heavy-Metal-Songwriter werden wollen und es fällt Ihnen ein Super-Countrysong ein– verweigern Sie sich nicht! Schreiben Sie ihn auf! Machen Sie ein Demo! Sie sind der Künstler. »Einfach fließen lassen«, sagen die Experten – und die müssen es ja wissen.

... und so wird Ihr Leben noch leichter

Wie kann ich mir das Leben leichter machen? – Eine Frage, die man sich eigentlich fortwährend stellt, und das zu Recht. Jede Minute des Lebens ist kostbar, darum sollten Sie sie für die wirklich wichtigen Dinge reservieren. Kleinarbeit, sture notwendige Übel, das ganze fruchtlose Drumherum des kreativen Schaffens – mit all dem sollten Sie sich nur im allernotwendigsten Rahmen belasten und dafür umso mehr Zeit unserer Schaffenskraft widmen. Daher noch einige Hilfsmittel und Techniken, die uns größtmöglichen Freiraum verschaffen und die Flamme unserer Inspiration nähren können:

- ✔ **YouTube:** Die größte Videoseite im Internet. Hier können Sie sich viele Studio- und Liveaufnahmen zahlreicher Songs anhören, damit Sie stets auf dem Laufenden sind.

- ✔ **Aufnahme-Apps:** Kommt Ihnen manchmal schlagartig ein guter Einfall? Dann nichts wie ran ans Mikro, singen, aufnehmen und später auf den Rechner laden. Wenn Sie ein gutes Handy haben, brauchen Sie weder Notizbuch noch Digitalrekorder.

- ✔ **Tuning-Apps:** Ein Stimmgerät nimmt in der Regel nicht viel Platz weg; wer es trotzdem noch einfacher haben will – inzwischen gibt es auch Apps für Ihr Handy, mit deren Hilfe Sie Ihr Instrument wirklich überall stimmen können.

Übrigens: Nicht alle Menschen können damit umgehen, wenn sie plötzlich mehr Zeit zur Verfügung haben. Viele lieben es geradezu kompliziert und sind schon stolz, wenn sie Ordnung in das Chaos bringen können, das sie selbst verursacht haben. Wenn Sie mal eine Pause benötigen und ein wenig frische Luft schnappen wollen, versuchen Sie es mit einer der folgenden Methoden, deren Sinn es ist, dem Alltag etwas mehr Schwerelosigkeit zu verleihen:

- ✔ **Entspannen Sie sich.** Machen Sie Ihren Kopf frei. Schalten Sie das Licht aus und bleiben Sie eine Zeit lang im Dunkeln sitzen. Stellen Sie sich vor, das Radio läuft, und Sie hören den Song, den Sie zu schreiben planen. Sie werden staunen, wie oft Ihnen da plötzlich eine Textzeile oder ein Riff einfällt – und das reicht, um loslegen zu können.

- ✔ **Beurteilen Sie nicht.** Nicht alles, was Sie schreiben, ist ein Juwel. Das braucht Ihnen nicht peinlich zu sein – und ist schon gar kein Grund, irgendetwas zu verwerfen, das Ihnen nicht gefällt. Auf einen genialen Einfall kommen in der Regel hundert zweifelhafte. Willkommen also im Club!

- ✔ **Seien Sie (zunächst) verschwiegen.** Wenn Sie jemanden nach seiner Meinung fragen, ist das mit der Gefahr verbunden, dass er sie tatsächlich sagt. Aber Sie wissen ja, Sie sollen Ihr eigener Experte sein. Wenn Sie also nicht gerade mit jemandem zusammenarbeiten, behalten Sie Ihre Ideen erst mal für sich. Schon ein einziges verletzendes Wort kann den kreativen Prozess ins Wanken bringen. Erst wenn Sie mit dem Ergebnis zufrieden sind (und sich um das Copyright gekümmert haben), dürfen Sie mutig sein und an die Öffentlichkeit gehen.

- ✔ **Seien Sie stark.** Lassen Sie sich nicht vom Weg abbringen. Nehmen Sie Lob und Tadel ernst, aber auch leicht. Ihre Songs sind Ihre Kunst, soviel steht fest. Bleiben Sie am Ball!

MP3: Die Single des 21. Jahrhunderts

Die Musik hat eine interessante Reise hinter sich: Von der Single über die LP und wieder zurück zur Single. Nur dass es diesmal eine Single auf Steroiden ist. *Video Killed The Radio Star* ... und das Internet war es, das der Musik zur großen Freiheit verhalf. Das MP3-Format unserer Tage ist vergleichbar raumsparend und transportabel wie die 45er-Single, mit der man in den 1940er- und 1950er-Jahren die Jukeboxes fütterte.

Vorbei die Tage, an denen man als Hörer darauf warten musste, dass ein Rundfunksender einen neuen Künstler vorstellte. Heute lässt sich die aktuelle Musik per Knopfdruck hören, streamen und herunterladen. Überall auf der Welt haben Sie die Möglichkeit, den Klängen einer Garagenband zu lauschen, die weiter niemand kennt. Kann man auf diese Weise Kontakte zu Plattenfirmen knüpfen? Problemlos sogar. Selbst publizierte Musik ist schon lange kein Tabu mehr. Und wenn man keinen Händler findet, der die Produktion auf Lager nimmt – einfach ins Netz stellen! Heute kann jeder Künstler seine Musik gemäß eigener Vorstellungen schreiben, produzieren, vermarkten und in Umlauf bringen.

Ist das Nirvana? Oder ist es die Büchse der Pandora? Vielleicht von beidem ein wenig ...

Wenn ein Song erst mal weltweit seine digitalen Kreise gezogen hat, kann man ihn nicht wieder einfordern. Und falls Sie nicht jede Menge Kohle haben, um sich rechtlich abzusichern, wird Ihre Vorstellung, den Song »NUR GEGEN BEZAHLUNG« freizugeben, wohl ein Traum bleiben, denn auch wenn man sie nicht anfassen kann wie eine Single, LP oder CD, so bleibt ein MP3 dennoch ein Stück aufgenommene Musik, in die jemand seine Zeit und Energie investiert hat. Solange dieser Respekt und diese wohlverdiente Wertschätzung der kreativen Arbeit anderer nicht aufgebracht werden können, solange werden auch kommende Generationen sich illegal am geistigen Eigentum des Künstlers vergreifen, ohne an dessen Wohlergehen zu denken.

Als das Old-School-Geschäftsmodell der Musikindustrie dem Internet zum Opfer fiel, einigte man sich üblicherweise auf sogenannte 360er-Deals, die es den Plattenfirmen zum Schutz vor Einbußen erlaubten, Tantiemen aus dem Verkauf von Tonträgern, Konzertauftritten und Werbeverträgen zu beziehen. Eine Flut von Rechtsstreitigkeiten dokumentiert, wie Plattenfirmen über die illegale Nutzung von MP3s wirklich dachten. Und sie verfügten sehr wohl über die notwendigen Mittel, ihrem Unmut Luft zu machen.

Während also die Plattenlabels recht frostig und überzogen reagierten, wurden als Nächstes der nicht-virtuelle Plattenhandel und der Journalismus zu den Hauptleidtragenden dieses umwälzenden Kurswechsels. Selbst große Ladenketten mussten die Konkurrenz von iTunes, Spotify, P2P Networks und Online-Vertreibern fürchten. Ihre zentralen Interessen verlagerten sich von der Musik selbst auf deren Übermittlung, und dem neuesten MP3-Gerät wurde mehr Aufmerksamkeit gewidmet als dessen musikalischem Inhalt. Inzwischen gilt die Musik nur noch als Zubehör, wie ein Paar Ohrhörer.

Seriöse Musikkritiken wurden von Internet-Blogs verdrängt. Die riesige Anzahl an Websites mit Musikrezensionen, deren Leser dem persönlichen Geschmack eines einzelnen Bloggers unterworfen sind, scheint ohne Ende – und echter Journalismus musste weitgehend Rezensenten vom Schlag eines »allergrößten Fans der Band« weichen. Unglücklicherweise könnte dies der Schwanz sein, der mit dem Hund wackelt, da die Industrie ihre Veröffentlichungen gern so dargestellt sieht, dass sie ihr das verfügbare Einkommen der Hörerschaft im vorpubertären Alter sichern.

Lohnen sich all jene Scherereien?

Da im Moment kein anderes System zur Verfügung steht, muss die Antwort unweigerlich »Ja« lauten.

Dabei sein ist nicht schwer. Da nur wenige Hindernisse existieren, kann im Grunde jeder mitmachen. Ein Computer, die richtige Software, das entsprechende Instrument – mehr bedarf es nicht, um sich ein Homestudio einzurichten. Kreative Prozesse selbst lenken zu können – das ist es, was Künstler sich schon immer wünschten. Wie bereits erwähnt, können Musiker auf diese Weise ihre Songs genau so schreiben, produzieren, vermarkten und in Umlauf bringen wie von ihnen beabsichtigt. Gemeinschaftsproduktionen lassen sich ohne große Ausgaben bewerkstelligen, indem man sich vorproduzierte Tracks per E-Mail schicken lässt, sodass sich die einzelnen Bausteine zusammenbasteln lassen. Stellen Sie sich vor, Sie würden stets eine Sammlung in der Tasche mit sich herumtragen, um anderen Ihre neuesten Kreationen präsentieren zu können.

Nachdem man das MP3 aufgenommen hat, sei es in Form einer Hörprobe oder als vollständigen Song, kann man es auf eine Website hochladen und somit praktisch jedermann zugänglich machen. Und entscheidet man sich für ein soziales Netzwerk wie Facebook oder MySpace, folgt in der Regel auch ein sofortiges Feedback. Die Webadresse kann man zwecks Vergrößerung des eigenen Aktionsradius an Veranstalter, Plattenlabels und Verlagshäuser, ja sogar an Internet-Blogs verschicken. Klingt Ihre Band besser, wenn sie live spielt? Dann schneiden Sie ein Konzert mit, bearbeiten Sie es und stellen Sie es auf YouTube.

Als die Band Radiohead im Jahr 2007 ihr Album *Rainbows* im Self-Publishing-Verfahren auf den Markt brachte, ging sie auf ihrer Website »mit dem Hut sammeln«, um von denen, die sich die Platte herunterluden, eine Gegenleistung zu erhalten. Zahlt, was euch wert ist. Ein wenig? Gar nichts? Jeder konnte selbst entscheiden. An jenem Tag flossen Musik, Technologie und Internethandel für Radiohead zu einer harmonischen Einheit zusammen.

Bevor ein Indie-Songwriter mit seiner Nummer starten kann, muss er davon ein Demo aufnehmen. Es dient dazu, den Song interessierten Kreisen vorzustellen – also Verlegern, Musikern und Produzenten. Es versteht sich von selbst, dass das Demo den betreffenden Song in bestem Licht darstellen sollte, doch mittlerweile, da Demos ein Eigenleben zu entwickeln beginnen, kommt es zum großen Aufstand …

– Christopher Horn, Manager von Indie-Musikern

Als sie den Song »My Iron Lung« (geschrieben von Thom Yorke) komponierten, ließen sich Radiohead vom Erfolg ihrer 1992er-Single »Creep« inspirieren. Obwohl »Creep« die Top 40 jenseits des großen Teiches stürmten, hielt die britische Band (insbesondere Thom Yorke) den Song nicht für eine authentische Repräsentation ihres typischen Sounds. Dasselbe galt für ihr Image, so wie es auf MTV gepflegt wurde. Ihre Antwort darauf war »My Iron Lung«.

»My Iron Lung«, geschrieben von Radiohead

Suck suck your teenage thumb
Toilet trained and dumb
When the power runs out we'll just hum
This this is our new song
Just like the last one
A total waste of time
My iron lung.

© 1998 Melanie Howard Music (ASCAP)/Pugwash Music Inc. (BMI)/Waterdance Music (BMI). All Rights Reserved. International Copyright secured. Used by permission.

Die erste Single-Auskoppelung aus »Creep« – der Song *Pablo Honey* – verkaufte sich nur mäßig, und die Kritiken in der britischen Presse waren nicht gerade herausragend. Ironischerweise war es der Erfolg von »Creep«, aufgrund dessen sich die Band noch eine Zeit lang vom »Heute hier, morgen fort«-Prozedere der Musikindustrie fernhalten konnte.

Empfehlenswerte Software und Webseiten für Songwriter

Haben Sie manchmal das Gefühl, auf dem großen Informations- und Daten-Highway auf der Strecke zu bleiben? Vielleicht haben Sie einfach nur zu viel Scheu davor, einen der vielen »neumodischen Gags« auszuprobieren – oder gar nicht erst mitbekommen, was es alles gibt? Dann ist es an der Zeit, sich in Ihren Ferrari zu schwingen und Vollgas zu geben – um endgültig herauszufinden, wozu dieses ganze »Hightechzeugs« für Songwriter eigentlich gut ist.

Erste Hilfe für den Reimer

Hier eine (unvollständige) Liste mit gutem Handwerkszeug für Leute, die auf der Suche nach dem richtigen Reim oft passen müssen:

Rhymesaurus: Die ultimative Sammlung von Reimwörtern für Songwriter, die englische Texte schreiben wollen. Dieses Software-Tool bietet Ihnen mehr als 120.000 Wörter und mehr als 21 verschiedene Reimarten – angefangen beim reinen Reim über umgekehrte Reime, Assonanzen und Dissonanzen bis hin zum Beinahe-Gleichklang.

Rhyme Wizard: Hat ebenfalls mehr als 100.000 Wörter, Redewendungen sowie auch Querverweise zu unreinen Reimen zu bieten. Sie tippen einfach Ihr Suchwort ein, und schon beginnen die kleinen Reim-Helferlein für Sie zu arbeiten.

Reimfinder im Internet: Für alle, die sich lieber an deutschen Songs versuchen, gibt es zahlreiche Websites, die Ihnen die Suche nach dem passenden Reim erleichtern. Stellvertretend sei hier `www.reimemaschine.de` genannt. Anwendung wie gehabt: Sie geben Ihr Wort in eine Suchmaske ein und wählen unter den Ergebnissen. Enthält auch eine Gedichte-Datenbank mit Texten, von denen Sie sich inspirieren lassen können.

Sonstige Software und Suchprogramme

Hier eine – ebenfalls unvollständige – Liste mit zusätzlicher Software und Webadressen, die Ihnen beim Songwriting gute Dienste erweisen können:

Lyricist: Eine Kombination aus allem, was man zum Texteschreiben und Archivieren braucht. Alle, die gelegentlich im Papierchaos versinken und sich durch regelrechte Gebirgszüge aus vollgeschriebenem Papier wühlen müssen, werden daran ihre reine Freude haben. Ein bisschen Lösung für alles!

Notationsprogramme wie Finale, Forte oder Sibelius: Für wenig Geld eines der bekannten Profiinstrumente für Liederschreiber, das Ihre Songs aufnimmt, professionell ausdruckt und den Austausch mit anderen Benutzern ermöglicht.

GarageBand: Ein Programm, das wirklich hält, was es verspricht. Ob qualitativ hochwertige CD-Samples, Aufnahmen oder vorproduzierte Rhythmus-Tracks – hier bekommen Sie alles in einer großen Wundertüte serviert. So können die Einfälle von der Muse geküsster Neulinge rasch zum kommerziell brauchbaren Demo umgewandelt werden.

Band In A Box: Dieses Programm ermöglicht Ihnen in verschiedenen Preisklassen Bandarragements zu erstellen, in unzähligen Möglichkeiten und auch automatisch! Melodie und Akkordprogression eingeben, auswählen für welche Bandbesetzung und Genre – fertig!

Für alle, die leichter auf visuelle Weise lernen, empfiehlt sich Visual Thesaurus – ein interaktives Hilfsmittel, das Ihnen die Zusammenhänge zwischen Worten auf faszinierende visuelle Weise verdeutlicht. Mithilfe von »Word Maps« (Wort-Diagrammen) können Sie nach dem passenden Wort suchen und dann mittels Querverweise auf verwandte Begriffe den Zusammenhang zwischen Wortlaut und Bedeutung ermitteln. Enthält mehr als 145.000 Wörter und 115.000 Bedeutungen und eignet sich für jeden, der auch eine Straßenkarte entziffern kann.

Aufnahmen im eigenen Tonstudio

Okay, es gibt keine fliegenden Autos und Zeitmaschinen, und auch sich bewegende Gehsteige werden Sie höchstens auf einem Flughafen erblicken. Trotzdem ist das 21. Jahrhundert voll mit kleinen Wundern für den Songwriter, der seine eigene Platte (zum Glück hat sich dieser Begriff erhalten) aufnehmen will, und zwar zu Hause und nach eigenen Spielregeln.

In größeren Städten gibt es natürlich auch jede Menge hochmoderner Profi-Tonstudios, mit allen Schikanen ausgestattet, und manche davon bieten ihre Dienste sogar zu erschwinglichen Preisen an. Für die meisten Songwriter jedoch ist ein eigenes Tonstudio das Mittel der Wahl – und es ist viel, viel leichter einzurichten, aufzubauen und auf qualitativ vorzeigbare Weise zu realisieren als Sie meinen.

Damals, in den guten alten Tagen, als ich mit dem Musikmachen anfing, war der Gedanke an ein eigenes Tonstudio zu Hause völlig abwegig – außer, man war stinkreich. Heute jedoch, dem Computer sei Dank, hat fast jeder eines. Wir leben in einer überwältigenden Zeit, in der Musiker ihre Werke ganz auf eigene Faust schreiben, aufnehmen, gestalten, vervielfältigen und der Welt präsentieren können – nur mithilfe dieses kleinen grauen Kastens!

Aaron Cheney, Songwriter, Musiker, Toningenieur und Produzent

Wie man markttaugliche Tonaufnahmen macht

Beginnen wir mit einer guten und einer schlechten Nachricht. Und da die schlechte gar nicht mal so schlecht ist, fangen wir mit ihr an: Sie müssen lernen! Ein paar Grundkenntnisse zum Thema Recording brauchen Sie einfach – schließlich sind Sie gleichzeitig Toningenieur, Produzent, der Mann am Mischpult und Tonmeister, dazu aber auch noch Songwriter, Sänger und Instrumentalist (sofern es um Songs Marke Eigenbau geht). Da gibt es etliche Begriffe und Arbeitsverfahren, die Sie kennen müssen – außerdem sollten Sie mit der von Ihnen erworbenen Hardware und Software umgehen können und sich auch mit Mikrofontechnik ein wenig auskennen. Soweit die schlechte Nachricht.

Die gute? Es gibt unzählige Bücher auf dem Markt (darunter auch einige *Dummies*-Bände), die Sie nur mit dem ausrüsten, was Sie wirklich brauchen – ohne überflüssigen Ballast! So bleibt Ihnen mehr Zeit, sich auf Ihre Musik zu konzentrieren. Glauben Sie uns: Wenn Sie nur ab und zu ein wenig Zeit investieren, lernen Sie nach und nach alles, was man über Recording wissen muss.

Mikrofone

Als Erstes brauchen Sie natürlich ein anständiges Mikrofon. Und da sollten Sie nicht geizen – an die 100 Euro müssen Sie schon einkalkulieren. Fast jeder Profi, den ich bisher gefragt habe, für welches Mikro er sich entscheiden würde, wenn er nur *eines* besitzen dürfte, antwortete mir: ein Shur SM 58 – das Arbeitspferd für Arbeitspferde. Es gibt kein anderes Mikro, das so viele Dinge so gut kann. Seit Urzeiten kostet es schon an die 100 Euro, und daran wird sich so schnell auch nichts ändern. Auch an einen Mikrofonständer – einen »Galgen« – sollten Sie denken.

Recording-Zubehör und Software-Studios

Und jetzt haben wir noch eine bessere Nachricht für Sie. Je nach Budget, das Ihnen zur Verfügung steht, gibt es im Handel eine ziemlich große Auswahl an Recording-Zubehör – und einiges davon dürften Sie bereits besitzen! Falls Sie einen Apple-Computer haben – also zum Beispiel iMac, MacBook oder Mac mini – ist darauf vielleicht schon das iLife-Paket installiert. Dieses raffinierte kleine Programm ist bereits eine Art Komplettlösung in Sachen Recording. Neben einer mehrspurigen Recording-Funktion (genannt Multitrack), verfügt es über eingebaute Instrumente, Möglichkeiten zur Tonaufbereitung (Audio Processing) wie Hall oder Equalizer sowie einen großen Werkzeugkasten für Songwriter namens »Apple Loops«, inklusive Backing-Tracks, Beats und überhaupt so gut wie alles, das Sie brauchen, um einem Song Gestalt zu verleihen.

Es gibt unglaublich viele »Software-Studios« – oder, wie man im Fachjargon sagt, digitale Audio-Workstations (DAW) – und zwar zu jedem erdenklichen Preis, sowohl für Macs als auch PCs, die so gut wie alles können. Über die verschiedenen Modelle und Versionen wollen wir gar nicht sprechen, da hier eine ständige Weiterentwicklung im Gange ist – und es kann passieren, dass es, wenn Sie dieses Kapitel lesen, schon wieder eine völlig andere Version gibt als jetzt, während ich es schreibe. Wenden wir uns also lieber den Herstellern zu. Gehen Sie auf deren Webseiten und machen Sie sich schlau!

Zwei wirklich namhafte Firmen sind Digidesign und Propellerhead. Digidesign bestimmt den Industriestandard der Profi-Komponenten von DAWs – aber das ist ja schon richtiger Recording-Fachjargon! Preislich ist zwischen ein paar hundert Euro und einem kleinen Vermögen alles drin. Das Coole an Pro Tools, das von Digidesign entwickelt, mittlerweile jedoch von Avid gekauft wurde, ist, dass sich so ziemlich alle Levels auf das gleiche Betriebssystem stützen und die Dateien sämtlicher Versionen kompatibel sind.

Das heißt: Sie können den Basistrack bei sich zu Hause im Schlafzimmer ausarbeiten, die Dateien mit zu einem anderen Musiker oder in ein Studio nehmen, wo Pro Tools verfügbar ist, und einfach weitermachen. Oder noch besser: Sie können die Basistracks zu Hause machen, und das Abgespeicherte dann in ein echtes Profi-Studio mitnehmen, in dem ein erfahrener Toningenieur ihren Gesang aufnimmt oder sich um die Abmischung und das digitale Mastering kümmert. Pro Tools ist – neben Logic von Apple – das am häufigsten benutzte Verfahren für Tonaufnahmen. Will man es bis ins Detail erforschen, ist es ein *sehr* komplexes Programm, wenn es jedoch um grundlegende Recording-Techniken geht, erstaunlich einfach. Was wiederum bedeutet, dass Sie auch mit dem rudimentärsten Pro-Tools-System irgendwann weitergehen, Ihr Wissen vertiefen und Ihr Können verfeinern können.

Zwei sehr beliebte Programme für Anfänger, mit Drum-Schleife und ähnlichen Schikanen, sind Acid und Logic. Eine echte Alternative, auf die ich während meiner Arbeit stieß, ist M-Audio – ein preiswertes und wirklich großartiges Hilfsmittel für Songwriter. Ich verwende es so gut wie täglich.

Steve »Skillet« Killen, Sänger, Songwriter, Gitarrist, Session-Musiker und Begründer der Heron-Blue-Recording-Workshops

Eine weitere tolle Audio-Workstation, die sowohl auf Ihrem Mac als auch auf Ihrem PC läuft, ist Reason and Record von der Firma Propellerhead. Reason ist in erster Linie ein digitales Instrumentalstudio mit gesampelten Aufnahmen, Trommelsynthesizer, Endlosschleifen und Synthesizern; Record hingegen ist für Material gedacht, für das ein Mikrofon oder ein Tonabnehmer verwendet wird. Zusammen ein unschlagbares Duo – die Software ist erstaunlich umfangreich, mit tollen Soundeffekten, und der Preis haut einen aus den

Socken – nicht, weil er so hoch, sondern weil er so *niedrig* ist! Was aber nichts an der Tatsache ändert, dass es sich um eine solide Software handelt, auf die zahlreiche Profis schwören und die sie benutzen.

Hardware für Tonaufnahmen

Falls Sie kein Computermensch sind und für Ihre Zwecke lieber ein Gerät benutzen wollen, haben wir ebenfalls gute Neuigkeiten! Denn neben jeder Menge Software-Studios gibt es auch zahllose Hardware-Boxen in jeder Preisklasse, von weniger als 100 Euro bis hin zur Ausführung für Leute, die einen Sechser im Lotto hatten. Doch das Wort *billig* wollen wir nicht benutzen – sagen wir lieber preiswert, denn genau das ist es, was auch die Geräte für den schmaleren Geldbeutel kennzeichnet: Sie sind aufgrund ihrer guten und zuverlässigen Arbeitsweise ihren *Preis wert*.

Ebenso wie DAWs ändern sich auch Hardware-Modelle wie das Wetter. Sehen Sie sich nach Herstellern wie Zoom, Korg, Roland, Yamaha und Tascam um. Sie alle produzieren feinstes Zubehör für Multitrack-Digitalaufnahmen. Trotzdem ein kleiner Tipp: Wenn Sie sich eine DAW kaufen, müssen Sie auch immer mit dem Erwerb zumindest einiger Software-Updates rechnen; das heißt: Wenn Sie auf ein höheres Level wechseln wollen, kommt es zu einer Arbeitsunterbrechung. Mit Hardware kann Ihnen das nicht passieren.

Die echten Deals mit den echten Freaks

Mittlerweile schwirrt Ihnen vermutlich der Kopf. Doch gerade jetzt sollte Sie der Mut nicht verlassen – es gibt nämlich noch einmal gute Neuigkeiten! Zum Verkaufspersonal der meisten Händler gehören auch sogenannte Audio-Profis. Lassen Sie sich von der Bezeichnung »Profi« nicht abschrecken – denn das sind genau die Leute, nach denen Sie suchen. Haben Sie keine Scheu davor, sich als totaler Neuling zu outen, und lassen Sie auch gleich durchblicken, wie viel Geld Sie im Höchstfall ausgeben wollen. Nennen Sie Ihre Preisvorstellungen, und man wird Ihnen einen Vorschlag machen, der Ihr Portemonnaie nicht überstrapaziert.

Auch Online-Händler sind eine unerschöpfliche Quelle. Fordern Sie einen ihrer Kataloge an, denn fast jeder dieser Händler bietet in den unterschiedlichsten Preisklassen »Pakete« an, bei denen Sie für Ihr Geld echt was bekommen. Und vergessen Sie auf keinen Fall, auch mal in Ihrem Buchladen nach dem dazu passenden *Dummies*-Buch zu fragen.

Und jetzt die tollste Neuigkeit von allen: Manche Homestudio-Aufnahmen wurden zu echten Hits! Im Jahre 2007 machte ein Typ namens Adam Young Musikaufnahmen im Kellergeschoss seiner Eltern in Owatonna, Minnesota. Seine Ausstattung entsprach in etwa dem, was wir in diesem Kapitel so aufgezählt haben. Er lud seine Songs bei MySpace hoch, und schon wenig später waren eine Menge Leute auf ihn aufmerksam geworden, was ihm schließlich einen großen Plattenvertrag einbrachte. Wenn Sie heute den Song »Fireflies« von Owl City hören (mit dem Namen Young Records darunter), lauschen Sie dem Resultat seiner Do-it-yourself-Aufnahme-Sessions.

Old School kontra Home School

Viele, die eine Karriere als Musiker anstreben, verbringen Jahre damit, ihr Metier zu erlernen. Angehende Künstler träumen von einer Ausbildung am Juilliard-Konservatorium, und ein ganzer Pulk von hochtalentierten Schülern spielt oder singt dort vor, um weltweite Anerkennung zu erlangen. Es gibt da draußen hervorragende Schulen, die auf die größten und begabtesten Talente abzielen, und wir bewundern alle, die es geschafft haben. Die damit verbundene gute Neuigkeit: Für alle, deren Talent vielleicht nicht ganz so ausgeprägt ist, bieten sich nun andere Möglichkeiten.

Gehen Sie doch im Internet einmal kurz auf die Suche nach Musikschulen und Trainingsoptionen, und Sie werden jede Menge Treffer landen. Ein paar davon wollen wir uns in den folgenden Abschnitten näher ansehen, um Ihnen zu zeigen, in welche Richtung Sie sich umsehen müssen.

Instrumente von der Pike auf erlernen

Hatten Sie je den Wunsch, so gut Gitarre oder Klavier spielen zu können wie einer der ganz Großen? Was wäre, wenn Sie das in ein paar Wochen, ein paar Tagen oder vielleicht sogar in ein paar Stunden schaffen würden? Klingt verlockend, oder? Es gibt ein paar echt gute Werkzeuge und Programme, mit deren Hilfe Sie die Grundlagen jedes Instrumentenspiels erlernen können. Ein Beispiel dafür ist Piano Wizard (oder – für die Rockgötter unter Ihnen – Guitar Wizard), ein verblüffend einfaches Videospiel, das Sie mit dem A und O des Klavierspiels vertraut macht. Auch wenn Sie Videospiele für Kinderkram halten – das hier hat auch »großen Kindern« was zu bieten.

Probieren Sie Piano Wizard oder eine ähnliche Software aus! Sie finden mit Sicherheit etwas für das Instrument Ihrer Wahl – und werden staunen, wie schnell Sie vorankommen und wie fachkundig Sie nach und nach werden. Ist man erst mal so weit, dass man seine Songideen und Einfälle in richtige Musik umwandeln kann, ist das in der Tat … unbezahlbar!

Ist es live oder ist es Memorex?

Nach Perfektion streben alle … aber wo ist der Punkt, an dem man es übertreiben kann? Das Beste an einem echt gelungenen Song ist seine Eigenschaft, unter die Haut zu gehen und tief in der Seele einen Akkord anzuschlagen. Es gibt ein menschliches Element, das keine Apparate oder Technologien je vermitteln können – etwas, das zu uns spricht und an unsere Emotionen rührt. Und manchmal ist es gerade unsere Unvollkommenheit, in der sich dieses Element zeigt – kein Grund also, ständig in der Angst zu leben: bloß keine falsche Note, bloß niemals aus der Tonart geraten! Wenn Sie dies einmal verinnerlicht haben, stehen Ihnen eine Menge idealer Hilfsmittel zur Verfügung, die von mehr Künstlern genutzt werden als man meint.

Ob es sich nun um Hightechgeräte handelt wie Kompressoren oder um Echogeräte, mit deren Hilfe man Vokalen mehr Nachhaltigkeit verleiht – es wird immer schwerer, zu bestimmen, ob das, was man hört, nun eine Liveaufnahme ist oder Memorex (vielleicht kennen Sie ja die im englischen Sprachraum legendären Werbespots, in denen es hieß: »Ist es live oder ist es Memorex?«). Eines dieser Werkzeuge ist eine bekannte Audioprocessing-Software namens Auto-Tune. Die Benutzung von Auto-Tune (eines hochmodernen Instruments zur Tonhöhenkorrektur von Gesangsstimmen) erlebte einen Boom im Popbereich, seit Cher es 1998 bei ihrer Hitsingle »Believe« (geschrieben von Brian Higgins, Stuart McLennen, Paul Barry, Steven Torch, Matthew Gray und Timothy Powell) einsetzte.

Virtuelle Songaufnahmen

Wenn Sie einigermaßen gut mit einem Computer umgehen können und Ihnen die neuen Möglichkeiten, die das Internet uns im 21. Jahrhundert beschert, Spaß machen, sind Sie möglicherweise ein »New School«-Kandidat für virtuelle Songwriting-Netzwerke und Musikaufnahmen. Um auf diesen virtuellen Zug aufzuspringen, brauchen Sie kein »Kind des neuen Jahrtausends« zu sein (ein sogenannter »Millennial« – das ist die Generation, die nach den Babyboomers kam und als besonders gewieft in Sachen Kommunikation, Medien und digitale Technologien gilt, was auch erklärt, weshalb Teenager ein Handy etwa eine Million Mal schneller bedienen können als ihre Eltern).

Fragen wir anders: Wie fänden Sie es, wenn Ihre Kommunikation mit Spitzenprofis, Ihre Vertragsabschlüsse, Ihr Datenaustausch und Ihre Zahlungen – also alles, was sich normalerweise in einem Studio abspielt – online stattfinden würden? Von überall aus, zu jeder Tages- und Nachtzeit? Wenn Sie einfach ins Internet gehen und eine Website finden könnten, die es Produzenten, Tontechnikern und Musikern ermöglicht, kreativ zusammenzuarbeiten und gemeinsam Aufnahmeprojekte zu verwirklichen, egal auf welchem Breitengrad sie sich soeben befinden? Wäre das für ein unverbrauchtes, neues Songtalent nicht ein super Service? Nun, genau das ist es, was den Erfindern von Virtual Recording Studio, eSession und sonstigen Websites für virtuelle Tonaufnahmen vorschwebt, wenn sie sich bemühen, die Welt des Cyberspace auch Songwritern zugänglich zu machen.

Es ist gar nicht mehr so abwegig, und zum Teil bereits Realität, gemütlich mit seinem Laptop zu Hause zu sitzen und mit den besten Musikern, Tontechnikern, Ingenieuren, Sängern und Songwritern ihres Fachs an einem gemeinsamen Projekt zu arbeiten. Alles, was für den Beginn notwendig ist: mit einem Programm wie GarageBand von Apple einen Rohentwurf (den ersten musikalischen Umriss eines künftigen Meisterwerks) zu skizzieren, dann einen dieser Songwriting-Dienste in Anspruch zu nehmen und schon ist man Teil einer virtuellen Arbeitsgruppe des World Wide Web. Bei manchen Programmen lassen sich sogar Audio/Video- Zusatzmodule aktivieren, sodass zwei Personen an zwei verschiedenen Orten auf der Basis jedweden Betriebssystems, ob Mac oder Windows, in Echtzeit aufnehmen, produzieren und zusammenarbeiten können – in vollkommener Synchronizität und Harmonie.

Stellen Sie sich vor, iChat oder AIM (AOL Instant Messenger) meets Pro Tools – und Sie wissen, was gemeint ist. Das Resultat? Tolle Musik, die jedem Songwriter gefällt.

Ich sah es immer als meine berufliche Mission, Songwritern die Tür zum Digitalzeitalter zu öffnen, ohne sie durch allzu viel Technologie zu verunsichern. Sie sollten erkennen: Es ist möglich, dieses ganze Zeug zu lernen, ohne Mordgelüste gegen seinen Computer zu entwickeln. Collaborator Corner 2.0 von ASCAP zum

Beispiel, gehostet und betrieben von eSession, ermöglicht Ihnen die Suche nach Tausenden von Songwritern, Komponisten, Musikern, Ingenieuren und Produzenten, mit denen Sie dann zusammenarbeiten können – ganz bequem, vom heimischen Tonstudio aus oder von überall, wo Sie Zugang zum Internet haben. Das ist die Macht der Technologie.

Gina Fant-Saez, Songwriterin, Homestudio-Expertin, Autorin von Pro Tools for Musicians & Songwriters und Administratorin von eSession.com

Die Welt der Technologie ist heute in einem so raschen Wandel begriffen, dass einem schwindlig werden könnte – dennoch sollten Sie Ihrer Angst vor dem Unbekannten nie gestatten, Sie am Ausprobieren all jener coolen Neuerungen zu hindern. Nein, freuen Sie sich darüber, wenden Sie sie an und machen Sie sie zu Ihren besten Freunden.

Zusammenfinden, zusammenarbeiten, zusammenschließen

IN DIESEM TEIL ...

... beschäftigen wir uns mit Möglichkeiten des Online-Marketings sowie der Kunst, soziale Netzwerke zu seinem eigenen Vorteil zu nutzen. Sie werden sehen: Wenn Sie die richtigen Leute finden und mit ihnen zusammenarbeiten, wird man Ihnen gern helfen, Ihre musikalische Vision zu verwirklichen; Sie schließen sich zusammen oder bilden Netzwerke und errichten somit eine solide Basis für einen weiteren sprunghaften Ausbau Ihrer kreativen und geschäftlichen Talente. Wir zeigen Ihnen auch, wie man seine Kompositionen beim Fernsehen, Film oder am Theater anbietet, und wie man ein Demo aufnimmt, mit dem man jeden Konkurrenten in den Schatten stellt.

Kapitel 12
Talente zusammenführen: Teamgründung und Networking

Vielleicht gehören Sie ja zu der seltenen Art Mensch, die – wenn es ums Schreiben und Präsentieren von Musik geht – alles im Alleingang schafft. Wahrscheinlich aber nicht. Wir schätzen eher, Ihnen geht es wie den meisten Sterblichen: Falls Sie aus Ihrem Handwerk das Bestmögliche herausholen wollen, ist es besser, mit anderen Talenten in einem Team zusammenzuarbeiten. Dann sind Sie hier genau am richtigen Ort. In diesem Kapitel soll es um die hohe Kunst der Zusammenarbeit mit anderen gehen – ein ungemein wichtiges Element beim Songwriting. Außerdem wollen wir Ihnen zeigen, wo die richtigen Netzwerke auf Sie warten, in denen Sie anderen Songwritern und Leuten aus der Musikindustrie begegnen können.

Entdecken Sie Ihre Stärken und Schwächen!

Die Zusammenarbeit mit anderen ist eine prima Methode, um *den* Hammersong zu schreiben. Wenn ein Team erst mal heiß gelaufen ist – dann sehen Sie sich vor! Die Funken (und Hits) könnten nach allen Seiten fliegen. Bevor Sie sich jedoch am Telefon mit Paul

McCartney II melden, sollten Sie sich erst einer eingehenden Selbstprüfung unterziehen, sich fragen: »Wo liegen meine Stärken?« – und diese speziellen Bereiche des Songwritings dann zu Ihrem hauptsächlichen Trainingsgebiet machen. Das könnten zum Beispiel sein:

✔ **Melodie:** Wenn Sie zu den Leuten gehören, die jeden Morgen mit einem Liedchen auf den Lippen ins Büro gehen (egal, ob selbstgeschrieben oder von jemand anderem), dann ist es gut möglich, dass Ihre Talente sich im Bereich der Melodie finden. Eine starke Melodie ist in praktisch jedem Songwriting-Stil ein wichtiges Element, und bei der Zusammenarbeit mit anderen werden Sie eine der tragenden Stützen des Teams sein.

✔ **Akkordstruktur:** Die Akkorde werden oft als das *Fundament* eines Songs bezeichnet. Falls Akkordprogressionen Ihre Spezialität sind, werden Sie zu den treibenden Kräften einer Songwriting-Partnerschaft zählen.

✔ **Songtexte:** Gehören Sie zu den Leuten, die im Leben überall genau hingucken? Und deren Beobachtungen nicht selten zu Erkenntnissen, Einsichten und Philosophien führen? Falls Sie dann noch über die Gabe verfügen, diese Resultate in eine poetische Form zu kleiden, dann sind Sie der geborene Texteschreiber! In jedem Songwriter-Team muss es mindestens eine Person geben, die dieses Talent mitbringt.

✔ **Rhythmus:** Vielleicht gehören Sie aber auch zu den Leuten, die ständig mit den Fingern im Takt auf ihren Schreibtisch oder ihr Lenkrad trommeln. Dann macht es Ihnen wahrscheinlich auch Spaß, pausenlos Ihr elektronisches Rhythmusgerät mit neuen Beats zu füttern. Und da es viele Songs gibt, die von ihrem Groove geradezu leben, sind auch Sie in Ihrem Songwriter-Team ein unentbehrlicher Faktor.

✔ **Musikalische Hooks und Riffs:** Ein oft unterschätztes Songelement ist jene sich ständig wiederholende Notenfolge, die man als *Riff* bezeichnet. Jeder kennt zum Beispiel das leicht verschobene Gitarrenmuster am Anfang von »Satisfaction« (geschrieben von Mick Jagger und Keith Richards; gespielt von den Rolling Stones), das zum Markenzeichen dieses Songs wurde. Oder den Gitarrenpart auf dem Höhepunkt von »Day Tripper« (geschrieben von Paul McCartney und John Lennon; gesungen von den Beatles). Oder den Bläser-Riff im Intro von »Vehicle« (geschrieben von Jim Peterik; aufgenommen von The Ides of March). Falls Riffs Ihre musikalische Stärke sind, werden Sie zweifellos bei jeder Songwriter-Session ein gern gesehener (und gehörter) Teilnehmer sein.

✔ **Bearbeiten und beurteilen:** Zu wissen, was sich gut anhört und was nicht, ist zweifellos eine Begabung für sich. In jedem professionellen Songwriter-Team gibt es eine Person, die alles beurteilt, überprüft und kritisiert und so etwas wie der Resonanzboden für sämtliche Ideen ist, die so durch den Raum schwirren. Das können durchaus Menschen sein, die auch selbst kreativ sind – ihre hauptsächliche Stärke liegt jedoch darin, zu erkennen, was gelungen ist und was nicht. Eine Person im Team zu haben, die über dieses Talent verfügt, ist immer eine feine Sache.

✔ **Eine Kombination verschiedener Talente:** Tatsächlich soll es Leute geben, die über ausnahmslos jedes der soeben aufgezählten Talente verfügen. Oder zumindest über einige davon, in unterschiedlichem Ausmaß. Falls das für Sie gilt – umso besser! Allerdings sollten Sie ehrlich zu sich selbst sein und sich lieber auf die Dinge beschränken, die Sie *wirklich gut* beherrschen. Es gibt schließlich noch andere Leute in Ihrem Team, die auch zum Zug kommen wollen.

Ein gutes Songwriting-Team erkennt man daran, dass es ausgewogen ist. Wo der eine besonders gut ist, kann der andere eben nicht so viel leisten (und umgekehrt). Falls Ihre Schwerpunkte mehr im musikalischen Bereich liegen, suchen Sie sich einen hervorragenden Texter (Dichter sind oftmals nur Songwriter ohne Melodie). Und wenn Sie die Gabe beherrschen, Ihr Herz mithilfe von Worten nach außen zu kehren, aber kein Musikinstrument gut genug beherrschen, dann sprechen Sie doch mal den Typen an, den Sie beim Jammen im örtlichen Gitarristentreff gehört haben und bei dessen Spiel allen die Kinnlade herunterfiel.

Vielleicht tanzen Ihnen Rhythmen im Kopf herum, bei denen Sie förmlich darauf brennen, sie zu Musik zu machen. Oder Sie gehören zu jenen, die genau spüren, wann sie einen genialen Einfall hatten, und jetzt nur noch auf den Kuss der Muse warten, um etwas Vorzeigbares daraus zu machen. Wo auch immer Ihre Stärken und Schwächen liegen – der richtige Teampartner kann genau das fehlende Glied in der Kette sein!

Ich habe es schon erlebt, dass die Bemühung zweier hervorragender Songwriter, etwas gemeinsam zu erschaffen, zum Scheitern verurteilt war, weil ihre Stärken, ihre Mängel und ihre Neigungen sich zu sehr ähnelten. Im Grunde sind beide dasselbe in Grün und bremsen sich nur gegenseitig aus. Manchmal kann eine kritische Betrachtungsweise die positive Haltung eines anderen tatsächlich ergänzen. Als Paul McCartney die Worte des gleichnamigen Beatles-Songs »It's getting better all the time« schrieb, stimmte John Lennon ein: »Can't get no worse!« Es war jene Mischung aus Bitterkeit und Süße, die ihren Gemeinschaftswerken ein so facettenreiches Gepräge verlieh.

Jim Peterik, Bühnenmusiker, Songwriter und Multi-Instrumentalist bei den Bands Ides of March und Survivor, außerdem Hitschreiber für .38 Special, Sammy Hagar und andere

Songwriting-Workshops sind genau der richtige Ort, um andere Songwriter zu treffen, mit denen man zusammenarbeiten kann. Das Internet ist die reinste Fundgrube für Songwriter-Vereinigungen, die Sie auf solche Workshops in Ihrer Gegend aufmerksam machen.

Die Chemie muss stimmen!

Oft kommt es vor, dass ein Musikverleger einfach mehrere Songwriter zusammensteckt und abwartet, was dabei herauskommt – so etwas wie Blind Dates sozusagen. Und nicht selten herrschen bei einem solchen Prozess vor allem Unnahbarkeit und Kühle – man tut also gut daran, erst mal einen Kaffee mit dem anderen zu trinken und ein bisschen was über ihn in Erfahrung zu bringen, bevor man die erste Note niederschreibt. Der Song, der letzten Endes dabei entsteht, kann davon nur profitieren.

Ob die Chemie zwischen den einzelnen Personen stimmt, spielt beim Songwriting eine ebenso wichtige Rolle wie das Talent des Einzelnen. Und es kommen noch andere Faktoren hinzu: zum Beispiel die Atmosphäre, die Umgebung, die Tageszeit, das Wetter, der seelische und körperliche Zustand der Beteiligten. Andererseits – wenn ein Song geschrieben werden soll, dann wird er auch geschrieben werden, sogar unter ungünstigsten Bedingungen.

Als guter Teamworker sollten Sie auch stets erkennen, wann der Zeitpunkt gekommen ist, das eigene Licht ein wenig unter den Scheffel zu stellen und anderen mit ihren Fähigkeiten den Vortritt zu lassen. Beachten Sie auch, dass jede Sitzung ihre Eigendynamik hat und sich nicht immer dorthin entwickelt, worauf Sie vielleicht fixiert sind. Wenn Sie die Chance des Augenblicks nutzen, kann das Ergebnis die Grenzen, denen Sie als Einzelperson unterlegen hätten, bei Weitem überschreiten. Für das Unerwartete, die magischen Momente der Musik sollte man immer offen sein.

Die wichtigste Lektion, die ich in all den Jahren gelernt habe: Löse dich von vorgefassten Meinungen. Wir sind so darauf eingespielt, unser Leben ständig unter Kontrolle zu haben, dass wir bei jedem kreativen Prozess fürchten, er könnte aus dem Ruder laufen. Einmal hatte ich die Gelegenheit, mit Henry Paul und Dave Robbins von der platinschweren Countryrock-Band Blackhawk zusammenzuarbeiten. Als ich kam, war ich bewaffnet mit einer speziell für diese Band bestückten Ideenkiste. Doch als wir alle drei mit unseren Gitarren oder Keyboards im warmen Schein der Neon-Bierreklame in Hanks Studio saßen, wurden die seelischen Bande zwischen uns plötzlich stärker als jede der Ideen, die ich ihnen hatte vorstellen wollen. Während wir dasaßen, miteinander quatschten und auf unseren Instrumenten herumklimperten, kristallisierten sich plötzlich Akkorde heraus, Worte begannen zu fließen und Kassetten aufzuzeichnen, und bald schon zeichnete sich der erste von zwei Songs ab – »Brothers Of The Southland«, ein aufrichtiges Loblied auf die Bruderschaft der Südstaatenrocker damals und heute. Es war kein Song, den wir zu schreiben geplant hatten, doch an jenem Tag genau der richtige Song. Am nächsten Tag, beflügelt von derselben Muse, schrieben wir »Spirit Dancer«, eine Hommage an Van Stephenson, eines der Gründungsmitglieder von Blackhawk, der mit 47 Jahren den Kampf gegen den Krebs verloren hatte. Er war selbst ein brillanter Songwriter gewesen – hatte Songs geschrieben wie »Bluest Eyes In Texas« (mit Dave Robbins und Tim DuBois), »Every Once In A While« (mit Henry Paul und Dave Robbins), »Modern Day Delilah« (mit Jan Buckingham) und viele andere. Wir machten einige Anleihen bei seinen beliebtesten Songs und ließen sogar die Worte von »I love you, I miss you« in die Sprache der Indianer übertragen, die als feierlicher Gesang in dem Stück immer wieder auftaucht. Was ich dabei gelernt habe: Ab und zu loszulassen von dem, was man übers Songschreiben zu wissen glaubt, ist ebenso wichtig wie das Handwerk selbst.

Jim Peterik, Songwriter von 18 Billboard-Top-Ten-Hits

Seien Sie immer ehrlich zu Ihren Mitstreitern. Wenn sie Ihnen eine Idee präsentieren, mit der Sie überhaupt nichts anfangen können (oder die Sie sogar unter aller Kanone finden), dann sagen Sie es ihnen. Sie könnten es zum Beispiel so ausdrücken: »Das ist eine tolle Idee, aber echt nicht mein Stil. Schauen wir erst mal, was ihr sonst noch so habt.« Manchmal tauschen Songwriter den ganzen Tag lang nur Ideen aus, bis sie endlich etwas gefunden haben, das den Vorstellungen beider Seiten entspricht. Geben Sie sich nicht zufrieden, bevor dieser gemeinsame Nenner nicht gefunden ist. Bevorzugen Sie einen Partner, der Sie so herausfordern, inspirieren, antreiben und manchmal auch nerven kann, bis Sie wirklich zu Ihrer Höchstform auflaufen.

Harmonie im Team ist unentbehrlich

Kennen Sie das Sprichwort »Wie es in den Wald hineinruft, so ruft es auch wieder heraus«? Es gilt auch, wenn man nach den richtigen Mitarbeitern und Co-Writern sucht. Um die idealen Partner zu finden, müssen auch Sie sich einbringen und anderen aus Ihrer Songwriting-Community Ihre Dienste anbieten. Ein anderes Sprichwort lautet: »Je mehr man gibt, umso mehr bekommt man zurück.« Diese Leitsprüche sollten Sie beherzigen. Die beste Methode, um zu bekommen, wonach man sucht, besteht darin, den ersten Schritt zu tun: Lassen Sie andere an Ihrem Talent und Ihrem Wissen teilhaben, auch wenn Sie bisher noch nichts erhalten haben. Die Antwort wird nicht lange auf sich warten lassen.

Nehmen Sie getrost einen Rat vom »Meister der Kooperation« an – von Carlos Santana. Dieser Spitzenmusiker liefert den besten Beweis dafür, in welchem Maß man seine Grenzen erweitern kann, und zwar durch das Bemühen, sich immer wieder mit anderen zusammenzuschließen. Wie viele Grammys muss er noch bekommen, wie viele Hitsingles noch landen, damit sich diese frohe Botschaft endlich herumspricht?

Ein Musterbeispiel für Zusammenarbeit und Teamwork war es, als die Dave Matthews Band bei der Grammy-Verleihung 2010 ihren Hit »You And Me« präsentierte. Stellen Sie sich vor, was für ein erhebendes Gefühl es sein muss, wenn 45 Musiker und Sänger Ihre höchstpersönliche Songschöpfung vor Millionen von Fernsehzuschauern auf der ganzen Welt lebendig werden lassen. Dave Matthews wirkte fast, als wäre er seinem Körper entrückt, als er sich während eines Zwischenspiels unter seine Kollegen und Mitmusiker mischte und »zu einem anderen Beat« zu tanzen begann. Diese Einlage nahm gewissermaßen ein Eigenleben an. Wenn Sie sich jetzt noch das fließende Wasser vom Fluss des Lebens im Hintergrund vorstellen, zusammen mit der Message »You and me together« und der Vielzahl von Kulturen, Instrumenten und Altersgruppen, die da in Harmonie vereint waren, bekommen Sie mit Sicherheit einen intensiveren Eindruck von der Kunst des Zusammenspiels mit anderen.

Ein weiterer unvergesslicher Grammy-Moment war es, als Travis Barker von Blink 182, Lil Wayne, Eminem und Drake zu einem Gemeinschaftsauftritt auf die Bühne kamen, bei dem sie ihre Talente im Zusammenspiel demonstrierten, ohne dabei ihre individuelle Eigenart zu opfern. Eine bärenstarke Demonstration, bei der sich auch die gegenseitige Bewunderung der Musiker deutlich zeigte. Aber wie sie das alles durchstanden, bleibt ein Rätsel, allein wenn man an die Piepstöne während der Übertragung denkt. Zum Glück gab es wenigstens keine Probleme mit der Garderobe.

Gemeinsam sind wir stark

Wie viele Genies sind notwendig, um einen Hit zu schreiben? Nun, es gibt keine feste Regel hinsichtlich der optimalen Anzahl von Mitgliedern in einem Songwriting-Team. Bei den Beatles war zwei die magische Zahl; unter den zahlreichen Songs, die Lennon und McCartney schrieben, waren jedoch nur 27, die sie wirklich *gemeinsam* geschrieben hatten (auch wenn sie sich bei sämtlichen ihrer Songs gegenseitig erwähnen), doch die zweifellos »stimmende Chemie« zwischen ihnen scheint aus sämtlichen Liedern zu sprechen, ob zusammen oder im Alleingang erschaffen. Für die Gebrüder Gibb (besser bekannt als die Bee Gees) war der Schreibvorgang dreifach gesplittet, unabhängig davon, wie viel jeder der Brüder dazu beitrug. In den folgenden Abschnitten werden wir uns die bekanntesten Konstellationen der Arbeitsteilung einschließlich ihrer Vor- und Nachteile näher ansehen.

Das Doppel

Zwei Songwriter, die in einer schmuddeligen Bude an einem abgetakelten Klavier sitzen, dem sie irgendwelche magischen Kompositionen entlocken – das ist wohl eins der beständigsten und inspirativsten Bilder der Filmgeschichte. Und tatsächlich verbirgt sich hinter diesem Mythos mehr als nur ein Körnchen Wahrheit: Duos wie Rodgers und Hart, Bacharach und David, Jagger und Richards haben Jahre lang bewiesen, dass Harry Nilssons Worte »One is the loneliest number you can ever do« sehr oft ihre Gültigkeit haben, und wenn Nick Ashford und Valerie Simpson schmetterten »What two can easily do, is so hard to be done by one«, so steckte darin viel Wahrheit. Mit der Statistik lässt sich nur schwer argumentieren (Songwriter-Duos sind in der Regel erfolgreicher als jede andere Kombination – drei können schon eine Menge Leute sein, vor allem wenn die Chemie nicht stimmt). Duos sind vielleicht einfach deshalb so erfolgreich, weil bei ihren Treffs nicht übermäßig viele Ideen aufkommen, sodass es leichter fällt, sich auf die wirklich guten zu konzentrieren. Zu viele Meinungen sind wie zu viele Köche – sie verderben manchmal einfach den Brei.

Das Triple

Manchmal jedoch sind drei Leute pro Songwriting-Team keineswegs zu viel – ja, oft ist es sogar die perfekte Anzahl. Wenn jede der drei Personen ihre spezielle Stärke hat, können sie als Trio sogar unschlagbar werden. Sollten zwei von ihnen sich über den Wert einer Idee nicht einigen können, kann die dritte Person eine Art Vermittlerrolle einnehmen und die Fronten aufweichen.

Ist eine Dreiergruppe jedoch schlecht, dann ist sie verdammt schlecht – mit dreimal so vielen Unstimmigkeiten, als das bei einer Einzelperson der Fall wäre. Wenn der dritte Mann im Team einen negativen Einfluss ausübt (indem er für andere Vorschläge nicht offen ist oder sich für den Nabel der Welt hält), wird er vermutlich jeden kreativen Prozess zum Erliegen bringen. In diesem Fall sind drei Personen wirklich eine zu viel, wie großartig deren Ideen auch sein mögen.

Mehr als drei

Manchmal werden Sie als Bandmitglied oder Songwriter die Erfahrung machen, dass sich sogar vier, fünf oder noch mehr Leute in einem Raum zusammenfinden und versuchen, ein Stück zu schreiben. Und auch wenn diese Konstellation sich ab und zu bewährt – eine Gruppe, in der jeder seine eigene Idee durchboxen will, zu einem Konsens zu führen, ist trotzdem äußerst schwierig. Aus wirtschaftlicher Sicht führt es außerdem dazu, dass der große Kuchen letztlich in zu viele und schmale Stückchen aufgeteilt werden muss, um sich noch als lukrativ zu erweisen (es sei denn, der Song wird ein Megahit). Andererseits sollte man den Umfang eines Songwriter-Teams nicht nur mit dem Ziel begrenzen, den Anteil des Einzelnen zu maximieren. Achten Sie lediglich darauf, dass jeder seinen Beitrag leistet und nicht nur Platz wegnimmt. Mit jedem mal einen Kaffee zu trinken, kann eine nette, muss aber nicht zwingend auch eine tolle Sache sein.

Ich hatte des Öfteren die Ehre, mit einem wahren Meister des Songwritings auf der Bühne stehen zu dürfen – mit Eliot Sloan von Blessid Union, und tatsächlich gelang es uns bei jedem dieser Auftritte, gemeinsam mit dem gesamten Publikum einen neuen Song zu kreieren – mit immerhin mehr als tausend Leuten. Es war natürlich nur die erste Saat zu einem fertigen Stück, die wir da ausstreuten. Ausgearbeitet wurde der Song erst, wenn Eliot wieder allein mit sich in seinem Privatstudio war. Dennoch waren es anfangs hunderte wahlloser Gedanken, die im Raum umherschwebten, als diese schöpferische Atmosphäre sich aufbaute. Für genau die gleiche Art von Umgebung sorgen wir in unseren Creative-Expressions-Workshops, bei denen Eliot und ich ebenfalls zusammenarbeiten. Auch wenn es also nicht die Norm ist, so gibt es doch Zeiten, in denen geniale Songs von großen Menschenmassen erschaffen werden.

Dave Austin, Motivationscoach, Profisportler und Ehrenpräsident der National Academy of Recording Arts and Sciences (NARAS) sowie ehemaliger Chef einer Plattenfirma

Notieren Sie sich nach jedem Treffen, wer nun was gemacht hat und mit wem Sie gern wieder zusammenarbeiten würden. Sollte jemand schlechte Arbeitsgewohnheiten an den Tag gelegt haben, schreiben Sie sich das bitte auch auf, bevor es im Nebel des Vergessens entschwindet.

Zusammenarbeit mit Bands und Solokünstlern

Zu wissen, wie man als Songwriter mit einer Band oder einem Solokünstler zusammenarbeitet, ist eine Kunst für sich. Man wird quasi zu einem zusätzlichen Mitglied der Gruppe oder zum verlängerten Arm des Musikers, mit dem man ein Team bildet. Jede Band, jeder Solokünstler hat einen eigenen Stil; Aufgabe des außenstehenden Songwriters ist es, seinen eigenen Stil mit dem des Künstlers in Einklang zu bringen. Es ist also nicht so, dass man mit seiner eigenen Persönlichkeit, seiner speziellen Eigenschwingung hinter dem Berg halten muss, doch sollte man nie versuchen, die Einzigartigkeit des Musikers zu verschleiern oder zu verändern. Und selbst wenn Sie es versuchen – die meisten Künstler würden Ihnen sowieso nie gestatten, sich allzu sehr einzumischen. Auch ist es wichtig, sich diplomatisch zu verhalten und das politische Moment zu erkennen, das in dieser Situation steckt. Jede Band hat ihre spezielle Dynamik, und je mehr Sie darüber in Erfahrung bringen, wer was tut, umso besser. Auch wenn die Band zum ersten Mal einen außen stehenden Songwriter bemüht, ist es doch am besten, die Sache langsam und locker anzugehen. Lernen Sie einander persönlich und auch musikalisch kennen. Hier einige Tipps für die Zusammenarbeit mit einer Band oder einem Solomusiker:

✔ Hören Sie sich so viele Aufnahmen der Band oder des Künstlers an, wie dies im Vorfeld Ihrer ersten Teambesprechung möglich ist. Lernen Sie ihren Sound kennen, ihre musikalische Richtung, ihr spezielles Aroma. Eine gute Idee ist es auch, sich einen ihrer Liveauftritte anzusehen, um ein Feeling für ihren Stil und für das Publikum zu bekommen, das sie um sich schart. (Letzteres empfiehlt sich vor allem, wenn Sie mit Musikern zu tun haben, von denen es noch nicht so viele Tonaufnahmen gibt.)

✔ Bringen Sie über den Künstler oder die Bandmitglieder so viel in Erfahrung wie nur möglich, damit Sie bereits vor Ihrer ersten Begegnung das Gefühl haben, einiges über sie zu wissen. (Wir meinen damit nicht, dass Sie ihr Privatleben ausspionieren sollen; aber lesen Sie Interviews mit ihnen und sehen Sie sich ihre Website an.)

✔ Arrangieren Sie ein Treffen mit dem Künstler oder der Band, um deren individuelle, dynamische Stärken als Songwriter auszuloten und zu ermitteln, welche Zielvorstellungen sie in Bezug auf das Projekt haben, für das Sie schreiben. Diskutieren Sie auch mit ihnen darüber, ob sie ihrem alten Sound treu bleiben wollen oder sich auch mal auf Neuland wagen würden.

✔ Finden Sie heraus, was sie mit ihrem neuen Projekt bezwecken und welche Hoffnungen sie in die Resultate setzen, die von Ihrer Seite auf ihrem Schreibtisch landen werden.

✔ Falls die anderen für Ihre musikalischen und textlichen Ideen aufgeschlossen sind, sollten Sie auf deren Präsentation vertrauen, ohne sie dabei zu sehr zu drängen. Falls sie eine Ihrer Ideen ablehnen, setzen Sie sich nicht hin, um während der restlichen Sitzung nur noch zu schmollen.

✔ Haben Sie keine Scheu davor, konstruktive Kritik an den Songs Ihrer Co-Worker zu üben. Aber seien Sie diplomatisch und fallen Sie nicht gleich mit der Tür ins Haus. Sagen Sie zum Beispiel nicht »Sagt mal, Leute, von 'nem Hook habt ihr wohl noch nie was gehört?«, sondern »Jetzt wäre es besser, wenn wir uns einen einprägsamen Hook für unseren Titel ausdenken würden«.

✔ Kritteln Sie nicht an Songs herum, mit denen nicht alle gleichermaßen etwas anfangen können. Was Sie sagen können, ist: »Die Idee ist gut, aber ich glaube, ich bin nicht der Typ, der euch dabei helfen kann.« Und geben Sie den anderen immer die Gewissheit, mit Ihnen ebenso ehrlich umgehen zu dürfen.

Vor einigen Jahren hatte ich die Gelegenheit, mit einem meiner Lieblingsmusiker – mit Sammy Hagar, dem »Red Rocker« – zusammenzuarbeiten. Er holte mich am Flughafen in San Francisco ab und flitzte mit mir in seinem brandneuen Ferrari Daytona zu seinem Haus in Mill Valley. Nachdem wir einige Tassen megastarken Kaffee getrunken hatten, griffen wir zu unseren Gitarren und starrten uns eine weitere Stunde lang ziemlich unbeholfen an. Schließlich brach er das Schweigen und erklärte mir, er habe zuvor noch nie mit jemandem Auge in Auge zusammengearbeitet und daher befürchtet, er könne etwas Dummes sagen oder etwas spielen, das nicht völlig perfekt wäre. Er sei es gewohnt, mit sich allein zu sein, wenn er

Murks baue. Ich beruhigte ihn und sagte, anscheinend seien wir beide dazu prä-destiniert, zweifelhaftes Zeug zu fabrizieren – und zählte ihm ein paar Beweise auf. Danach lief alles wie am Schnürchen. Binnen zwei Stunden hatten wir ein Demo für die Titelmelodie des Zeichentrick-Klassikers Heavy Metal geschrieben und aufgenommen. Und anscheinend hatte Sammy sein Lampenfieber sogar dau-erhaft bekämpft, denn in der folgenden Zeit war er als Mitglied der Band Van Ha-len an der Entstehung zahlreicher Hits beteiligt.

Jim Peterik, Songwriter von 18 Top-Ten-Billboard-Hits

Arbeit mit einem Drehbuch

Eine Zusammenarbeit im üblichen Sinne ist das zwar nicht, doch viele Songwriter betrachten das Filmdrehbuch als stilles Mitglied des Schreibteams. Die Story, die Charaktere, die Sprache, der Stil – all das dient Songschreibern oft als Anstoß für den dazu passenden Song.

Frankie Sullivan und ich hatten Glück – wir durften uns *Rocky III* als nahezu fertigen Film ansehen, als wir den Soundtrack »Eye Of The Tiger« schrieben. Die eindrucksvollen Szenen und die motivierende Geschichte inspirierten und leiteten uns, und so verwundert es nicht, dass uns ein Song von bleibendem Wert gelang. Das Filmmaterial war wie eine dritte Person im Raum. Bei *Rocky IV* ging es uns ganz ähnlich: Wir hatten das fertige Drehbuch vor uns, und bestimmte Schlüsselsätze aus den Dialogen flossen in unseren Text ein. Dabei heraus kam der Song »Burning Heart«.

Kleiner Test, wie Sie damit klarkommen würden, für den Film zu schreiben: Suchen Sie sich einen Ihrer Lieblingsfilme aus, und falls Sie noch keine DVD davon haben, leihen Sie sich einfach eine aus. Machen Sie die Story oder das Drehbuch zu Ihrem Co-Writer, und lassen Sie sich von der Stimmung und dem Feeling des Films zu einem oder zwei Songs inspirieren. Wählen Sie als Ausgangspunkt die Dialoge und arbeiten Sie von da aus weiter. Falls sich nichts Wesentliches ergibt, wählen Sie einen anderen Film – einen, der Ihnen für Ihre Übung mehr Mög-lichkeiten bietet.

Zusammenarbeit mit sich selbst

Mit sich selbst zusammenarbeiten? Geht das überhaupt – falls man keine gespaltene Persönlichkeit hat? Es gibt da eine ganz bestimmte Technik: Nehmen Sie mal an, Sie haben in irgendeiner Woche eine Schreibblockade (kommt in den besten Songwriter-Familien vor). Dann nehmen Sie sich einfach Ihren gesammelten Bestand an Notizbüchern vor und suchen Sie ein paar nicht zu Ende geschliffene oder Rohdiamanten heraus, um daran weiterzuarbeiten. Meist ist es so lange her, seit Sie sich zuletzt damit beschäftigt haben, dass Sie sich an nicht allzu viel erinnern können, und das ist tatsächlich ein wenig, als würden Sie mit einer anderen Person zusammenarbeiten. Im Übrigen: Seit damals sind Sie sicher gereift, haben gelernt und Ihren Blickwinkel erweitert. Gute Voraussetzungen dafür, diesmal zu schaffen, was letztes Mal noch nicht klappen wollte.

Was interessant ist: Im Laufe der Zeit und mit wachsendem Weitblick findet man fast immer eine Antwort auf die Frage, warum es mit einem Song nicht schon auf Anhieb geklappt hat. Man schlüpft tatsächlich in die Rolle eines Mitarbeiters, nur diesmal eben in Bezug auf die eigene Arbeit – und erkennt immer deutlicher die eigenen Mängel, die fehlenden Teile und wo man schlecht organisiert war und den Kern der Sache nicht erfasst hat. Zuvor war einem das nicht möglich – jetzt aber kann man Schritt für Schritt dagegen vorgehen. Unter Produzenten bezeichnet man dieses Phänomen als »mit neuen Ohren hören«.

Wie man Tantiemen aufteilt

Hat man den Song fertig, empfiehlt es sich, bei Gelegenheit darüber zu diskutieren, wie und in welchem Verhältnis man die Einnahmen aufteilen will. Mag sein, dass man damit für dicke Luft sorgt, aber noch hat man alles frisch im Gedächtnis und weiß ziemlich genau, wer wie viel beigetragen hat. Wer es förmlicher haben will, kann auch auf einem Mitarbeitervertrag bestehen, in dem genau aufgeführt ist, wer welchen Job erledigt hat und wie er dafür zu entlohnen ist. Sollte es da Unstimmigkeiten geben, kann man sich ja an der allgemeinen Richtschnur der GEMA orientieren.

Wenn keine schriftliche Übereinkunft besteht, kann theoretisch jeder beliebige Mitarbeiter den gleichen Anteil beanspruchen wie die anderen, unabhängig davon, in welchem Umfang er beteiligt war. Einen Vertrag zu schließen, ist also nie verkehrt.

Was das prozentuale Verhältnis betrifft, in dem gesplittet wird, dazu gibt es verschiedene Philosophien, aber leider keinen echten Maßstab. In den folgenden Abschnitten geben wir Ihnen daher ein paar Tipps, wie man den großen Kuchen möglichst gerecht untereinander aufteilt.

Die Nashville-Methode

Für viele ist Nashville die Welthauptstadt aller Songwriter. Fast jeder, dem Sie dort begegnen, ist nur aus einem Grund dort – weil er auf die eine oder andere Weise mit Songwriting zu tun hat und vielleicht hofft, dort »den großen Sprung« zu machen. Manche kellnern, manche spielen in der örtlichen Bar und andere treten vielleicht im Bluebird Café auf (wo sich gelegentlich drei oder vier Songwriter um einen runden Tisch versammeln, um wechselseitig die Kompositionen der jeweils anderen zu spielen), im Rutledge oder im Listening Room. Doch alle wollen sie nur das Eine.

Nashville ist zudem das Mekka für Musiker, die sich mit anderen zusammentun wollen. Meist spielt sich das so ab, dass eines der vielen Verlagshäuser von einem bestimmten Musiker hört, der nach Material für seine nächste Veröffentlichung sucht. Daraufhin schart der Verleger seine besten Songwriter zusammen und macht es wie Gott Amor, indem er einige von ihnen – meist zwei, seltener drei – zwecks Teamarbeit zusammenführt. Manchmal ruft er auch einen anderen Verleger an, von dem er weiß, dass er ein Pferd im Stall hat, das hier einen besonderen Beitrag leisten könnte. Die Songwriter in Nashville sind mit dieser Art Roulette wohlvertraut, und es macht ihnen auch nichts aus, an manchen Tagen mit drei verschiedenen Songwriter-Teams zusammenarbeiten zu müssen. Für einige von ihnen ist es nichts Außergewöhnliches, am Ende der Woche auf fünf oder sechs fertige Songs zurückblicken zu dürfen, von denen bis zum folgenden Donnerstag die Demos fertig sein müssen.

Wie sieht nun die Nashville-Methode der Entlohnung aus? Alle, die während des aktiven Schreibvorgangs im Raum versammelt sind, bekommen den gleichen Anteil. Dies gehört schon seit vielen Jahren zur Nashville-Etikette, da man weiß, dass Autoren, die sich nicht über ihre Ansprüche streiten müssen, viel eher bereit sind, unverzüglich den *nächsten* Song in Angriff zu nehmen, anstatt wegen des vorherigen Stress zu machen. Und Leute, die gemessen an der Arbeit, die sie geleistet haben, zu hoch entlohnt wurden, werden beim nächsten Mal eben nicht mehr gefragt.

 Ganz egal, wie die erfahrenen Profis in Nashville es machen –in der Regel ist es besser, *einen* großartigen Song zu schreiben als fünf mittelmäßige. Lauter kleine Juwelen werden es meist sowieso nicht; auf einen von zehn Songs, die man geschrieben hat, kann das jedoch zutreffen. Haben Sie nie Angst, die von Ihnen komponierten Songs könnten (für Sie oder andere) nicht zu *den* großen Hits werden. Lassen Sie die innere Meckertante vor der Tür stehen und denken Sie nicht weiter über vergangene Erfolge (oder Misserfolge) nach. Was jetzt ist, ist jetzt. Stellen Sie auch keine Vergleiche mit den Songs von anderen an. Jeder hat seinen eigenen Stil, und Sie wollen doch nicht verwechselbar klingen, oder?

Das Ehrenmann-System

Das Ehrenmann-System sieht so aus: Wenn ein Song fertig ist, beratschlagen alle Beteiligten darüber, wie hoch der Anteil jedes Einzelnen zu sein hat. In der Regel macht man fifty-fifty, aber es kommt auch vor, dass bei einem Duo ein 60:40- oder 70:30-Split vereinbart wird. Hat einer der beiden die gesamte Melodie geschrieben, der andere den gesamten Text, lautet der Schlüssel fast immer halbe-halbe. Bei drei Leuten jedoch sind Varianten wie 50:25:25 oder 40:30:30 gar nicht so unüblich. Arbeiten Sie mit einfachen Brüchen, damit der Tag der Abrechnung nicht zum mathematischen Albtraum wird, und vor allem: Achten Sie darauf, dass am Ende nicht mehr als 100 Prozent herauskommen. (Sie lachen? – Alles schon vorgekommen!)

Die Chaos-Methode

Zum großen Chaos kommt es meistens nach Fertigstellung des Songs. Die Musiker sitzen zusammen in einer Kneipe, jeder hat ein paar Gläser intus und dann geht es plötzlich los: Wer hat wo wann wie und warum was mit wem gemacht? Der eine präsentiert einen Zettel mit der genauen Anzahl der von ihm beigesteuerten Worte inklusive Stückpreis. Der Nächste fordert 50 Prozent pauschal, denn ohne seinen genialen Riff wäre der Song ein Nichts geblieben. Moment mal, mischt sich da der Bassist ein, *dein* Riff? Das ist ein Lick aus einem anderen Song, und dieser andere Song stammt zweifellos von *mir*! In diesem Moment stößt einer der Roadies hinzu und argumentiert, der Song sei ja erst entstanden, nachdem sie seine Freundin kennengelernt hätten – sie habe sie zu dem Song inspiriert, und das kostet! Da kann auch die Freundin selbst den Mund nicht mehr halten: Der Song handle im Grunde von ihrem Bauchpiercing, beteuert sie, und dafür müsse man sie auch an allen künftigen Verkäufen beteiligen.

Solche Szenen finden tatsächlich statt, und sie können einem den Spaß am Songwriting ganz schön verderben, da sie erstens den Blutdruck in die Höhe treiben und zweitens auch schon mal zu Zerwürfnissen führen.

Die Goldene Regel: Wenn ein Song erfolgreich ist, reicht das Geld sowieso für alle. Ist er ein Flop, dann ist die die ganze Erbsenzählerei nur vergeudete Zeit.

Gibt es eigentlich einen Unterschied zwischen der Zusammenarbeit mit Frauen und der mit Männern? Hm, nichts Genaues weiß man da nicht. Zu behaupten, Frauen wären sensibler und Männer rechthaberischer – das wären Klischees, die hier nicht weiterhelfen. Es gibt Songs von Männern, die man nur als sanfte Poeten bezeichnen kann, und es gibt Frauen, die sich laut und ruppig geben. Die Anzahl von X- und Y-Chromosomen sagt anscheinend weniger aus, als man denkt. Unsere andersgeschlechtlichen Persönlichkeitsanteile haben wir alle – sie machen uns nur vielfältiger und interessanter.

Bekannte Songwriter-Teams

Wo kreative Menschen zusammenkommen, um Ideen auszutauschen und ihre Gedanken frei fließen zu lassen, dort entzündet der Funke der Inspiration sich schnell. Auf diese Weise gingen in den 1950er- und frühen 1960er-Jahren aus der berühmten New Yorker Hitfabrik, dem Brill Building, auch viele geniale und produktive Songwriter hervor. Jene Zeit schenkte uns Talente wie Gerry Goffin und Carole King, Neil Sedaka, Neil Diamond, Barry Mann und Cynthia Well – und, last, not least, die Motown-Szene (als Motown bezeichnete man Berry Gordys kreatives Camelot im Detroit der frühen Sechziger, das sich zu einem millionenschweren Mischkonzern auswuchs und auch heute, mehr als ein halbes Jahrhundert später, noch aktiv ist). Es war eine Zeit, in der die Leute noch keine Hemmungen hatten, sich gegenseitig zu helfen; schließlich wussten sie, dass dort, wo kreative Kräfte sich vermischen, in der Regel mehr entsteht als im Alleingang.

In den nächsten Abschnitten blicken wir einigen berühmten Songwriter-Teams von damals und heute über die Schulter, um festzustellen, wer von ihnen wofür verantwortlich war/ist und warum ihre Hits beim Publikum immer wieder einschlugen.

John Lennon und Paul McCartney

John Lennon und Paul McCartney waren die kreativen Köpfe hinter den Beatles. Beide waren begnadete Musiker, und beide konnten gut mit Sprache umgehen. In den Anfangstagen der Beatles arbeiteten sie zusammen im gleichen Raum (oder Tourbus); einer warf eine Idee in den Raum, der andere hörte sie sich an, und irgendwann hielten sie eine Kreation in Händen, die sie auch den anderen Jungs zeigen konnten. Manchmal schrieb einer von ihnen einen kompletten Song, und der andere steuerte nur die Bridge bei. In späteren Beatles-Tagen arbeitete jeder von ihnen mehr für sich, um dem anderen das fertige Produkt lediglich vorzustellen, jedoch stets mit einem offenen Ohr für Verbesserungsvorschläge. Aufgrund ihres alten Songwriter-Abkommens teilten sie sich auch weiterhin das Copyright 50:50, in der stillschweigenden (und richtigen) Annahme, am Ende würde sich die Sache wieder ausgleichen.

Das Besondere an ihrer Zusammenarbeit war sicher ihre unterschiedliche Auffassung vom Leben. John war ein Zyniker, während Pauls Optimismus geradezu unverbesserlich schien. Als die Beatles sich trennten, beendeten sie ihre Teamarbeit. Johns Lieder wirkten oft grob und ein wenig defensiv, mit einigen beachtlichen Ausnahmen wie »Starting Over« oder sein Meisterwerk »Imagine«. Pauls sentimentaler Ader hingegen entflossen Stücke wie »Silly Love Songs« und »My Love« (das er zusammen mit seiner Frau Linda schrieb), die vielleicht von Johns eher nüchterner Weltsicht profitiert hätten. Nach den Tagen ihrer Zusammenarbeit schrieben beide auch weiterhin Songs, nun aber jeder für sich, doch der nunmehr fehlende Kontrast zweier sehr diametraler Weltsichten schadete der Qualität ihrer Lieder kaum.

Burt Bacharach und Hal David

Unzählige Hits stammen aus der Feder dieses begnadeten Songwriter-Teams – nur ein paar Beispiele wären »What The World Needs Now«, »Alfie«, »Do You Know The Way To San José« und »I Say A Little Prayer For You«. Zahllose Künstler nahmen ihre Songs auf, auch von Musikern unserer Zeit werden die Songs immer wieder neu aufgenommen und gecovert.

Bei Bacharach und David waren die Aufgaben genau verteilt: Burt schrieb die Musik, Hal die Texte. Beim Zusammenfügen von Melodie und Worten wendeten sie jedoch ganz unterschiedliche Methoden an: Häufig lieferte Burt einen Teil der Musik ab, und Hal schrieb erst mal nur den Text für diese Passagen, danach arbeiteten sie in einem Zimmer gemeinsam am nächsten Abschnitt. Gelegentlich kam auch Hal mit einem Text oder einer Textpassage an, und Burt steuerte dann die Musik bei. Man kann behaupten, dass bei der Entstehung von Burt Bacharachs und Hal Davids Klassikern alle möglichen Methoden zum Einsatz kamen, Musik und Text miteinander zu verbinden. Wobei es natürlich oft auch Missverständnissen kam: Einmal bekam Hal von Burt ein Tonband mit der Musik, aus der Perry Comos Superhit »Magic Moments« entstehen sollte. Aber Hal schrieb den recht aufwendigen Text – den Teil mit dem Heuwagen und der Schlittenfahrt – zu der Passage, die eigentlich als Intro gedacht war. Den Refrain ließ man dann folglich zur Musik der Strophe ertönen, und vielleicht war es ja ein Glücksfall. Jedenfalls kam ein viel ausgefallenerer Song dabei heraus als von Burt ursprünglich geplant.

Bernie Taupin und Elton John

Es ist schwer, in der heutigen Musikszene ein produktiveres und erfolgreicheres Songwriter-Gespann zu finden als die beiden. So wie Lennon und McCartney beim Schreiben hauptsächlich die Beatles im Hinterkopf hatten, zielt auch die Arbeit von Bernie und Elton darauf ab, *einen* speziellen Künstler ständig mit Hitnachschub zu versorgen – nämlich Elton selbst. Als Bernie eine Stellenausschreibung in einer Londoner Tageszeitung veröffentlichte, reichte ein Anruf von Elton John (damals noch Reginald Dwight), um seinen Schicksalspartner zu finden.

Bernie war ein Dichter ohne Musik, Elton ein ausgezeichneter Pianist und Songwriter auf der Suche nach Texten. Normalerweise bringt Bernie ein paar Seiten Text mit, und Elton setzt sich ans Klavier und geht sie der Reihe nach durch, bis ihm ein zündender Einfall kommt. Schon oft entstand auf diese Weise ein Song innerhalb einer Dreiviertelstunde (fällt Elton zu einem Text innerhalb von 30 Minuten keine Melodie ein, geht er einfach zum nächsten über, manchmal ohne je darauf zurückzukommen). Stücke wie »My Song«, »Goodbye Yellow Brick Road« und »The One« sind zeitlose Zeugen einer höchst kreativen Zusammenarbeit. Beide schrieben auch Songs mit anderen Partnern (vor allem die Lieder, die Elton gemeinsam mit dem Texter Tim Rice für *The Lion King*, *Aida* und andere Werke schrieb), doch das Songwriter-Team Taupin/John wird weiter bestehen, wahrscheinlich noch viele Jahre lang und mit bleibendem Erfolg.

Elton John ist allerdings nicht nur ein sehr teamfähiger Songwriter, sondern auch unübertroffen in seinen Liveauftritten. Zu seinen denkwürdigsten Auftritten gehörten (in einer TV-Übertragung der Grammy-Verleihung) ein Duett mit Eminem und Jahre später ein Medley, das er zusammen mit Lady Gaga sang. Der größte Showman und das größte Showgirl der Musikbranche zusammen auf der Bühne – hoffentlich haben Sie es nicht versäumt.

Netzwerke für Songwriter

Es gibt Millionen von Möglichkeiten, Kontakte zu Songwritern und anderen Leuten aus dem Musikbusiness zu knüpfen. Nur wer auf sich aufmerksam macht, kann auch gesehen werden. Testen Sie doch mal die folgenden Vorschläge, um sich mit anderen auszutauschen (auch die E-Mail-Adressen) und somit nicht nur einen Eindruck davon zu bekommen, wie man als Profi Musik macht, sondern auch, wie und wo man Leute findet, die sie sich anhören. Diese Vernetzung von Angehörigen einer Branche nennt man *Networking* (worüber wir später noch sprechen werden). Hier erst mal unsere Anregungen:

✔ **Singer/Songwriter-Treffs:** Eine recht entspannte Angelegenheit. Liedermacher, Barden und Songwriter treffen sich (meist in einschlägigen Kneipen) zum Stelldichein, spielen sich gegenseitig ihre neuen Songs vor und quatschen darüber.

✔ **Songwriter-Organisationen:** Schon eine Nummer offizieller. Es gibt sie in Groß und Klein, auf lokaler, regionaler, Landes- oder Bundesebene. Suchen Sie sich die Passende aus!

✔ **Seminare und Workshops:** Hier können Sie von Profis lernen und Ihre Arbeiten von anderen kritisieren lassen – manchmal sogar kostenlos. Suchen Sie sich ein paar im Internet aus und tragen Sie sich für den Newsletter ein, dann wissen Sie immer genau, wann und wo etwas stattfindet, das Sie interessiert.

✔ **Writers' Camps:** Was ganz Individuelles. Es handelt sich um Treffs und Seminare, die allerdings wegen der Atmosphäre im Freien stattfinden – also in Wäldern, am

Lagerfeuer, irgendwo am äußersten Zipfel der Prärie. In den USA recht verbreitet, in Deutschland erst noch im Kommen. Wer macht den Anfang?

✔ **Das Internet:** Es gibt so gut wie keine Suchbegriffe, für die Google Ihnen nicht verschiedene Treffer auswirft – das können je nach Suche nur zehn Treffer oder auch zwanzig Millionen sein. Nehmen Sie sich einfach mal ein, zwei Stunden Zeit und surfen Sie drauflos. Auf irgendeine Weise werden Sie sicher fündig.

Songwriter-Nächte sind lang

Singer/Songwriter-Nächte kamen (ebenso wie avantgardistische Dichterlesungen) im Amerika der 1950er-Jahre auf, genauer gesagt: in den dortigen Kaffeehäusern der »Beatniks«. In der Folgezeit gewannen sie mit jedem neuen Jahrzehnt an Popularität und Prestige. Meist finden sie in engen und verrauchten Clubs statt, gesponsert entweder von einem abgehobenen Clubinhaber oder einer regionalen Songwriter-Vereinigung. Es gibt sie in zwei verschiedenen Spielarten:

✔ Vorführungen, bei denen die Songwriter einer nach dem anderen auf die Bühne gehen und einige ihrer Songs zum Besten geben (das Zeitlimit liegt in der Regel bei 20 Minuten, ein Tontechniker behält die Uhr im Auge).

✔ Vorführungen, bei denen eine Gruppe von vier oder fünf Songwritern gemeinsam auftritt (oft im Kreis), sich wechselseitig begleitet und harmonisch unterstützt (auch durch Strophentausch zum Beispiel).

Auch wenn Sie nur als Zuschauer dort sind, können solche Nächte Ihnen einiges bringen. Sie sehen zum Beispiel, welche Songs ankommen und welche nicht, ferner können Sie versuchen, Ihre Gesangs- und Vortragskünste im indirekten Vergleich zu anderen zu beurteilen. Sorgen Sie dafür, dass Sie an solchen Abenden so viele Leute wie möglich kennenlernen (auch den Clubinhaber, den Tontechniker, Vertreter der Branche und Songwriter-Kollegen). Vernetzen, vernetzen, vernetzen! Und versuchen Sie den Veranstalter zu überreden, Ihnen beim nächsten Mal auch eine Chance zu geben.

In der Songwriter-Szene kann Mundpropaganda mehr bewirken als der Zuspruch des Publikums ganz allgemein. Bei solchen Veranstaltungen geht es hinter den Kulissen ähnlich rege zu wie auf der Bühne: Dort werden Telefonnummern ausgetauscht, Teamprojekte geplant und Brainstorming betrieben.

Verlieren Sie nie wieder den Kontakt zu Leuten, die Sie bei solchen Events kennenlernen. Ein Anruf im schummrigen Licht der Nacht und nach ein paar Bier ist schnell versprochen, ohne dass er jemals kommt. Da ist es wichtig, dass man am Ball bleibt und gegebenenfalls auch nachhakt.

Wenn nirgendwo in Ihrer Nähe eine Songwriter-Nacht oder ähnliche Veranstaltung stattfindet – warum werden Sie dann nicht selbst aktiv? Legen Sie ein paar Flyer in örtlichen Musikläden aus oder kündigen Sie das Event auf Ihrer Website an. Schreiben Sie einfach, dass Sie einen Singer/Songwriter-Treff bei sich zu Hause organisieren wollen (oder verklickern Sie einem Clubinhaber, dass es die ideale PR-Möglichkeit für einen Ruhetag ist). Wenn Sie fünf Euro Eintritt kassieren, dürfte mehr zusammenkommen als Sie für Snacks und Fixkosten einkalkulieren müssen. Außerdem ist der eigene Workshop eine prima Möglichkeit, neue Kontakte zu knüpfen.

Einer Songwriter-Vereinigung beitreten

Einige Organisationen haben es sich zum Ziel gesetzt, Songwriter bei jedem Schritt ihrer Karriere zu unterstützen. Viele größeren Städte (und auch ein paar kleinere) verfügen über Songwriter-Clubs, die Ihnen bei der Ausgestaltung und Vermarktung Ihrer Songs helfen werden. Egal, ob Sie nun in Berlin wohnen, in München oder irgendwo dazwischen – Sie werden immer ein paar Leute finden, die Ihre Begeisterung für die Musik teilen. Leider ist dies ein Arbeitsfeld, das sich in Deutschland noch nicht so richtig etabliert hat. In den 1970er-Jahren gab es einmal eine AG Song, die jedoch ihre Tätigkeit längst eingestellt hat. So ist es vorerst besser, nach Veranstaltungen, Slams und nächtlichen Treffs Ausschau zu halten. Geben Sie bei Google einmal die Begriffe Liedermacher + Slam oder Singer/Songwriter ein – irgendwo werden Sie fündig werden.

Lassen Sie sich von Kritik nicht entmutigen – auch nicht, wenn sie von einem Profi kommt. Betrachten Sie es als Chance, Ihr Können zu verbessern. Wenn Sie von einer bestimmten Idee total überzeugt sind, kann sowieso nichts auf der Welt Sie umstimmen.

Seminare, Workshops, Konferenzen und Symposien

Jeder Songwriter-Club, jede Vereinigung und Organisation (zum Beispiel Gema) bietet ihren Mitgliedern Workshops und Seminare an oder weist zumindest darauf hin, wo in der näheren oder weiteren Umgebung solche Veranstaltungen stattfinden. Dort bietet sich die Chance, andere Songwriter kennenzulernen, sich interessante Vorträge von erfahrenen Kollegen oder erfolgreichen Leuten aus der Plattenindustrie anzuhören und an Diskussionen mit anderen Songwritern auf den verschiedensten Stufen ihres Schaffens teilzunehmen. Da ist es mal ein Texter, der spricht, mal ein Komponist, ein Produzent, ein Agenturvertreter, ein kommerzieller Musikschreiber, ein auf Filmmusik spezialisierter Songwriter, ein Verleger ... Das sind einfach Gelegenheiten, die jeder ernsthaft Interessierte nutzen sollte. So leicht lernt man sonst nirgendwo die richtigen Leute kennen.

Es finden weltweit hunderte solcher Veranstaltungen statt. Zu den bekanntesten gehören die South By Southwest Music and Media Conference (SXSW), die alljährlich in Austin, Texas abgehalten wird, sowie MIDEM, das ebenfalls jedes Jahr im französischen Cannes stattfindet. Weitere Termine finden Sie im Internet und in einschlägigen Jahrbüchern und Almanachen.

Wenn Sie sich mit Gleichgesinnten austauschen, steigen Ihre Chancen immens. Sie kennen ja das alte Sprichwort »Eine Hand wäscht die andere«. Wahrscheinlich hat es ein Songwriter erfunden, nach einem Workshop oder einer Nacht der Liedermacher.

 Fazit dieses Kapitels: Seien Sie immer zur richtigen Zeit am richtigen Ort. Auf diese Weise schaffte es auch der italienische Pop-Tenor Andrea Bocelli! Sarah Brightman hörte ihn singen, während sie in einem Restaurant speiste – und das war es schon! Ein paar Monate später standen sie zusammen auf der Bühne und heute gehört Andrea zu den großen Berühmtheiten der Crossover-Szene. Man muss den kleinen Wundern immer einen Schritt entgegengehen.

Übung macht den Meister

Sich vernetzen, mit anderen zusammenschließen und gemeinsam arbeiten – kann man das üben? Klar, indem man einfach den Kopfsprung wagt. Erfahrung ist der beste Lehrmeister – und fortwährend die Augen und Ohren offen zu halten, schon mal ein guter erster Schritt! Was zum Beispiel spricht dagegen, die Arbeit mit dem Vergnügen zu verbinden und einen Wochenend-Workshop für kreativen Ausdruck zu besuchen? Vielleicht sogar unter freiem Himmel, in sternklaren Nächten, damit auch die richtige Atmosphäre zur Befreiung des schöpferischen Potenzials herrscht? Dort können Sie was lernen, Kontakte knüpfen – und das Ganze nebenher auch noch als Urlaub betrachten. Ein Urlaub, von dem Sie ganz besondere Souvenirs mit nach Hause bringen – vielleicht sogar ein paar eigene Songs in Ihrem Koffer, die Sie während der Zeit dort geschrieben haben. Und die müssen Sie nicht mal verzollen!

Kapitel 13

Online-Marketing und soziale Netzwerke für Songwriter

Fakt ist: Nichts bleibt so, wie es ist, auch in Sachen Musik. Denken Sie nur mal daran, was in der Musikindustrie in den letzten Jahren so abgegangen ist. Kein Stein ist auf dem anderen geblieben! »Alles fließt«, sagt Heraklit, das heißt: Alles befindet sich in einem fortwährenden Entwicklungsprozess, und im Zuge dieser Umwälzung entstanden natürlich auch neue Möglichkeiten für Songwriter und Musiker, sich selbst einzubringen und mitzumischen – Möglichkeiten, die es vor ein paar Jahren noch nicht gab. So war es damals zum Beispiel noch nicht möglich, seine Musik songweise auf iTunes oder als Klingelton fürs Handy zu verkaufen; heute jedoch haben Marketingseiten wie MySpace, Facebook oder Twitter Türen aufgestoßen, durch die Musiker und Komponisten eine völlig neue Welt betreten können.

In diesem Kapitel sehen wir uns verschiedene Methoden des Social Marketings an – das ist Werbung für sich selbst, an der man zwar vorerst nichts verdient, sich aber bekannt machen kann. Danach sehen wir uns weitere Möglichkeiten an, seinen Aktionsradius zu vergrößern und sich mit anderen zu vernetzen und zusammenzuschließen. Das Internet ist ein Segen für alle, die es zu nutzen wissen und nicht als reines Spielzeug missbrauchen. Deshalb laden wir Sie anschließend auch zu einer kleinen Surftour ein.

Wie man das Internet richtig nutzt

Nur zehn Jahre hat es gedauert, bis fast jeder seinen eigenen Internetzugang hatte. Und in der Musikbranche gilt das Internet als eines der nützlichsten Werbemedien überhaupt. Wie schon die Bezeichnung »World Wide Web« sagt – wer dort wirbt, wirbt auf der ganzen Welt, *world wide*! Da erscheint eine Anzeige oder ein PR-Bericht nicht nur im Schnarchenreuther Kurier, sondern hier, in Berlin und in Chicago gleichzeitig. Da dauert die ganze Prozedur auch nicht länger, als ein Finger zum Klicken braucht. So viel zu den Vorteilen.

Nachteile gibt es natürlich auch. Zum Beispiel den, dass man im Internet zwar zahlreiche Kontakte knüpfen kann, den anderen aber nicht wirklich *kennenlernt*. Ob er ein angenehmer Mensch ist, ob er sich zu benehmen weiß und ob er nicht nur jede Menge heiße Luft produziert, das zeigt sich erst, wenn man ihn zum ersten Mal im persönlichen Gespräch oder bei einer Party erlebt, ihn reden hört und handeln sieht, kurz gesagt: seine *Ausstrahlung* mitbekommt. Ob die Chemie stimmt, lässt sich aus E-Mails und Soundfiles nur schwer entschlüsseln. Deshalb ist es wichtig, dass man so schnell wie möglich einmal im gleichen Raum zusammensitzt. Ob es um einen Song, einen Arbeitsplan, ums Co-Writing oder um Kritik geht – sich persönlich zu kennen und Kontakt zu pflegen ist durch nichts zu ersetzen.

Nachdem wir diese Warnung nun ausgesprochen haben, soll uns jedoch nichts mehr davon abhalten, nach Möglichkeiten zu suchen, wie man das Internet optimal nutzen kann.

Wie man seine eigene Website gestaltet

Am einfachsten ist es, auf sich aufmerksam zu machen, wenn man eine eigene Website hat – eigentlich ist sie unentbehrlich. Leute, die nur auf anderen Seiten unter »ferner liefen« erwähnt sind, nimmt meist keiner richtig ernst. Wenn möglich, wählen Sie Ihren eigenen Namen als Domainnamen (das ist der Name zwischen dem *www.* und dem *com* oder *de*), und dann sorgen Sie dafür, dass die fertige Seite so professionell wie möglich aussieht.

Ich weiß, Sie würden die Welt nicht mehr verstehen, wenn es für diese Zwecke nicht auch ein *Dummies*-Buch gäbe. Doch da müssen wir Sie enttäuschen, es gibt derer nämlich sogar zwei. Das eine heißt *Webseiten für Dummies*, und geschrieben hat es Bud E. Smith, das andere heißt *Webdesign für Dummies* und stammt von Lisa Lopuck (beide erschienen bei Wiley-VCH, Weinheim). Sie sind für alle gedacht, die sich selbst ans Werk machen wollen. Falls Ihnen die Zeit fehlt, können Sie natürlich auch einen Profi mit der Gestaltung Ihres Internetauftritts betrauen.

Worum es geht: Dass Sie online so etwas wie ein eigenes Werbemanagement, eine eigene PR-Agentur unterhalten – inklusive Fotos, Steckbrief, Lebenslauf, bisherige Erfolge, künftige Pläne und Ziele, und das Ganze vielleicht gewürzt mit einer Prise Humor. Machen Sie erkennbar, welche Art von Leuten Sie für eine Zusammenarbeit suchen. Und fügen Sie ein paar Hörproben von eigenen Songs bei (natürlich die gelungensten), sodass andere nicht das Gefühl haben müssen, mit Ihnen die Katze im Sack zu kaufen. Nicht fehlen sollten auch Formulare zur Kontaktaufnahme, vielleicht die Möglichkeit, einen Newsletter zu abonnieren und natürlich ein Impressum. Es heißt zwar immer »weniger ist mehr«, aber in diesem Fall können Sie schon mal etwas dicker auftragen.

Natürlich wird Ihnen auch die beste Website der Welt nichts nützen, wenn keiner sie zu sehen bekommt. Machen Sie also Werbung nach allen Regeln der Kunst! Posten Sie Ihre Webadresse als Link auf Networking-Seiten, setzen Sie sie als Signatur unter Ihre Adresse in jeder E-Mail, die Sie versenden, und wenn Sie wollen, heften Sie einen Sticker an Ihre Windschutzscheibe (es gibt Firmen, die solche individuellen Aufkleber preiswert herstellen).

Auch als Forum zum Ideenaustausch eignet sich eine Website hervorragend. Sie können zum Beispiel einen *Blog* einrichten und Kollegen nach ihrer Meinung fragen oder sie um kleine Kritiken zu ihren Songs oder Texten bitten (machen Sie sich aber darauf gefasst, dass einige sehr unverblümt schreiben werden, was sie denken; im Internet sind die Leute meist ehrlicher als bei einem persönlichen Gespräch). Auch eine »Members Only«-Area können Sie unterbringen, also einen Bereich, zu dem nur registrierte Mitglieder Zugang haben. Dort können Sie sich privat mit anderen Songwritern austauschen und sich Musik zur gegenseitigen Beurteilung und für Verbesserungsvorschläge hin- und herschicken.

Halten Sie Ihre Seite immer auf dem neuesten Stand. Wenn die Leute feststellen, dass sich seit ihren letzten Besuchen nie etwas geändert hat, kommen sie schon bald nicht mehr. Und wenn Sie auf Erkundigungen und Fragen einfach nicht antworten, gelten Sie irgendwann als Rüpel – und das zu Recht! Falls Sie (wie empfohlen) einen Blog auf Ihrer Seite einbauen, sollte täglich – oder zumindest wöchentlich – ein neuer Eintrag erscheinen. Dann merken Ihre Fans: Hier ist Leben, hier ist was los! – Außerdem rutschen Sie auf diese Weise bei den Suchmaschinenergebnissen nach oben.

Ich war einer von den Leuten, die sagten: »Wozu brauche ich das Internet?« Doch als ich meine erste Seite entworfen hatte, änderte sich meine Wahrnehmung total. Ich sah, dass sich den Leuten damit nicht nur eine hervorragende Gelegenheit bot, meine CDs kennenzulernen und zu erwerben; sie bekamen außerdem noch massig Informationen über meine Vergangenheit, meine Gegenwart und meine Zukunft. Wenn ich etwas richtig oder falsch mache, bekomme ich augenblicklich Reaktionen von überall auf der Welt. Und wenn ich Lust habe, kann ich sogar kleine Bruchstücke von Songs posten, an denen ich noch arbeite. Seit ich meine »Webphobie« überwunden und einen fähigen Webmaster gefunden habe, ist das Internet für mich ein unerlässlicher Bestandteil meiner Karriere.

Jim Peterik, Musiker, Songwriter und Multi-Instrumentalist für Ides of March und Survivor, schrieb zahlreiche Hits für .38 Special, Sammy Hagar und andere

Wie man die Webseiten anderer für sich nutzt

Es gibt zahllose Musik- und Songwriting-Seiten, die Ihrem Talent zu mehr Beachtung verhelfen können, von Kontaktmöglichkeiten einmal ganz zu schweigen. Sie können zum Beispiel nach der Methode »Eine Hand wäscht die andere« Informationen zwischen Ihrer Seite und der anderer Leute tauschen, Sie können Ihre Musik auch zum Anhören und Herunterladen auf die Seite stellen. Nur dass Sie der Copyright-Inhaber sind, das sollten Sie schwarz auf weiß haben, bevor Sie Ihre Kunst mit der Welt teilen. Auf vielen solcher Websites können Sie mit Ihrer Musik sogar Knete machen. Hier ein paar der wichtigsten Adressen.

Online-Musikhändler

Das sind Unternehmen, die mit Audiodateien handeln, meist in Form von MP3-Files. Die Bezahlung erfolgt pro Song oder auf Subskriptionsbasis. Zu den führendsten dieser Geschäfte gehören:

- ✔ **iTunes:** Online-Vertreiber von digitalen Abspielgeräten und Musik, die auch mit Spielfilmen, TV-Sendungen und Ähnlichem handeln.

✔ **Amazon Music:** Eine weitere Bezugsquelle im Internet, die über 90 Millionen Songs zum Download für jedes Gerät anbietet.

✔ **Streaming-Dienste:** Online-Musikdienste, bei denen man sowohl Abonnent werden wie auch zum Teil pro heruntergeladenem Song bezahlen kann: AppleMusic, Spotify, Deezer, Napster und viele mehr.

✔ **CDBaby:** Gilt als weltweit größter Vertreiber von Indie-Musik. Ein Unternehmen *von* Musikern *für* Musiker.

Soziale Netzwerke

Soziale Netzwerke im Internet ermöglichen es Musikern, Kontakt zu Fans und Freunden aufzunehmen und eine feste Community für Leute mit gleichen Interessen aufzubauen. Dazu gehören zum Beispiel:

✔ **Twitter:** Soziales Netzwerk im Microblogging-Stil (es können nur sehr kurze, SMS-ähnliche Texte gepostet werden). Die Messages dort heißen »Tweets«, und wer in Deutschland behauptet, er würde »zwitschern«, spricht vermutlich von Twitter.

✔ **Instagram:** Gehört wie Facebook zum Meta-Konzern. Die aktiven Nutzer hier sind meist jünger als bei Facebook.

✔ **TikTok:** In den jungen Generationen sicher zurzeit die unangefochtene Nummer 1 der Social-Media-Plattformen. Videobeiträge mit bis zu drei Minuten Länge und ausgeklügelte Algorithmen im Hintergrund können für sagenhafte Reichweite Ihrer Beiträge sorgen.

✔ **MySpace:** War lange Zeit *das* führende Social Network im Netz. Bands können sich dort eine eigene Website einrichten, Musik posten, Freunde adden und sich eine gigantische Fanbasis errichten. Wegen ständiger Konzeptänderungen und zu viel Werbung ist es allerdings in der Gunst der Webgemeinde schwer gesunken.

✔ **Facebook:** Zeitweilig war der von Mark Zuckerberg gegründete Networking-Riese der unumstrittene Marktführer. Schlichter und übersichtlicher als MySpace, vom Angebot her aber ähnlich umfangreich. Zählt inzwischen annähernd drei Milliarden Mitglieder weltweit, davon 32 Millionen allein in Deutschland.

Spezielle soziale Netzwerke

Auch im Deutschsprachigen und Europäischen Raum gibt es verschiedene Social Networks, die sich ausschließlich an spezielle User wenden, wie zum Beispiel Musiker, Songwriter und weitere Teil der Musikindustrie Tätige. Ein paar Beispiele (hier aus den USA) sind:

✔ **ReverbNation:** Interessant für Musiker, Bands, Produzenten sowie ideal zum Knüpfen kreativer und/oder geschäftlicher Kontakte.

✔ **OurStage:** Ein soziales Netzwerk für noch unentdeckte Künstler, Musikliebhaber und Leute aus der Musikindustrie, die zwecks gemeinsamer Projekte nach Gleichgesinnten suchen.

✔ **Sonicbids:** Hier können Bands aus allen Genres und überall auf der Welt Kontakte zu maßgeblichen Leuten aus der Musikindustrie knüpfen, wie etwa zu Veranstaltern, Lizenzgebern oder Senderchefs. Außerdem findet man hier die Ausschreibungen zu zahllosen Contests sowie die richtigen Ansprechpartner zum Buchen von Gigs.

Netzwerke zur Verbreitung von Musik

Solche Dienste bieten Musikern die Möglichkeit, ihre Songs bei digitalen Vertreibern wie iTunes oder Amazon zu listen. Zwei Beispiele dafür wären:

✔ **TuneCore:** Plattform für digitale Musik- und Videoverbreitung, die Ihre Songs an die führenden digitalen Händler (iTunes, Amazon, Rhapsody und andere) ausliefert, ohne von Ihnen Prozente für verkaufte Musik zu verlangen.

✔ **SongCast:** Ein weiteres Netzwerk für die Verbreitung von Musik. Ihre Songs werden dann ebenfalls bei iTunes, Amazon, Rhapsody, Napster und so weiter angeboten.

Video- und Musik-Sharing

Einige Websites oder Software-Programme ermöglichen es Usern, ihre Videoclips, Messages und Musikvideos auf einem eigenen Account oder Channel zu vertreiben. Dazu gehören:

✔ **YouTube:** Dort können Sie Ihre Songs und Videos posten und damit ein Riesenpublikum erreichen. Ein Paradebeispiel ist das Musikvideo »This Too Shall Pass« von OK Go, das innerhalb kürzester Zeit mehr als zehn Millionen Mal aufgerufen wurde – und auf diese Weise sogar einen Sponsor für die Produktionskosten ergattern konnte!

✔ **Viddler:** Eine interaktive Online-Videoplattform, bei der man Videos hochladen, teilen, bekanntmachen, taggen und kommentieren sowie Gruppen um bestimmte Videos ins Leben rufen kann.

Internetradio

Auch als Webradio bekannt. Ein mithilfe von Webcasting und Dauerstream via Internet übertragener Hörfunkservice, ganz im Stil der normalen Rundfunksender, wie man sie seit den 1950er-Jahren kennt. Beispiele sind:

✔ **Last FM:** Personalisiertes Internetradio. Sie geben den Namen eines Künstlers oder Songs ein – was Sie dann aber zu hören bekommen, ist nicht der gesuchte Titel, sondern ähnliche Musik von Solisten oder Bands aus dem gleichen Genre, und mit etwas Glück taucht in Ihrer Playlist auch irgendwann Ihr »Wunschtitel« auf.

✔ **Jango:** In vielerlei Hinsicht das verbraucherfreundlichste von diesen Angeboten. Es kommen, sobald man den Namen eines Sängers oder einer Band eingegeben hat, tatsächlich immer wieder Songs des betreffenden Künstlers in der Playlist. Man kann sich bequemerweise mit seinem Facebook-Account anmelden, um von Werbung so gut wie ungestört zu bleiben.

Und nicht zu vergessen die Playlists und radioähnlichen Formate der Streamingdienste von Amazon Music, Spotify, Deezer und ähnliche.

Das Internet ist also nicht nur eine großartige Möglichkeit, seiner bevorzugten Musikrichtung zu lauschen, sondern auch ständig am Puls der Zeit zu bleiben und zu erfahren, welcher Stil und welche Songwriter im eigenen Genre gerade *en vogue* sind.

Wenn Sie Rat und Unterstützung brauchen

Mithilfe des Internets können Sie Ihre Songs nicht nur einem Millionenpublikum zugänglich machen – Sie können sich auch informieren, Ratschläge einholen und die richtigen »Quellen anzapfen«. The Muses Muse zum Beispiel ist ein gutes Hilfsmittel sowohl für Anfänger als auch Profis. Ganz ähnliche Networking-Seiten sind:

TAXI

Diese Organisation ist im Grunde eine unabhängige A-&-R-Gesellschaft, die unabhängigen Künstlern, Songwritern und Komponisten dabei hilft, ihre Musik aufzunehmen, zu veröffentlichen und Film/TV-Verträge abzuwickeln. Deutschen Künstlern bietet sie die Möglichkeit, ihre Produkte auf dem amerikanischen Markt unterzubringen. Zum Servicepaket gehören:

- Gesprächstermine mit großen sowie Indie-Labels, namhaften Musikverlegern und Musikbereichsleitern– ein großartiger Weg, um mit seiner Musik gehört zu werden,

- Kritiken und schriftliches Feedback zu Ihren Songs, Fragen zum Verkauf und allen anderen möglichen Themen – fast so etwas wie ein persönlicher Coach,

- Verwalten von Musik auf Ihrer eigenen TAXI-Website, damit Sie Ihre Songs, Fotos und biografischen Infos in einem größeren Rahmen vorstellen können,

- Zugang zu privaten, nur für Mitglieder zugelassenen Zusammenkünften.

Songspace

Auch diese Website dient der Zusammenführung von Verlegern, Labels, Indie-Künstlern und Produzenten mit Unternehmen, die sich um die kommerzielle Nutzung lizensierter Musik kümmern, und zwar in Form ...

- eines Musik-Netzwerks, das Plattenlabels, Produzenten und Künstler Möglichkeiten der Präsentation und Lizenzierung ihrer Musik bietet,

- eines Reklame-Netzwerks, das Werbeagenturen ein ständiges Reservoir an Musik liefert, die für Werbespots lizensiert werden kann,

- eines Film/TV-Netzwerks, das Musikchefs auf leichte Weise Zugang zu guter Musik verschafft, die für Film und Fernsehen lizensiert werden kann.

Just Plain Folks

Die Musikorganisation Just Plain Folks (JPF) agiert nicht nur als Vereinigung für Songwriter, Plattenkünstler und Verantwortliche aus der Musikindustrie, sondern verleiht auch den weltweit renommiertesten Preis an Indie-Musiker – und rühmt sich außerdem, die größte Organisation der Welt für Grassroots-Musik zu sein, also der sogenannten Graswurzelbewegung, einer ökonomisch-ursprünglichen Initiative (»back to the roots«). Ihre Ziele bestehen in …

✔ einer Netzwerk-Gemeinschaft, die den Ideen- und Erfahrungsaustausch »alter Hasen« mit Neulingen fördert,

✔ einer langfristigen Zusammenarbeit mit anderen Leuten aus der Branche, sei es nun ein erfahrener Grammy-Gewinner oder ein völlig neuer Songwriter,

✔ unumschränkter Kommunikationsfreiheit mithilfe des Internets, frei von gesellschaftsbedingten Einschränkungen und Grenzen.

Songwriters Resource Network

Diese Seite ist eine weitere großartige Networking-Quelle für Songwriter, Texter und Komponisten, mit jeder Menge zuverlässigem Material von Profi-Songwritern, Plattenkünstlern, Songverlegern, Musikproduzenten, Songwriting-Lehrern und Fachleuten aus der Musikindustrie. Was bietet sie an?

✔ Informative Artikel über Kunst und kommerzielle Nutzung des Songwriting sowie ständig neue Tipps und Techniken für Songwriter, die ihr Können noch verfeinern wollen,

✔ Networking-Gelegenheiten und Events, über die man Songwriting-Partner, Verleger, Produzenten und Plattenkünstler kennenlernen kann,

✔ Kontakte und Ressourcen, einschließlich Songverleger, die an guter Musik interessiert sind, ferner Ratschläge, wie man zu Publikum kommt,

✔ »Schwarzes Brett« und kostenlose Annoncen, mit deren Hilfe Songwriter Produzenten und Verleger finden können; auch interessant für Texter, die noch einen Komponisten suchen, und umgekehrt.

Oft werden für die Nutzung solcher Musikseiten Gebühren berechnet, vor allem wenn sie Verkaufsservice und Songlisten anbieten oder wöchentlich/monatlich »Insider-Tipps« veröffentlichen (Exklusivlisten von Künstlern und Produzenten, die nach Songwritern, Mitarbeitern und Ähnlichem suchen). Machen Sie sich in solchen Fällen unbedingt mit den Honorarstrukturen vertraut und wägen Sie ab, ob sich die Sache im Vergleich zum Nutzen, den sie Ihnen bringt, auch lohnt.

Wie man Freunde findet und soziale Netzwerke aufbaut

Falls Sie Ihren festen Wohnsitz nicht auf einem entlegenen Eisberg in der Antarktis haben, ist Ihnen sicher schon zu Ohren gekommen, dass man sich mithilfe sozialer Medienseiten wie Instagram, Twitter und Facebook einen beachtlichen Kreis von Fans und Freunden aufbauen kann. Im Moment sieht es so aus, als wolle jeder auf den fahrenden Zug aufspringen, um so viele »Freunde« wie möglich für seine Kontaktliste zu gewinnen – bei manchen bewegt es sich im fünf- und sechsstelligen Bereich. Dabei ist natürlich die Frage gerechtfertigt: Um *was für* Freunde handelt es sich? Ihrem Ego mag es ja guttun, wenn Sie 5.000 oder 6.000 Leute in Ihrer Liste haben, aber wenn es um die Wurst geht, zeigt sich oft, dass nur die wenigsten wirklich loyal sind oder sich auch nur für Sie interessieren.

In den folgenden Abschnitten geben wir Ihnen einen kurzen Überblick darüber, wie es wirklich aussieht in der Cyberspace-Welt der Freunde, besten Freunde und allerbesten Freunde. Verwenden Sie ihn als Richtschnur, wenn Sie sich Ihre eigene Community aufbauen. Fangen Sie mit Diensten an, denen Sie vertrauen und die Ihrem Lebensgefühl entsprechen. Es geht nicht darum, mehr Freunde zu haben als die Schmidts von nebenan, sondern um das, was *Sie* wollen. Dann können diese sozialen Dienste Sie in Ihrer Karriere als Songwriter wirklich weiterbringen, und die Leute, die Sie um sich sammeln, sind dann auch die richtigen – und die, die lange dabeibleiben.

Rundum-Netzwerke

Auf diesen Seiten können Sie biografische Fakten veröffentlichen, Fotos und Videos teilen, Bulletins und Textdokumente lesen/schreiben und Event-Termine checken. Es gibt Musiker- und Band-Fanseiten, die man »liken« und sich mit Leuten anfreunden kann, die sie ebenfalls »geliked« haben. Zu solchen Netzwerken gehören zum Beispiel:

- Instagram
- TikTok
- LinkedIn
- Xanga
- Facebook
- MySpace

Spezielle Netzwerke

Hier handelt es sich um Websites und eigenständige Blogs; auch solche spezialisierten Netzwerke und Kommunikationsseiten können Musikern und Songwritern zu einem größeren Wirkungskreis verhelfen. Beispiele dafür sind:

- YouTube
- Twitter
- Viddler
- Digg
- Wordpress
- Blogger

Netzwerke für Indie-Künstler

Der Vorteil solcher auf den Musikbereich spezialisierten Social Networks liegt darin, dass sie sich ausschließlich an Leute mit den gleichen Interessen richten und somit natürlich ein breiteres Angebot parat haben können (schließlich müssen sie nur eine ganz bestimmte Nische versorgen). Beispiele dafür sind:

- ✔ GarageBand
- ✔ ReverbNation
- ✔ Ourstage
- ✔ iSound
- ✔ Songalive

Musikdownload-Seiten

Solche Seiten zum privaten Songaustausch zwischen Nutzern stießen von Anfang an auf breites Interesse. Die Musikindustrie wollte es zuerst nicht fassen. Beispiel:

- ✔ iTunes
- ✔ CDBaby
- ✔ Rhapsody
- ✔ Napster
- ✔ Artist Direct

Netzwerke für Mobilgeräte

Ständig entstehen neue Möglichkeiten für Songwriter, sich zu vermarkten und mit anderen zusammenzutun sowie den Kontakt zu seinen Fans aufrechtzuerhalten; vor allem der Bereich der Mobilgeräte bietet in zunehmendem Maß neue Einnahmequellen. Zu solchen Einrichtungen gehören:

- ✔ SMS
- ✔ Mobs (Mobile Fanclubs)
- ✔ Klingeltöne
- ✔ Marketing per Mobilfunk
- ✔ Gruppen und Podcasts auf WhatsApp, Telegram und so weiter.

Unaufdringlich und informativ bleiben

Natürlich sollte man seine Fangemeinde nicht mit ständig neuen Messages bombardieren, die kaum Aussagekraft haben und von den meisten Leuten nur als Spam empfunden werden. Ein wenig Fingerspitzengefühl muss schon sein, und sich zu sehr überzurepräsentieren, ist auch eine Form von schlechtem Benehmen. Und Sie wollen ja nicht als »nervig« gelten.

Wie man Verbindung zu seiner Fangemeinde aufnimmt

Alter, aber weiser Spruch: »Das Lächeln, das du aussendest, kehrt zu dir zurück.« Mit anderen Worten: Gib den anderen, und sie werden dir zurückgeben. Und behandle sie immer so, wie du selbst behandelt werden möchtest. Im Umgang mit Fans gilt das ebenso wie im ganz alltäglichen Leben. Eine super Methode zum Knüpfen fester Verbindungen ist das Bloggen. Sie können Ihre Blogs auf einen ganz speziellen Themenbereich beschränken und zum Beispiel Ihre Ansichten über das Schreiben von Texten kundtun, Sie können Rezis verfassen oder Interviews mit Leuten aus der Plattenindustrie führen. Sie können aber auch mehr von sich selbst offenbaren und so etwas wie ein Online-Tagebuch führen. All dies eignet sich hervorragend, um Leute mit den gleichen Interessen für sich zu interessieren.

Traffic Geyser

Eine andere Form des Bloggens, verbunden mit Video-Marketing. Videoblogs sind so etwas wie reguläre Blogs auf Anabolika. Ein Klick, und der Besucher erfährt unverzüglich, mit wem er es zu tun hat und kann auf Ihre Video-Message hin sofort Kontakt zu Ihnen aufnehmen. Mike Koenigs, der Begründer von Traffic Geyser, sorgt mit seinem Profi-System dafür, dass Ihre Message der ständig wachsenden Liste an sozialen Netzwerken sowie Bookmarking- und Podcasting-Sites automatisch hinzugefügt wird.

Star Alerts

Sobald Sie über ein paar verlässliche Connections verfügen und zu einem vertrauenswürdigen Mitglied der Cyberspace-Gemeinde geworden sind, dürfen Sie sich an neue Methoden wagen, Ihre Beziehungen zu nutzen und vielleicht sogar Geld damit zu verdienen. Eine dieser Möglichkeiten ist ein sozialer Netzwerk-Service namens Star Alerts – ein äußerst innovativer Dienstleister, der sich aus der Popularität moderner Mobilfunkgeräte finanziert und es Ihnen ermöglicht, mit Ihren Fans auf Tuchfühlung zu bleiben, indem Sie ihnen sogenannte »Alerts« schicken und sie somit stets über all Ihre Projekte, Aktionen und anstehenden Events auf dem Laufenden halten. Außerdem bietet Ihnen diese Plattform die Chance, diese Interaktionen in Geld umzuwandeln. und zwar durch:

- ✔ **Social Skinning:** Sorgt dafür, dass Ihre Nachricht auf den Seiten sozialer Netzwerke wie YouTube, MySpace, Facebook und Twitter erscheint.

- ✔ **Mobile Landing-Pages:** Erstellt mobilfunkfreundliche Landingpages, die Kontaktinformationen festhalten und so die Aufmerksamkeit Ihrer Fans wecken.

- ✔ **Media Vault Skinning:** Sammelt all Ihre Inhalte an einem Ort, wo sie »auf Halde« liegen und leicht auf sie zugegriffen werden kann.

... und morgen schon die ganze Welt?

Sobald Sie einigermaßen geschickt mit sozialen Netzwerken umgehen können und sich sicher im Sattel fühlen, dürfen Sie an die Möglichkeit denken, nicht nur –wie einst Rio Reiser – »König von Deutschland« zu werden, sondern die ganze Welt zu erobern. Zunächst einmal sollten Sie dafür sorgen, dass Ihre Seiten von Suchmaschinen auch zuverlässig gefunden werden. Dazu muss gewährleistet sein, dass Ihre Inhalte in einen Index aufgenommen werden – und zu diesem Zweck gibt es *Keywords*.

Was sollten Sie beachten, wenn Sie sich solche Keywords (Schlüsselworte) ausdenken? Zunächst einmal, dass sie wirklich den Kern Ihres Themas treffen. Das kann in Form eines einzelnen Wortes oder eines kurzen Satzes oder Slogans sein. Welches eignet sich am besten dafür, den durchschnittlichen Hörer auf Ihre Fährte zu locken? Wie kann er Ihre Musik – und somit auch Sie – am schnellsten finden? Meist beginnt eine solche Internetrecherche ja nicht mit Ihnen und Ihrem Namen, sondern mit einem ganz anderen Thema. Wenn aber Ihre Website Informationen zu diesem Thema liefert, können Sie es schaffen, ziemlich weit oben in der Trefferliste zu erscheinen.

Ein zusätzlicher Aspekt, den Sie unbedingt beachten müssen, wenn Sie Ihren Wirkungskreis in der digitalen Welt weltweit ausdehnen wollen, sind die Titel (und Untertitel) Ihrer Songs. Denken Sie an Fernsehshows oder Filme, die in letzter Zeit in aller Munde waren. Wenn Ihr Song irgendwie ähnlich heißt, halten Sie bereits eine fette Trumpfkarte in der Hand: Denn wer den Namen der Sendung in eine Suchmaschine eingibt, stößt dann früher oder später auch auf einen Link zu Ihrer Seite.

Auf dem South-by-Southwest-Festival schwirrte eines Tages ein Werbeslogan herum, der aus den Worten bestand: »TV ist the new radio.« (»TV ist das Radio von heute.«) Wenn Sie ein bekannter Songwriter werden wollen, müssen Sie Ihre Musik im Grunde für alle möglichen Mediengruppen lizensieren: fürs Fernsehen, für Werbeagenturen, das Radio, Videospiele, Klingeltöne, Sportereignisse und so weiter. Musikchefs sind von Haus aus auch immer Musikfans. Sie wollen das nächste große Talent entdecken – den neuen Wilco oder die neuen Shins. Eine gute Gelegenheit also, dort angenehm aufzufallen – aber keine leichte. Sie müssen ständig in Reichweite der Antennen solcher Leute bleiben und auf höfliche Weise hartnäckig sein. Also, mit netten Worten signalisieren: »Mich werdet ihr so schnell nicht los.«

Steve »Skillet« Skillen, Singer/Songwriter, Gitarrist, Session-Spieler und Begründer der Heron-Blue-Recording-Workshops

Übung macht den Meister

Und nun trauen Sie sich! Wagen Sie sich an das große Abenteuer, das Sie aufgrund Ihrer speziellen Stärken auf Ihre spezielle Weise bestehen werden. Sie werden ins Spinnennetz des Internets geraten, sich aber geschickt von Gelegenheit zu Gelegenheit hangeln, anstatt an den gefährlichen Fäden kleben zu bleiben, und Sie werden andere Glücksritter kennenlernen, die Sie ein Stück auf Ihrem Weg begleiten. Keine Angst! Sie haben das Zeug dazu. Und falls es mal nicht klappt, können Sie immer noch sagen »Beam me up, Scottie!« und nach Hause zurückkehren, bis die alte Sehnsucht Sie aufs Neue ruft.

Kapitel 14

Songwriting für Bühne, Kinoleinwand, TV und Radio

Wenn Songwriter träumen, entführt ihre Fantasie sie oft in ein goldgeschmücktes Broadway-Theater, wo ihre Songs bei einer Liveproduktion von einem für mehrere Jahre verpflichteten Schauspielensemble und Orchester dargeboten werden. In einer anderen Traumsequenz schleicht sich der Songwriter zur Acht-Uhr-Vorstellung ins Cineplex-Kino, wo gerade der Kassenknüller läuft, dessen Handlung von seiner Musik untermalt und bei dessen Abspann einer seiner Songs gespielt wird. Kurz bevor er aufwacht, bekommt er noch ein weiteres seiner Stücke zu hören – als Titelmusik zu jenem monumentalen Drama, das jetzt schon vier Jahre lang in Folge von einem der großen Sender ausgestrahlt wird. Dann, nachdem er sich am Bankschalter noch einmal vergewissert hat, dass sein Kontostand wieder einmal anständig in die Höhe geschnellt ist und bereits die Morgensonne durch sein Fenster linst, dringt ihm eine weitere seiner Kompositionen ans Ohr, die soeben als Slogan und Schlachtruf einer millionenschweren Werbekampagne in aller Ohren ist. Irgendwann wacht er auf – sein Wunschbild jedoch verfolgt ihn noch den ganzen Tag, vielleicht sogar sein Leben lang.

Falls Sie ein typischer Songwriter sind, kommt Ihnen die eine oder andere dieser Traumszenen sicher bekannt vor, denn Träumen gehört einfach zum Songwriting – und sich selbst als berühmten Bühnen-, TV- oder Leinwandkomponisten zu sehen, eignet sich für den Stoff, aus dem die Träume sind, wirklich bestens. Eine Tätigkeit auf diesem Gebiet kann eine inspirierende und einträgliche Sache sein, im ungünstigsten Fall aber auch frustrierend und lähmend. Was man auf jeden Fall braucht, sind Glück, Beziehungen, Durchhaltevermögen und Talent. Und sollte sich auch nur ein kleiner Teil des großen Traums verwirklichen, werden Sie auf dem Boulevard der Songwriter-Erfolge zweifellos Ihre Spuren hinterlassen.

In diesem Kapitel begleiten wir Sie ein Stück auf diesem Weg. Wir erklären Ihnen die verschiedenen Wegweiser, Umleitungen, Zufahrtsrampen, Kurven und geraden Strecken in dieser Glitzermeile durch die Welt des Theaters, der Leinwand und des Fernsehens – und zeigen Ihnen vor allem auch die tückischen Stellen, an denen man sich rasch verfahren kann. Los geht's.

Songwriting für den Film

Ob es um den Soundtrack für einen ganzen Spielfilm oder nur um die Hintergrundmusik zu bestimmten Szenen geht – das Komponieren für die Leinwand gehört zu den heißersehnten Zielen eines jeden Songwriters. Die Liste bekannter Filmmelodien ist unglaublich lang. Ein paar der berühmtesten davon haben wir für Sie in Tabelle 14.1 zusammengetragen.

Song	Film	Songwriter	Sänger/Band
»Footloose«	*Footloose*	Kenny Loggins, Dean Pitchford	Kenny Loggins
»I Don't Wanna Miss A Thing«	*Armageddon*	Diane Warren	Aerosmith
»Can You Feel The Love Tonight«	*The Lion King*	Tim Rice, Elton John	Elton John
»My Immortal« und »Bring Me To Life«	*Daredevil*	Amy Lee, David Hodges, Ben Moody	Evanescence
»Lose Yourself«	*8 Mile*	Eminem, L. Resto, J. Bass	Eminem
»Sweet Home Alabama«	*Verschiedene Filme*	E. King, G. Rossington, R. Van Zant	Lynyrd Skynyrd
»My Heart Will Go On«	*Titanic*	James Horner, Will Jennings	Céline Dion
»Eye Of The Tiger«	*Rocky III*	Jim Peterik, Frankie Sullivan	Survivor
»Accidentally In Love«	*Shrek 2*	Counting Crows	Counting Crows
»Live And Let Die«	*Live and Let Die*	Paul und Linda McCartney	Paul McCartney, Wings
»I've Had The Time Of My Life«	*Dirty Dancing*	F. Previte, J. DeNicola, D. Markowitz	Bill Medley, Jennifer Warnes
»Iris«	*City of Angels*	John Rzeznik	Goo Goo Dolls

Tabelle 14.1: Liste berühmter Filmsongs

Filmmusik gibt es in unterschiedlichen Erscheinungsformen:

✔ **Titelmusik:** Der Song, mit dem ein Film beginnt und der oft in verschiedenen Varianten während des Filmgeschehens wiederkehrt. Dieser Song ist mit der wichtigste, da er das Grundgefühl des gesamten Streifens bestimmt.

✔ **Songs für spezielle Szenen:** Das sind die Songs, die im Hintergrund laufen und die Stimmung ganz bestimmter Filmstellen definieren. Der Text kann sich zum Beispiel auf die Handlung beziehen, die gerade abläuft. Der Song kann ziemlich im Vordergrund stehen, zum Beispiel während einer Szene, in der nicht viel gesprochen wird (wie etwa einer Liebesszene), er kann aber auch kaum vernehmbar sein, wenn er zum Beispiel aus einem billigen Transistorradio am Strand ertönt. Neuerdings kommt es in Mode, Songs von tollen Bands einzubauen, aber so beiläufig und leise, dass die Leute sich fragen »Was war denn das für ein cooler Song?« – und sich dann den Soundtrack auf CD kaufen.

✔ **Abspannmusik:** Der Song, der ganz zum Schluss des Films ertönt, wenn schon die Namen eingeblendet werden. Ebenfalls ungemein wichtig, denn mit ihm und seiner Stimmung bleibt der Zuschauer zurück (und singt ihn auf der Heimfahrt vielleicht leise vor sich hin). Die Musikchefs achten immer sehr darauf, für diesen finanziell vielversprechenden Song entsprechend gute und bekannte Interpreten zu wählen.

✔ **Hintergrundmusik:** Das ist die meist instrumentale Musik, die alle Szenen des Films unauffällig begleitet. Sie verstärkt Stimmungen und intensiviert die Gefühle, die beim Zuschauer an den jeweiligen Stellen aufkommen sollen. Großartige Musikdramaturgen sind für einen Filmemacher Gold wert, da ihre Arbeit bestimmt, welche emotionale Wirkung ein Film auf sein Publikum hat – denken Sie an *Titanic* oder *Avatar*.

Die Rolle des Music Supervisors (Supe)

Der *Music Supervisor* (im Englischen kurz *Supe* genannt) ist für den Regisseur und Produzenten eines Films *der* Experte in Sachen Musik, die zum Geschehen auf der Leinwand passt. Es handelt sich um eine relativ neue Sparte im Bereich der Filmemacherei (es gibt sie seit etwa Anfang der 1980er-Jahre), die viel von dem Chaos und der Torschlusspanik beseitigen konnte, zu der es regelmäßig vor Fertigstellung eines Films kam. Der Supe ist es, der jede Silbe des Drehbuchs verstanden haben muss; er muss die Motive der einzelnen Charaktere kennen, die Stimmung, auf die jede einzelne Szene abzielt, und – last, not least – auch die Höhe des zur Verfügung stehenden Filmbudgets.

Auch der große finanzielle Anreiz ist es, der ihn motiviert, seinen Job optimal zu erledigen. Sein Honorar pro Film beträgt nicht selten eine Viertelmillion Euro, hinzu kommen oft beachtliche Prozente an den Einnahmen für den von ihm zusammengestellten Soundtrack. Das ist mehr als nur eine Entschädigung für die undankbare Aufgabe, wie ein geschickter Choreograph alle maßgeblichen Instanzen – die Filmgesellschaft und den Produzenten, die Songwriter, Musiker und Schauspieler sowie die Plattenfirmen und Musikverleger – nach einer einzigen Pfeife tanzen zu lassen.

Obwohl das Budget für einen großen Film sich im 35- bis 65-Millionen-Dollar-Bereich bewegt, kann das für die Musik auf schlappe ein bis drei Millionen begrenzt sein. Die Musik ist oft das Letzte, womit die Regisseure sich auseinandersetzen, da sie viel zu sehr mit den Schauspielern, der Bearbeitung und der Story beschäftigt sind, um sich noch in angemessenem Maße um Dinge wie Hintergrundmusik und spezielle Songs zu kümmern. Erst seit ein paar Jahren wird die Musik etwas weniger stiefmütterlich behandelt.

Nachdem der Supervisor sich mit dem Regisseur und dem Produzenten getroffen und mit ihnen abgeklärt hat, welche Musik die richtige ist, legt er fest, an welchen Filmstellen welche Songs gespielt werden sollen (Titelmusik, Schlüsselszenen und die äußerst wichtige Abspannmusik). Er erstellt auch Listen von Künstlern und Musikproduzenten, die dafür infrage kämen, spricht Songwriter, Musiker, Manager und Verleger an und durchforstet die Charts, um auf die Namen toller Bands und Künstler zu stoßen, die mitwirken könnten (vor allem wenn es um ein Soundtrack-Album geht). Er wird auch einige seiner Lieblings-Filmkomponisten fragen, ob sie Lust haben, Musik zu schreiben, die die Grundstimmung der verschiedenen Szenen intensiviert, und verschickt zu diesem Zweck Arbeitsexemplare des Drehbuches (oft nur eine Rohfassung) an die Musiker, Songwriter und Komponisten, die er ins Auge gefasst hat.

Sagen Sie niemals Nein, wenn ein Music Supervisor Sie um Ihre Mitarbeit bittet. Sagen Sie stattdessen »Ich werd's versuchen«. Sie werden staunen, wie gut alles klappt – und Ihren Job behalten.

Ärgern Sie sich nicht, wenn der Song, über dem Sie so lange geschwitzt haben, im Gesamtgefüge des Films ziemlich untergeht. Ähnlich wie bei der allgegenwärtigen *Produktplatzierung* in Filmen (wenn also zum Beispiel die Firma Red Bull einer Filmgesellschaft ein paar Millionen dafür bezahlt, wenn der Protagonist sich mit dem Getränk vor einer sportlichen Höchstleistung dopt), werden auch Songs oft ziemlich unauffällig unter die die Dialoge gelegt, damit die Plattenfirma sie auf ihrem Soundtrack-Album unterbringen kann). Falls Sie genügend Einfluss und/oder einen Spitzenanwalt haben, können Sie ja die Art der Verwendung Ihres Songs in Ihrem Übereinkommen näher spezifizieren.

Der Supervisor muss auch die richtige Person aussuchen, die die Hintergrundmusik schreibt. Manchmal übt diese Musik ihre ganz eigene Wirkung aus, wie die dramatischen Klänge von Hans Zimmer in *Gladiator*, *Fluch der Karibik*, *Der dunkle Ritter* und vielen anderen oder die von John Williams in *Krieg der Sterne*, *E. T.*, in drei *Harry-Potter*-Filmen, *Jurassic Park* und anderen. In anderen Fällen ist die Hintergrundmusik eher unterschwellig und unterstreicht Stimmungen, die von fröhlich bis zu unheimlich reichen können, auf eher subtile Weise. Stellen Sie sich den Film *Der weiße Hai* ohne die unheilschwangeren Vorboten in Form sägender Saiten im Hintergrund vor, während der Hai nur darauf wartet, sich an einer Portion frischem Menschenfleisch gütlich zu tun.

Das Komponieren von Hintergrundmusik läuft völlig anders ab als das Songwriting, auch wenn beides eng zusammenhängt. In beiden Fällen geht es um das Erzeugen von Stimmungen, bei der Hintergrundmusik jedoch ohne Text, sondern einfach nur durch das (spinnwebfeine oder grob geflochtene) Klanggewebe, das aus subtilen Tupfern oder heftigen Hieben bestehen kann. Die Hintergrundmusik zu einem Film bleibt nur selten unbeachtet, doch vermisst man sie auch, wenn der Film vorbei ist?

Wie man an die Musikchefs herankommt

Falls Sie nun den Eindruck gewonnen haben, Supervisors hätten ein beträchtliches Mitspracherecht, wenn es um die Musikauswahl zu einem Film geht, und für Sie als Songwriter könnte es wichtig sein, mit ihnen auf gutem Fuß zu stehen – dann liegen Sie richtig! Doch selbst etablierten Songwritern fällt es oft nicht leicht, sie auf sich aufmerksam zu machen.

Arbeiten Sie für einen großen Musikverlag? Die haben meist auch Leute in ihrem Team, die der Filmindustrie zuspielen. Viele Verleger veröffentlichen monatlich Listen mit der genauen Beschreibung von Filmen, die gerade in der Mache sind und gute Songs brauchen; meist bleibt da auch der Music Supervisor nicht ungenannt.

Ich arbeitete früher für einen Verlagsriesen, der an sein Songwriter-Personal regelmäßig Listen mit Filmen verschickte, für die noch Songs gesucht wurden. Die meiste Zeit lief das so ab, dass du und ein Pulk anderer Songwriter je einen Song »auf gut Glück« geschrieben hast – also kein Geld dafür bekamst, solange der Song nicht ausgewählt wurde, was zunächst mal weder gut ist noch irgendwie Glück bedeutet. So oft gab ich echt mein Bestes, um einen Song zu schreiben und ein Demo aufzunehmen – nur um danach nichts mehr davon zu hören. Ich war mir nie so ganz sicher, ob mein Song auch wirklich bei dem zuständigen Supe angekommen war oder auch nur eine faire Chance bekommen hatte, der betreffenden Filmszene einmal »anprobiert« zu werden, damit meine ich, ihn probeweise dazu laufen zu lassen, um zu prüfen, ob er funktioniert. Wer es einmal so weit geschafft hat, befindet sich im Grunde schon auf der Zielgeraden. Irgendwann war mir klar, dass ich einen der Supervisors persönlich kennenlernen musste, sonst ging da gar nichts. Als mir das gelang, war alles wie verwandelt. Nach einem der großen Music-and-Tennis-Festivals, wie sie in den 1980ern und frühen 1990ern oft abgehalten wurden (eine Erfindung übrigens von »Coach« Dave Austin, einer der Autoren dieses Buches, und seines Kumpels Phil Ehart, dem Drummer von Kansas) traf ich auf den bekannten Supervisor Budd Carr. Er berichtete mir von einem neuen John-Candy-Film namens »Delirious«, für dessen Musik er zuständig war, und es endete damit, dass ich Co-Writer des Endtitelsongs »Beyond Our Wildest Dreams« wurde, der – Sie werden es kaum glauben – sogar über Irving Gordons »Unforgettable« triumphierte. Da kann Ihr Verleger noch so gut sein, es geht nichts über einen persönlichen Kontakt.

Jim Peterik, Musiker, Songwriter und Multi-Instrumentalist für die Bands Ides of March und Survivor, schrieb mehrere Hits für .38 Special, Sammy Hagar und andere

Der beste Weg, mit seiner Musik an mich heranzukommen, besteht darin, zum richtigen Zeitpunkt in unmittelbarer Nähe zu sein. Kürzlich war ich bei einem Gremium, veranstaltet von der Recording Academy, und ein Songwriter fragte mich: »Wie kommt man mit seiner Musik an Sie heran?« Ich fragte ihn, ob er ein Demo bei sich hätte – die Antwort war Nein, und ich sagte nur: »Gelegenheit verpasst.« Man sollte bereit sein für jene besonderen Momente, in denen die richtige Gelegenheit auf gute Vorbereitung trifft.

Budd Carr, Music Supervisor für Terminator, JFK, Wall Street: Geld schläft nicht, Evan Allmächtig, Hotel Ruanda, Rock Star und Platoon

Es gibt spezielle Magazine, wie *Variety* und *The Hollywood Reporter*, mit den Adressen von Webseiten, die sich an die Filmindustrie und an Filmliebhaber richten. Oft berichten sie über Filme, die gerade in Planung oder bereits in der »Mache« sind. Meist erwähnen sie dabei die Filmgesellschaft, den Regisseur, den Produzenten und in manchen Fällen auch den Supervisor. Holen Sie selbst Erkundigungen ein oder schreiben Sie eine professionell formulierte Anfrage (das kann auch Ihr Musikbevollmächtigter für Sie tun), in der Sie Ihr Interesse bekunden, mit Ihren Songs an dem Projekt mitzuwirken. Falls Sie einen Verleger haben, bitten Sie ihn darum, stellvertretend für Sie bei verschiedenen Supervisors anzurufen oder Listen für Sie auszuwählen, mit deren Hilfe Sie dann auf eigene Faust weiterverfahren können.

Die kreative Seite des Film-Songwriting

Für den Film zu schreiben, kann eine wunderbare, manchmal aber auch frustrierende Erfahrung sein. Im günstigsten Fall bekommt der Songwriter eine hübsche Storyline, bereits fix und fertig, auf die er sich stützen kann. Wenn Sie das einmal draufhaben, werden Ihnen bei der Lektüre des Drehbuchs die Songideen regelrecht zufliegen. Den Kerngehalt einer Szene zu verstehen, ohne allzu plump damit umzugehen, ist eine Kunst für sich. Falls Sie die Hintergrundmusik zu einem Film komponieren (im Gegensatz zu den Songs für einzelne Szenen), werden Sie von den meisten Filmgesellschaften täglich sogenannte *Rushes* (Filmmaterial) von den Szenen bekommen, die am Vortag gedreht wurden und an denen Sie dann bereits arbeiten können. Das ist wichtig, da Ihnen bis zum Abgabetermin oft nur wenig Zeit bleibt.

Mich persönlich begeistern Songs, die das Geschehen auf der Leinwand buchstäblich ins Rampenlicht stellen. Ein hervorragendes Beispiel für einen Song, der die Storyline wie mit einem Scheinwerfer anstrahlt, ist das für Footloose, den Kinoerfolg der 1980er-Jahre, komponierte »Let's Hear It For The Boy« (geschrieben von Dean Pitchford und Thomas Snow; gesungen von Denise Williams). Viele Regisseure jedoch (und somit auch viele Music Supervisors) sind skeptisch in Bezug auf Songs, die der Szene auf allzu wortgetreue Weise entsprechen. Das lernte ich auf die schmerzliche Weise durch den Song »Long Road Home«, mit dessen Komposition ich für Backdraft beauftragt worden war. Zum Schluss verwarf man ihn mit der Begründung, in ihm würde man »die Flamme weiterbrennen« lassen – eine Flamme, die dem Feuer, das in praktisch jeder Filmszene loderte, zu nahekam.

Jim Peterik, Songwriter von 18 Billboard-Top-Ten-Hits, einschließlich des Evergreens »Eye of the Tiger« aus dem Film Rocky III

Mich interessiert Musik, die die Filmhandlung leichter zugänglich oder wirkungsvoller macht. Bei einem Rendezvous in einem romantischen Restaurant passt die Musik von Nine Inch Nails vielleicht nicht ganz so gut wie ein Jazzpiano – obwohl sich Musik, die den Nerv einer Szene nicht unmittelbar trifft, oft hervorragend eignet, um die Spannung zu erhöhen oder die Handlung von einer anderen Seite zu durchleuchten. Manchmal, wenn man auf der Suche nach einem Song ist, kann eine Filmszene davon profitieren, wenn man auf einen großen Namen oder einen bekannten Song zurückgreift. Es geht mir also nicht nur darum, den besten Song für die Szene zu finden, sondern eine Kombination aus bestmöglichem Song plus bestmöglichem Künstler. Aber es gibt auch Fälle, wo es wirklich nur auf den Song ankommt, ganz egal ob der Sänger bekannt ist oder nicht.

Budd Carr, Music Supervisor bei zahlreichen Oliver-Stone-Filmen

Songwriting fürs Fernsehen

Millionen Zuschauer können nicht irren! Und solange es das Fernsehen gibt, werden dessen geistige Höhen- und Tiefflüge auch stets von Musik begleitet sein. Wie Musik und TV sich gegenseitig pushen können und welch breites Publikum man mit einem Song erreichen kann, der in einer Fernsehsendung gespielt wird, ist unbeschreiblich. So mancher Song gammelte schon in einem Regal vor sich hin, bis ein hellsichtiger Regisseur ihn beim »Wellenreiten« in seinem Maserati entdeckte, und beschloss, ihn für eine seiner nächsten Filmepisoden zu verwenden.

Manchmal muss ein Song, um auf Anerkennung zu stoßen, nur im richtigen Moment von einer Person in leitender Position gehört werden. Als in Michael J. Fox' erster TV-Serie *Familienbande* ein obskurer Song von Billy (Vera) and The Beaters gespielt wurde (»At This Moment«, geschrieben von Bill McCord), liefen die Telefonapparate der Radiostationen heiß, und alle wollten sie diesen Song hören, nach dem sechs Jahre lang kein Mensch gefragt hatte! Das Fernsehen kann unglaublich viel dazu beitragen, dass ein Musiktitel über Nacht in aller Munde ist.

Welche Songs sich fürs Fernsehen eignen

Ständig rufen Produzenten von TV-Serien bei Musikverlegern an, um sich die Rechte für die Verwendung bereits existierender Songs in speziellen Sendefolgen einzuholen. Darüber hinaus geben sie auch neue Musik in Auftrag, sogenannte *Begleitmusik* (die zur Untermalung einzelner Szenen eingesetzt wird) sowie entsprechende Erkennungsmelodien, um den großen Serienknüller der Saison auch richtig pushen zu können. Auch wenn bei TV-Serien der Zeitrahmen enger und die Budgets magerer sind, ist es für jeden Songwriter aufgrund des großen Wirkungskreises sowie der Kohle, die er an den zahlreichen Wiederholungen verdient, immer noch ein Traum, hier dabei zu sein. Stellen Sie sich nur mal vor, Sie hätten die Titelmusik für *I Love Lucy*, *Baywatch* oder *Cheers* geschrieben. Von den Einnahmen könnten Sie für den Rest Ihrer Tage gut leben.

Das Honorar für die Hintergrundmusik zu einer halbstündigen Sitcom oder Seifenoper beträgt etwa 10.000 Euro (und Sie zahlen die Aufnahme!). Für die Titelmusik jedoch dürfen Sie mit einer Summe zwischen 10.000 und 100.000 Euro rechnen, wenn es um einen der großen »Serienknüller« geht (und dann brauchen Sie noch mal einen extra Geldspeicher für das Geld, das Ihnen die GEMA für die Urheberrechte zukommen lässt!). Mehr zum Thema Rechteübertragung erfahren Sie in Kapitel 17.

Wenn einer Ihrer Songs für eine bestimmte Szene in einer TV-Serie lizenziert wird, wird Ihr Honorar wesentlich niedriger ausfallen als Sie vielleicht erwarten – normalerweise so zwischen 1.000 und 10.000 Euro. Vergessen Sie aber nicht die zusätzlichen Einnahmen für die Urheberrechte.

Die werbewirksame Wucht des Fernsehens

Viele Songwriter und Musiker gelangten durch das Fernsehen zu schlagartiger Bekanntheit. Vonda Sheppard zum Beispiel sang sich ins Ohr der Öffentlichkeit durch ihre Auftritte in der Serie *Ally McBeal* (und verhalf damit auch den Songwritern der von ihr neu interpretierten Soul- und Rockklassiker zu barer Münze). Und überhaupt war es häufig nicht die Kinoleinwand, die vielen Songs ein großes Publikum bescherte, sondern der Fernsehbildschirm. Songs wie »I'll Be There For You« (geschrieben von D. Crane, M. Kaufman, M. Skloff, P. Solem, D. Wilde und A. Willis), die von den Rembrandts gesungene Titelmusik zur beliebten Fernsehserie *Friends*, haben immer eine Chance. Nicht nur, dass sie im *Lauftext* erwähnt werden (dem kurzen Abspann, der blitzschnell über den Bildschirm saust, während die Abspannmusik schon ausgeblendet wird), ihnen wird natürlich auch alle Promotion zuteil, die eine wöchentlich ausgestrahlte Serie erhält. Der erwähnte Song schnellte auf Platz 1 der Charts aufgrund seiner einprägsamen Melodie und der gewaltigen Zuschauerakzeptanz. Wie zufällig passte der Song der Rembrandts genau zum Wesen und zur Zielgruppe dieser originellen Comedy-Show.

Denken Sie daran: Quantität kann auch Qualität bedeuten, zumindest in Sachen Erfolg. Ein Beispiel ist das Phänomen der sogenannten Casting-Shows. Einen Song speziell für einen der Teilnehmer schreiben zu dürfen, ist nicht nur eine Ehre, sondern auch die große Chance, sich nach allen Seiten Gehör zu verschaffen. Auch wenn es nur privaten Übungszwecken dient – versuchen Sie doch einmal, einen Song zu schreiben, der einem der Kandidaten dieser Show wie auf den Leib geschneidert ist. Oder mehrere Songs für verschiedene Teilnehmer. Und lassen Sie sich ruhig Zeit damit – die Sendung wird es vermutlich auch in zwanzig Jahren noch geben, und falls nicht, können Sie sich immer noch den Mitschnitt einer Folge auf DVD besorgen. Sollten Sie trotzdem nie eines Ihrer Werke bei einem der zehn Finalisten an den Mann bringen, haben Sie vielleicht trotzdem den idealen Song für den »Superstar« gefunden, der Sie selbst werden können.

Vor allem als Singer/Songwriter können Sie Ihre Erfolgschancen steigern, indem Sie Ihre Songs an TV-Produktionsanstalten und *Abrechnungsdienste* schicken (das sind Agenturen, die sich auf die Lizenzvergabe für die Verwendung bereits existierender Songs in TV-Serien spezialisiert haben). Der Song »Superman (It's Not Easy)« (geschrieben von John Ondrasik; gesungen von Five For Fighting) gelangte zu öffentlicher Beachtung als Bestandteil der auf WB Channel ausgestrahlten Serie *Smallville* – die Hookline »It's not easy to be me« passte wie die Faust aufs Auge zur Befindlichkeit Superboys, der dazu verurteilt ist, unter lauter Normalsterblichen in der amerikanischen Kleinstadt Smallville zu leben.

Ich war total überrascht, als Bo Rice vor einigen Jahren in der Sendung American Idol meinen Song »Vehicle« sang. Ich hatte gerade als Co-Writer in Nashville zu tun und rief meine E-Mails nicht ab. Und ich will gerade mit dem Aufzug runterfahren und essen gehen, als ein Anruf von unserem Schlagzeuger kommt. »Kumpel, geh mal rauf in dein Zimmer. Da ist ein Typ, der aussieht wie Jesus und gerade dein ,Vehicle' covert wie Jesus höchstpersönlich.« Also renne ich die Treppe hoch, und tatsächlich – da stand Bo und lieferte gerade eine spitzenmäßige Coverversion meines Songs ab. Ich erfuhr, dass die Verwalterin meiner Musikrechte versucht hatte, mich zu erreichen, um mich um Erlaubnis zu fragen, dann hatte sie einfach auf ihren gesunden Menschenverstand gehört und den Auftritt genehmigt. Ich bekam ein anständiges Honorar, aber das Sahnehäubchen war, dass Bo den Song (zusammen mit Richie Sambora von Bon Jovi, der meine Leadrolle übernahm) einspielte und mehr als 850.000 Platten verkaufte. Was das Fernsehen bewirken kann, ist unvergleichlich.

Jim Peterik, Songwriter von mehr als 18 Billboard-Top-Ten-Hits

Als angehender Songwriter sollten Sie sich eine Liste mit Songs anfertigen, die Ihrer Meinung nach zu einigen Ihrer Lieblingsserien passen würden, oder noch besser: Suchen Sie sich ein paar Sendungen aus und schreiben Sie gezielt dafür. Auch wenn Sie damit nicht ins Schwarze treffen, können Sie die Songs für andere Gelegenheiten nutzen oder sich woanders damit bewerben.

Dauernd werde ich gefragt, wie Komponisten und Songwriter ihre Musik an die richtigen Leute bringen, wo sie auf ihre Fernsehtauglichkeit geprüft wird. Meine Antwort lautet immer: Hören Sie nie auf, Ihre Träume zu verfolgen. Haben Sie immer Ihre Vision vor Augen.

John D'Andrea, Komponist und Arrangeur für die Produktion von TV-Serien wie *Baywatch* und den Spielfilm *Dirty Dancing*

Eigentlich waren es extra gegründete Bands wie die Monkees und The Partridge Family (und okay, auch die Brady-Familie), die Songwritern den Weg ebneten, ihre Songs in bekannten Sitcoms unterzubringen. Auch wenn solche Bands Fertigprodukte waren wie aus der Retorte, inspirierten sie dennoch Songwriter und Songwriting-Teams wie Carole King und Gerry Goffin, Neil Diamond und John Stewart zu einigen ihrer besten Nummern. Anscheinend gehört das Fernsehen zu den Medien, die in den Leuten einen Akkord zum Schwingen bringen, egal ob sie nur Zuschauer oder am Schaffensprozess beteiligt sind.

Die Erfolgsserie *CSI: Den Tätern auf der Spur* eröffnet jede Folge mit dem Who-Klassiker »Who Are You«. Aimee Manns »That's Just What You Are« war regelmäßig in *Melrose Place«* zu hören und gehört zum Soundtrack der Show. Es kommt wirklich nicht darauf an, welchen Stil ein bestimmter Song hat oder wie alt er ist. Beim Fernsehen reicht es völlig, wenn er im Kontext der Szene irgendeine Wirkung erzielt.

Das Gespräch mit dem TV-Musikchef

Genau wie beim Film, gibt es Music Supervisors auch beim Fernsehen. Sie sollte man als Erste kontaktieren, wenn man einen Song in einer Serie unterbringen will. Und da die Musikbudgets beim Fernsehen so gut wie immer kleiner sind als beim Film, sind die Chancen für einen Song, in einer Serie gespielt zu werden, auch größer als in einem Leinwandfilm. Um einen Song zu bezahlen, der gerade ein Hit ist oder den jeder kennt, reicht den Supervisors meist das Geld nicht, also warten sie gewissermaßen darauf, dass eine ähnlich gute Nummer auf ihrem Schreibtisch landet, die noch nicht an jeder Ecke geträllert wird. Es ist eine Win-win-Situation: Meist können sie den Song im Rahmen ihres Budgets unter Vertrag nehmen, während Songwriter und Musiker wiederum zu einer gewissen Öffentlichkeit gelangen, vom beträchtlichen Ansehensgewinn und der Gage, mit der sie ihr Bankkonto füttern können, ganz zu schweigen.

Fachzeitschriften – in den USA sind es *The Hollywood Reporter* oder *Variety Magazine* – veröffentlichen Produktionslisten mit den Namen der zuständigen Supervisors. Eine jährlich erscheinende Publikation (*Music Supervisor Directory*) listet die Namen von mehr als 600 Supes inklusive Kontaktinfos. Falls Sie ein echter Abenteurer sind, können Sie auch rauszufinden versuchen, wer der Cutter einer bestimmten Serie ist (also der Mann, der aus dem täglich gedrehten Filmmaterial einen Rohschnitt herstellt, damit Produzent und

Regisseur sehen können, wie es mit dem Film vorangeht) und Ihren Song auch an diese Person senden. Cutter unterlegen ihre Rohschnitte bereits gern mit Musik, um für mehr Wirkung, Stimmung und Ambiente zu sorgen. Wenn Produzent oder Regisseur den Rohschnitt prüfen, gefällt ihnen der Song vielleicht so gut, dass sie den Musikchef bitten, ihn in die Endfassung einzubauen.

Songwriting für die Werbung

Klar, Sie sind kein Songwriter geworden, um Bier oder Autoreifen zu verkaufen, aber das trifft auf viele bekannte Songwriter unserer Zeit zu, die eine Win-Win-Situation erzielen konnten, indem sie zum Verkauf bestimmter Produkte beitrugen, ohne dabei gleich ihre Seele zu verkaufen. Der *Werbejingle*, wie er aus unerklärlichen Gründen seit drei Jahrzehnten heißt, ist für den Songwriter Inspiration und Geldquelle zugleich, eine Art göttliches Manna, das vom Himmel regnet. Viele Komponisten und Songwriter leben sehr gut davon, dass sie für ganz spezielle Produkte ganz spezielle Songs schreiben. Einige dieser Songs schafften es sogar in die Hitparaden. »No Matter What Shape (Your Stomach's In)« (geschrieben von Stormie und Michael Omartian; gesungen von The T-Bones) wirbt für ein Mittel gegen Sodbrennen, »I'd Like To Teach The World To Sing (In Perfect Harmony)« (geschrieben von William Backer, Roger Cock, Roquel Davis und Roger Greenway; gesungen von den Hilltop Singers und The New Seekers; begann sein Dasein als Coke-Jingle) und »Percolator Twist« (geschrieben von Lou Bideu und Ernest Freeman; gesungen von Billy Joe and the Checkmates; Kaffeesong der Firma Maxwell) – sie alle wurden zu Top-40-Hits. In Deutschland ist der kultige Langnese-Song »Like Ice In The Sunshine« (geschrieben von Holger Julian Copp und Hanno Harders; gesungen von Sunrise noch immer ein Synonym für Sommer, Sonne und Eiskrem, und selbst die alten Klassikkomponisten wurden Teil des Werbekarussells – wie etwa Giuseppe Verdi, dessen »La donna è mobile« (aus der Oper *Rigoletto*) bei den Kids der 1990er-Jahre eher als der »Choco-Crossies-Song« bekannt war (sonst hätten sie das Stück sicher gar nicht gekannt). Andere Songwriter scheffelten Millionen, indem sie die Lizenzen für ihre alten Hits an riesige Konzerne übertrugen und sich dafür fürstlich entlohnen ließen. Noch andere fanden heraus, dass das »Verleasen« ihrer neuesten Veröffentlichung an eine Produktpalette eine großartige Alternative zur normalen Plattenwerbung darstellt, gerade weil es so schwer zu erreichen ist, dass ein Song auf ganz traditionelle Weise im Rundfunk gespielt wird.

Sehen Sie sich nun die üblichen Methoden an, mit denen man sein Songwriting-Talent der Werbewelt zur Verfügung stellen und damit jede Menge Kohle machen kann.

Gute Werbejingles schreiben

Was braucht der Songwriter, um einen echt gekonnten Werbejingle zu schreiben? Er muss wissen, wie man das Interesse anderer auf ein Produkt, eine Dienstleistung oder ein Unternehmen lenkt. Egal, ob diese Firma oder dieses Produkt bereits ein gutes Image hat – Ziel des Jingle-Autors ist es, dieses Bild in den Herzen und Köpfen der Zuschauer- und Hörergemeinde fest zu verankern. Eingängige Melodien, Rhythmen und Slogans sind das A und O eines guten Jingles. Ein wirksamer Jingle ist wie ein Hitsong auf Speed – Sie haben nur etwa 30 bis

60 Sekunden (oder weniger) Zeit, um Ihr Bild zu übermitteln, Ihre Botschaft an den Mann oder die Frau zu bringen und das Produkt vorzustellen, das sich mit Ihrer Hilfe besser verkaufen soll. Jingles sind in der Regel recht schlicht gestrickt, einprägsam und voller Soundeffekte, die unser Ohr fesseln. Um einen guten Jingle zu schreiben, braucht man vom Kunden (demjenigen also, der tatsächlich den Scheck an die Werbeagentur ausstellt) so viel Information wie möglich und muss genau wissen, worauf die Firma mit ihrer Werbekampagne abzielt. Häufig entwerfen die Jingle-Autoren mehrere Vorschläge für denselben Slogan oder Werbespruch, um mehrere Vorstellungen des Auftraggebers abzudecken. Vieles von dem, was Sie über das Schreiben vollständiger Songs gelernt haben, kann Ihnen auch beim Anfertigen eines Jingles nützlich sein. Reim, Rhythmus, Melodie – all das spielt auch hier eine wichtige Rolle. Aber denken Sie daran: Aufgrund der zeitlichen Beschränkung, der Sie bei einem durchschnittlichen Werbespot unterliegen, beschränkt sich der Jingle, was die Songstruktur betrifft, meist auf den Refrain allein.

Ein neuer Werbejingle für ein Produkt kann dem Songwriter bis zu 50.000 Euro bringen, und immer, wenn seine Laufzeit verlängert wird, gibt es nochmal Extrageld. Außerdem darf der Autor weiterhin über seinen Song verfügen, was ihm zusätzliche GEMA-Einnahmen für Übertragungen im Radio sowie auf öffentlich-rechtlichen oder Privatsendern sichern kann, und falls er in dem Spot auch selbst singt, noch mehr. Wie wirkt sich das jetzt alles auf Sie persönlich aus?

Jahrelang kannte man meine Stimme vor allem aus der Werbung. Jingle-Produzenten fanden, ich hätte die ideale Bier- und Autoreifenstimme – ein bisschen barsch und ziemlich Macho. Ich begann die Songwriter der Jingles, die ich sang, echt zu respektieren, und wir machten zusammen einige unvergessliche Songs. Ich sang auch die Werbe-Variante des Songs »Good Vibrations«, für Sunkist Orange Soda. In der neuen Version hieß es: »I'm drinkin' up orange vibrations, Sunkist Orange Soda taste sensation.« Als ich später meine eigenen Hits aufnahm, um selbst Karriere zu machen, musste ich weitgehend aus der Jingle-Szene aussteigen. Aber ich werde nie diese Werbeproduzenten vergessen, die bei einem Puffreis-Spot zu mir sagten: »Mehr Lächeln in die Stimme legen!«, oder die Katzenfutter-Werbung, bei der es mein Job war, mit viel Begeisterung in der Stimme immer nur den einen Satz zu singen: »The meat/fish group!«

Jim Peterik, Songwriter von 18 Billboard-Top-Ten-Hits

Das Schreiben von Jingles macht etwa 50 Prozent unserer Arbeit aus; die andere Hälfte der Zeit bearbeiten wir Songs für neue Werbekampagnen. Von den Originalsongs, die mir einfallen, sind etwa 70 Prozent Instrumentals, 30 Prozent gesungen. Die Honorare sind recht schwankend, je nach Budget des Kunden und Erfolgsrenommee des Musikhauses. Die typische Künstlergage für einen Spot bewegt sich irgendwo zwischen 5.000 und 50.000 Dollar (für eine große Kampagne mit einem Unternehmensgiganten wie McDonald's). Der Jingle-Autor darf sich ferner auf Geld für die Übertragung freuen, wenn der Jingle gespielt wird, da sowohl BMI als auch ASCAP (Gesellschaften für Verwertungsrechte, ähnlich der deutschen GEMA. Anmerkung des Übersetzers) im Blick behalten, wann der Werbespot ausgestrahlt wird (rechnen Sie aber nicht mit Veröffentlichungseinnahmen, da die Veröffentlichungsrechte für Songs der Form halber bei der Werbeagentur

verbleiben, die sie in Auftrag gibt). Außerdem – wenn Sie in Ihrem Spot selbst spielen und singen, wird Ihnen das Geld nur so zufliegen.

Matt Thornton, Creative Director beim Musikhaus Track Attack

Wenn Sie den Vorstoß in die Welt der Jingle-Autoren wagen wollen, stellen Sie ein Band mit einigen Ihrer besten Ergebnisse zusammen. Sie können auch – als »Muster« sozusagen – ein paar nicht-reale Jingles hinzufügen (für Produkte, die es entweder gibt oder nicht), nur damit man sich ein Bild von Ihrer Art zu arbeiten und Ihren Fähigkeiten machen kann. Klappern Sie die Werbeagenturen der Stadt ab und stellen Sie sich und Ihre Arbeit vor. Eine weitere Möglichkeit besteht darin, mit Ihrem Demo bei den Musikhäusern direkt vorzusprechen und sich dort um Aufträge zu bemühen. Für Selfmade-Leute empfiehlt es sich am ehesten, die Grundlagen zu erlernen und Kontakt zu etablierten Firmen aufzunehmen, um später irgendwann ein eigenes Unternehmen zu gründen.

Besuch in einem Musikhaus

Oft fällt einer Werbeagentur ein Konzept für ein Produkt ein, mit dessen Repräsentation man sie beauftragt hat. Sie kontaktiert dann ein *Musikhaus* (eine Firma, deren Job es ist, Werbespots herzustellen und aufzunehmen), um das Konzept in Musiknoten – und in Banknoten – umzuwandeln. Zum Team des Musikhauses gehören verschiedene Musiker, die darauf spezialisiert sind, die Werbeagentur und letztlich auch die Hersteller des Produkts mit dem zu versorgen, was sie brauchen, um ihr Produkt zu verkaufen. Manchmal beauftragt man sie nur mit der *Bearbeitung* (das ist im Grunde nur ein anderes Arrangement) eines bereits existierenden Jingles. Manchmal verlangt man von ihnen auch einen Song, der ähnlich klingt wie ein bekannter Hit, den man gern verwendet hätte (eine Art »Sound-Zwilling« also). Gelegentlich wird auch ein Werbespot gewünscht, der auf der Originalaufnahme eines Hits aufbaut. Wodurch ein gutes Musikhaus sich aber auf jeden Fall auszeichnet, ist die Fähigkeit ihrer Songwriter, Jingles aus dem Nichts zu erschaffen.

Wie man seine Songs in der Werbung unterbringt

Wenn Sie einen Song oder eine ganze Reihe bereits fertiger Songs haben, von denen Sie glauben, sie wären ideal für den Werbespot-Markt, kontaktieren Sie die verschiedenen Werbeagenturen und bitten Sie um Erlaubnis, die Songs dem zuständigen Supervisor zusenden zu dürfen. Diese Prozedur ist immer die gleiche, ob Sie nun schon ein etablierter Songwriter oder ein blutiger Anfänger sind. Eine Menge bekannter Songwriter stellen Sampler mit all ihren Hits zusammen, um die verschiedenen Agenturen an ihre Songs zu erinnern. Da kann es dann reichen, wenn nur ein einziges »Ohr« in der Agentur einen dieser Songs hört und sagt: »Hey, das würde doch gut zur Produktwerbung von dem und dem Kunden passen.« Selbst wenn Sie als Songwriter noch keinen Namen haben, aber eine repräsentative Auswahl Ihrer Arbeiten auf einer CD/DVD zum Anschauen oder Anhören hinterlassen (zusammen mit Textblatt und Kontaktinfo; siehe Kapitel 15), kann es immer vorkommen, dass einer Ihrer Songs die Aufmerksamkeit eines Mitarbeiters weckt. Es gibt eine Menge solcher Agenturen in Deutschland: Zwei davon (willkürlich ausgewählt) wären Grooveloft in Leichlingen oder AS-Music in Düsseldorf.

Songwriting für Videospiele

Film und Fernsehen bieten nicht den einzigen Markt, auf dem man seine Songs unterbringen kann. Musik für Videospiele erlebte in den letzten Jahren einen regelrechten Boom und ist mittlerweile zu einem ernst zu nehmenden Industriezweig geworden. Die Chance, auf diesem Terrain Fuß zu fassen, ist für manche Songwriter immens – und wir sprechen hier nicht über die Rocklegenden von Guitar Hero und Rock Band. Mithilfe des Videospielmarkts kann es Indie-Bands und -Künstlern über Nacht gelingen, sich aus der relativen Bedeutungslosigkeit bis in die oberen Reihen zu katapultieren.

Denken Sie nur an die erfolgreichen Videospiele, die um die Extremsportveranstaltung X-Games kreisen. Sie verhalfen den Künstlern, deren Musik bei diesen Spielen zur Aufführung kam, zu großer Resonanz. *Tony Hawk*, *Need for Speed*, *Underground* oder *Grand Theft Auto* – wenn die in den Games gespielten Songs von etablierten Bands und Hitmachern stammen, ist im Grunde mit allem zu rechnen.

Tippen Sie einfach einmal in Ihre Lieblings-Suchmaschine den Begriff »Musik für Videospiele« ein – Sie werden erstaunt sein, wie viele Treffer Sie landen! Und eine ganze Menge davon führt zu Seiten, auf denen Sie erfahren, wie Sie Ihre Songs auf diesem stets aktuellen Markt unterbringen können. Prüfen Sie aber stets, wie vertrauenswürdig oder professionell ein Service ist, bevor Sie ihm Ihre Mitarbeit anbieten. Hier ein paar Vorschläge zum Durchprobieren (beziehen sich aber nicht nur auf Musik für Videospiele, auch TV- und Filmmusik gehören meist zu ihren Spezialgebieten):

✔ Rumblefish

✔ Broadjam

✔ Taxi

Ihre Recherchen müssen sich allerdings nicht aufs Internet beschränken – es finden auch regelmäßig Gamer-Convents statt, auf denen Sie nach Inspiration und Möglichkeiten der Zusammenarbeit suchen können.

Hier noch so etwas wie ein Outsider-Tipp: Sie sind ein origineller (und sehr geschäftstüchtiger) neuer Songwriter und beschließen, Ihre Musik der Gaming-Welt auf eigene Faust anzubieten. Als Erstes posten Sie Ihre Songs auf den verschiedenen Online-Seiten für Musikverbreitung mit dem (marktstrategischen) Ziel, dass die Leute für den Download Ihrer Werke bezahlen und sie in ihren eigenen maßgeschneiderten Gaming-Soundtracks abspeichern. Die neuesten Spielekonsolen von Xbox, Wii und Playstation bieten nämlich diese Möglichkeit. In anderen Worten: Sie landen mit Ihrer ureigenen Musik bei dem neuesten Videospiel, werden dafür bezahlt und können auch noch damit herumprahlen, jetzt »dazuzugehören«.

Songwriting für Musicals

Der Zauber und Reiz der großen Broadway-Bühne inspirierte zahlreiche Songwriter zu ihren besten Werken. Vor der Erfindung des Films gab es nur das Theater. Dramatische Liveaufführungen waren für Stückeschreiber und Komponisten das Mittel der Wahl, um ihren Geschichten Leben einzuhauchen. Bis auf den heutigen Tag bietet die Musicalbühne eine der prickelndsten Möglichkeiten, Gefühle, Melodien und Geschichten weiterzugeben. Die Spannung, die sich um ein Top-Musical aufbaut, kann elektrisierend sein – und schon die Vorstellung, einer der Superkünstler da vorn auf der Bühne würde Ihren selbstkomponierten Song vertonen, ist Motivation genug für eine geniale Songidee. Songwriter-Teams wie Rodgers und Hart und Songwriter wie die Gebrüder Gershwin verdankten einen Großteil ihres Vermögens aus den Einnahmen der von ihnen geschriebenen Musik für Broadway-Musicals.

Wie man seine Songs in Musicals unterbringt

Wenn Sie als Songwriter die Bühnenwelt erobern möchten, fangen Sie am besten auf lokaler Ebene an – bei Ihrem örtlichen Stadttheater. Dort bekommen Sie einen ersten Eindruck davon, wofür die verschiedenen Leute in einer Theatergesellschaft zuständig sind, und können Ihre Musik erst einmal vor einem recht wohlwollenden Publikum erproben. Schließen Sie Bekanntschaft mit örtlichen Theaterdirektoren und sprechen Sie mit ihnen über die von ihnen gestellten musikalischen Ansprüche. Besuchen Sie so viele Konferenzen und Workshops wie möglich, und vor allem – besuchen Sie jede große Theateraufführung, die Sie sich leisten können. Dort werden Sie am deutlichsten erkennen, wie viel es auf dem langen Boulevard zum Broadway noch zu lernen gilt. Nehmen Sie, wenn möglich, Kontakt zu den Musikdirektoren auf – denn sie sind es, die bestimmen, welche Songwriter bei der Produktion eines Stückes bemüht werden. Auf diese Leute können Sie sich dann als Ansprechpartner berufen, wenn Sie Ihr Demo an die musikalische Bühnenleitung schicken.

Die kreative Seite des Musical-Songwriting

Das ganze Gerede über Geschäft und dergleichen ist substanzlos, solange man nicht wirklich ein paar spitzenmäßige Songs parat hat, die der Dramatik und dem Reiz der großen Bühne entsprechen. Sie sind es, die Ihnen die große Chance bieten zu wachsen, Ihr Herz auf der Zunge zu tragen und Ihren Emotionen Ausdruck zu verleihen. Die Bandbreite der meisten Produktionen ist groß genug für Songs, von denen jeder ein anderes Gefühlsspektrum abdeckt.

Ich habe gelernt, bei den Songs, die ich für die Bühne schreibe, einen breiten Pinselstrich zu führen. Ich versuche, die Texte schlicht zu gestalten, sodass man nicht allzu angestrengt zuhören muss, denn in der Theateratmosphäre gehen schnell mal ein paar Worte verloren. Die sinnträchtigsten Worte der Welt sind ohne Bedeutung, wenn sie nicht richtig verstanden werden. Außerdem ist es wichtig, musikalische Techniken einzusetzen, die das dramatische Element erhöhen – wie zum Beispiel Tonartmodulationen beim Refrain und gelegentlich eine weitere Modulation nach oben beim Schlussrefrain. Extreme Dynamiken von ganz laut bis ganz leise sind ebenfalls eine Möglichkeit, das Publikum wachzuhalten.

Viele dieser Regeln wurden eigens für den Broadway erdacht zwecks spezieller dramatischer Effekte. Wenn ich eine Rock-'n'-Roll-Nummer schreibe, muss ich mich immer ein wenig zurückhalten, um nicht zu broadwaymäßig zu klingen.

Jimmy Nichols, Musiker und Komponist

In vielerlei Hinsicht ist das Schreiben von Musicalsongs dem Schreiben von Songs zu anderen Zwecken sehr ähnlich. Markante Titel und einprägsame Melodie-Hooks sind im Theater noch viel wichtiger als sonst. Es ist das Ziel jedes Musical-Songwriters, dass die Leute, wenn sie hinausgehen, noch immer seine Songs vor sich hinsingen. Normalerweise spiegeln die Texte die Handlung und Emotionen einer bestimmten Szene wider. Beachten Sie dabei, dass der Plot eines Musicals ständig Wandlungen unterlegen sein kann. Angesichts dieser Wandlungen muss der Songwriter fortwährend bereit sein, seine Songs der stetig wechselnden Gestalt und Landschaft des Stückes anzugleichen.

Wenn man Musik für Musicals schreibt, ist Flexibilität das Motto. Beim Schreiben ganz normaler Hits hat der Komponist den musikalischen und textlichen Inhalt total unter Kontrolle; beim Musicaltheater hingegen muss er sich ständig der immerzu wechselnden Facetten des Textbuchs bewusst bleiben. Am Broadway sagt man, das Textbuch sei das Drehbuch des Bühnenstücks. Wenn der Regisseur eine Szene herausschneidet oder will, dass die Charaktere sich schneller herauskristallisieren, ändert sich das Buch – und das bedeutet: Ein Song, der vorher bestens zur Entwicklung der Handlung gepasst hat, kann jetzt plötzlich fehl am Platze sein. Selbst wenn das Stück bereits in den Theatern läuft, brauchen die Songs und Szenen immer mal wieder eine neue Feineinstellung. Showboat wurde vor 75 Jahren geschrieben, und immer noch wird an dem Buch herumgedoktert!

Dennis DeYoung, anerkannter Komponist der musikalischen Bearbeitung von »Der Glöckner von Notre Dame« und Gründungsmitglied der mit Platin geehrten Rockband Styx

Übung macht den Meister

In diesem Buch geht es immer wieder um das Aufeinandertreffen von guter Vorbereitung und guten Gelegenheiten. Wenn es Ihnen mit dem Songwriting ernst ist, sollten Sie nichts unversucht lassen, um auf die Augenblicke vorbereitet zu sein, in denen sich Gelegenheiten bieten. Bei folgender Übung möchten wir Sie bitten, sich drei Ihrer Lieblings-TV-Serien auszusuchen. Nehmen Sie von jeder davon eine Folge auf Video auf. Stellen Sie den Ton ab und überlegen Sie, mit welcher Musik Sie diese Szenen unterlegen würden. Als Nächstes versuchen Sie dann, selbst einen Song zu schreiben, der zu einer bestimmten Szene passt – da es sich um Ihre Lieblingsserien handelt, wissen Sie vermutlich in etwa, worum es geht, also sollte der fehlende Ton für Sie kein großes Hindernis sein. Vielleicht werden Sie bemerken, dass Sie für diese Art zu schreiben wirklich Talent und außerdem Spaß dabei haben – also vereinen Sie Ihre besten Resultate auf einer Demo-CD und schlüpfen danach in Ihre Netzwerk-Schuhe. Wer sagt Ihnen schließlich, dass Sie nicht schon bald zur rechten Zeit am rechten Ort sind und die Gelegenheit haben, Ihre CD den »richtigen Leuten« in die Hände zu spielen?

Kapitel 15

Wie Sie sich Gehör verschaffen: das Demo

rgendwann ist es so weit: Ihr Song ist fertig, und jetzt darf Ihnen auf keinen Fall das Herz in die Hosentasche rutschen. Im Gegenteil: Nun geht es darum, den Song mit der Welt da draußen zu teilen; schließlich ist es wenig hilfreich, wenn er nur in Ihrem Notizbuch vor sich hin gammelt. Der erste Schritt besteht darin, den Song aufzunehmen, um ihn anderen vorspielen zu können – eine solche Aufnahme nennt man *Demo*. Ein Demo heißt so, weil es gewissermaßen das Potenzial Ihres Songs *demonstriert* – in anderen Worten: Es ist so etwas wie ein Prototyp, eine Schablone, die dann von den Leuten aus der Industrie zum fertigen Produkt ausgearbeitet wird – so wie das Bild eines Malers zunächst einmal als Skizze existiert, aus der nach und nach ein echtes Kunstwerk entstehen kann.

In diesem Kapitel erklären wir Ihnen aus Insider-Sicht, wie man ein Demo vorbereitet und dafür sorgt, dass die richtigen Leute es in die Hände bekommen.

Ein paar Entscheidungen, die getroffen werden müssen

Es gibt viele Dinge, an Sie denken müssen, ehe Sie den Schritt wagen und Ihre Zeit (und auch Ihr Geld) in die Fertigstellung eines Demos investieren. Aber der Reihe nach. Gehen Sie zunächst eine Checkliste mit Kritikpunkten durch, anhand derer Sie ganz ehrlich zu beurteilen versuchen, ob Ihr Song schon so weit ist, dass er auf die nächste Ebene gebracht werden kann. Hier ein paar Fragen, die Sie sich im Rahmen dieser Selbsteinschätzung stellen sollten:

✔ Habe ich in jeder Text- und Melodiezeile wirklich mein Allerbestes gegeben?

✔ Ist die Songstruktur durchdacht und wirkungsvoll?

✔ Hat der Song einen interessanten Titel und Hook?

✔ Verleiht ihm die Bridge eine neue Dimension?

✔ Eignet sich der Song dazu, echte Emotionen hervorzurufen?

✔ Wird der Hörer ihn als interessant und einprägsam empfinden? Kann er dazu mitsingen?

Auch wenn viele Songwriter mittlerweile über das notwendige Equipment verfügen, um ihr Demo auch zu Hause zu produzieren (siehe Kapitel 11) – sobald es auf qualitativ gutes Material ankommt und auf den Wunsch, als Songwriter echt Karriere zu machen, empfiehlt es sich, lieber einen Profi herbeizuziehen als sich »ins eigene Fleisch zu schneiden«. Wenn aber das Songwriting für Sie nur ein Hobby ist und Sie damit nicht Ihren Lebensunterhalt verdienen, reicht es, wenn Sie sich in Ihren Keller einsperren und Ihrer Kreativität freien Lauf lassen. Vielleicht überraschen Sie uns ja alle und kommen mit einem Ihrer Werke ganz groß heraus!

Als Erstes kommt das »Arbeitsdemo«

Wenn Sie das Gefühl haben, Ihr Song ist fertig, ist die Anfertigung eines sogenannten »Arbeitsdemos« (so was wie einer Vorstufe zum eigentlichen Demo) ein absolutes Muss! Dieses Tape enthält eine Rohfassung Ihres Songs, und mit seiner Hilfe können Sie objektives Feedback und konstruktive Kritik von vielen Seiten sammeln. Sie können Songwriter-Vereinigungen kontaktieren (mehr darüber in Kapitel 13), Sie können aber auch Freunde, Familie und Kollegen um deren Einschätzung bitten. Es wird Ihnen nicht immer gefallen, was Sie zu hören bekommen, aber versuchen Sie, objektiv zu bleiben und betrachten Sie es als echte Hilfe, um Ihren Song in die beste Form zu bekommen, die Ihnen möglich ist.

Die zwei wichtigsten Fragen

Während Sie so viel Feedback und konstruktive Meinungen wie möglich sammeln, *bevor* Sie eine Menge Zeit und Knete in die Produktion einer qualitativ hochwertigen Profi-Aufnahme stecken, können Sie sich währenddessen die Zeit für zwei wichtige Fragen nehmen, die im Vorfeld unbedingt zu erwägen sind. Erstens: Welcher Produktionstypus ist für diesen Song der angemessene? Zweitens: Wie viel Kohle habe ich, die ich dafür ausgeben kann? Sie haben schon recht: Um ein Demo von einer Ballade anzufertigen, reicht es, eine funktionsfähige Gitarre oder ein Klavier zu haben und einigermaßen gut singen zu können – aber wie sieht es mit einer schnell gespielten Pop- oder Urban-Nummer aus, mit viel mehr Instrumentation und Vibes? Versuchen Sie, sich im Kopf genau vorzustellen, was Sie für Ihre Produktion alles benötigen.

Welchem Zweck dient Ihr Demo?

Im Grunde gibt es zwei Arten von Demos: das Songdemo und das Künstlerdemo. Überlegen Sie sich bereits vorher gut, welche Art von Demo Ihnen vorschwebt. Wollen Sie sich selbst als potenziellen Künstler vorstellen? Oder geht es Ihnen darum, dass Ihr Song von einem anderen Künstler aufgenommen und veröffentlicht wird? Wenn Sie selbst als Vorführender in Aktion treten wollen, sollten Sie hohe Maßstäbe anlegen und sicher sein, dass Ihre Stimme gut in Schuss ist. Singt hingegen ein anderer, kann Ihnen das egal sein. Beides hat seine Vorteile, nur sollten Sie vorher wissen, was Sie wollen, damit das Ergebnis auch entsprechend ausfällt.

Wie stark ist Ihre Konkurrenz?

Auch wenn es Ihr allererstes Demo ist, das Sie mithilfe eines Computerprogramms auf Ihrem Laptop aufnehmen, ist es gut zu wissen, in welcher Qualität andere produzieren. In unserer Zeit klingen Demos oft ebenso perfekt wie Songs, die im Radio gespielt werden. Der professionelle Standard Ihrer Konkurrenz ist hoch, und gerechterweise müssten eigentlich viele Demosänger selbst einen Plattenvertrag bekommen. Wir empfehlen Ihnen, die besten Musiker und Sänger unter Vertrag zu nehmen, die Sie sich leisten können, sonst wird Ihr Song im harten Konkurrenzkampf untergehen.

Falls Sie beim Gedanken an eine Demoaufnahme schwitzige Hände bekommen und zu den Typen gehören, denen es einfach lieber ist, sich neue Texte und Melodien auszudenken – Sie müssen ja nicht alles selbst machen! Es gibt andere Möglichkeiten, als selbst in die Rolle des Produzenten zu schlüpfen. Zum Beispiel Demo-Services – das sind Dienstleister, die zu einem festgesetzten Preis das Demo für Sie herstellen. Sie müssen ihnen nur ganz genau sagen, was Sie sich vorstellen, und ihnen Tonproben von dem gewünschten Sound vorlegen. Holen Sie sich auch erst ein paar Empfehlungen ein, sehen Sie sich ein wenig in der Landschaft um (und hören Sie sich möglichst fertige Arbeiten der verschiedenen Firmen an, um deren Qualität bewerten zu können), ehe Sie etwas in Auftrag geben.

Auch auf Details achten!

Zunächst einmal – und darauf kommt es am meisten an – sollte ein Demo eine überzeugende Repräsentation Ihres Songs darstellen. Es kann simpel oder komplex sein, das hängt vom Song als solchen ab. Das Demo muss auch nicht unbedingt schon ein kleines Meisterwerk sein. Aber wie gesagt: Je professioneller es produziert ist, umso besser stehen die Chancen, auf dem ohnehin schon überfüllten Markt die Konkurrenz zu schlagen.

Das richtige Format wählen

Anders als bei der Compact Disc (CD) lässt sich bei elektronisch übermittelten Audiofiles (wie MP3 oder anderen Dateiformaten) das Format für Demos heute weitgehend frei wählen. Früher wurden Demos fast immer auf Kassette eingereicht, doch das gehört der Vergangenheit an: Kassetten liefen oft in der falschen Geschwindigkeit, hatten keinen besonders guten Klang, verhedderten sich, wiesen »taube Stellen« auf und außerdem konnte man nicht automatisch von einem Song zum nächsten springen. Wenn Sie Audiofiles oder CDs benutzen, können Sie es schlau machen und mehr als einen Song pro Demo aufnehmen – falls er dem Adressaten nicht gefällt, kann er sich sofort dem nächsten widmen.

Wie viele Songs und in welcher Länge?

Idealerweise sollte Ihr Demo nicht mehr als drei oder vier Songs enthalten. Mehr können der Produzent, der Künstler und der Musikredakteur auf einen Schlag wahrscheinlich akustisch nicht aufnehmen. Und da deren Zeit sowieso begrenzt ist (schließlich müssen sie schon am Samstag nach Aruba, Bonaire oder Curaçao fliegen), muss die Sache auch noch flink über die Runden gehen.

Ebenfalls wichtig ist es, dass die Songs auf Ihrem Demo nicht zu lang sind – aber auch nicht zu kurz. Allerdings sollten Sie einen guten Song nicht weglassen, nur weil er nicht die ideale Länge hat. Wie lange ein Song dauert, bestimmt er gewissermaßen selbst.

Eine Faustregel lautet: Vier Minuten ist die Obergrenze – eher sogar nur drei Minuten, aber verbindlich ist sie nicht. Wenn ein guter Song sieben Minuten lang ist, braucht er eben so viel Zeit – aber graben Sie sich nicht selbst eine Grube und vergewissern Sie sich, dass er über diese sieben Minuten hinweg tatsächlich funktioniert (denn sieben Minuten sind echt lang). Auch sollten Sie das Intro nicht unnötig in die Länge ziehen, sondern so schnell wie möglich mit Strophe 1 beginnen. Das ist nämlich oft die einzige Strophe, die sich der Prüfer (aus Mangel an Zeit und Geduld) wirklich anhört. Schon klar, das ist nicht fair, aber das Leben ist es auch nicht.

Ein guter Testlauf ist und bleibt es, wenn Sie den Song Ihren Freunden vorspielen und darauf achtgeben, ob ihr Interesse erlahmt. Gute Freunde nennen das Kind in der Regel beim Namen und können ganz schön schonungslos sein – ohne Angst zu haben, am nächsten Tag gar nicht mehr zu Ihren Freunden zu gehören. Wenn sie einnicken, während Sie sich Ihr Demo anhören, sollten Sie noch einmal drübergehen (oder sich neue Freunde suchen!). Ihr Song sollte nie an Triebkraft einbüßen und sich immerzu steigern – die Aufmerksamkeit des Hörers darf nie nachlassen.

Keep it simple!

Demos sollten grundsätzlich sehr simpel gehalten sein. Räumen Sie dem potenziellen Sänger genügend Spielraum ein und stellen Sie sich vor, mit welchen Mitteln er den Song zu *seinem* Song machen könnte – so wie beim Karaoke-Singen.

Ein guter Demosong macht auf wirkungsvolle Weise sicht-/hörbar:

✔ Text	✔ Feeling
✔ Melodie	✔ Musikrichtung (das Genre)
✔ Akkorde	✔ Herz und Seele des Songs

Grundsätzlich sollten Sie beim Produzieren Ihres Demos immer daran denken: In dieser Form wird die Musikwelt Ihren Song zu hören bekommen. Egal, ob er nun schlicht arrangiert ist oder anspruchsvoll, ob es sich um eine ausgefeilte Produktion oder nur um eine Rohform handelt – Sie sollten stets gewährleisten, dass der Song darauf so zu hören ist, wie er Ihrer Meinung nach zu hören sein soll. Und im Rahmen des Budgets, das Sie dafür aufwenden können, sollte er den höchstmöglichen Level der Darbietung nicht unterschreiten. Wie viel (oder wie wenig) Geld Sie dafür ausgeben, ist nicht das Entscheidende. Der Song macht die Musik.

Die Auswahl der Musiker

Was Sie als Nächstes brauchen, wenn Sie Ihren Song fertig haben (es sei denn, Sie sind eine Einmann-Band oder ein notorischer Do-it-Yourselfer), ist ein Team von Musikern, Programmierern und Ingenieuren, die Ihnen dabei helfen, Ihre Vision Realität werden zu lassen. (Ausführliche Infos zum Thema Songwriting-Teams finden Sie in Kapitel 12).

Musiker oder Maschinen?

Meist sind der Sound und das gegenseitige Verstehen von echten Musikern unschlagbar. Es gibt jedoch Fälle, in denen es sich – aus Mangel an Geld oder an den richtigen Kontakten – lohnt, sein Demo mithilfe eines Programms am Computer zu erstellen. Ein Programmierer kann den Sound der Schlagzeuge, der Keyboards und der Bassgitarre sequenzieren. Man kann auch, damit das Ganze sich wieder nach Mensch/Musiker anstatt nach Maschine anhört, ganz zum Schluss, wenn alles andere fertig ist, einen zusätzlichen »echten« Gitarristen drüberspielen lassen.

»Echte« Musiker

Wenn Sie mit Musikern aus Fleisch und Blut arbeiten wollen anstatt einen Computer zu benutzen, werden Sie bald die Erfahrung machen, dass es keine schnelle Methode gibt, die richtigen Leute für ein gutes Musikerteam zu finden – es geht nur über »Trial & Error« (Versuch und Irrtum, sprich: Herumprobieren), und es kann eine Weile dauern, bis man die richtige Kombination entdeckt hat. Sie brauchen Musiker, die intuitiv erkennen, was Sie im Sinn haben, und Ihrem Talent wirklich nützlich sind. Ein Demo herzustellen, ist wie das Zusammenfügen eines Puzzles – das Gesamtbild sieht man erst, wenn jedes Teilchen an seinem Platz ist. Suchen Sie nach zuverlässigen Leuten, die Ihnen das Gefühl vermitteln, in Ihren Kopf »hineinhören« und Ihrer Vision Gestalt verleihen zu können.

Wie und wo man Musiker findet

Musiker zu finden, ist nicht so schwer wie man meint. Gehen Sie zum Beispiel in Clubs, in denen Bands auftreten. Während einer Spielpause können Sie sich als Songwriter auf der Suche nach Musikern vorstellen. Nicht selten (und vor allem, wenn sie dafür bezahlt werden) sind sie ganz begeistert von der Idee, zur Abwechslung mal in einem Studio arbeiten zu dürfen anstatt immer nur bei Liveauftritten vor Publikum. Sie können auch im Anzeigenteil

Ihrer Zeitung oder Ihres regionalen Musikblatts nach den Inseraten von Musikern suchen, die man mieten kann (lassen Sie sich aber Hörproben schicken, bevor Sie ein Engagement vergeben), oder dort selbst eine Annonce schalten. Oder wie wär's mit dem Internet? Geben Sie als Suchbegriff »Studiomusiker« ein, und schon Sekunden später werden Sie die Qual (oder das Vergnügen) der Wahl haben. Und natürlich lohnt es sich stets, Songwriter-Treffs oder -Veranstaltungen zu besuchen, wo man immer auf qualifizierte Leute stößt, die auf neue Aufträge warten, und oft gerät man an fähige Personen sogar über Mundpropaganda. Oder man lernt sie im örtlichen Gitarrenfachgeschäft kennen, wo sie neues Zubehör ausprobieren.

Die Arbeit mit Musikern

In der Musik ist es wie im ganz normalen Leben: Wo die Chemie stimmt, kommt meist auch etwas Brauchbares heraus. Egal, ob Sie mit jemandem nur ein provisorisches Demo oder eine High-Quality-Aufnahme einspielen wollen – es lohnt sich, einander zu kennen und sich im Idealfall auch ein wenig zu mögen.

Die richtigen Musiker zu finden, reicht allein nicht aus. Passen Sie auf, dass Ihnen möglichst keine »Poser« oder Egomanen unterkommen, die ständig im Mittelpunkt stehen müssen. Nehmen Sie Leute, denen es um die Musik geht, um den Song – und die aus sich selbst und auch aus Ihnen das Beste herausholen können.

Jim Peterik, Songwriter von 18 Billboard-Top-Ten-Hits, inklusive des Dauerbrenners »Eye Of The Tiger« (aus dem Film *Rocky III*)

Mit Maschinen arbeiten

Ursprünglich waren alle Instrumente dazu gedacht, von richtigen Menschen gespielt zu werden. Mit der Erfindung von Rhythmusmaschinen, Samplern (Digitalrekordern, die Ihnen jede Geräuschquelle als Teil des Playbacks für Ihren Song liefern können), MIDIs (bedeutet »Musical Instrument Digital Interface« [digitale Schnittstelle für Musikinstrumente]), mit deren Hilfe ein Musiker seinen Computer mit einer Riesenauswahl an Geräuschquellen programmieren kann, und Computern hat sich jedoch alles verändert. Ein Großteil der Musik, die Sie heutzutage im Radio hören, wurde mithilfe von Computern kreiert und perfektioniert. Für Sie als Songwriter ist das nichts Negatives, denn wenn Sie lernen, wie man programmiert, können Sie dadurch zu einer echten Einmann-Band werden – und solche Kurse werden (online und offline) sowohl von Medieninstituten als auch Volkshochschulen angeboten, wo Sie diese faszinierende, ständig im Wandel begriffene Technologie von der Pike auf erlernen können.

Für einen Songwriter, der ein Demo aufnehmen will, ist es wichtig, das Programmieren zu erlernen oder jemanden an der Hand zu haben, der sich damit gut auskennt – vor allem, wenn der Song in ein Genre fällt, bei dem das Programmieren eine wichtige Rolle spielt, wie etwa Urban, Hip-Hop, Rap oder Dance-Pop.

In bestimmten Situationen kann ein programmiertes Demo von großem Vorteil sein:

✔ Es kommt billiger, weil Sie nicht so viele Musiker bezahlen müssen.

✔ Es klingt für bestimmte Genres einfach besser und professioneller.

✔ Es gewährt Ihnen mehr Flexibiliät bei der Produktion Ihres Demos, da Sie das Demo Stück für Stück aufbauen und auch fünf Minuten vor zwölf noch letzte Änderungen vornehmen können.

Neulich fiel mir das Originaldemo wieder in die Hände, das ich für »Hold On Loosely« aufgenommen hatte, einen Song, den ich zusammen mit Don Barnes und Jeff Carlisi für .38 Special schrieb. Damals fand ich es cool, eine Schlagzeugmaschine verwendet und sämtliche Passagen selbst eingespielt zu haben. Als ich mir es jetzt jedoch mit zeitlichem Abstand anhörte, konnte ich kaum fassen, wie mechanisch und hölzern es sich anhörte, wenn man versuchte, es auf die fertige Hitversion anzuwenden, bei der sämtliche Musiker der Band mitwirkten und für jenes menschliche Feeling sorgten, wie es eben nur Menschen in ihrem Zusammenwirken vermitteln können. Ob es nun an den Personen liegt, aus denen eine Band nun mal besteht, oder an der Person, die den Computer programmiert – in letzter Instanz stößt man immer auf das Wirken von Menschen mit Herz und Seele.

Jim Peterik, Songwriter von 18 Billboard-Top-Ten-Hits

Den richtigen Sänger auswählen

Ob der Songwriter sein Demo selbst singen soll, darüber wurde schon viel und heftig diskutiert. Einerseits: Er ist es, der sein Stück wohl am besten kennt, »von innen« sozusagen, und was er stimmlich nicht leisten kann, macht er vielleicht durch Ausdruck und viel Seele wieder wett. Andererseits: Die Industrie ist es gewohnt, perfekte Sänger serviert zu bekommen, also ist es vielleicht besser, ein wenig Seele für etwas mehr Stimmumfang und Gesangstechnik zu opfern, wie sie von einem großen Sänger einfach zu erwarten sind. Die Ideallösung besteht (sofern man nicht selbst ein großes Gesangstalent ist) wahrscheinlich darin, einen Sänger zu finden, der beides leisten kann, also nicht nur technisch was zu bieten hat, sondern sich mit einem Stück auch identifizieren und es mit genügend Feeling und Ausdrucksstärke »verkaufen« kann.

Wie man einen Song arrangiert

Arrangement – damit ist die musikalische Form gemeint, in die man einen Song bringt. Vor Jahren, heißt es, habe der Arrangeur mehr Mitspracherecht darüber gehabt, wie ein Song letztendlich klingen müsse, als der Produzent. Als Frank Sinatra seinen Arrangeur Nelson Riddle gegen andere Arrangeure eintauschte, veränderte sich sein gesamter Stil. Damals schrieb der Arrangeur den Part für jedes einzelne Instrument und legte auch die Dynamik (laut oder leise, dominant oder zurückhaltend) fest. Selbst Rhythmus und Feeling waren auf dem Notenblatt vermerkt.

Im Demo-Stadium ist das Arrangement besonders wichtig, da es einen Eindruck davon vermittelt, wie Sie sich die fertige Version vorstellen. Für welche Art von Arrangement Sie sich entscheiden, hängt wiederum von der Art des von Ihnen geschriebenen Songs ab. Es verrät, welche Zielgruppe Sie anvisieren und wie wirkungsvoll Ihre Darbietung sein wird. Bei Balladen reicht zum Beispiel oft eine einfache Klavier- und Gesangsversion, ohne viel Schlagzeug, falls überhaupt. Der Schwerpunkt liegt hier auf dem Text und der Melodie, den wichtigsten Bestandteilen einer Ballade. Schnellere Songs hingegen – egal, ob Rock-, Country-, Gospelsongs oder was auch immer – leben gewissermaßen von ihrem Rhythmus. Hier sind powergeladene Drums, dröhnende Bässe, schneidende Gitarren, Blechinstrumente und alles, was dem Hörer den vollen Effekt beschert, das Wichtigste von allem.

Auf alle Fälle: Sorgen Sie dafür, dass die Person, die sich das Demo anhört, Ihren Song nicht nur hören, sondern auch *spüren* kann. Und wenn Sie das Arrangement ausarbeiten, denken Sie daran, dass ein starker Musik-Hook oft ebenso wichtig ist wie der Song als solcher. Er wird aus einem schlechten Song zwar keinen genialen Song machen, aber ein durchschnittlicher Song kann durch ihn nur gewinnen und zu einer bombensicheren Sache werden. Oft sind es die kleinen Intro-Riffs und Melodiefiguren, die einem noch im Ohr hängen, wenn man sich an den Song selbst schon nicht mehr erinnert.

Bitten Sie Ihre Bandmitglieder oder Studiomusiker, ihre eigene kreative Note beizusteuern, damit der Song musikalische Würze bekommt.

Es kommt oft vor, dass der Künstler, Manager oder Produzent, der sich diese Songs anhört, die Nase gestrichen voll hat von hochglanzpolierten Demos. Geben Sie ihm keine Chance, sich an irgendetwas zu stören. Viele Hitsongs wurden ursprünglich nur als Demos mit Klavier und Gesang präsentiert. Manche beschränkten sich sogar nur auf eine Stimme, die auf den Anrufbeantworter sang. Aber es gibt natürlich auch andere Beispiele, bei denen ein großartiges Arrangement und eine perfekte Darbietung den Song verkauft haben – bei manchen Songwritern klang es bereits wie eine verkaufsfertige CD-Aufnahme. In diesem Punkt sollten Sie Ihrem Bauchgefühl folgen und sich für das entscheiden, was *Ihnen* und *Ihrem* Song am meisten nützt.

Ein guter Produzent kann hinter die goldene Patina blicken und merkt es sofort, wenn Sie versucht haben, die qualitativen Mängel Ihres Demos mit allerlei Blendwerk zu kaschieren. Dass ein Song auf wackligen Beinen steht, lässt sich nicht verbergen, auch wenn er noch so großartig produziert ist. Machen Sie die Produktion transparent, sodass der Song hindurchleuchten kann. Wie sagt man in Nashville? Ein Kuhfladen lässt sich nicht zum Goldstück aufpolieren!

Wie man ein Akkorddiagramm anfertigt

Bei einer Session sollte jedem Mitglied des Songwriting-Teams ein Akkorddiagramm vorliegen – also eine grobe Darstellung der Akkordstruktur eines Songs. Akkorddiagramme gibt es in zwei verschiedenen Arten:

✔ **Grundtondiagramme:** Die traditionelle Methode, bei der ein Akkord in Form eines Großbuchstabens nach seinem Grundton benannt wird. Bei einem C-Dur-Akkord (bestehend aus C, E und G) ist also der Grundton die Note C. Auch eine skizzenhafte

Darstellung von Melodiefiguren (Vorschläge für Basslines, Auszeiten der Band oder grundlegende Rhythmusmuster) ist zu empfehlen. Session-Musiker freuen sich wirklich über jede Anweisung in puncto Arrangement.

✔ **Zahlendiagramme:** Auch als Nashville-System bekannt. Hier wird jeder Akkord durch seine Nummer gekennzeichnet. Die (vor allem im Englischen) gebräuchlichen, dahinterstehenden Abkürzungen »Maj« und »min« (oder einem Minuszeichen) stehen für Dur und Moll. Hier ein Schlüssel zu den gebräuchlichsten Abkürzungen in einem Akkorddiagramm, wie sie im deutschen Sprachraum üblich sind:

- **Dur:** Große römische Zahl (Nashville- oder Stufensystem)

- **Dur:** Großbuchstabe (zum Beispiel *G* oder *C*)

- **Dur:** Buchstabe oder Zahl mit »maj« dahinter (zum Beispiel *Cmaj*), vor allem im englischen Sprachraum geläufig

- **Moll:** Kleine römische Zahl (zum Beispiel *ii*)

- **Moll:** Großbuchstabe mit »min«, »m« oder einem Minuszeichen (–) dahinter (zum Beispiel *Gmin*, *Gm* oder *g*)

- **Dominantseptakkord:** Großbuchstabe mit »7« (*F7*)

- **Durseptakkord:** Großbuchstabe mit »maj7« (*Cmaj7*)

- **Mollseptakkord:** Großbuchstabe mit »min7« oder »m7« oder Kleinbuchstabe mit 7 (*Dmin7*, *Dm7*, *d7*)

- **Vermindert:** Großbuchstabe mit »dim« (*Gdim*)

- **Übermäßig:** Großbuchstabe mit »aug« (*Caug*)

Auch Akkorddiagramme sollten die einzelnen Songabschnitte erkennbar machen, also Intros, Strophen, Pre-Chorus, Refrain, Bridge, Wiederholungen, Instrumentalpassagen und so weiter. Manchmal machen sich Musiker dazu ihre eigenen Markierungen, damit sie bestimmte Arrangement-Ideen im Gedächtnis behalten.

Darüber hinaus ist es Sache des Songwriters und seines Musikerteams, ein sogenanntes *Head-Arrangement* zu erstellen. Bei einem Head-Arrangement werden Songstrukturen nicht schriftlich erfasst, sondern von den Musikern abgesprochen und im Kopf behalten (daher das englische Wort »head«). Dabei geht es um von den Beteiligten vorgeschlagene Ideen hinsichtlich Stil, Feeling, Rhythmus, Genre, musikalische Pausen, Riffs und Hooks – also um sämtliche Nuancen, die aus einem stinknormalen Akkorddiagramm etwas geradezu Magisches machen. Manchmal ist der ungenutzte Raum in einem Stück ebenso wichtig wie die Noten, die gespielt werden. Arrangieren – das ist vor allem das gegenseitige Geben und Nehmen zwischen den Musikern – zum Beispiel, wenn an irgendeiner Stelle ein Instrument vorübergehend verstummt, damit ein anderes seine volle Kraft entfalten kann. Mithilfe solcher Techniken wirkt Ihr Demo auf diejenigen, die es sich anhören, weitaus fesselnder.

Wenn Sie zu einer Session erscheinen, ohne zumindest ein Akkorddiagramm bei sich zu haben, verschenken Sie wertvolle Zeit, in der die Musiker erst ihre eigenen Diagramme herstellen und sich den Song anhören müssen.

Als Songwriter haben Sie vermutlich eine ziemlich genaue Vorstellung davon, wie Ihr Stück sich anhören soll; trotzdem sollten Sie für Vorschläge anderer, denen Sie vertrauen, stets ein offenes Ohr haben. Ihr Arrangement wird sich sichtbar/hörbar auswirken auf …

✔ die musikalische Richtung, die Ihr Song einschlägt,

✔ den Markt, für den er sich am besten eignet,

✔ die demographische Zielgruppe, die er ansprechen wird,

✔ die Wirksamkeit Ihrer Präsentation.

Zwischen den einzelnen Genres ist die Trennlinie oft hauchdünn – und vieles, was man ihnen zuordnet, schon Crossover. Die Grenzen zwischen Pop/Rock und Country zum Beispiel sind häufig recht unscharf. Oft ist es nur eine kleine Veränderung in der Instrumentation, die einen Song praktisch für zwei verschiedene Märkte tauglich macht. So kann etwa ein Popsong auch für den Country-Markt interessant werden, indem man ihm die Klänge einer Pedal Steel Guitar oder Fiedel hinzufügt. Umgekehrt kann aber auch ein Countrysong durch den Einsatz einer Power-E-Guitar mit Verzerrer gut zum Repertoire eines Rockmusikers passen. Manchmal muss nur der Gesangsstil angepasst werden, während die Schlagzeuge, Bässe und Keyboards unverändert bleiben. Aber auch ein Dance-Pop-Song kann aus einem Poprock-Song entstehen; dazu ändert man in der Regel das Feeling des Arrangements und ersetzt »echte« Livemusiker durch programmierte Klänge.

Wozu ein Arrangeur gut sein kann

Ein ausschließlich auf Arrangements spezialisiertes Teammitglied, auch *Arrangeur* genannt (also jemand, der all die musikalischen Mosaiksteinchen an Ort und Stelle bringt), ist gewiss von Vorteil, aber nicht unverzichtbar. In einem guten Team kann jeder zum Arrangeur werden, ob Musiker oder Toningenieur. Auch der Songwriter kann diesen Job übernehmen – er muss dann allerdings wirklich in die Schuhe eines Arrangeurs schlüpfen, sprich: seine Sichtweise einnehmen können.

Die Tage, in denen man Arrangeure auf Anfängerniveau engagierte, sind längst vorbei. Wenn man seinen Song fertig geschnitten und – sagen wir – ein Budget von etwa 10.000 Euro zur Verfügung hat, kann man einen Arrangeur hinzuziehen und zu ihm sagen: »Pass auf, hier ist die Rohform des Tracks, was kannst du hören?« Und er antwortet womöglich etwas wie: »Oh wow, hier kann ich eine Orgel hören, und da höre ich Schlittenglöckchen, und beim Refrain einen Abschnitt für 40 Saiteninstrumente.«

Sie als Songwriter sind es, der bestimmt, in welcher Art von Arrangement die Schallplattenfirmen, der Künstler und seine Manager Ihren Song kennenlernen werden. Als Erstes sollten Sie festlegen, auf welchen Markt Sie abzielen, und dann Ihre Entscheidungen danach ausrichten.

Die Aufnahme des Demos

Ob Sie sich nun für echte Musiker, programmierte Instrumente oder eine Kombination aus beidem entschieden haben – Sie müssen sich auf jeden Fall klar darüber sein, wie und wo Sie Ihren Song aufnehmen wollen.

Die Frage nach dem Wo

In der Regel ist es Ihr Geldbeutel, der bestimmt, wo Sie Ihr Demo aufnehmen. Falls Sie es sich leisten können – wählen Sie ein professionelles Studio! Dort bietet man Ihnen ein geschultes Team, hochmoderne Geräte, und – last, not least – den besten Kaffee, damit Sie sich stets auf Ihren eigentlichen Job konzentrieren können, nämlich das Musikmachen. Falls Sie knapp bei Kasse sind, kennen Sie vielleicht jemanden mit einem brauchbaren Homestudio, der bereit wäre, Ihnen zu helfen (und sich nebenher ein paar Kröten zu verdienen). Vielleicht schaffen Sie es ja sogar irgendwie, Ihr musikalisches Talent gegen kostenlose Studiozeit einzutauschen. Der ökonomischste Weg besteht natürlich darin, sich im Keller oder einem leerstehenden Gästezimmer selbst ein Studio mit angemessener Ausstattung einzurichten. Falls Sie in technischen Dingen begabt sind, sollte dies das Mittel der Wahl sein. Sie müssen nur aufpassen, dass Sie vor lauter technischen Details noch zur eigentlichen Sache – sprich: Ihrer Aufnahme – kommen.

DIY – do it yourself!

Falls Sie zu den Songwritern mit eher hundsmiserablem Budget gehören, leben Sie eigentlich in einer günstigen Zeit. Für relativ wenig Geld bekommen Sie bereits eine großartige Homestudio-Ausrüstung (mehr darüber in Kapitel 11), und ein Aufnahmestudio im Gästezimmer wird Sie weniger als 1.000 Euro kosten. Sobald Sie in diesen Dingen ein wenig gewiefter sind, kann Ihre Aufnahme qualitativ ebenso gut werden wie die in einem großen Tonstudio vor etwa zehn Jahren.

Natürlich gibt es Klangunterschiede zwischen einem kostengünstigen Digitalrekorder und der professionellen Einrichtung eines hochmodernen Großstadtstudios. Doch im Demo-Stadium wirken sich diese Unterschiede noch nicht darauf aus, ob Ihr Song gut ankommen wird oder nicht. Ungelogen, Alanis Morissettes Album *Jagged Little Pill* (für das sie dreizehn Mal Platin bekam) wurde ausschließlich im Alesis ADAT-System produziert – einer Technologie, die schon damals den Ruf hatte, sich eigentlich nur für Demos zu eignen. Wenn man einen Song und eine funktionierende Seele hat, ist gewissermaßen alles da, was man braucht.

Eine Menge Songwriter stellen ihre eigenen Demos her und nehmen auch alle Instrumente selbst auf – eins nach dem anderen, um sie später zu mischen. Als Erstes spielen sie die Schlagzeug-Tracks (oder die entsprechenden Samples vom Computer) ein, bestimmen eine

Reihenfolge, dann legen sie die einzelnen Instrumente darüber, um ganz zuletzt, vor der Endabmischung, noch den Gesang folgen zu lassen.

Wie man digitale Aufnahmen im eigenen Homestudio macht, kann man oft in VHS- oder Onlinekursen erlernen. Sie können auch bei der Medienakademie nachfragen, ob irgendwelche Workshops geplant sind, oder sich zumindest weiterhelfen lassen. Werfen Sie außerdem einen Blick in den Anzeigenteil von Heimstudio-Magazinen wie *Sound & Recording*; dort annoncieren oft Schulen, die auf solche Fachgebiete spezialisiert sind. Auch Musikläden bieten nicht selten firmengesponserte Seminare zu den von ihnen angebotenen Recording-Artikeln an. Und natürlich können Sie es auch mit der Trial-&-Error-Methode versuchen, indem Sie das Benutzerhandbuch studieren und so lange herumexperimentieren, bis alles klappt.

Aufnehmen im Profi-Studio

Trotz der zahlreichen Verbesserungen, die das Home-Recording mittlerweile bietet, beißen viele Songwriter nach wie vor in den sauren Apfel und geben lieber mehr Geld aus, indem sie sich für ein professionelles Studio entscheiden. Ein kommerzielles Studio bietet Ihnen:

✔ hochqualifizierte Ingenieure und ein Team von Profis,

✔ eine für Musikaufnahmen geeignete Umgebung in völlig anderer Atmosphäre als zu Hause oder im Büro,

✔ eine größere Auswahl an Geräten und Instrumenten für jeden Anspruch und auf hohem Niveau, von einer Vielzahl verschiedener Mikros bis hin zu Methoden der Soundverarbeitung wie zum Beispiel De-Essing (damit es sich ausgezischt hat) oder Tonhöhenkorrektur,

✔ einen Ort, wo Ihre Musiker sich treffen können, ohne in Ihre Privaträume eindringen zu müssen,

✔ die Möglichkeit, Ihren Song zu optimieren, anstatt mit Kabeln zu hantieren,

✔ so guten und starken Kaffee, wie Sie ihn nicht mal in Brasilien finden.

Außerdem leben Tonstudios von ihrem guten Ruf in Sachen Service und Zuverlässigkeit. Wenn bei Ihnen zu Hause ein Gerät streikt, ist die Session vorbei, bis es repariert worden ist. In einem großen Studio gibt es für nahezu jedes Gerät auch ein Ersatzgerät, sodass Sie nie wegen einer kaputtgegangenen Maschine eine Sitzung abbrechen müssen, wenn die Kreativität oder der Flow gerade im Zenit stehen.

Das Budget eines Homestudios erlaubt Ihnen die Anschaffung von Mikrofonen, die teurer als 10.000 Euro sind, meist nicht. Auch auf eine hübsche Aufnahmekonsole werden Sie höchstwahrscheinlich verzichten müssen, denn die kann mehr als 100.000 Euro kosten. Die Vorstufen Ihres Signalflusses sind ausschlaggebend für einen weichen Sound, also ist hier das Beste gerade gut genug. Professionelle Studios bieten da unvergleichlich mehr.

Wenn Sie nicht von Natur aus technisch begabt sind, ist es auf jeden Fall besser, ein Profi-Studio zu nutzen. Viele Songwriter sind so abgelenkt damit, Anzeigen zu beachten,

Anweisungen zu lesen und Probleme zu beheben, dass ihnen die Musik im Eifer des Gefechts aus den Händen gleitet.

Heutzutage kostet die Miete für ein gutes Demostudio mit Toningenieur nicht mehr als 50 bis 100 Euro je Stunde. Telefonieren Sie ein wenig herum und suchen Sie sich ein preiswertes aus; die ganz teuren Studios sollten Sie meiden. Manche Studios sind auf das Schneiden von Demos (im Gegensatz zu fertigen Alben) spezialisiert und vermieten Ihnen den Raum in bequemen Dreistunden-Einheiten, inklusive Aufnahmetechniker und oft sogar einer Auswahl von Session-Musikern, die im Paket enthalten sind. Solche Studios (County Q in Nashville arbeitet zum Beispiel nach diesem Prinzip) werben gern mit ihrer Wirtschaftlichkeit und Produktivität. Wenn Sie gut vorbereitet erscheinen, mit Ihren Songs und den Akkorddiagrammen, schaffen Sie in einer Dreistunden-Session an die sechs oder sieben Songs.

Wie man Demo-Services findet

Ganz am Ende vieler Songwriting-Newsletters und Musikmagazine (oder auch beim Recherchieren mit einer Suchmaschine im Internet) stoßen Sie oft auf Listen mit Demo-Services, die in der Regel nach folgendem Prinzip arbeiten: Sie schicken ihnen eine Rohaufnahme Ihres Songs (oder die Noten), und gegen eine Gebühr produziert man für Sie ein fertiges Demo. Die Qualität solcher Services reicht von Nepp bis hin zu Perfektionsarbeit – verlangen Sie also erst Arbeitsproben, bevor Sie Ihren wertvollen Song aus der Hand geben. Und sorgen Sie stets dafür, über das Copyright zu verfügen, bevor Sie ihn irgendwo hinschicken (weitere Details dazu in Kapitel 19).

Die Bezahlung für das Demo

Wie viel Sie für Ihr Demo ausgeben können, hängt bis zu einem gewissen Grad davon ab, wer die Rechnung bezahlt. Wenn Sie bei einem Verleger unter Vertrag stehen, ist darin vermutlich alles zum Thema Demos geregelt, auch wie viel sie im Höchstfall kosten dürfen. In der Regel werden die Ausgaben vom Verlag vorgestreckt und später von den Tantiemen des Musikers wieder abgezogen (ein guter Anwalt kann allerdings für Sie heraushandeln, dass Sie nur 50 Prozent der Kosten zurückerstatten müssen). Möglicherweise steht in dem Vertrag auch, dass sämtliche Demos erst vom Verleger genehmigt werden müssen – das heißt, Sie müssen sich an den Gedanken gewöhnen, Ihren Song möglicherweise durchs Telefon singen oder mit einem Ghettoblaster aufnehmen zu müssen, um die Genehmigung zu bekommen. Auf jeden Fall tun Sie gut daran, Ihre Ausgaben niedrig zu halten – Sie müssen sie ja eh irgendwann zurückzahlen.

Die richtige Hülle für Ihr Demo

Die Hülle, die Sie als Songwriter wählen, um Ihren Song an den Mann beziehungsweise an die Frau zu bringen, muss nicht unbedingt eins a sein. Anders gesagt: Ihre Demo-CD braucht nicht auszusehen wie eine CD in einem Plattengeschäft, mit Vierfarbdruck und künstlerischer Gestaltung. Der Song ist der große Star, nicht der Songwriter. Nur wenige Leute wissen so richtig, wie Dionne Warwick aussieht, obwohl sie mehrere Top-Ten-Hits komponiert hat. Auch an Max Martin (der Songs für Kelly Clarkson, Pink, Katy Perry und andere schreibt) und Mutt Lange (der Songwriter im Hintergrund von Shania Twain, The Corrs, Def Leppard und den Jonas Brothers) würden Sie auf der Straße wahrscheinlich achtlos vorbeigehen. Denken Sie daran: Es ist nicht notwendig, dass auf Ihrer CD-Hülle ein Foto von Ihnen zu sehen ist, es sei denn, Sie sind gleichzeitig auch der Künstler.

Wenn es um Ihre CD-Hülle geht, stehen nicht Sie im Mittelpunkt, sondern der Song. Eine gute Präsentation ist zwar von großem Vorteil, es muss aber nichts Extravagantes oder Ausgefeiltes sein.

Nie ohne Kontaktinformation!

Beim Anpreisen Ihrer Songs ist die Kontaktinformation (mal abgesehen von der Musik selbst) das Wichtigste überhaupt.

Es soll tatsächlich schon vorgekommen sein, dass ein Produzent eine CD bekam, auf deren Label keinerlei Kontaktadresse oder Telefonnummer zu finden war. Vielleicht stand sie ja im Begleitschreiben vermerkt, doch das war längst im Papiermüll gelandet. Leute aus der Plattenindustrie bekommen monatlich viele hundert Songs zugeschickt, so dass ihnen ein solcher Umstand für eine Ablehnung völlig ausreicht.

Die beste und wirtschaftlichste Methode, eine CD zu verpacken (sofern man den Song nicht als Datei übers Internet versendet) besteht darin, sie in eine jener durchsichtigen, schmalen Hüllen zu stecken. Dann kann man sämtliche Informationen auf die CD selbst schreiben. Zu diesen Informationen gehören:

✔ die Titel der Songs auf der CD sowie deren Laufdauer,

✔ die Namen der Songwriter,

✔ der Name des Verlags (falls vorhanden), bei dem die Songwriter unter Vertrag sind, sowie die zuständige Gesellschaft für Aufführungs- und Vervielfältigungsrechte (in Deutschland die GEMA, in den USA entweder ASCAP, BMI oder SESAC),

✔ eine Kontakt-Telefonnummer,

✔ eine E-Mail-Adresse,

✔ das Datum des Copyrights (Aufnahmedatum).

Achten Sie darauf, dass das Copyright-Datum nicht mehr als ein Jahr zurückliegt – keiner interessiert sich für einen Song, der bereits die Runde gemacht hat oder Schnee von gestern ist.

Gestalten Sie die Informationen so schlicht wie möglich. Falls zum Beispiel mehr als ein Songwriter beteiligt war, brauchen Sie nicht zu vermerken, wer von beiden den Text und wer die Melodie geschrieben hat. Sie brauchen das Label auch nicht mit den Namen sämtlicher beteiligter Verlagsgesellschaften vollzupfropfen. Für detaillierte Informationen haben Sie genügend Platz, wenn Ihr Song fertig geschnitten ist.

Die Audio-CD ist eins der geeignetsten Mittel, um die Qualität eines Songs ebenso zu demonstrieren wie die Freude, die er dem Hörer bereiten wird. Labels (also die Aufkleber an der Scheibe selbst), Hüllen und Einlegekärtchen für das Cover (die allerdings optional sind – ein Beispiel sehen Sie in Abbildung 15.1) bekommen Sie im örtlichen Büroartikel- oder Computerfachhandel. CD-Rohlinge erhalten Sie *en gros* billiger als einzeln, und wie man eine CD brennt (also kopiert), ist schnell erlernt. Sie brauchen dazu einen CD-Brenner, der entweder in Ihrem Rechner schon eingebaut ist oder nachträglich angeschlossen werden kann.

Abbildung 15.1: Beispiel für ein Cover für Ihre Demo-CD

Auf dem CD-Label macht sich manchmal, zusätzlich zu den Infos, eine hübsche Grafik recht gut (Beispiel siehe Abbildung 15.2), da sie die Aufmerksamkeit schneller fesselt.

Es gibt zahlreiche Programme, die Sie auf Ihren Rechner laden können und die es Ihnen ermöglichen, Ihrer Demopräsentation Grafiken hinzuzufügen. Wenn Sie keine Möglichkeit haben, einen Label-Hersteller zu kontaktieren, können Sie sich auch im örtlichen Büroartikelladen ein Blatt mit selbstklebenden Etiketten kaufen, Ihre wichtigsten Informationen darauf unterbringen und sie auf die CD kleben.

Abbildung 15.2: Beispiel für das Label einer Demo-CD

Ihre Telefonnummer sollte stets doppelt vermerkt sein: einmal auf dem CD-*Cover* (also der Einlegekarte), außerdem auf dem CD-Label selbst.

Gibt es sonst noch etwas, das in Ihrem Songpaket nicht fehlen sollte? Ja, und zwar:

✔ **Ein Begleitschreiben:** Ein getippter Brief vom Songwriter oder Verleger, in dem Sie, Ihre Songs und das Anliegen Ihrer Songs vorgestellt werden. Diese Seite sollte auch sämtliche Kontaktdetails enthalten.

✔ **Ein Textblatt:** Eine getippte Liste sämtlicher auf der CD enthaltenen Songs samt ihren Texten. Auch auf diesem Blatt sollten – für den Fall, dass das andere verloren geht – sämtliche Kontaktinfos vermerkt sein.

Erst um Erlaubnis fragen!

Eine *unverlangt eingesandte* Demo-CD geht mit großer Wahrscheinlichkeit ungeöffnet an Sie zurück. Die Plattenindustrie scheint für mögliche Urheberrechtsverletzungen hochsensible Antennen zu haben – und wenn jemand sich einen Song anhört, der unangefordert mit der Post kommt, begibt er sich bereits auf sehr wackliges Parkett. Falls Sie keinen Musikbevollmächtigten engagieren können, der Ihren Song bewirbt, fragen Sie wenigstens vorher um Erlaubnis! Schicken Sie einen Brief an die Plattenfirma, den Künstler oder andere zuständige Personen, in dem Sie höflich anfragen, ob Sie ihnen zu einem bestimmten Zweck einen Song zusenden dürfen (siehe Abbildung 15.3).

Wenn Sie anrufen, sollten Sie auch fragen, ob der Empfänger ein Codewort oder ein Identifizierungszeichen auf der Außenseite des Päckchens wünscht.

Sobald Sie grünes Licht haben und soweit sind, dass Sie Ihr Material abschicken können, vergessen Sie nicht, die Worte »ANGEFORDERTES MATERIAL« auf den Umschlag zu schreiben (und falls erwünscht, wie gesagt, ein Codewort oder Identifizierungszeichen). Achten Sie darauf, dass Ihr Name oder der des Verlags an ziemlich auffälliger Stelle steht, ebenso wie Ihre Absenderadresse.

Eine kleine Maßnahme kann ein großer Wegabschnitt sein. Als Songwriter sollten Sie an alles denken.

Wie man ein Textblatt erstellt

Dem Song, den Sie einreichen wollen, ein getipptes Textblatt beizufügen, ist eine gute Idee. Viele Prüfer, Produzenten und so weiter werden es zwar ignorieren und sich lieber auf ihre Ohren verlassen – aber es gibt auch andere, die beim Zuhören gern mitlesen. Einige werden sich das Textblatt erst ansehen, nachdem der Song ihnen irgendwie gefallen hat – also sorgen Sie dafür, dass der Text auch auf der CD gut zu verstehen ist. Das Textblatt ist dann sozusagen das Sahnehäubchen. Ein Beispiel für ein Textblatt sehen Sie in Abbildung 15.4.

Der Text eines Songs ist ebenso wichtig wie die Musik. Sorgen Sie dafür, dass er ebenfalls aus der Mischung hervorsticht und deutlich gesungen wird.

Beschränken Sie sich bei Ihrer Demopräsentation auf die wichtigen Infos (wie zum Beispiel Ihre Telefonnummer)! Wenn Sie allen möglichen Kram mit hineinstopfen, wird der Adressat sich nur schwertun, die Spreu vom Weizen zu trennen. Vergessen Sie aber auch nicht das Wesentliche, denn Sie wissen ja, wo Briefe landen, in denen wichtige Auskünfte fehlen – im »großen runden Ordner«.

Leon Liedermacher

Musikantenweg 4
D–78224 Singen
(00400) 77777777 — songs@email.com

26. August 2022

Hendrik Hitmacher
A-&-R-Abteilung
Starmaker Music
Plattenplatz 54
D-95213 Näschwill

Sehr geehrter Herr Hitmacher,

mein Name ist Leon Liedermacher, ich bin ein 25-jähriger Songwriter und stamme aus Singen in Baden-Württemberg.

Obwohl es mir bis jetzt noch nicht gelungen ist, einen Hit zu landen, habe ich schon mehr als 30 Songs für Werbespots geschrieben. 2019 wurde ich Sieger beim Baden-Württembergischen Songwriter-Wettbewerb.

Ich wollte Sie um Erlaubnis fragen, Ihnen einen Song für die Billy Bob Boyband zu schicken, die ja bei Ihnen unter Vertrag ist. Ich habe das Gefühl, er würde hervorragend zu der Gruppe passen. Es handelt sich um eine schwungvolle Popnummer, die aufgrund ihres ungewöhnlichen Refrains vielleicht ein wenig aus der Reihe fällt. Da ich mir einen eigenen Musikbevollmächtigten nicht leisten kann, möchte ich Sie selbst um Ihre freundliche Kooperation bitten.

Ich würde mich freuen, wieder von Ihnen zu hören.
Meine Telefonnummer, E-Mail-Adresse und Postadresse finden Sie oben in diesem Schreiben.

Mit freundlichen Grüßen

Leon Liedermacher

Leon Liedermacher

Abbildung 15.3: Ein Schreiben mit der Frage um Erlaubnis für die Zusendung einer Demo-CD ist ein ungemein wichtiger Schritt.

Leon Liedermacher

Musikantenweg 4
D-78224 Singen
(00400) 77777777 — songs@email.com
Textblatt

»Ich bin ein Songwriter-Dummy«

Die ganze Nacht lang lag ich wach
für diese beiden Strophen.
Dabei gehöre ich doch sonst
nicht eben zu den Doofen.
Es klang so mancher Song schon lahm,
bis der Refrain dann endlich kam,
drum wartet noch ein wenig, schlaft nicht ein!

Refrain
Ich bin ein Songwriter-Dummy, ja, oh ja.
Ihr andern Songwriter-Dummies, seid ihr alle da?
Dann singt mit mir den Dummies-Song,
yeah, all you dummies, sing along!
Und habt ihr dann noch nicht genug,
lest mit mir dieses gelbe Buch,
das Songwriter-Dummies-Buch.

Bridge
Doch manchmal fall'n mir keine Reime ein,
dann bau ich eine Bridge für mich allein.
Im Buch steht: Auf das Brückenbau'n
kann der Songwriter-Dummy stets vertrau'n,
ja, liebe Dummy-Freunde, stimmt mit ein!

Strophe 2
Mein Demo soll ein Kunstwerk sein,
und alle Welt wird staunen.
Das ist der nächste Dieter Bohlen,
werden sie dann raunen.
Für heute ist noch lang nicht Schluss,
ich steig jetzt in den nächsten Bus
und sing in meiner Bar den großen Hit
(und alle Dummies singen mit):

Refrain
Ich bin ein Songwriter-Dummy, ja, oh ja
Ihr andern Songwriter-Dummies, seid ihr alle da?
Dann singt mit mir den Dummies-Song
yeah, all you dummies, sing along.
Gemeinsam schreiten wir zur Tat,
das gelbe Buch weiß immer Rat,
das Songwriter-Dummies-Buch.

© 2022 OMF Music – GEH MA!

Abbildung 15.4: Fügen Sie Ihrer Sendung mit dem Demo auf jeden Fall ein Textblatt bei. Hier ein Beispiel für Leon Liedermachers »Ich bin ein Songwriter-Dummy«.

Und nun raus damit!

Jetzt haben Sie so ziemlich alles, was Sie brauchen: einen fertigen Song, ein produziertes Demo und eine schlichte, aber ansprechende Verpackung. Nun fänden Sie es toll, wenn ein bestimmter Künstler sich den Song anhören würde – und stellen sich die Frage, wer eigentlich die ideale Person ist, um Ihren Song an diesen Künstler weiterzuvermitteln. Doch da sollten Sie jetzt nicht wählerisch sein, sondern alle Möglichkeiten ausschöpfen, sodass von den Leuten aus dem Dunstkreis des von Ihnen anvisierten Musikers möglichst viele Ihr Werk zu Ohren bekommen.

Die richtigen Leute

Wie sagten wir? Ein Glücksfall ist es, wenn Gelegenheit und Vorbereitung sich begegnen. Vorbereitet sind Sie ja, indem Sie ein Demo haben – als Nächstes müssen Sie also wissen, welche Leute für Ihren Song *die* Gelegenheit sind. Da wären:

✔ der A-&-R-Manager des betreffenden Labels

✔ der Präsident oder Firmenchef des Labels

✔ der Produzent des Künstlers

✔ der Manager des Künstlers

✔ der Musikbevollmächtigte des Künstlers

✔ der Künstler

✔ der Verleger

Versuchen Sie nun, sich diese Leute alle mal aus der Nähe anzusehen.

Der A-&-R-Manager

A & R ist die Abkürzung für *Artists and Repertoire* (Künstler und Repertoire). Aufgabe des A-&-R-Managers ist es, Talente ausfindig zu machen und tolle Songs für die Plattenfirma oder den Künstlerstab des Verlegers an Land zu ziehen. Wenn Sie ein Songwriter oder Musiker sind, ist es sehr vorteilhaft, diese Person zu kennen, da sie so etwas wie die rechte Hand des Firmenchefs ist (der in der Regel zu beschäftigt mit Spe[i]senabrechnungen ist, um sich wirklich hinzusetzen und Songs zu prüfen). Wo Sie A-&-R-Managern am ehesten begegnen, erfahren Sie auf der Schummelseite dieses Buches.

Manchmal arbeiten A-&-R-Leute Hand in Hand mit einem Manager, um bestimmte Songs und bestimmte Künstler zusammenzubringen. Nachdem zum Beispiel die Band Survivor ihr erstes Album im Kasten hatte, war noch ein Song übrig: Er hieß »Rockin' Into The Night«, und der Produzent war der Meinung, er passe irgendwie nicht zum Rest des Albums. Der A-&-R-Mitarbeiter leitete den

Song weiter an den Manager von .38 Special, der ihn der Band daraufhin vorspielte. Sie waren begeistert, und die Nummer wurde zu ihrer ersten Hitsingle.

Der Präsident oder Firmenchef des Labels

In ganz seltenen Fällen schultert der Obermotz der Firma selbst sein Gewehr, um auf die Jagd nach Spitzensongs für seine Künstler zu gehen. Insofern wäre es gar nicht mal so dumm, wenn Sie zwei Exemplare Ihrer Demo-CD schicken – eins an die A-&-R-Abteilung, das andere an den Boss.

Der Produzent des Künstlers

Wenn Sie Ihren Song an den Produzenten des betreffenden Künstlers schicken, steigen die Chancen, dass er aufgenommen wird, beträchtlich. Der Produzent hat bei der Projektplanung des Künstlers eine Menge mitzureden, und wenn er sein Vertrauen hat, kann er Einfluss darauf nehmen, was aufgenommen wird und was nicht. Oft beschäftigt ein Produzent einen neutralen *Hörer* – also jemanden, der nach geeigneten Songs Ausschau hält, damit der Produzent sich nicht selbst durch regelrechte Berge von Songs arbeiten muss.

In der Regel suchen Produzenten nach einer bestimmten Art Song für einen speziellen Künstler. Schicken Sie einem Produzenten keinen Song, solange Sie keinen haben, der wirklich »passt«. Einmal schickte ich einem befreundeten Produzenten einen Song, von dem ich genau wusste, dass er nicht zu dem Künstler passte. Ich glaube, ich wollte ihn mit dem Song einfach nur beeindrucken. Und wissen Sie was? Er war überhaupt nicht beeindruckt. Wenn Sie in den Baumarkt gehen und nach einem Schraubenzieher suchen, stoßen Sie dabei vielleicht auf eine wunderschöne Flachzange, aber sie nützt Ihnen in dem Moment nichts. Verspielen Sie Ihre Glaubwürdigkeit nicht, indem Sie unpassende Songs verschicken.

Jim Peterik, Songwriter von 18 Top-Ten-Hits

Der Manager des Künstlers

Die konkrete Beteiligung des Künstlermanagers kann ein breites Spektrum abdecken. Selbst wenn ein Manager sich die für seinen Künstler eingereichten Songs nicht persönlich anhört, so wird er sie vielleicht dennoch an den Produzenten oder die Plattenfirma weiterleiten – vor allem, wenn der Songwriter eine nachprüfbare Erfolgsbilanz vorzuweisen hat.

Der Musikbevollmächtigte des Künstlers

Aufgrund des zwischen ihm und dem Künstler entstandenen Vertrauens ist der Musikbevollmächtigte ein wirklich nützlicher Ansprechpartner. Er stellt zwar nicht die konventionellste Kontaktadresse dar und über ihn hört man meistens nur, wie »clever und geschäftstüchtig« er ist. Trotzdem: Die Topleute in diesem Business sind stark in das Geschehen eingebunden, und man tut sicher nicht verkehrt daran, wenn man seine Songs ihren einflussreichen

Händen überlässt. Die große Meisterin in dieser Kategorie war die junge Songwriterin, die das Interesse einflussreicher Leute aus der Industrie für sich weckte, indem sie einfach Ausschnitte aus ihren gelungensten Songs frühmorgens auf deren Anrufbeantworter spielte. Auch wenn wir diese Praxis nicht unbedingt zur Nachahmung empfehlen, so bewundern wir dennoch ihren unerschrockenen Einfallsreichtum.

Der Künstler

Wenn Sie Ihren Song nur an eine einzige Person weiterleiten dürften, so wäre auf jeden Fall der Künstler selbst die richtige Wahl. Egal, wie sehr die Leute aus seinem Umfeld an einen bestimmten Song glauben – er ist es, der ihn schließlich präsentieren muss, und er wird deshalb darauf achten, dass seine Aussage, sein Feeling, seine Stimmung und seine Message zu ihm passen. Eine Zusammenarbeit mit dem Künstler kann deshalb so wertvoll sein, da ein Co-Writer oft wirklich in seinen Kopf hineinblicken und erkennen kann, wie er »gepolt« ist.

Der Verleger

Dem Verlagshaus eines Künstlers einen Song zukommen zu lassen, scheint zunächst bar jeglicher Logik, da man dort ja die eigenen Songs pushen will. Trotzdem: Wenn den Verantwortlichen Ihr Song wirklich gefällt, kann es durchaus vorkommen, dass sie ihn an den Künstler weitergeben oder ihm eine Zusammenarbeit mit Ihnen vorschlagen.

Alle zusammen

Es ist immer gut, gleich mehrere Ballons steigen zu lassen. Wenn genügend Leute aus dem engeren Kreis des Künstlers über einen Song oder einen Songwriter zu reden beginnen, ist das auch eine Art Mundpropaganda. Und in je mehr Häfen Ihr Schiff vor Anker geht, umso größer die Chancen, dass dort Ihre Trauminsel liegt – in diesem Fall in Form einer Zusage für Ihren Song.

Produzenten bekommen die ganze Zeit irgendwelche Songs vorgelegt. Es ist also wichtig, dass der Song, den Sie ihnen schicken, voll und ganz dem Stil des Künstlers entspricht, mit dem sie zusammenarbeiten. Selbst wenn der Song für sich genommen sehr gut ist, bleibt er dennoch unberücksichtigt, sofern er nicht künstlerspezifisch ist. Seien Sie diszipliniert und konzentrieren Sie sich auf den Künstler, den Sie zu erreichen versuchen – ansonsten wird man Ihnen keine zweite Chance geben.

Bringen Sie keine Rechtfertigungen für Ihren Song oder Ihr Demo vor. Jeder Produzent wird das Interesse an einem Song verlieren, wenn er bereits ehe er ihn sich anhört allerlei Entschuldigungen hinsichtlich der Präsentation serviert bekommt. Geben Sie nie einen Song aus der Hand, bevor Sie nicht sicher sind, ob Sie seinen Kerngehalt auch entsprechend umgesetzt haben – dann brauchen Sie sich auch für nichts zu rechtfertigen.

Und nun?

Nachdem Sie den/die angeforderten Song(s) an einen Produzenten, Künstler, A-&-R-Manager oder wen auch immer geschickt haben, sollten Sie sich als Nächstes telefonisch oder per E-Mail vergewissern, ob Ihre Sendung auch wirklich angekommen ist. Der nächste Schritt besteht darin, herauszufinden, ob man sich den Song angehört und für gut befunden hat. Wenn Sie Glück haben, lässt sich dies alles mit einem einzigen Anruf bewerkstelligen; wahrscheinlicher ist jedoch, dass Sie mehrere Telefonate führen müssen, um alle notwendigen Informationen einzuholen. Beharrlichkeit lautet hier das Motto, aber achten Sie darauf, nicht zur Landplage zu werden. Versuchen Sie, nett zu klingen, und sich von der Verzweiflung, die vermutlich an Ihnen nagt, nichts anmerken zu lassen. Schreien Sie nicht Ihre Kinder an, stellen Sie das Radio ab und futtern Sie keine Kartoffelchips (Bananen sind okay), während Sie mit dem A-&-R-Chef von Sony Music sprechen. Auch Bleistift und Papier sollten Sie griffbereit haben – mit Notizen, was Sie während Ihres Telefonats alles fragen wollen (Sie vergessen sonst vor Aufregung die Hälfte, wetten?). Wenn Sie nach mehrmaliger Nachfrage wegen eines Songs noch immer keine Antwort bekommen haben, können Sie davon ausgehen, dass kein Interesse besteht.

Teil V

Des Künstlers Alter Ego – der Geschäftsmann

Was nützt all das schöne Songwriting, wenn all die kleinen Meisterwerke, die dabei entstehen, sich nur in den Regalen stapeln und Staub ansetzen? Das werden Sie sich auch fragen – und damit Ihnen so etwas nicht passiert, müssen Sie sich natürlich auch über die geschäftliche Seite des Liederschreibens schlaumachen. Zunächst wollen wir Ihnen zeigen, wie Sie für sich selbst Ziele und Termine festlegen, die Sie wirklich voranbringen. Danach sehen wir uns an, wie Sie mit Ihrem Liedchen anständig Kohle machen können. Auch wie man ein Businessteam aufbaut, das gewährleistet, dass man mit seinen Songs immer die richtigen Leute erreicht und auch rechtlich keine Risiken eingeht, werden Sie in diesem Teil des Buches lernen.

Kapitel 16

Ziele setzen, Termine festlegen!

Wie bei vielen anderen Tätigkeiten lautet auch beim Songwriting das Motto: zur richtigen Zeit am richtigen Ort – in diesem Fall natürlich mit dem richtigen Song. Sie kennen ja unsere Erfolgsformel: Glück = Gelegenheit + Vorbereitung. In diesem Kapitel geht es darum, wie man Glück zur Gewohnheit macht, indem man seinen Job erledigt und immer gut vorbereitet ist – man setzt sich selbst Ziele, erreicht von anderer Seite gesetzte Ziele und kommt mit Abgabeterminen bequem zurecht.

Ziele setzen

Wenn Sportler von *Zielen* sprechen, meinen sie in der Regel: ein angestrebtes Ergebnis erreichen, für das es gewisser Anstrengungen bedarf (das man also nicht nachgeworfen bekommt). Wenn Sie zum Beispiel unbedingt Songwriter werden wollen, aber noch nie einen Song fertiggeschrieben haben, müssen Sie irgendwann mal aktiv werden. Stellen Sie sich das anvisierte Ziel vor, verlieren Sie es nie aus den Augen – und dann seien Sie kreativ!

Das »erste Mal«

Aber wie und wo fängt man an, wenn man noch nie als Songwriter aktiv war? Nun, Sie können sich zum Beispiel einen *Aktionsplan* ausarbeiten, an den Sie sich dann halten, und der könnte so aussehen wie in Abbildung 16.1.

Gestalten Sie sich einen Zeitplan nach eigenen Vorstellungen. Falls Sie nicht jedes Ziel pünktlich erreichen sollten – kein Beinbruch! Ein Plan wie der aus Abbildung 16.1 soll die Kreativität anregen, aber keinen Druck erzeugen.

Aktionsplan von Leon Liedermacher
Songwriter (Federgewicht)

O Ideen ordnen: In den nächsten Tagen werde ich alle Servietten, Kotztüten, Kassenzettel und sonstige Papierfetzen, die ich mit Noten, Reimen oder Textideen bekritzelt habe, zusammentragen und in einem Ordner abheften – oder besser noch, in meinem Computer speichern. Ich werde sie in Kategorien unterteilen, wie zum Beispiel »Liedzeilen«, »fertige Strophen«, »Titelideen« und »Themen für Songs«, sie an einem sicheren Ort aufbewahren und von Zeit zu Zeit aktualisieren.

O Arbeitsplatz herrichten: Ich werde einen bestimmten Bereich meiner Wohnung zur »Schreibzone« erklären (vielleicht das leere Schlafzimmer, aus dem mein Bruder kürzlich ausgezogen ist). Dann werde ich mich nach leicht bedienbaren und preisgünstigen Geräten zur Verwaltung musikalischer Ideen und eventuell zum Produzieren eigener Demos umsehen. Auch um eine billige Möglichkeit zur Schallabdichtung des Raums werde ich mich kümmern.

O Mich schreibbereit machen: Ich werde die alte Gitarre meines Bruders zu Martin bringen, damit er sie repariert und wieder spielbar macht. Dann werde ich mir meine Lieblings-CDs raussuchen und zu jedem Song mitspielen, um meine Technik wieder etwas aufzupolieren.

O Das Handwerk erlernen: Um meine Fähigkeiten als Songwriter zu verfeinern, werde ich mich nach Workshops und Seminaren in unserer Gegend erkundigen, und hoffentlich finde ich einen Co-Writer, der mir Feedback gibt und mir hilft, meine Ideen noch plastischer umzusetzen.

O Die großen Meister kennenlernen: Ich werde mich an der Volkshochschule für einen Kurs über neuere Musikgeschichte einschreiben, um die großen Meister unserer Zeit näher kennenzulernen und mir mindestens eine Biografie eines Songwriters oder Songwriter-Teams kaufen.

O Einen Song fertigstellen: Bis Mitte des Jahres werde ich einen kompletten Song fertigschreiben und meinen Freunden vorspielen.

O Ein Demo produzieren: Bis Herbst werde ich ein Demo meines fertigen Songs vorliegen haben.

O Ein Demo wegschicken: Ich werde lernen, wie man sich mit seinen Songs bewirbt, und mir eine Liste mit allen Adressen aufstellen, wohin ich meinen Song schicken werde. Ich werde mich über die Grundregeln und die angemessene Form solcher Bewerbungen schlaumachen, danach wirklich jede Adresse auf meiner Liste anschreiben und den Prozess im Auge behalten.

O Meine Tantiemen ausgeben: Nächstes Jahr um diese Zeit werde ich in Cancun sein, mit Delphinen im Meer schwimmen und meine Songwriter-Tantiemen auf den Kopf hauen.

Abbildung 16.1: Aktionsplan für den Songwriting-Anfänger

Schon in meiner Anfangszeit als Songwriter war ich sehr zielstrebig. Obwohl ich noch nicht wusste, wie wertvoll es ist, seine Einzelplanungen zum Teil eines großen Aktionsplans zu machen, war mein Blick stets auf ein bestimmtes Ziel gerichtet. Meinen Siebtklässlern erzählte ich, ich hätte einen Song geschrieben, noch bevor ich es wirklich getan hatte. Obwohl ich diese Technik nicht weiterempfehle, war sie für mich doch eine Möglichkeit, mir selbst ein unumgängliches Ziel zu setzen – denn ich wusste, wenn ich jetzt nicht aktiv wurde, machte ich mich an der Schule, an der ich unterrichtete, zum Gespött. Obwohl ich vom Schreiben eines Songs nicht die geringste Ahnung hatte, folgte ich meinem Instinkt und nutzte meine elementaren Gitarrenkenntnisse, um »Hully Gully Bay« zu schreiben (mit so meisterhaften Zeilen wie »When the sea is choppy and the shore is rocky and those hully gully seagulls are wingin' our way«). Der Knackpunkt war: Ich hatte mir ein Ziel gesetzt und konnte mich nicht mehr davor drücken, wirklich einen Song zu schreiben.

Jim Peterik, Musiker und Songwriter, schrieb Songs für .38 Special, Sammy Hagar und andere

Sich nach draußen wagen

Wenn Ihr Know-how in Sachen Songwriting einigermaßen solide ist und Sie bereits eine Reihe von Songs geschrieben oder mitgeschrieben haben, folgt nun eine Stufe, in der Zielsetzungen eine noch wichtigere Rolle spielen. Ihr nächster Aktionsplan könnte so aussehen wie in Abbildung 16.2.

Das Schreiben eines Aktionsplans allein reicht nicht aus. Gehen Sie ihn jede Woche (oder jeden Tag) einmal durch, um Ihre Fortschritte zu kontrollieren. Sorgen Sie dafür, dass Sie Ihren Plan immer vor Augen haben und feststellen können, welche Ziele Sie bereits erreicht haben und worum Sie sich noch kümmern müssen.

Zielsetzungen haben meiner Motivation stets gutgetan – und es ging dabei nicht immer nur um weltbewegende Ziele. Mein erstes Ziel bestand darin, Erfolg beim anderen Geschlecht zu haben (Musik lässt sowohl die soziale Stellung als auch die äußere Erscheinung zweitrangig erscheinen). Eins meiner weiteren Ziele war es, mit meinem Faible für das Songschreiben genug Geld zu verdienen, um mir einen nagelneuen Datsun 240Z leisten zu können. Klar, allein das Erschaffen von großartiger Musik trägt schon dazu bei, die Lebensqualität eines Songwriters zu verbessern; man sollte aber auch die materiellen Ziele nicht vernachlässigen.

Jim Peterik, Songwriter von 18 Top-Ten-Hits

Ziele für den Profi

Ob Ihre Songwriter-Karriere bereits auf Hochtouren läuft, erkennen Sie leicht, indem Sie prüfen, ob folgende Aussagen auf Sie zutreffen:

✔ Sie haben soeben einen anständigen Deal als Co-Verleger unterzeichnet.

✔ Ihr Homestudio für Demos ist in Betrieb (Sie haben sogar Ihrem Bruder das Geld zurückgezahlt, das er Ihnen für die Einrichtung gepumpt hat, und ihm seine Gitarre zurückgegeben und sich eine neue gekauft).

Aktionsplan von Leon Liedermacher Songwriter (Mittelgewicht)

- **Mir ein Studio aufbauen:** Ich werde mir zu Hause ein Demostudio mit allem Drum und Dran aufbauen.

- **Eine Demo-CD zusammenstellen:** Ich werde die vier besten Songs auswählen, die ich geschrieben habe, und sie auf eine Demo-CD für Bewerbungen aufnehmen.

- **Mich über Copyright informieren:** Ich werde alles lernen, was es über das Copyright in meinem Land zu wissen gibt, und meine Songs offiziell registrieren lassen.

- **Liste mit Kontaktdaten erstellen:** Ich werde eine große Liste mit den Kontaktdaten von Verlegern, Produzenten, Plattenfirmen, A-&-R-Leuten, Künstlern und Vertretern der Unterhaltungsbranche erstellen, die ich einschlägigen Adressbüchern entnehmen oder mir von meinen Freunden aus der Musikindustrie mitteilen lassen werde.

- **Ein CD-Label entwerfen:** Ich schaffe mir ein Computerprogramm an und entwerfe eine einfache Grafik für die CD.

- **Mein Demo verschicken:** Ich werde meine CD mit den vier Songs zusammen mit sämtlichen Kontakt- und Songinfos, Begleitschreiben und einem getippten Textblatt gemäß den Bewerbungsanforderungen versenden.

- **»Am Ball bleiben«:** Ich werde sämtliche Adressen, die ich angeschrieben habe, per Telefon, Fax oder E-Mail weiter im Auge behalten.

- **Meine Tantiemen ausgeben:** Ich werde mich über Cancun und diesen ganzen Delphinschwimm-Hype einmal näher informieren.

Abbildung 16.2: Aktionsplan für den fortgeschrittenen Songwriter

✔ Sie haben einen Vertreter für die Unterhaltungsbranche (Anwalt), der alle anstehenden Deals für Sie aushandelt, Sie in Rechtsfragen berät und mit dem Sie zufrieden sind.

✔ Sie konnten sogar einen Song auf dem Debütalbum eines brandneuen Künstlers landen.

✔ Sie unterliegen einem ein bis zwei Monate dauernden Verkaufsstopp (im Englischen Hold genannt) – davon spricht man, wenn ein Plattenlabel Interesse bekundet und Sie gebeten hat, Ihren Song erst mal nicht weiter anzubieten, bis feststeht, ob man ihn aufnehmen will oder nicht. (Manchmal wird dieser Hold sogar schriftlich vereinbart und von einem weiteren Label hinsichtlich eines brandneuen Songs von Ihnen veranlasst.)

Und da Sie jetzt auf dem Weg zum Spitzen-Songwriter sind, denken Sie vielleicht, das Formulieren von Zielen sei Schnee von gestern. Aber Pustekuchen – gerade jetzt sind Zielsetzungen extrem wichtig. Wie der Aktionsplan eines etablierten Songwriters aussehen könnte, zeigt Ihnen Abbildung 16.3.

Aktionsplan von Leon Liedermacher
Songwriter (Schwergewicht)

○ **Künstler finden, mit denen ich zusammenarbeiten kann:** Ich werde eine Liste sämtlicher Künstler erstellen, mit denen es sich lohnt, eine neue Platte aufzunehmen, und meinen Songkatalog nach Material durchforsten, das für sie geeignet wäre, beziehungsweise prüfen, ob mein Verleger und ich eine Co-Writing-Basis mit ihnen aushandeln können.

○ **Mich über die Erfordernisse der Künstler informieren:** Ich werde mir die neuesten Veröffentlichungen wie auch die größten Hits dieser Künstler anhören, um mir einen Eindruck darüber zu verschaffen, wo sie herkommen, wo sie sich gerade befinden und wohin der Weg für sie gehen muss.

○ **Eine Songaufnahme landen:** Ich werde mein Bestes tun, damit mindestens einer meiner Songs von einem bekannten oder vielversprechenden Nachwuchskünstler aufgenommen wird.

○ **Meine Songs katalogisieren:** Ich werde meinen Songkatalog ein für alle Mal in die Kategorien Songstil, Tempo und Textinhalt untergliedern (also alle positiven Lovesongs, alle schnellen Hymnen, alle Death-Metal-Songs jeweils in einen Ordner), und zwar inklusive Noten, Entstehungsgeschichte, Arbeitsbeteiligung und so weiter.

○ **Die Filmindustrie kontaktieren:** Ich werde entweder selbst oder über meinen Verleger Kontakt aufnehmen zu den Music Supervisors verschiedener Filmgesellschaften und mich darum bemühen, dass im nächsten Jahr mindestens einer meiner Songs für einen Spielfilm verwendet wird.

○ **Mit meinem Song bei der Werbung werben:** Ich werde eine CD mit einer Auswahl von Songs zusammenstellen, die sich für die Werbung eignen, und sie an verschiedene Agenturen senden. (Eine große Jingle-Kampagne alle fünf Jahre, und ich kann mich wie Bob »Like a Rock« Seger auf mein Altenteil zurückziehen.)

○ **Kontakt zu anderen Songwritern aufnehmen:** Ich werde eine Liste mit Songwritern erstellen, mit denen ich gern zusammenarbeiten würde, und entweder über meinen Verleger oder auf eigene Faust Kontakt zu ihnen aufnehmen.

○ **Anzahl zu schreibender Songs festlegen:** Ich werde mir ein Soll setzen, wie viele Songs ich pro Monat schreiben will, und mich darum bemühen, dieses Soll zu erfüllen.

○ **Anzahl zu verkaufender Songs festlegen:** Ich werde mir ein Soll setzen, wie viele meiner Songs im kommenden Jahr von anderen Künstlern aufgenommen werden sollen, und mich, meinen Verleger, PR-Mann oder Manager dazu motivieren, dieses Soll zu erfüllen.

○ **Meine Tantiemen ausgeben:** Ich werde Grundstückseigentümer in Cancun werden und örtliche Bauunternehmer finden, die sich mit der Errichtung von Aufnahmestudios gut auskennen. Auch meine Forschungen auf dem Gebiet des Schwimmens mit Delphinen will ich weiterführen.

Abbildung 16.3: Aktionsplan für den Songwriter-Profi

Ich habe in all den Jahren eine Unmenge Songs geschrieben, und eins meiner selbstgesetzten Ziele ist es, davon eine Bestandsdatei samt der wichtigsten Infos zu jedem Song anzulegen. Wenn dann mal ein Anruf von jemandem kommt, der nach einer bestimmten Art Song sucht, weiß ich gleich, wo ich nachsehen muss. Mein Hauptziel ist es, auch weiterhin so gute Songs wie möglich zu schreiben, an zweiter Stelle aber steht das Ziel, meinen Backkatalog neu zu organisieren, sodass er leichter einzusehen ist. Ein Song, der nur im Regal herumliegt, nützt niemandem etwas!

Jim Peterik, Songwriter von 18 Top-Ten-Hits

Sämtliche Ziele aus der Feder- und Mittelgewichtsklasse haben Ihnen den Weg geebnet für noch anspruchsvollere Ziele. Rufen Sie sich jeden Tag ins Gedächtnis, weshalb Sie überhaupt Songwriter geworden sind, und formulieren Sie fortwährend neue Ziele für jede Art von Erfolg, die Sie sich wünschen – und auch verdient haben.

Falls Sie zu den sensiblen Typen gehören, die leicht zu entmutigen oder zu enttäuschen sind, sollten Sie sich keine unrealistischen Ziele setzen. Sie dürfen gern träumen; Ihre Visionen jedoch sollten sich, um unnötige Frustrationen zu vermeiden, im Bereich des Möglichen bewegen. Trotzdem rate ich Ihnen, Ihren Erfolg nicht von vornherein zu begrenzen. Wenn es Ihnen gelingt, Enttäuschungen einfach wegzustecken, dürfen Sie gern nach den Sternen greifen.

Termine einhalten

Termine sind ein notwendiger Bestandteil des Songwriter-Business – und so ist es gut, wenn man sie sich zu Freunden anstatt zu Feinden macht. Von Schultagen an ist man es gewohnt, dass es so etwas wie Fristen gibt – man denke nur an die berühmten Zehn-Minuten-Referate oder an Abgabetermine für Hausarbeiten. Kein Wunder, dass viele Leute auch im späteren Leben am effektivsten unter Druck arbeiten. Manche von ihnen reizen die Zeit, die ihnen zur Verfügung steht, voll aus, doch wenn man sich *zu* viel Zeit lässt, können die Begeisterung und der Arbeitseifer leicht verloren gehen. Sie brauchen vermutlich nicht lange nachzudenken, bis Ihnen Situationen einfallen, in denen jede Sekunde wertvoll war und eine Art Damoklesschwert über Ihnen schwebte. Erschaffen Sie sich solche Situationen ruhig – es verhilft Ihnen zu mehr Spaß und einem kreativeren Umgang mit Terminen.

Als Schüler nahm ich die Dinge gern auf die leichte Schulter und kritzelte die meiste Zeit Songideen an meinen Heftrand – bis die Zeit der Prüfungen näherrückte und ich auf einmal zu pauken begann wie ein Ochse. Ich brauche feste Abgabetermine, und sofort wird meine Arbeit zielgerichteter und effizienter. Wenn man die Möglichkeit hat, einen Song zu verkaufen, will man sich nicht dafür schämen müssen, eine nur mittelmäßige Leistung erbracht zu haben, also setzt man die Messlatte höher und nutzt den dadurch entstehenden Druck zum eigenen Vorteil.

Jim Peterik, Songwriter von 18 Top-Ten-Hits

Alle Zeit der Welt zu haben, kann bedeuten, dass man es nie schafft. Man neigt dann dazu, ständig zu streichen, zu überarbeiten und neu zu schreiben, woran der Song letztendlich kaputt gehen kann.

Es gibt viele Aspekte des Songwriting, bei denen Zeitfaktor und Termindruck eine wichtige Rolle spielen. Hier nur einige davon:

✔ **Veröffentlichungssoll:** Im Verlagsvertrag ist oftmals eine Mindestzahl an Songs festgelegt, die man jährlich abzuliefern hat. Bleibt man unterhalb dieser Quote, kann es sein, dass der Vertragspartner einem den letzten Jahresvorschuss nicht ausbezahlt oder einfach vergisst, den Vertrag zu verlängern.

✔ **Abgabetermine beim Film:** Falls Sie das Glück haben, mit einem Song für eine Filmproduktion beauftragt worden zu sein, haben Sie vielleicht gleichzeitig das Pech, sich im Kampf mit einer unrealistischen Planung der Dreharbeiten ein Magengeschwür einzuhandeln. Es ist ja nicht damit getan, dass Sie das Drehbuch lesen, sich einen *Rohschnitt* des Films ansehen (das ist die Version, die aussieht, als hätte man sie mit dem Buschmesser geschnitten) und den Song schreiben – nein, Sie müssen auch noch ein Demo des Songs produzieren (ein möglichst gutes sogar!), und all das innerhalb einer Woche!

Ich glaube, wenn man mir mehr Zeit und Gelegenheit dazu gegeben hätte, ständig neu darüber nachzudenken, wären viele meiner Songs daran zugrunde gegangen. Als Sylvester Stallone meinen Co-Writer Frankie Sullivan und mich darum bat, die Titelmusik für seine anstehende Rocky-III-Verfilmung zu schreiben, genoss ich den Druck, unter den wir aufgrund der Abgabetermine gerieten. Wenn man mit solchen Terminen richtig umgeht, fördern sie die Konzentration. Ich werde oft gefragt, wie lange wir gebraucht haben, um »Eye Of The Tiger« zu schreiben. Die Antwort: Etwa eine Woche. Erkenntnisreicher jedoch ist vermutlich die Auskunft, der Song habe über lange Zeit hinweg im Verborgenen immer mehr an Form gewonnen, bis schließlich im Jahre 1982 Gelegenheit auf Vorbereitung traf und ein Hit geboren wurde.

Jim Peterik, Songwriter von 18 Top-Ten-Hits

✔ **Albumtermine:** Wenn sich gut verkaufende Künstler wie Carrie Underwood und Faith Hill nach Songs für ein neues Album suchen, können Sie wetten, dass jeder Songwriter in Nashville etwas völlig Neues vorzulegen gedenkt, das dem Geschmack der Künstler oder ihrer Produzenten genau entspricht. Doch wie gut der Song auch sein mag – falls Faith und ihr Team die Stücke für das Album bereits ausgewählt (und Sie nicht gerade das nächste »Breathe« geschrieben) haben, sind Sie eine Sekunde zu spät dran. Man kann aber ebenso zu früh dran sein – wenn man einen Song so lange vor der Produktion des Albums abliefert, dass er bis zum Zeitpunkt der Songauswahl bereits wieder in Vergessenheit geraten ist. Weder zu früh noch zu spät, lautet also das Motto. Ihr Verleger oder derjenige, der Ihren Song »pusht« (mehr über ihn und seinen Job in Kapitel 18), verfügen stets über aktuelle Infos darüber, wer gerade auf der Suche ist und bis zu welchem Stichtag man sich bewerben kann. Es gibt auch spezielle Listen, die Sie abonnieren können und die Ihnen wöchentlich anzeigen, welcher Künstler soeben Bedarf an neuen Songs hat, was für Songs es sein sollen, ob ein Co-Writing in Frage kommt und welcher Zeitrahmen Ihnen zur Verfügung steht, um Songs einzureichen.

Termin verschwitzt? Die besten Ausreden

Falls Ihr nächster Termin wieder einmal so knapp ist, dass ein qualitativ gutes Ergebnis fast unmöglich ist – lassen Sie sich nicht hetzen, sondern suchen Sie sich lieber eine der folgenden genialen Ausreden aus.

- ✔ »Der Hund hat mein Notizbuch gefressen.« (der alte Klassiker)

- ✔ »Ich habe den Text im Flugzeug, mit dem ich hierherflog, auf eine Kotztüte geschrieben – dann aber brauchte sie mein Sitznachbar.«

- ✔ »Die Demo-CD war bereits fertig, als mein Achtjähriger sie mit seinem Pokémon-Game verwechselte und mit ins Schullandheim nahm. Haben Sie auch Kinder?« (Kids sind stets frei von Sünde, rein und gut.)

- ✔ »Ich wäre längst fertig, wenn mir nicht ein neuer und noch besserer Song eingefallen wäre. Wollen Sie schon mal reinhören?«

Aber mal im Ernst – solange Sie nicht nur hobbymäßig oder für Ihre Freizeitband schreiben, sollten Sie sich den Tempovorgaben auf dem Highway der Musikindustrie unbedingt beugen. Das heißt: Egal, auf welchem Level Sie sind – setzen Sie sich Ziele und verwirklichen Sie sie auch, halten Sie (sowohl selbstauferlegte als auch von anderer Seite vorgegebene) Termine ein und finden Sie heraus, wie man sich motiviert, um sein Bestes geben zu können.

Zu Beginn meiner Karriere als Songwriter machte ich, was Deadlines anbelangt, eine sehr unangenehme Erfahrung. Ich hatte gerade einen Songwriter-Vertrag bei Warner Brothers unterschrieben, und jetzt brannte ich natürlich darauf, Eindruck zu schinden. Mein Berater und das Unternehmen informierten mich, dass ein prominenter Sänger/Gitarrist nach Material für sein anstehendes Album suche. Ich arbeitete soeben an einem Song mit dem Titel »San Pedro's Children«, und es hieß, falls ich ihn bis zur folgenden Woche fertigstellen und ein Demo aufnehmen lassen könnte, stünden die Chancen gut, dass er eingespielt würde. Also schrieb ich ihn schnell zu Ende, machte ein Demo und reichte ihn ein. Dann wartete ich. Das Einzige, was mir ein wenig Sorgen machte, war, dass ich mich aufgrund des engen Zeitrahmens bei dem Songabschnitt, in dem man die mexikanischen Kinder vor Beginn des Schlussrefrains ein Lob Gottes singen hörte, auf meine rudimentären Spanischkenntnisse (zwei Jahre Unterricht an der High School) verlassen hatte. Auf dem Demo begann ich die Songpassage mit »Viva Diablo con Noche« und so weiter. Ich sagte mir, wer soll das schon merken, immerhin klang es ja irgendwie Spanisch. Nun, dem Künstler gefiel das Stück. Es gefiel ihm sogar so sehr, dass er schon kurz darauf im Plattenstudio war und die Worte »Viva Diablo …« sang, als einer der Toningenieure – ein Mann mexikanischer Herkunft – die Sitzung unterbrach und John fragte, weshalb er »Der Teufel lebt bei Nacht« sänge. Daraufhin zerriss der Sänger meinen Produzenten in der Luft, der sich wiederum dafür an mir rächte. Und wie endete die Story? Ich nahm mir die Zeit, die ich mir

eigentlich vorher hätte nehmen müssen, und sorgte mithilfe des spanischen Stadtratsgremiums von Chicago für ein astreines spanisches Zwischenspiel. Der Song wurde eine Woche später fertig, und die Geschichte nahm eine Happy End. Jedes Mal aber, wenn ich auf ein Foto von diesem Künstler stoße, sehe ich ihn wieder vor mir, wie ihm angesichts der Dreistigkeit dieses neuen Typen bei Warner Brothers die Adern auf der Stirn schwollen.

Jim Peterik, Songwriter von 18 Billboard-Top-Ten-Hits

Übung macht den Meister

In welchem Spielstadium befinden Sie sich gerade? Gehören Sie noch zu den blutigen Anfängern oder schon zu den alten Songwriter-Hasen? Finden Sie es heraus, dann setzen Sie sich Ziele für die nächsten zwölf Monate und nehmen Sie sich vor, jedes einzelne zu verwirklichen. Drucken Sie sich Ihren Plan aus und kleben Sie ihn irgendwo hin, wo Sie ihn so oft wie möglich zu lesen bekommen. Songwriting ist ein kreativer Prozess, doch wenn man davon leben will, sollte man es (zumindest auch) als knallhartes Geschäft betrachten. Je besser Sie Ihre Zeit einteilen, konzentriert bleiben und Disziplin wahren, umso höher steigen Ihre Erfolgschancen. Dann wird schon bald einer Ihrer Kollegen da draußen zu Ihnen sagen: »Mann, Sie haben echt ein glückliches Händchen.«

Kapitel 17
Wie Sie Musiknoten in Banknoten verwandeln

Wenn Sie einen Song geschrieben haben, den entweder Sie oder andere aufnehmen wollen, dann sind Sie an den Punkt gelangt, an dem Sie wirklich mit Geld für Ihre Mühen rechnen dürfen. In diesem Kapitel soll es deshalb vor allem um Scheine gehen – und um die Voraussetzungen, die erfüllt werden müssen, damit sie kein schöner Schein bleiben, zum Beispiel um die richtige Verwertungsgesellschaft. Auch wie Sie Ihren Song in der Werbung oder beim Film unterbringen können, werden wir Ihnen dabei nicht vorenthalten.

Finanzprognosen

Die meisten schreiben Songs, weil es ihnen Spaß macht. In Liedern können Sie Ihre Gefühle ausdrücken und die Welt daran teilhaben lassen. Schön ist aber auch der Gedanke, dass am Ende des Regenbogens vielleicht ein Töpfchen Gold auf Sie wartet und dass Sie nicht nur schreiben, um sich – wie ein schönes Synonym für brotlose Kunst lautet – »selbst zu verwirklichen«. Immerhin: Von irgendetwas muss man bei aller Liebe zur Kunst auch leben.

Einnahmequellen

Hier eine Liste der wichtigsten Einnahmequellen für Songwriter:

✔ **Aufführungs- und mechanische Vervielfältigungsrechte:** In Deutschland ist es fast ausschließlich die GEMA (Gesellschaft für musikalische Aufführungs- und mechanische Vervielfältigungsrechte), die Urhebern aus dem musikalischen Bereich diesbezüglich zur Seite steht. Sie prüft, wie oft Ihre Songs je Abrechnungszeitraum gespielt werden – und rechnet aus, welcher Betrag Ihnen dafür zusteht. Dazu zählen sämtliche öffentlichen Vorführungen und Ausstrahlungen – sei es im Radio, Streams und Downloads, im Fernsehen, in Diskotheken, in Filmen und so weiter. Auch für jede verkaufte CD, Kassette sowie jedes Video, jede DVD und jedes ähnliche Produkt, das Ihre Musik enthält, gibt es Geld von der GEMA.

✔ **Kommerzielle Nutzung:** Wird ein Song von einer Firma dazu genutzt, den Verkauf eines von ihr hergestellten Produkts zu fördern, steht den Songwritern und ihren Vertretern ebenfalls Geld zu.

✔ **Filme:** Will eine Filmgesellschaft einen Ihrer Songs verwenden, muss sie zuvor ein Abkommen mit Ihnen und Ihrem Verleger treffen.

Wie der Kuchen aufgeteilt wird

Wie viel Geld Ihnen in den vorgenannten Kategorien jeweils anteilig zusteht, hängt von folgenden Variablen ab:

✔ **Wie gut funktionieren Sie und Ihr Geschäftsteam als eine Einheit?** Sie könnten sich zum Beispiel schwertun, an die Tantiemen für die Aufführung eines Ihrer Songs zu gelangen, wenn Ihr Bevollmächtigter vergessen hat, den Song bei der GEMA zu registrieren. Auch wenn eine Filmgesellschaft darum bittet, einen Song benutzen zu dürfen, kommt es häufig vor, dass unerfahrene Verleger, Musikanwälte und Bevollmächtigte entweder eine zu niedrige Gebühr veranschlagen (sodass sie sich unter Wert verkaufen) oder mehr verlangen, als der Markt es gestattet (sodass gar kein Deal zustande kommt).

✔ **Wie viele Personen müssen sich das Geld teilen?** Je mehr Stücke man von einem Kuchen abschneidet, umso schmaler fallen sie aus. Wenn natürlich gar kein Geld eingeht, sind auch 100 Prozent vom Ganzen nicht mehr als 100 Prozent von nichts. Seien Sie also großzügig mit allen, die letztlich Ihrem Geldbeutel nutzen können.

✔ **Wie wird prozentual aufgeteilt?** Manche Songwriter verfügen über einen eigenen Verlag, andere über Co-Editionsverträge. Songwriter, die ihre Veröffentlichungsrechte an andere übertragen, verdienen nur halb so viel wie solche mit eigenen Verlagen – aber um es nochmal zu sagen: Ein kleiner Prozentsatz von *irgendetwas* ist besser als 100 Prozent von nichts (mehr über Verlage in Kapitel 12).

Die GEMA ist immer und überall

Bis heute ist die GEMA in Deutschland als Rechteverwertungsgesellschaft in der Musikwelt praktisch konkurrenzlos. Doch auch sie geriet in den vergangenen Jahren immer öfter in die Kritik als ein Unternehmen, das vor allem den großen Konzernen dient und weniger den »kleinen« Künstlern und Songwritern. Glaubt man Zeitungsberichten, so ist die Allmacht der GEMA mittlerweile in Gefahr: Eine Verwertungsgesellschaft, die es sich aufs Banner geschrieben hat, vor allem die Rechte der weniger bedeutenden Künstler zu vertreten, hat ihr Kommen angekündigt – die *Cultural Commons Collecting Society (C3S)*. Auch mehr als zehn Jahre nach ihrer Gründung wird allerding immer noch um die Zulassung gerungen.

Zu viel Macht – das ist in der Musikgeschichte schon einmal schiefgelaufen, als in den USA das damalige Rechteverwertungsmonopol ASCAP auf den Unmut der Radiostationen stieß, die plötzlich viel mehr für die Ausstrahlung von musikalischen Werken bezahlen sollten als bisher. Monatelang dudelten nur noch Evergreens und Uralt-Musik über den Äther, für deren Ausstrahlung nicht gelöhnt werden musste. Und natürlich ließ auch die Gründung einer Konkurrenzorganisation nicht lange auf sich warten, die fairere Konditionen versprach – der BMI nämlich, die sich wirklich zum ernsthaften Rivalen der ASCAP entwickelte. Heute gibt es in den USA sogar drei Verwertungsgesellschaften – ASCAP, BMI und SESAC. Auch an Letztere sind große und namhafte Künstler wie Neil Diamond, Garth Brooks, Mariah Carey oder Christina Aguilera angeschlossen.

Warum es wichtig ist, sich zu registrieren

Nur wer einer Rechteverwertungsgesellschaft angehört (in unserem Fall also nach wie vor der GEMA), hat Anspruch auf Tantiemen für öffentliche Aufführungen via Radio, TV, Filme, Konzerte, »Fahrstuhlmusik« und sogar die wenigen Takte, die man von einem Stück zu hören bekommt, während man in der Telefonwarteschlange auf bessere Zeiten wartet.

Eigentlich reicht es, wenn Sie beitreten, sobald Ihre Songs im Radio oder Fernsehen gespielt werden. Doch auch schon vorher kann eine Verwertungsgesellschaft Ihrer Karriere förderlich sein, indem sie Sie mit Verlegern, A-&-R-Leuten, potenziellen Mitarbeitern und anderen Leuten aus der Musikindustrie bekannt macht. Von Zeit zu Zeit organisiert sie auch Veranstaltungen, bei denen neue Talente vorgestellt werden, oder bietet Workshops und Seminare an, in denen ihre Mitglieder sich weiterbilden und enger zusammenwachsen können.

Wie geht die GEMA nun vor, damit Sie zu Ihrem Geld kommen? Sie erhebt Lizenzgebühren von sämtlichen Unternehmen, die öffentlich Musik vorführen, und verteilt sie dann in Form von Tantiemen (den bekannten »Royalties«) an alle beteiligten Songwriter, Komponisten und Verleger. Bestimmt haben Sie schon mal den wenig respektvollen Ausdruck »GEMA-Spitzel« gehört. Das sind die Leute, die sozusagen überwachen, wer wo was von wem ausstrahlt oder vorführt, und sich dann darum kümmern, dass keiner leer ausgeht.

Sich für eine Rechteverwertungsgesellschaft zu entscheiden, ist ein schwerwiegender Schritt. Sie sollten vorher genau durchrechnen, ob es sich für Sie überhaupt lohnt. Aussteigen können Sie sowieso jederzeit wieder – ein GEMA-Beitritt ist nicht unauflöslich wie eine katholische Ehe.

Wo Ihr Song überall gespielt werden kann

Ist ein Song bei der GEMA angemeldet, kann er von jedem, der über eine entsprechende Lizenz verfügt, aufgeführt werden. Wer diese Lizenz nicht vorweisen kann, macht sich unter Umständen einer Urheberrechtsverletzung schuldig. Und die Möglichkeiten, einen Song öffentlich zu präsentieren, sind fast endlos. Hier eine Auswahl von Orten, Veranstaltungen und Gelegenheiten, bei denen Ihr Song möglicherweise gespielt wird. Und nun stellen Sie sich mal vor, Sie würden in jedem dieser Fälle Geld bekommen:

- als Hintergrund-/Vordergrund-Musik beim Airline Service (Flugdienst)
- in Bussen
- auf Jahrmärkten und Zirkusveranstaltungen
- in Schulen und Universitäten
- bei Konzerten und Liederabenden
- bei Tagungen, Ausstellungen und Fachmessen
- in Tanzschuppen und an Vereinsabenden
- in Tanzschulen
- bei Festveranstaltungen
- bei Trauerfeiern
- in Ruhmeshallen und Wachsfigurenkabinetten
- in Hotels und Pensionen
- in Eisstadien
- bei Lasershows
- auf Versammlungen und Märkten
- in Museen
- auf Musikseiten im Internet
- auf Spielplätzen
- in Privatclubs
- bei professionellen Reden
- im Rundfunk
- in Restaurants, Kneipen, Nachtclubs und ähnlichen Etablissements
- in Einzelhandelsläden, Supermärkten, Kaufhäusern und Einkaufszentren
- bei Sportveranstaltungen
- im Sinfonieorchester
- im Fernsehen
- im Theater
- in Freizeitparks und auf Rummelplätzen
- bei Lehrveranstaltungen, Schulungen und Seminaren
- auf Streamingdiensten
- in der Videothek

Der Goldesel im Stall

Vielleicht sind Sie sich gar nicht im Klaren darüber, welche Summen für Sie als Songwriter herausspringen können, ohne dass Sie dafür einen Finger krumm machen. Ein international bekannter Hit kann jährlich über eine Million Euro bringen (aus Verkäufen und öffentlichen Vorführungen), ein Song, der in einer bekannten TV-Sendung gespielt wird, an die 4.000 Euro. Insgesamt zehn Millionen für einen Song, der sich über Jahre hinweg hält und etabliert, sind keine Seltenheit.

Wie es weitergeht, wenn Ihr Song groß rauskommt

Als Songwriter verdienen Sie nicht nur Geld daran, wenn Ihr Song im Radio, im Fernsehen oder sonst irgendwo in der Öffentlichkeit gespielt wird – nein, auch der Verkauf jedes Tonträgers sowie jedes Videos, auf dem einer Ihrer Songs enthalten ist, bedeutet für Sie Bares. Diese Art von Tantiemen bezeichnet man als *mechanische Lizenzgebühren.*

Mechanische Lizenzgebühren

Der Begriff *mechanisch* stammt aus dem Copyright-Gesetz von 1909, wo es um »Geräte zur mechanischen Klangwiedergabe« ging. Die mechanischen Geräte von damals sind lang schon aus der Mode, doch ihr Name lebt weiter, was den Empfängern sogenannter »mechanischer Lizenzgebühren«, die das Urheberrecht für die Herstellung und Verbreitung von Schallplatten besitzen, auch ziemlich egal sein dürfte.

Die sogenannte Mindestvergütung für mechanische Lizenzgebühren, den sich Songwriter und Verleger teilen, beträgt derzeit drei bis fünf Cent pro Song – je nach Tonträgerart. Bei einem großen Hit, der sich eine Million Mal verkauft, sind das gerne mal 50.000 Euro. Manchmal kommt es auch vor, dass die Plattenfirma mit einem Songwriter einen niedrigeren Satz aushandelt, wie etwa 75 oder 87,5 Prozent; ansonsten nehmen sie ihn einfach nicht an. Es ist klar, dass ein Songwriter, der ganz begierig darauf ist, sein Werk zu veröffentlichen, dann meistens klein beigibt.

Falls Sie zu den Songwritern gehören, die ihre verlegerischen Angelegenheiten selbst regeln: Bitten Sie Ihren Musikanwalt oder Bevollmächtigten, Ihnen einen Mustervertrag für mechanische Lizenzen zu besorgen (die wissen auch am besten, wo man so etwas schnellstmöglich herbekommt).

Wollen ein Künstler und seine Plattenfirma einen Ihrer Songs aufnehmen und veröffentlichen oder will ein wie auch immer geartetes Unternehmen (zum Beispiel ein Handyhersteller, der Hitsongs als Klingeltöne für seine Kunden braucht) ihn für sich nutzen, benötigen sie zuvor auf jeden Fall eine Lizenz für mechanische Vervielfältigungsrechte von Ihnen oder Ihrem Verleger. Wenn ein Song auf einer CD erscheinen soll und es ist das erste Mal, das er verwendet wird, brauchen der Künstler oder sein Label ein schriftliches Einverständnis des Songwriters.

Die Lizenzierung

Wurde ein Song gemäß Urheberrechtsgesetz bereits für den kommerziellen Handel aufgenommen und veröffentlicht, darf ihn jeder aufnehmen, sofern er dafür den Songwriter und Verleger bezahlt – und zwar entsprechend der sogenannten *Lizenzierung*, wie sie die Tarife der GEMA vorsehen.

Synchronisationsrechte

Eine weitere lukrative Einnahmemöglichkeit für den Künstler sind die sogenannten *Synchronisationskosten*. Sie betreffen sowohl Songwriter und Verleger als auch unabhängige Künstler und Bands und beziehen sich auf die Lizenzvergabe für Songs zwecks audiovisueller Nutzung wie zum Beispiel Funk und Fernsehen (einschließlich Werbung), Videospiele, DVDs, Karaoke und Video-Jukeboxes – also quasi sämtliche Bereiche, in denen Bildmaterial mit Musik synchronisiert wird. Dieses Recht wird ebenfalls entsprechend den GEMA-Tarifen lizenziert und nach dem Verteilungsplan an die Urheber ausgeschüttet.

 Dem Songwriter stehen Gebühren zu, sobald die Platte zum ersten Mal verkauft oder erstmals im Radio oder in der Öffentlichkeit gespielt wird. So richtig Cash bekommt er jedoch erst zu sehen, wenn die von der Plattenfirma vorgestreckten Produktions- und Werbekosten zurückgezahlt sind – das heißt, wenn anstelle von roten nunmehr schwarze Zahlen geschrieben werden.

Die digitale Verbreitung von Musik – und was sie Ihnen bringt

Für die Musikwelt von heute ist es eine großartige, für die Pioniere der Schallplattenindustrie eine eher zwiespältige Entwicklung – die Tatsache, dass Künstler und Labels (ob Indie oder nicht) aufgrund der Veränderungen und seit Einbruch des digitalen Zeitalters anders und mehr Geld verdienen können, abseits des stationären Handels.

Sie werden zugeben müssen, dass sich neben den traditionellen Einnahmequellen wie etwa Plattenverkäufen oder Film- und Fernsehmusik in jüngster Zeit ständig neue Einkommensmodelle für Songwriter eröffnen. Und vieles von dem, was heute neu und innovativ ist, kann schon in kurzer Zeit wieder überholt sein. Wenn es also um die Frage geht, wie man Musik zu Geld machen kann, sollten Sie stets gut informiert und auf dem neuesten Stand sein.

Willkommen im Digitalzeitalter!

Als digitale Technologien und Hör-Abos aus dem Boden schossen und uns die Möglichkeit boten, ganz bestimmte Aufnahmen »on demand« zu erwerben, wirkte sich das auch auf die gesetzlich verankerten Lizenzgebühren für die digitale Tonübertragung zahlreicher Medien- und Entertainment-Unternehmen aus (zum Beispiel auf Rundfunksender, Internetradios sowie Satelliten- und Kabeldienste, die Tonaufnahmen auf digitale Weise übermitteln). Heute sind aber für alle gängigen Formate und Übertragungswege Regelungen und Lizenzierungs- und Abrechnungsmodelle geschaffen.

Auf den ersten Blick mag das alles verwirrend erscheinen. Aber eigentlich brauchen Sie nur zu wissen, dass es da draußen Organisationen gibt, die sich um Sie kümmern. Vertrauen Sie darauf, dass Ihnen gesetzliche Lizenzgebühren für die Ausstrahlung Ihrer Musik via Kabel- und Satelliten-TV, Radio, Internet- und Onlinediensten zustehen.

Music-Sharing-Webseiten und -Dienste

Wohin man auch blickt – heutzutage scheint Musik immer und überall zur Verfügung zu stehen. Es gibt digitale Download-Dienste, interaktive und nicht-interaktive Abo-Livestreams, es gibt Videospiele, und es gibt jede Menge Musik, die man sich auf seinem Handy anhören kann. Ganz zu schweigen von den zahllosen Internetseiten wie MySpace, die vor Musik geradezu überquellen und Tag für Tag zig millionenfach besucht werden. Hier ein paar Beispiele für jede Kategorie.

Digitale Downloads

Der Marktriese ist hier iTunes, aber auch eMusic und Napster gehören dazu. Auch wenn es dabei nur um ein paar Groschen für den Künstler geht (ungefähr acht bis zehn Cent pro Ein-Euro-Download), so läppert es sich doch.

Interaktive Abodienste

Dienstleister wie Rhapsody, Napster, Spotify und viele mehr ermöglichen es Ihnen, Ihre ganz persönliche Radiostation mit Ihrer ganz persönlichen Playlist aufzubauen. Die Entlohnung ist weit geringer als die für digitale Downloads, allerdings kann hier die Masse von Milliarden Streams durchaus ein einträgliches Sümmchen einspielen.

CD Baby bietet nicht nur Songwritern und Künstlern eine gut ausgerüstete Plattform zum Verkauf ihrer Songs und der Erstellung eigener Webseiten – die Domain ist außerdem eine hochinformative Quelle in Sachen digitale Aboservices und Lizenzsätze für die digitale Verbreitung von Musik.

Internetradios und nicht-interaktive Abodienste

Man spricht auch oft vom »terrestrischen Hörfunk«, wenn man satellitenbetriebene Musik-Abodienste wie MusicChoice, Sirius oder XM Satellite meint. Dennoch handelt es sich um ganz reguläre Radiostationen, und alles, was sie an Tantiemen bezahlen müssen, sind somit die Gelder, die den Songwritern und Verlegern laut GEMA-Verordnung zustehen. Und wie schon gesagt: Da die Welt sich ständig verändert, lohnt es sich, zu recherchieren, welches die jeweils neuesten und größten unter ihnen sind.

Videospiele

Jedes Jahr kommen ein paar richtige Kult-Games auf den Markt – wie zum Beispiel *Grand Theft Auto (Gib Gas ... und lass dich nicht erwischen)* oder *Madden NFL* (ein Football-Game aus Amerika) – es ist also genügend Potenzial vorhanden, um sich auf diesem Sektor bekannt zu machen, aber auch anständig Kohle zu scheffeln. Mehr über Video-Games weiter hinten in diesem Kapitel.

Klingeltöne fürs Handy

Zeitweise eine hervorragende Einnahmequelle für Songwriter, Verleger, Verwertungsgesellschaften und auch Plattenfirmen samt ihren Künstlern war die Welt der Klingel- und Freizeichentöne. Mobilfunkbetreiber wie Verizon und AT&T stellen ihren Kunden gegen eine Gebühr Musik für ihr Mobiltelefon zur Verfügung; von den Einnahmen gehen dann etwa zehn Cent oder zehn Prozent an die Verleger und/oder Songwriter, und natürlich verdienen auch die GEMA und die Plattenfirmen ihren Anteil.

Muss es überhaupt nochmal gesagt werden? Gerade was die Entlohnung – also die Aufteilung des »Kuchens« – anbelangt, kann sich bei einer Expansion des betreffenden Markts viel ändern. Im Internet können Sie sich aber stets über die neuen Zahlen informieren.

Wie man mit Songs Produktwerbung macht

So richtig viel Geld können Sie als Songwriter verdienen, wenn ein Produkthersteller der Ansicht ist, gerade Ihr Song könne seiner Firma zum idealen Image verhelfen. Früher wurden so gut wie alle Songs für die Werbung speziell von Agenturen oder *Jingle-Houses* geschrieben (das sind Unternehmen, die sich auf das Schreiben von Jingles für Werbespots spezialisiert haben).

Inzwischen jedoch sind viele Firmen dazu übergegangen, auf Hitsongs von früher und heute zurückzugreifen, an denen sich ihre Kampagnen orientieren. Wer zum Beispiel denkt nicht an Nike-Schuhe, wenn er den Beatles-Song »Revolution« (geschrieben von John Lennon und Paul McCartney) hört? Wer hat keinen Chevy-Truck vor Augen, der über unwegsame Hügel rollt, wenn Bob Segers Platin-Hit »Like A Rock« ertönt? Der Tophit »Vehicle« von The Ides of March (geschrieben von Jim Peterik) wurde gewissermaßen zum Schlachtruf der gesamten Produktpalette von General Motors, und »Double Vision«

von Foreigner (geschrieben von Mick Jones und Lou Gramm) war ursprünglich gewiss nicht als die Begleitmusik zum Double Whopper von Burger King gedacht, doch unverhofft kommt oft. Als Songwriter kann man solche magischen Paarungen nie voraussehen – aber zumindest beim Schreiben die Fantasie ein wenig spazieren gehen lassen! (Mehr über Jingles steht in Kapitel 14.)

Als »Eye Of The Tiger« auf den Markt kam, hätte ich nicht im Traum daran gedacht, dass Joe Isuzu den Song zur Grundlage einer bundesweiten Isuzu-Werbekampagne machen würde. Als Songwriter selbst kann man nichts anderes tun, als einen super Song mit genügend Power zu schreiben – dann steht vielleicht eines Tages das richtige Produkt vor der Tür!

Jim Peterik, Songwriter von 18 Top-Ten-Billboard-Hits

Wie viel Geld Sie bekommen, wenn einer Ihrer Songs für einen Werbespot verwendet wird, kann von einem Extrem zum anderen reichen und hängt hauptsächlich von folgenden Punkten ab:

✔ Welches Budget hat der Hersteller zur Verfügung?

✔ Wie bekannt ist der Song?

✔ Wie viel von dem Song kommt in dem Werbespot tatsächlich vor?

✔ Wie lang ist der Song, um den es geht?

✔ Wie flächendeckend wird der Spot geschaltet? Bundesweit? Landesweit? Oder nur regional?

✔ Wie gut können mein Verleger oder ich verhandeln?

✔ Wie viel liegt den Werbekunden daran, unbedingt diesen Song verwenden zu dürfen?

✔ In welchem Medium wird der Spot gesendet? Im Radio? Im Fernsehen? Im Internet? Oder in allen drei?

Ein großer Hit von einem großen Künstler zwecks Werbung für ein großes Produkt kann pro Jahr bis zu einer Million Euro einbringen. Der Durchschnitt (also für einen Durchschnittssong, verwendet von einer Durchschnittsfirma für ein Durchschnittsprodukt) liegt jedoch bei 25.000 bis 75.000 Euro jährlich.

Selbst als noch nicht so etablierter Songwriter haben Sie gute Chancen, Ihren Song in der Werbung unterzubringen. Es ist nicht so schwer wie Sie meinen, mit einer Werbeagentur oder einem Jingle-Produzenten in Kontakt zu treten. Legen Sie dabei ebenso viel Sorgfalt und Gewissenhaftigkeit an den Tag, als hätten Sie es mit einer Plattenfirma oder einem Produzenten zu tun. Und denken Sie auch an lokale Handwerksbetriebe, Restaurants, Einzelhändler und Dienstleister, an die Sie persönlich herantreten können, um mit ihnen darüber zu reden, wie Sie mit Ihrem Song den Verkauf ihrer Produkte (und natürlich auch Ihr eigenes Geschäft) am besten ankurbeln können. Weitere Infos darüber, wie Sie Ihren Song den richtigen Leuten zuspielen können, finden Sie in Kapitel 15.

Wie man Geld beim Film machen kann

Kennen Sie das? Man läuft spätabends vom Kino nach Hause und wird diesen *einen* Song nicht los – nämlich den Titelsong des Films, den man gerade gesehen hat. So mächtig, so synergetisch kann die Wirkung sein, wenn man die richtige Musik mit der richtigen Filmszene kombiniert. Filme bieten dem Songwriter ein hohes Maß an Inspiration, aber auch die Chance, massig Geld zu verdienen. Songs kann man über seinen Musikanwalt oder Verleger an Filmgesellschaften, Produzenten und Regisseure senden lassen – oder den Job auch selbst übernehmen und sich dabei unbedingt an die Spielregeln halten, wie sie in Kapitel 15 aufgeführt sind.

Da ich in den 1980er-Jahren eine Menge Soundtracks geschrieben hatte, standen die Chancen für neue Erfolge auf diesem Sektor für mich natürlich nicht schlecht. Ich hatte sehr gute Erfahrungen gemacht – zum Beispiel mit dem Song »Beyond Our Wildest Dreams« für Delirious und John Candy (mein Co-Writer war dabei Cliff Eidelman), aber auch einige Enttäuschungen erlebt. 1990 beauftragte man mich mit dem Endtitel für den Robert-de-Niro-Film »Backdraft – Männer, die durchs Feuer gehen«. Der Music- Supervisor schickte mir das Drehbuch und einen Rohschnitt des Films. Die visuelle Kraft, die in diesem Film steckte, und die Geschichte von der turbulenten, aber liebevollen Beziehung zweier Brüder, haute mich echt von den Socken. Ich war auch total berauscht davon, dass der Film in meiner Heimatstadt Chicago spielte und dass mein Song zu Bildern einer eindrucksvollen, in Rauch gehüllten Skyline von Chicago im Morgengrauen gespielt werden sollte. So entstand ein Song, den ich für einen meiner besten hielt – nämlich »Long Road Home«. Der Supervisor liebte ihn, nur der Regisseur war sich nicht so sicher. Einen Tag vor Deadline des Films wandte er ein, das Wort »fire« in dem Song komme der Handlung zu nahe. Er suchte einen anderen Song aus, geschrieben und gesungen von Bruce Hornsby, und ich verkroch mich für die nächsten drei Tage im Bett. (Übrigens, der Regisseur war Ron Howard, und bis heute habe ich mir keine einzige Folge von Happy Days angesehen.)

Jim Peterik, Songwriter von 18 Billboard-Top-Ten-Hits

Einen seiner Songs in einem Film unterzubringen oder sogar speziell für die Leinwand zu schreiben, ist natürlich mehr als erstrebenswert. Wenn es sich um eine namhafte Produktion handelt und Ihr Song dann auch noch zur Titel- oder Schlussmelodie gemacht wird, sind 25.000 bis 100.000 Euro keine zu hohe Erwartung. Und Songs, die zu weniger wichtigen Szenen ertönen, können immer noch zwischen 10.000 und 20.000 Euro bringen, ein kompletter Soundtrack von einem bekannten Komponisten an die 100.000 Euro oder mehr.

Klar, falls Ihr Song auch noch auf einem gutverkauften Soundtrack-Album erscheint, brauchen Sie nur noch zu warten, bis die Gelder für die Aufführungs- und mechanischen Rechte einfließen, und der Ferrari, von dem Sie immer geträumt haben, steht schon bald vor der Tür.

Immer wenn ein Film im Fernsehen gezeigt wird, bekommt der Songwriter Geld von der Aufführungsgesellschaft, der er angehört. Läuft der Film hingegen in einem Kino, gibt es kein Geld. Seien Sie also so klug, zumindest für TV-Aufführungen optimale Bedingungen auszuhandeln.

Geld mit Videospielen machen

Man könnte meinen, die Videospielindustrie verwende heimlich das gleiche Geldmacher-Handbuch wie die Filmindustrie. Zumindest scheinen die Game-Hersteller deren Methoden komplett abgekupfert zu haben, wenn es um Musiklizenzen für Videospiele geht – vor allem, indem sie an Stelle von Lizenzen für jedes verkaufte Spiel eine pauschale Ablösegebühr bezahlen, wie es auch bei CDs üblich ist. Diese Gebühr liegt irgendwo zwischen 5.000 und 10.000 Euro pro Masteraufnahme sowie 5.000 bis 10.000 Euro für die darin enthaltene Musikkomposition für einen begrenzten Zeitabschnitt von etwa fünf bis zehn Jahren fürs Internet sowie jedes weitere, noch zu entwickelnde *neue Medienformat*.

Es gibt viele Möglichkeiten, seine Leidenschaft für das Songwriting in bare Münze umzuwandeln – trotzdem sollte Geld nicht der hauptsächliche Beweggrund für das Schreiben von Liedern sein. Betrachten Sie das Geld einfach als das glückliche Resultat Ihres kreativen Schaffens sowie harter Arbeit und fairer Verhandlungen.

Kapitel 18

Das Geschäftsteam – die klugen Helferlein des Songwriters

Egal, ob Sie gerade Ihren ersten Song fertiggeschrieben haben oder schon mit einer ganzen CD voll musikalischer Perlen glänzen – was Sie als Nächstes brauchen, sind gute Leute, die dafür sorgen, dass Ihre »Babys« optimal untergebracht werden. Erfolg – das hängt nicht nur von der Qualität Ihres Songs ab, sondern auch davon, wie gekonnt er von Ihren Mitarbeitern vermarktet wird. Der Stein wird erst ins Rollen kommen, wenn ein solides Team von Spezialisten Sie umgibt, die alle am gleichen Strang ziehen.

In diesem Kapitel wollen wir uns die Berufsbilder verschiedener Businessexperten genauer ansehen und Ihnen auch verraten, woran man fähige Leute erkennt. Ferner zeigen wir Ihnen, wie Sie die einzelnen Personen richtig einsetzen können und welche Fragen Sie ihnen stellen sollten, um sichergehen zu können, dass sie sich zu schlechter Letzt nicht als kontraproduktiv erweisen.

Wie man ein Erfolgsteam zusammenstellt

Als Songwriter liegt Ihre Stärke darin, Lieder zu schreiben – und nicht Formulare auszufüllen, Verträge zu studieren und ständig Plattenfirmen und Managern hinterher telefonieren zu müssen. Also müssen Leute her, die Ihnen solche Jobs aus der Hand nehmen. Hier eine Liste solcher Spezialisten:

✔ **Musikanwalt:** Ihr Experte für sämtliche Rechtsfragen, vor allem wenn Sie schon ein fortgeschrittener Songwriter sind. Der Job von Musikanwälten ist es außerdem, die richtigen Connections für Sie zu organisieren.

✔ **Verleger/Verlag:** Bei Verlagen handelt es sich um größere oder kleinere Publikums- oder Indie-Unternehmen, die gleich mehrere Arbeitsbereiche für Sie meistern – zum Beispiel, sich mit Ihren Songs bei Künstlern, Plattenfirmen, Produzenten und Managern zu bewerben und Verkäufe auszuhandeln, Sie mit anderen Songwritern und/oder Künstlern zu einem Team zusammenzuführen, Verwaltungskram zu erledigen, wie etwa Copyright-Formulare auszufüllen, Agenturen damit zu beauftragen, Ihre Tantiemen für mechanische Aufführungsrechte (mehr darüber in Kapitel 17) einzukassieren, oder diesen Job selbst zu übernehmen.

✔ **Songbroker:** Broker ist das englische Wort für Makler oder Vermittler, und genau das ist es, was ein Songbroker für Sie leistet: Er »pusht« Ihre Songs, versucht Künstler davon zu überzeugen, sie in ihr Repertoire aufzunehmen, und sucht auch sonst nach Verkaufsmöglichkeiten für Sie. Dafür bekommt er einen monatlichen Vorschuss oder wird prozentual an den Einnahmen beteiligt. Eine ganz ähnliche Aufgabe hat der *Lizenzgeber* – er ist sozusagen der Songbroker für bereits veröffentlichtes Material und somit als Mittelsmann zwischen Songwriter und den verschiedenen Medien tätig.

✔ **Manager:** Die Person, die über alle Möglichkeiten verfügt, Sie mit Musikanwälten, Songverlegern und Songbrokern zusammenzuführen. Ein qualifizierter Manager hat die Fähigkeit, Ihre Songwriter-Karriere in ihrer Gesamtheit zu überblicken, und kann Ihnen dabei helfen, die weitblickendsten Entscheidungen zu treffen.

✔ **Agent:** Wenn Sie ein Songwriter sind, der auch selbst als Musiker vor Publikum auftritt, kann ein Agent Live-Engagements für Sie organisieren, damit Sie und Ihre Songs auch die notwendige Bekanntheit erlangen.

✔ **Buchhalter:** Der Blick des Buchhalters richtet sich auf sämtliche Einnahmen und Ausgaben, die mit Ihrer Tätigkeit in Zusammenhang stehen. Für Ihre Finanzplanung und Ihre Steuerangelegenheiten ist er äußerst nützlich.

Wenn Sie noch am Beginn Ihrer Karriere stehen, werden Sie vermutlich erst mal als Ein-Personen-Unternehmen tätig sein, ehe Sie sich den Luxus leisten können, Spezialisten und Experten in Ihre Dienste zu stellen. Sie werden selbst mit anpacken müssen, ob es nun um die Produktion von Demos, um Copyright-Angelegenheiten, um Bewerbungen bei Künstlern und ihren Managern oder um die Registrierung Ihrer Songs geht. Und um sich für jeden Bereich einen Fachexperten leisten zu können, braucht man schon wirklich Kohle – wahrscheinlich werden Sie nur eine Auswahl treffen. Prüfen Sie also genau, welche Ressorts Sie gegebenenfalls selbst übernehmen können.

Eins nach dem anderen: Zuerst muss ein Anwalt her!

Ein Musikanwalt sollte so ziemlich die erste Person sein, die Sie in Ihr Team aufnehmen. Ob Sie Juristen nun mögen oder nicht – in der Musikindustrie können sie zu Ihren besten

Freunden und Verbündeten werden, und wenn Sie sich rechtzeitig um einen guten Anwalt bemühen, hat Ihre Mannschaft gleich Stürmer und Verteidiger in einer Person. Solche Leute sind zwar nicht billig, aber trotzdem jeden Cent wert, den Sie ihnen bezahlen, da sie Ihnen dabei helfen können, den zahlreichen Fallstricken zu entgehen, die gerade auf den Anfänger in der Musikszene lauern. Ihr Anwalt wird dafür sorgen, dass Sie nur mit verlässlichen und vertrauenswürdigen Leuten zu tun bekommen, und nicht umsonst heißt es: Als Ihr eigener Anwalt bekommen Sie den dümmsten Klienten der Welt.

Was ein guter Musikanwalt für Sie leisten kann

Gute Musikanwälte haben gute Verbindungen – und zwar zu Managern, Verlegern, Songbrokern, A-&-R-Leuten und last, not least zu den Künstlern selbst. Mit einem guten Anwalt an Ihrer Seite kann es Ihnen egal sein, dass Sie keine 35 Jahre Branchenerfahrung mit sich herumtragen. Ein guter Anwalt kann folgende Dinge für Sie erledigen:

✔ Er kann jedes Schriftstück und jeden Vertrag, den Sie unterzeichnen sollen, darauf prüfen, ob er auch in Ihrem besten Interesse abgefasst ist, und wird außerdem dafür sorgen, dass Sie alles verstehen, worunter Sie Ihren Namen setzen.

✔ Er kann Sie in Kontakt zu anderen potenziellen Teammitgliedern bringen – wie zum Beispiel Verlegern, Managern, Agenten, Steuerfachleuten und anderen Songwritern.

✔ Er kann Sie unter seinen Freunden und Mitarbeitern bekannt machen und dafür sorgen, dass Sie in der Musikwelt mehr Aufmerksamkeit erhalten.

✔ Er kann Ihnen als Songwriter zu mehr Glaubwürdigkeit und Prestige verhelfen – sofern er den Respekt seiner Fachkollegen genießt.

✔ Er kann auf sein Netzwerk an A-&-R-Leuten, Plattenlabels, Verlegern und Künstlern zurückgreifen, damit diese sich Ihre Sachen einmal anhören.

✔ Er kann bereits fertig unterschriebene Verträge daraufhin prüfen, ob es sich lohnt, sie neu zu verhandeln oder zu erweitern, beziehungsweise unfaire Verträge außer Kraft setzen.

✔ Er kann sich im Fall von Streitigkeiten um die Wahrung und Wahrnehmung Ihrer Rechte kümmern und Vertragsbrüche regeln (von Vertragsbrüchen spricht man, wenn eine der beteiligten Parteien sich nicht an ihre Verpflichtungen hält).

Wie Sie einen guten Anwalt finden

Als Erstes sollten Sie eine Liste mit den Empfehlungen potenzieller Kandidaten seitens anderer Musiker erstellen. Sie können auch bei der GEMA nachfragen, ob man Ihnen einen Musikanwalt speziell für Ihre Belange empfehlen kann, oder die Anwaltslisten studieren, die oft in speziellen Songwriter-Publikationen erscheinen. Übrigens muss Ihr Anwalt nicht unbedingt in der gleichen Stadt wohnen wie Sie. Es ist zwar immer am besten, wenn man sich persönlich treffen kann, aber E-Mail, Fax und Telefon reichen notfalls völlig aus. Stellen Sie sich den Leuten, die Sie aus Ihrer Liste gewählt haben, in einem Brief kurz vor, und lassen Sie ein freundliches Telefongespräch oder eine nette E-Mail folgen. Falls Sie nach mehreren Anläufen keinen Rückruf bekommen, sind sie entweder gerade zu beschäftigt, oder es mangelt ihnen an der Höflichkeit, auf die Sie Wert legen. Dann suchen Sie einfach weiter, und schon bald werden Sie jemand gefunden haben, der sich sowohl auf seinem Fachgebiet gut auskennt als auch Ihrem persönlichen Stil entspricht.

Auch wenn es viele engagierte und erstklassige Anwälte gibt, die sich an Bands, Künstler und Songwriter wenden, die sie von ihren Auftritten her kennen, um ihnen ihren Beistand anzubieten, werden sie Ihnen dennoch stets die Frage stellen, ob Sie bereits rechtlich vertreten werden. Seien Sie auf der Hut vor Bewerbern, die Ihnen Ihren bisherigen Anwalt madig machen wollen. Kein integrer Vertreter dieses Berufsstandes würde so etwas tun.

Wenn Sie per Telefon eine solide Verbindung zu einem Rechtsanwalt aufgebaut haben, besteht der nächste Schritt – falls möglich – in einem persönlichen Gespräch in seiner Kanzlei. Es ist wichtig, dass Sie sich mit der Person, die Ihnen beim Geldmachen mit Ihrer Musik helfen wird, gut verstehen – bereiten Sie also ein paar aufschlussreiche Fragen vor. Hier ein paar Vorschläge für Fragen, die Sie Ihrem potenziellen Rechtsvertreter stellen können, um zu klären, ob er in Ihr Team passt:

- ✔ **Ist die Musik Ihr einziges Spezialgebiet?** Wer auf allen Gebieten tätig ist, ist vielleicht auf keinem so richtig brillant (Muttis Scheidungsanwalt, der »ein bisschen Mundharmonika« spielt, ist womöglich nicht die glücklichste Wahl). Suchen Sie sich einen Anwalt, der auf Musikrecht spezialisiert ist. Als Nächstes finden Sie heraus, in welchen Bereichen der Musikindustrie seine Schwerpunkte liegen. Liegt seine Stärke zum Beispiel darin, Produktions- und Verlagsverträge auszuhandeln, vergewissern Sie sich, dass er auch in Sachen Copyright und Tantiemen Bescheid weiß oder zumindest entsprechende Leute in seinem Team hat, an die er solche Angelegenheiten notfalls weitergeben kann.

- ✔ **Wen vertreten Sie so alles?** Es ist kein gutes Zeichen, wenn Sie auf der Klientenliste eines Musikanwalts nur Namen finden, die Sie nie zuvor gehört haben – ein paar echte Erfolgsstorys sollten schon darunter sein. Auch mögliche Interessenkonflikte dürfen Sie nicht außer Acht lassen. Vertritt er zum Beispiel auch irgendwelche Verlagshäuser, mit denen Sie Geschäftsverbindungen eingehen wollen? Dann müsste er notfalls auf zwei Hochzeiten gleichzeitig tanzen, und das wäre nicht so günstig.

- ✔ **Wie viel Erfahrung haben Sie?** Die Antwort auf diese Frage verrät Ihnen, wie viel Zeit der Betreffende für Ihre Angelegenheiten brauchen wird. Der Anwalt, für den Sie sich entscheiden, sollte genügend Berufserfahrung mitbringen, damit Sie seinen Leistungen vertrauen können; er sollte aber auch die Ohren nicht so voll mit Arbeit haben, dass Sie ständig das Gefühl haben, hinten anstehen zu müssen.

- ✔ **Was berechnen Sie für Ihre Dienste?** Hier können Sie mit einer Vielzahl möglicher Optionen rechnen. Jede dieser Entlohnungsarten hat ihre Vor- und Nachteile:

  - • **Vorschuss:** Das bedeutet, dass Sie dem Anwalt eine festgelegte Summe im Voraus (in der Regel monatlich) bezahlen, von der er dann seine Gebühren und Ausgaben abzieht. Die aber sollten Sie regelmäßig überprüfen – wenn zum Beispiel eine fotokopierte Seite angeblich 1,20 Euro kostet, hat er womöglich seine elf Fehlversuche mitberechnet.

- **Stundenlohn:** Der Anwalt schreibt sich die Stunden auf, die er für Ihre Angelegenheiten benötigt, und rechnet monatlich mit Ihnen ab. Verschätzen Sie sich da nicht: Ein paar hundert Euro pro Stunde, unterteilt in Einheiten von je 15 Minuten, sind durchaus realistisch. Wobei Telefongebühren, Portokosten, Fotokopien und so weiter noch nicht inbegriffen sind. Ziehen Sie sich also warm an!

- **Pauschalhonorar:** Eine feste, vom Anwalt vorgeschlagene Gebühr, wenn es darum geht, einen Deal für Ihr Projekt auszuhandeln – also zum Beispiel, wenn es um eine große Summe Geld geht und Sie nicht wissen, wie viel Zeit Ihr Anwalt investieren muss, aber die Möglichkeit haben wollen, ihn zu jeder Tag- und Nachtzeit anzurufen. Da könnten schon – je nach Deal – zwischen 5.000 und 100.000 Euro über die Klinge springen (bei sehr aufwändigen Dingen dennoch äußerst empfehlenswert).

- **Angemessenes Honorar:** Vergleichbar dem Pauschalhonorar, allerdings wird die Höhe erst festgelegt, wenn der Deal abgeschlossen ist. Das könnte zu unliebsamen Überraschungen führen! Falls man Ihnen je eine solche Vereinbarung vorschlägt, seien Sie wachsam. Am Anfang mag es Ihnen wie eine Ideallösung vorkommen, aber warten Sie, bis die Flitterwochen vorbei sind …

- **Prozente:** Hier dürfen Sie sich zu Hause fühlen! Diese Art der Vereinbarung ist es, die sich so mancher Klient wünscht. Der Anwalt handelt den Deal aus und bekommt von dem Geld, das dadurch erwirtschaftet wird, fünf bis zehn Prozent – ganz egal, ob das viel ist oder wenig, ganz egal, ob von einem Vorschuss oder den Tantiemen. Bei diesem Abkommen haben Sie stets Zugriff auf eine professionelle Beratung, und falls kein Deal zustande kommt, kommen abgesehen von den Auslagen keine Kosten auf Sie zu – eine Art Gewinnbeteiligung also! Vor allem: Wenn der Anwalt sieht, dass gute Arbeit auch gutes Geld auf seinem Konto bedeutet, wird er sich auch beim nächsten Mal große Mühe geben.

✔ **Wie intensiv sind Ihre Kontakte?** Seien wir ehrlich: Ein Anwalt, der Zugang zur Branche und viele Ansprechpartner hat, kann Ihnen ungleich mehr bieten als einer, der selbst an jede Tür erst zaghaft anklopfen muss. Seine Klienten, Kontakte und Bezugspersonen sind wichtige Faktoren bei der Frage, ob Sie sich für oder gegen ihn entscheiden sollen.

Nachdem Sie Ihre Befragungen durchgeführt und sich über Referenzen informiert haben, liegt die Entscheidung bei Ihnen. Gehen Sie Ihre Aufzeichnungen durch und erstellen Sie für jeden Kandidaten eine Pro-und-Contra-Liste. Warum wäre der hier besonders gut geeignet? Wo liegen seine Stärken, wo seine Schwächen? Wählen Sie genau den Experten für *Ihre* Belange. Am besten, Sie grenzen die Wahl zunächst auf zwei oder drei Anwälte ein, dann denken Sie eine Weile nach, lassen sich erst mal alles setzen, spielen im Kopf ein paar mögliche Szenarien durch – und entscheiden sich erst dann. Und falls Sie zu gar keinem Schluss gelangen, fragen Sie Ihre Schwiegermutter oder die Wahrsagerin auf dem Rummelplatz – oder werfen eine Münze!

Der richtige Verleger für Sie

Sobald Sie den passenden Anwalt für sich gefunden haben, können Sie sich der Wahl der zweitwichtigsten Person in Ihrem Team zuwenden – dem Verleger! Denn das ist der- oder diejenige, die Ihre Karriere in die Hand nimmt. Ein guter Verleger befindet sich mittendrin im Geschehen der Musikindustrie, und er weiß genau, welche Veröffentlichungsmöglichkeit für Sie die richtige ist. Hier eine Liste mit sämtlichen Verpflichtungen, die auf einen Verleger zukommen können:

✔ Er bewirbt sich mit Ihrem Song bei Künstlern, Künstlermanagern, Agenten, Produzenten, A-&-R-Vertretern von Plattenlabels und allen anderen, die Verbindungen zu einem Künstler auf der Suche nach Songmaterial haben.

✔ Er sucht nach Möglichkeiten für Ihren Song beim Film, Fernsehen und Theater – also Augen offenhalten, liebe Superstars, nach denen Deutschland sucht!

✔ Er bringt Sie mit anderen Songwritern aus seinem Verlagshaus und sogar von außerhalb zusammen.

✔ Er versorgt Sie mit Insider-Informationen über Künstler, die nach Material suchen, sodass Ihr Blick immer scharf eingestellt bleibt und Sie in Ihrem Back-Katalog gezielt nach dem richtigen Song für die richtige Adresse suchen können.

✔ Er kritisiert Ihre Arbeit und zeigt Ihnen, wie Sie als Songwriter noch kreativere Wege beschreiten können.

✔ Er hilft Ihnen beim Ausarbeiten von Verträgen mit anderen Songwritern, ausländischen Verlegern, Musiknotenverlegern, Filmgesellschaften und so weiter.

✔ Er vergibt Lizenzen an Leute, die Ihren Song gern verwenden würden.

✔ Er kümmert sich um Verwaltungsaufgaben wie etwa die Copyright-Vergabe, das Ausfüllen von GEMA-Formularen für Songs, die im Radio/TV ausgestrahlt werden, das Registrieren Ihrer Songs bei Agenturen, die Ihre Tantiemen für Sie einfordern, das Einsammeln Ihrer mechanischen Lizenzgebühren selbst, die allgemeine Buchführung und natürlich auch um die Auszahlung Ihrer Tantiemen (normalerweise vierteljährlich).

✔ Er organisiert für Sie Vorauszahlungen in Form von Vorschüssen entweder als Pauschalbetrag oder auf jährlicher, monatlicher oder wöchentlicher Basis. Hier sollten Sie Ihre Erwartungen nicht zu hochschrauben, aber auch immer an Katja Ebsteins Worte denken: *Wunder gibt es immer wieder.*

✔ Er bezahlt die Rechnungen für die Demos angenommener Songs und macht gelegentlich die Demos auch selbst.

✔ Er berät Sie auf allen Gebieten Ihrer Songwriting-Karriere und macht jede Chance ausfindig, die sich für Ihren Song bietet – sei es die Nutzung in TV und Fernsehen, die Vertonung durch Chöre und Spielmannszüge und so weiter.

Falls einer Verlagsgesellschaft Ihr Song so gefällt, dass man Sie als Songwriter unter Vertrag nimmt, steckt man Ihnen vielleicht auch gleich ein wenig Geld zu, damit Sie Ihrer Leidenschaft als Songwriter ohne Zeit- und Leistungsdruck frönen können. Dieses Geld wird dann als Vorschuss mit Ihren späteren Einnahmen verrechnet (umsonst ist der Tod), und man wird es Ihnen wöchentlich, monatlich oder auch ein- bis zweimal jährlich als größeren Batzen ausbezahlen. Ihr Musikanwalt wird auch vertraglich für Sie aushandeln, dass der Verleger laut Verlagsvertrag für Ihre Demo-Aufwendungen ebenso aufkommt wie für Textübersetzungen in andere Sprachen und die Herstellung von Notenausgaben. Wenn Sie als Bühnenkünstler so vielversprechend sind wie als Songwriter, wird man Ihnen vielleicht sogar zu einem Plattenvertrag verhelfen. Ferner kümmert sich der Verleger um die Verwaltung Ihres Songs – das heißt, er übernimmt sämtlichen Papierkram und Registrierungen für das Stück, sammelt sämtliche Tantiemen für Sie ein und leitet sie (meist vierteljährlich) zusammen mit einem ausführlichen Buchhaltungsbericht an Sie weiter.

Wenn Sie einen Veröffentlichungsvertrag für Ihre Songs erwägen, ist es *in den meisten Fällen üblich*, dass Sie erst mal einen Vorschuss bekommen. Wenn Sie kein Geld sehen, sollten Sie nichts, nicht mal einen Teil davon hergeben.

Und falls Sie nun das Gefühl haben, ein Musikverleger könnte für die Zukunft Ihres Songs und Ihrer Songwriter-Karriere eine wichtige Rolle spielen, haben Sie völlig recht! Trotzdem ist es nicht immer leicht, für die Ziele, die man sich gesetzt hat, auch den passenden Verleger zu finden. Er muss nicht nur mit Leib und Seele hinter Ihrer Musik stehen, sondern auch die richtigen Adressen kennen, um sie an den Mann oder die Frau zu bringen. Und Ihre Songs mindestens genauso gut kennen wie Sie selbst, um sie entsprechend anpreisen zu können. Wichtig ist auch, dass Ihr Verlegerteam Ihnen die angemessene Aufmerksamkeit schenkt. Es gibt verschiedene Arten von Verlagsunternehmen – prüfen Sie genau, wo für Sie die richtige Haustür ist:

✔ **Große Verlagsunternehmen:** Es gibt da draußen ein paar Giganten, die Sie sich getrost einmal näher ansehen sollten, denn wenn ein großes Unternehmen seine Geschütze auffährt, ist es nur schwer zu toppen. Viele verfügen über ein Team und eine Erfolgsbilanz, die es ihnen ermöglichen, alle Trümpfe auszuspielen, und da sie meist hochrangige Songwriter und Künstler in ihren Reihen haben, üben sie in der Plattenindustrie auch genügend Einfluss aus. Vom Geld ganz zu schweigen – die Wirtschaftskraft solcher Großunternehmen macht es ihnen leicht, anständige Vorschüsse zu bezahlen und großzügig mit ihren Demo-Budgets umzugehen. Viele von ihnen – wie Sony/ATV, EMI oder BMG – genießen den Ruf, den Bedürfnissen Ihrer Songwriter auf vorbildliche Weise entgegenzukommen. Die Tatsache, dass etliche davon mit Schallplattenfirmen zusammenarbeiten, kann nur von Vorteil sein.

✔ **Mittelgroße Verlagsunternehmen:** Auch solchen Firmen steht meist ein vielseitiges Team zur Verfügung, das so gut wie allen Ansprüchen gerecht werden kann – auch wenn das Unternehmen selbst nicht so groß ist. Ihr Stamm an Songwritern ist meist weniger groß, und sie verfügen auch nicht über weltweite Büroketten, sondern sind vielleicht in ein oder zwei Städten tätig. Wenn Sie die Vorteile eines Großunternehmens genießen wollen, aber Angst haben, in der großen Maschinerie unterzugehen, könnte so eine mittelgroße Firma für Sie das Richtige sein.

✔ **Unabhängige Verlagsunternehmen:** Wenn Sie nicht gleich den großen Reibach machen wollen, sondern einfach auf der Suche nach »ein paar guten Leuten« sind, die sich für Ihre Songs einsetzen, dann könnte ein unabhängiger Verlag zu Ihnen passen. Diese kleinen Indie-Unternehmen machen oft Geschäfte auf einer Pro-Song-Basis – das heißt, es geht bei dem Deal immer nur um einen Song auf einmal, normalerweise mit einer zwei Jahre lang gültigen Rücktrittsklausel. Das bedeutet: Wenn es den Verlegern nicht gelingt, Ihren Song innerhalb dieses Zeitraums irgendwo unterzubringen, gehen die Veröffentlichungsrechte an Sie zurück. (Auch die Großunternehmen machen oft Deals auf einer Pro-Song-Basis, doch ihnen geht es weniger um einzelne Songs als um ganze Songkataloge oder Künstler in ihrer Gesamtheit.)

Egal, für welche Art von Verlag Sie sich entscheiden – den Rat Ihres Musikanwalts sollten Sie sich vorher auf jeden Fall einholen. Vergewissern Sie sich, dass jeder Vertrag so abgefasst ist, dass für Sie das Bestmögliche herausspringt, und vor allem, dass Sie auch verstehen, was Sie unterzeichnen.

Ob Sie nun mit einem kleinen, mittleren oder großen Unternehmen zusammenarbeiten – ihre Anteile wollen sie natürlich alle haben, und da sind die Unterschiede gar nicht mal so groß. Um besser zu verstehen, wie ein Verleger bezahlt wird, denken Sie sich den Song, den Sie geschrieben haben, als die vollen 100 Prozent. (Wenn Sie keinen ganzen, sondern zum Beispiel nur die Hälfte eines Songs geschrieben haben, stehen Ihnen natürlich als Ausgangsbasis nur die betreffenden 50 Prozent zu – die müssen Sie aber in unserem Rechenbeispiel trotzdem wie 100 Prozent behandeln, da ja dann dieser Betrag zur Kalkulationsbasis wird.) Von diesen 100 Prozent sind 60 Prozent Songwriter-Anteil, die anderen 40 Prozent Verleger-Anteil. Und normalerweise ist es so: Wenn ein Verleger einen Vertrag mit einem neuen Songwriter schließt (es sei denn, dieser Songwriter hat einen einflussreichen Anwalt oder ist auf dem Weg, es allein zu schaffen), wird der Verlag auf 100 Prozent des Verleger-Anteils bestehen (also auf 40 Prozent der Gesamteinnahmen für den Song). Wie lange Ihr Übereinkommen gültig ist, ist ein wichtiger Verhandlungspunkt, und ob Sie am Ende dieses Übereinkommens die gesamten Rechte an Ihren Songs zurückbekommen, hängt davon ab, wie geschickt Sie, Ihr Anwalt oder Ihr Manager im Verhandeln sind.

Co-Publishing-Verträge

Je nachdem, welchen Status Sie als Songwriter genießen und wie einflussreich Ihr Anwalt ist, können Sie oft mit etablierten Verlagsunternehmen ein sogenanntes Co-Publishing-Abkommen schließen, das beide Seiten – also Sie wie auch den Verlag – als Verleger berücksichtigt. Was das bringt? Nun, Sie haben dann Anspruch auf 50 Prozent des Verleger-Anteils, ohne dass Ihnen etwas von den 100 Prozent Songwriter-Anteil verloren geht – in anderen Worten: Von den gesamten Tantiemen stehen Ihnen 80 Prozent zu. Normalerweise wird das Unternehmen Verwaltungsrechte zurückhaben wollen, wodurch es bei vielen künftigen Entscheidungen wieder am Steuer sitzt. (Zum Beispiel ist es Ihnen als Co-Publisher nicht erlaubt, Ihre Beteiligung als Verleger ohne Zustimmung des Hauptverlegers zu verkaufen.) Co-Publishing-Abkommen sind üblich bei unabhängigen Bands und Künstlern mit Leuten an ihrer Seite, die Ihnen die verlegerische Arbeit erleichtern, oder bei Songwritern/Produzenten, die über die Möglichkeit verfügen, Songs unterzubringen und Songwritern weitreichende Kontakte mit Künstlern und deren Plattenlabels zu verschaffen.

Wer sein eigener Verleger ist ...

... also seine verlegerischen Pflichten selbst in die Hand nimmt, hat als geborener Selfmade-Man so manche Vorteile. Zum Beispiel:

✔ Er hat alles Geld für sich, das der Song einbringt – sowohl den Songwriter- als auch den Verleger-Anteil.

✔ Er hat die Freiheit, mit verschiedenen unabhängigen Verlegern Geschäfte auf einer Pro-Song-Basis zu machen.

✔ Es gibt keine Querelen innerhalb ein und derselben Firma, wie sie oft entstehen, wenn zum Beispiel ein bestimmter Songwriter aufgrund seiner Erfolgsbilanz oder seines engen persönlichen Verhältnisses zu anderen Teammitgliedern bevorzugt behandelt wird.

Aber die Methode hat auch ihre Nachteile. Hier sind einige davon:

✔ Eine Menge Verwaltungs- und Papierkram bleibt an Ihnen selbst hängen. Das wiederum heißt: Sie haben weniger Zeit für das, was Sie am besten können – das Songschreiben!

✔ Sie haben womöglich nicht die richtigen Kontakte, um Ihre Songs optimal zu vermarkten.

✔ Sie haben keine Möglichkeit zur Zusammenarbeit mit anderen Songwritern auf der Liste eines Verlegers.

Wenn Sie eigene Kontakte zur Musikwelt haben, über den richtigen Riecher (den eines Geschäftsmannes!) verfügen oder als Künstler Ihre Songs selbst aufnehmen und auf die große Werbetrommel verzichten können, ist Self-Publishing vielleicht das Richtige für Sie. Wie auch immer: Wenn Sie Ihr eigenes Verlagsunternehmen gründen, müssen Sie Schritt für Schritt vorgehen. Wir verraten Ihnen, wie:

✔ **Mitglied werden:** Als Erstes sollten Sie der GEMA (oder einer anderen Verwertungsgesellschaft) beitreten. Normalerweise erwartet man dort, dass demnächst eine Songaufnahme von Ihnen auf den Markt kommt, im Kino oder TV zu hören ist oder bereits im Radio gespielt wurde.

✔ **Einen Namen wählen:** Denken Sie sich zunächst einmal drei mögliche Namen für Ihr Unternehmen aus, nach eigenen Vorlieben sortiert. Die GEMA wird dann via Computer prüfen, welcher dieser Namen eventuell schon vergeben ist, und Sie entsprechend beraten. Falls Sie nicht gerade Lieschen Müller heißen, ist es keine schlechte Idee, den eigenen Namen zum Firmennamen zu machen; damit tragen Sie gleichzeitig dazu bei, dass Ihr Name zum Markenzeichen wird. Eine andere Möglichkeit besteht darin, einen besonders ausgefallenen Namen zu wählen, der mit großer Wahrscheinlichkeit noch nicht existiert.

✔ **Den Namen eintragen lassen:** Nachdem Sie sich entschieden haben, gehen Sie zur Gewerbemeldestelle Ihrer Kommune und füllen dort ein Formular zur Firmengründung beziehungsweise eine Gewerbeanmeldung aus, in die Sie den gewählten Namen eintragen. Unter diesem Namen sollten Sie auch ein gesondertes Bankkonto einrichten. Firmengründungen werden in der Regel in einer lokalen Publikation bekannt gemacht, womit Sie als Gewerbetreibender unter diesem Namen sozusagen »bestätigt« sind. Auch in diesen Fragen wird das zuständige Amt Sie beraten.

✔ **Copyright sichern:** Beantragen Sie für die Songs in Ihrer neuen Firma auf jeden Fall ein Copyright. Falls das bereits existiert, melden Sie sie nun als veröffentlichte Werke an.

✔ **Tantiemen sichern:** Informieren Sie die GEMA über jeden Ihrer Songs, der öffentlich verkauft oder im Radio/TV/Kino gespielt wird, sodass Sie stets Ihre Tantiemen ausbezahlt bekommen (mehr zum Thema Tantiemen in Kapitel 17).

Auch wenn es relativ einfach und kosteneffektiv ist, seinen eigenen Verlag zu gründen, sollten Sie sich dennoch fragen, wie wichtig es für Sie ist. Wenn Sie mit der ganzen Detailarbeit, die für eine effektive Abwicklung notwendig ist, gut zurechtkommen, und es Ihnen nichts ausmacht, ständig herumzutelefonieren, Kontakte aufzubauen und aufrecht zu erhalten – nur zu! Die eigene Firma kann zu einem vergnüglichen und lukrativen Unterfangen werden. Falls Sie sich zu solchen Aufgaben allerdings nicht so berufen fühlen, überlassen Sie das Ganze einem bereits etablierten Unternehmen – da können Sie wenigstens sicher sein, dass alles richtig gemacht wird!

Wie man Verwaltungsverträge schließt

Ein guter Mittelweg zwischen der Abgabe der eigenen Veröffentlichungsrechte an ein Fremdunternehmen und der Do-it-yourself-Methode besteht im Abschluss eines Verwaltungsvertrags. Das bedeutet: Der Songwriter hat zwar seinen eigenen Verlag, unterzeichnet aber auch einen Vertrag mit jemandem, der die Verwaltungsarbeiten, sprich: den ganzen Papierkram übernimmt. Dieser Sachbearbeiter erhält für den vereinbarten Zeitraum (in der Regel ein bis drei Jahre) zwischen zehn und 20 Prozent der Veröffentlichungstantiemen. Zu seinen Aufgaben gehören: Copyright-Anmeldungen, GEMA-Anmeldungen, Lizenzvergaben an andere Personen, die den Song aufnehmen wollen, sowie das Aushandeln von Synchronisationsgebühren für die Verwendung des Songs beim Film oder in der Werbung (synchronisieren bedeutet wörtlich: synchron zu ganz bestimmtem Bildmaterial ablaufen lassen). Außerdem sammelt er die Tantiemen ein und zahlt sie vierteljährlich an Sie aus. Manche arbeiten zwecks Einsammelns der Tantiemen mit einem Inkassobüro zusammen, andere übernehmen diesen Job selbst.

Hier einige Vorteile eines Verwaltungsvertrags:

✔ Der Sachbearbeiter nimmt dem Songwriter, der sein eigenes Unternehmen führt, eine große Last von den Schultern, sodass er ungehindert kreativ tätig sein, seine Songs schreiben und an die richtigen Künstler weitervermitteln kann.

✔ Sie behalten Ihre Veröffentlichungsrechte, denn der Sachbearbeiter hat im Allgemeinen keine Besitzansprüche auf einen Song, sondern bekommt nur einen Prozentsatz der Einnahmen während der Laufzeit des Vertrags.

✔ Sie können das organisatorische Talent eines erfahrenen Verlegers nutzen, ohne einen Großteil Ihrer Veröffentlichungsrechte abgeben zu müssen.

✔ Wenn Sie ein unabhängiger Singer/Songwriter sind oder ein Abkommen mit einem unabhängigen Songbroker haben (mehr über diese Leute erfahren Sie später in diesem Kapitel), sind Sie nicht darauf angewiesen, Ihre Songs an andere Künstler zu verkaufen, und brauchen nur jemanden, der die Papierarbeit erledigt und Ihnen Ihr Geld ausbezahlt. Warum also sollten Sie einen beträchtlichen Teil Ihres Verleger-Anteils einem Verlag überlassen?

Und hier ein paar Nachteile:

✔ Verwaltungsverträge sehen keine Vorschüsse in Form wöchentlicher Lohnauszahlungen oder einer jährlichen Garantie vor. Sie sollten also finanziell flüssig sein, um sämtliche von Ihnen, sprich dem Verleger verursachten Ausgaben begleichen zu können.

✔ Sachbearbeiter sind im Allgemeinen nicht zuständig für Bewerbungen, das heißt, der Job, mit Ihren Songs hausieren zu gehen und sie den richtigen Leuten zuzuspielen, bleibt an Ihnen hängen.

✔ Auch schöpferische Inspiration dürfen Sie von einem Sachbearbeiter nicht erwarten. Zu diesem Zweck sollten Sie schon einen inspirierten Kollegen zur Seite haben – oder sich eine Muse zulegen!

Subverleger im Ausland

Ob Sie nun einen Vertrag mit einem Verlagsunternehmen abschließen oder als Ihr eigener Verleger tätig sein wollen – sobald Sie über die Grenzen Ihres Landes hinaus erfolgreich sind, wird das Einsammeln von ausländischen Geldern für Sie zum Thema werden. Den jeweiligen Verleger des jeweiligen Landes bezeichnet man dabei als Subverleger. Die mächtigen Verlagsriesen haben praktisch überall auf der Welt ihre Ableger, was wiederum ein Argument für eine Zusammenarbeit mit ihnen ist. Kleinere Unternehmen jedoch oder Songwriter, die sich selbst verlegen, müssen die Sache an Ort und Stelle regeln, unter landesüblichen Bedingungen. Ein qualifizierter Musikanwalt kann für Sie weltweit Deals mit den verschiedenen Subverlegern organisieren. Normalerweise sammelt ein Subverleger die gesamten Gelder im Auftrag des Hauptverlegers ein und behält davon 15 bis 25 Prozent für sich. Kann er tatsächlich jemanden dazu bewegen, eine neue Version Ihres Songs aufzunehmen, stehen ihm 40 bis 50 Prozent der Einnahmen zu. Und auch wenn die ausländische Subverleger-Welt nicht gerade eine exakte Wissenschaft darstellt, gewährt sie dem Songwriter dennoch die Sicherheit, dass seine Interessen nicht nur vor der eigenen Haustür, sondern weltweit vertreten werden – und Geld springt ja auch dabei heraus!

Was unabhängige Songbroker machen

Ein Songbroker ist jemand, der sich in Ihrem Auftrag mit Ihren Songs bei Künstlern und deren Vertretern bewirbt. Jedes Verlagsunternehmen hat einen solchen Mann in seinen Reihen, der sich die Songs der Liederschreiber anhört, entscheidet, welche davon vermittelbar sind und sich dann darum kümmert, dass diese Person das betreffende Material in die Hände bekommt. Was ein Songbroker gut können muss: Er sollte redegewandt am Telefon sein, über so viele persönliche Kontakte wie möglich verfügen und beim Anhören eines Songs nicht nur in der Lage sein, dessen Qualität einzuschätzen, sondern auch zu beurteilen, für welchen Künstler er sich am besten eignet.

Manchmal sind solche Leute mit ihren Talenten in Eigenregie tätig, also unabhängig von einem Verlagsunternehmen. Gucken wir einem solchen unabhängigen Songbroker doch bei seiner Arbeit mal ein wenig über die Schulter.

Ein Songbroker bei der Arbeit

In der Regel arbeiten unabhängige Songbroker auf einer Vorschussbasis (die »großen Tiere« dieser Gattung in Nashville stellen Ihnen für das Anbieten Ihrer Songs schon mal locker eine Rechnung zwischen 500 und 1.500 Dollar pro Monat aus). Diejenigen, die etwas auf sich halten, nehmen Sie nur in ihren Kundenstamm auf, wenn sie das Gefühl haben, Ihnen auch wirklich zu einer Plattenaufnahme verhelfen zu können.

Zusätzlich zu ihrem Vorschuss verlangen erfolgreiche Songbroker auch noch einen Bonus für jeden Song, der auf einem Album erscheint, sowie einen weiteren Bonus, wenn der Song als Single veröffentlicht wird (das ist die Version, die im Radio gespielt wird). Einen zusätzlichen Bonus gibt es jeweils, wenn der Song die Top 30, Top 20 und Top 10 der Charts erreicht.

Andere unabhängige Songbroker schließen ein Abkommen mit dem Songwriter, dass sie zwischen zehn und 50 Prozent der Einnahmen bekommen, sofern sie dessen Song vermitteln können – ein Anteil, der dem Songbroker erhalten bleibt, solange das Copyright nicht erloschen ist (die Laufzeit des Copyrights auf einen Song erlischt 70 Jahre nach dem Tod des am längsten lebenden Autors).

Vereinbarungen mit Songbrokern gelten in der Regel für ein Jahr, sodass die beteiligten Parteien zum Ende des jeweiligen Jahres selbst bewerten können, ob sich die Zusammenarbeit für sie gelohnt hat. Manche Broker arbeiten auch auf einer Monat-für-Monats-Basis und räumen dadurch dem Songwriter die Option ein, das Dienstverhältnis jederzeit zu beenden.

Die Vorteile eines Songbrokers

Jede Entscheidung, die Sie als Songwriter treffen, hat sowohl ihre Vor- als auch Nachteile. Wenn Sie einen Songbroker in Ihrem Team haben, gehört Ihr Song in der Regel auch weiterhin Ihnen; und da der Songbroker keine riesige Masse, sondern einen überschaubaren Stamm von Leuten hat, die er vertritt, wird Ihnen auch mehr Aufmerksamkeit zuteilwerden. Dennoch kann es vorkommen, dass ein Verlag Ihnen einen Vorschuss bietet, Ihre Songs vermittelt und Ihr gesamtes Werk auf einen Rutsch übernimmt – und das kann bedeuten, dass Sie einen beträchtlichen Teil Ihrer Einnahmen als Songwriter abgeben müssen und auch nicht mehr frei darüber verfügen können, was Sie mit Ihren Songs anstellen. Es gibt da kein Richtig oder Falsch – es hängt alles von Ihren Ansprüchen und Ihrer persönlichen Situation ab.

Um Ihnen die Entscheidung zu erleichtern, ob ein bestimmter Songbroker für Sie der richtige Mann ist oder nicht, hier ein paar Fragen, deren Beantwortung für Sie aufschlussreich sein kann:

✔ Ist der Broker auf eine bestimmte Art von Songs spezialisiert? Wie die meisten Verleger sind auch etliche Songbroker mit einer bestimmten Stilrichtung, einem bestimmten Bereich des Musikmarkts vertrauter und haben dort auch die besseren Kontakte.

Andererseits beschäftigen die meisten Verlagshäuser Leute, die auf all die unterschiedlichen Genres spezialisiert sind.

✔ Steht das Unternehmen auch wirklich hinter Ihnen und Ihren Songs? Denkt man dort an Ihre Karriere insgesamt, oder hat man nur die schnelle Mark im Auge, die man mit Ihnen vielleicht machen kann?

✔ Sind Sie mit den Geschäftsgepflogenheiten des Brokers zufrieden? Ruft er Sie zurück und behandelt Sie mit dem angemessenen Respekt? Falls nicht, macht er es mit potenziellen Produzenten oder Künstlern wahrscheinlich genauso – und es heißt nicht umsonst: »So wie man *eine* Sache macht, so macht man alles.«

✔ Können Sie sich auf eine Vertragsform einigen, bei der Sie nichts von Ihren Veröffentlichungsrechten hergeben, solange der Broker Ihren Song nicht vermittelt hat? Nur dann nämlich können Sie den Song im Misserfolgsfall nach Ablauf Ihres Vertrags einem anderen Broker oder Verleger anbieten.

Wann ein Manager oder Agent sich lohnt

Wie schon zu Beginn dieses Kapitels erwähnt, ist für den Songwriter die Wahl des richtigen Teams ein entscheidender Schritt auf dem Weg nach vorn. Dazu gehören möglicherweise auch Manager oder Agenten, und wir verraten Ihnen gern, wozu solche Leute gut sein können.

Brauche ich einen Manager?

Was macht eigentlich ein Manager? Nun – wie schon der Name sagt – er managt Sie, das heißt: Er nimmt Ihre geschäftliche Karriere in die Hand. Ob man jemanden beschäftigen will, der einen auf seinem Weg lenkt und leitet, ist eine persönliche Entscheidung und hat viel zu tun mit gegenseitiger Sympathie sowie mit Können, Erfahrung und Kontakten. Unumgänglich ist ein Manager für Sie als Songwriter nicht, denn der eigentliche »Manager« Ihres Songkatalogs ist Ihr Verleger, und viele Ihrer Geschäftsangelegenheiten kann auch Ihr Musikanwalt regeln. Ein Manager wird erst dann wichtig, wenn Sie mit Ihren Songs auch selbst auftreten – dann jedoch sollten Sie auf keinen Fall darauf verzichten.

Wir verraten Ihnen, was ein guter Manager für Sie tun kann:

✔ Er kann Ihnen dabei helfen, ein fähiges Team zusammenzustellen.

✔ Er kann Ihnen helfen, einen Verleger zu finden.

✔ Er kann Sie als Künstler dabei unterstützen, einen Plattenvertrag zu bekommen.

✔ Er kann Sie in sämtlichen Aspekten Ihrer Karriere als Songwriter und Bühnenkünstler beraten.

✔ Er kann dafür sorgen, dass die anderen Teammitglieder sich wirklich mit voller Kraft für Sie einsetzen – und notfalls auch Druck ausüben.

✔ Er kann Sie zu den richtigen Netzwerken und Kontakten führen.

✔ Er kann gewährleisten, dass Sie auch jeden Euro bekommen, der Ihnen zusteht.

✔ Er kann Sie dazu inspirieren, Ihr Bestes zu geben.

Manager beraten sich mit Ihnen über jeden Aspekt Ihrer musikalischen Karriere. Sie helfen Ihnen bei der Entscheidung, ob Sie mit einem Songbroker oder einem Verleger zusammenarbeiten sollten – und sehen sich auch nach den richtigen Leuten für Sie um. Manager können Sie auch dabei unterstützen, den passenden Musikanwalt und Buchhalter zu finden, falls Sie noch keinen im Team haben.

Falls Ihnen also die geschäftliche Seite des Songwriting nicht so liegt und Sie sich lieber nur der kreativen Seite zuwenden wollen– leisten Sie sich einen Manager, der jeden Tag für Sie in die Schlacht zieht. Der Manager ist als Einziger in der Lage, Ihr gesamtes Team zusammenzustellen.

Manche Singer/Songwriter nehmen die Dinge gern selbst in die Hand und werden zu ihrem eigenen Manager. Gibt es Gründe, die dafürsprechen? Eigentlich ja – denn welcher andere Mensch ist schon so um Sie bemüht wie Sie selbst? Sie können einen Manager für sich beauftragen, doch wenn er schon vier oder fünf Kunden hat, von deren Honoraren er auch ohne Sie gut leben kann, wird er sein Hauptaugenmerk wohl auf diese Personen richten. Damit ein Manager Ihnen die Zeit schenkt, die Sie verdient haben, muss er schon wirklich an Sie glauben. Ob Sie wirklich einen brauchen, können Sie nur selbst herausfinden – am besten, indem Sie eine Liste mit den Vor- und Nachteilen erstellen.

Hüten Sie sich vor Managern, die schon vorher Geld für spätere Leistungen haben wollen. Dahinter kann alles Mögliche stecken: Zum Beispiel, dass es dem Herrn finanziell ziemlich mies geht oder dass er nicht wirklich an Sie glaubt und deshalb jetzt schon klar Schiff machen möchte. Ein seriöser Manager verlangt kein Geld im Voraus. Er verdient dann, wenn auch Sie verdienen, und zwar an den ihm zustehenden Prozenten. Eine sehr vernünftige Regelung, da es ihm dann umso besser geht, je besser es auch Ihnen geht – was ein Garant dafür ist, dass er sich auch für Sie einsetzen wird.

Sehen Sie sich gut um. Denken Sie daran, dass es Manager in allen Größenordnungen gibt, vom Superschwergewicht, das Superstars betreut, bis hin zum anerkannten Mittelgewicht und dem Federgewicht, das wie ein Löwe für Sie kämpft, weil es Ihre Musik so liebt. Erstellen Sie eine Liste mit Empfehlungen von Musikerkollegen, und suchen Sie im Internet nach den Namen und Rufnummern von Managern. Am besten ist es, Sie entscheiden sich für jemanden aus Ihrer Region – persönlicher Kontakt ist unbezahlbar! Obwohl natürlich ein Manager in einer der großen Musikhochburgen letztlich am meisten für Sie tun kann (vor allem, wenn Sie in Hintertupfing wohnen). Danach vereinbaren Sie Vorstellungsgespräche, auf die Sie sich mit einer gezielten Fragenliste vorbereiten sollten:

✔ **Wen betreuen Sie alles?** Bekannte Namen sind schon mal gut, berühmte Namen noch besser.

✔ **Wie viel Erfahrung haben Sie?** Wichtig ist es, einen Manager zu finden, der weitaus mehr Erfahrung hat als Sie selbst. Dann müssen Sie ihm nicht erst die Welt erklären – sondern eher umgekehrt.

✔ **Auf welche Art von Künstlern sind Sie spezialisiert?** Nach Beantwortung müssen Sie herausfinden, ob Sie zu dieser Art von Künstlern gehören.

✔ **Was verlangen Sie für Ihre Dienste?** Rechnen Sie als Antwort mit etwa 15 bis 25 Prozent Ihres Bruttoeinkommens. Wenn Ihr Manager wirklich gut ist, wird sich dieser Betrag mehr als auszahlen.

✔ **Wie viele Künstler betreuen Sie?** Falls sein Kundenstamm groß ist, hat er dann auch genügend Leute in seinem Team, damit sämtliche Detailarbeiten erledigt werden? Bestehen Sie darauf, sein gesamtes Team kennenzulernen, von der Empfangsdame bis hin zu sämtlichen seiner Partner. Falls Ihnen jemand davon nicht gefällt und Sie von dieser Person nicht betreut werden wollen, weisen Sie darauf hin.

Was ein Agent für den Songwriter tun kann

Neben Ihrem Manager kann auch ein guter Agent Ihnen dabei helfen, Ihre selbstgesteckten Ziele zu erreichen. Wenn Sie als Künstler auftreten, brauchen Sie einen Agenten, der Ihnen Engagements verschafft, die Ihrem Bekanntheitsgrad dienlich sind – egal, ob bei Volksfesten, in Nachtclubs oder in der Olympiahalle.

Als Songwriter stehen Ihnen auch spezialisierte Agenten zur Verfügung, die sich um die Unterbringung Ihrer Songs im Fernsehen, in der Werbung oder als Filmmusik bemühen. Andere Agenten wiederum werden Möglichkeiten im Video- und Gamebereich auskundschaften. Ebenso wie bei Managern, Musikanwälten, Songbrokern und Verlegern hängt auch bei Agenten alles von ihrem guten Ruf und ihren Connections ab. Fragen Sie, wo ihre Stärken liegen, und prüfen Sie danach, ob die Antwort sich mit Ihren Karrierezielen verträgt. Ob der Agent seine zehn oder 15 Prozent wert ist, hängt von der Qualität der Events ab, für die er Ihnen Auftritte verschafft, und ferner davon, wie gut er mit dem Rest Ihres Teams kooperieren kann.

Wenn Manager und Agent einen guten Draht zueinander haben, steigen Ihre Erfolgschancen im harten Wettbewerb. Ihr Anwalt und Ihre Musikerkollegen können Ihnen bei der Suche nach einem Buchungsagenten sicherlich den einen oder anderen Tipp geben. Falls Sie aber nur Songs schreiben und nicht selbst auftreten, brauchen Sie keinen Buchungsagenten und können Ihre Energie anderweitig einsetzen.

Wann Sie einen Buchhalter oder Betriebswirt brauchen

Buchhalter sind Leute, die gelernt haben, wie man eine Buchführung macht – also die Zahlenakrobaten im Team! Ihr Job ist es, Sie in Finanzdingen zu beraten, Ihre Geldangelegenheiten zu regeln und sich, je nach Bedarf, auch um Ihre jährlichen Steuerrückzahlungen und noch vieles andere mehr zu kümmern. Wenn Sie den Buchhalter nur für Ihre Steuern brauchen, muss es nicht unbedingt einer sein, der auf die Musikindustrie spezialisiert ist. Falls Sie sich aber mit einem Musikexperten wohler in Ihrer Haut fühlen, dann bitte schön auch einen, der in Sachen Musikindustrie mit allen Wassern gewaschen ist. Tantiemen und Rechteansprüche sind ein kompliziertes Feld, über das viele Standardbuchhalter nicht ausreichend informiert sind.

Wenn Ihr Buchhalter sich um Ihre gesamten Finanzen kümmert, ist er gewissermaßen zu Ihrem *Betriebswirt* geworden– sprich: zu der Person, die alle Betriebsangelegenheiten für Sie regelt. Da aber gerade in Deutschland die Vorschriften und das Steuerrecht höchst kompliziert sind und sich zudem ständig ändern, ist der Beistand eines staatlich anerkannten Steuerberaters, eines ausgebildeten Kaufmanns oder eines amtlich zugelassenen Buch- und Rechnungsprüfers mit Erfahrungen auf dem Gebiet der Musikindustrie unumgänglich. Diese Spezialisten sind in der Regel auch nicht teurer als ein herkömmlicher Steuerberater, doch in manchen Gegenden ist es schwer, sie zu finden.

Was ein guter Musikbuchhalter oder Betriebswirt für Sie tun kann

Sie wollen also einen Buchhalter einstellen, der sich speziell mit den Einnahmen und Ausgaben von Songwritern gut auskennt. Dazu müssen Sie eigentlich die gleichen Stufen durchlaufen wie bei Ihrem Musikanwalt. Mag schon sein, dass Sie einen Experten von jemandem unterscheiden können, der alles kann, aber nichts richtig – wichtig bleibt trotzdem, dass er gerade auf dem Gebiet der Musikbuchführung viel Wissen und Erfahrung mitbringt.

Ein wünschenswerter Musikbuchhalter oder Betriebswirt muss folgende Dinge für Sie erledigen können:

✔ Er muss Ihnen dabei helfen, immer genügend Geld auf der Seite zu haben, damit Sie Ihre Steuern bezahlen können, die er für Sie berechnet und pünktlich abführt.

✔ Er muss Ihnen erklären können, was solche Dinge wie Vorsteuer oder »von der Steuer absetzen« bedeuten und Sie immer wieder sanft dazu ermahnen, sämtliche Quittungen für Geschäftsausgaben sorgsam aufzubewahren.

✔ Er muss Ihre Finanzen verwalten, das heißt, Geld auf Ihr Konto einzahlen, aber auch Rechnungen bezahlen, die Sie an ihn weitergeleitet haben.

✔ Er muss Ihnen monatlich Bericht über die Plus- und Minusposten auf Ihrem Konto erstatten, im Kaufmannsdeutsch bekannt als *Forderungen* und *Verbindlichkeiten*.

✔ Er muss Sie darüber aufklären können, wie Sie Ihr Geld am besten anlegen, oder Sie an entsprechende Experten weiterverweisen.

✔ Er muss Ihre Tantiemenforderungen prüfen und sich darum kümmern, dass die richtigen Beträge pünktlich auf Ihrem Konto eingehen.

Auswahlkriterien für Buchhalter und Betriebswirte

Da der Buchhalter beziehungsweise Betriebswirt vermutlich die letzte Person ist, die Sie für Ihr Team auswählen, können Sie sich dafür besonders viel Zeit lassen – es sei denn natürlich, Sie werden über Nacht berühmt, dann müssen Sie Gas geben und sofort jemanden finden, dem Sie Ihr Vertrauen schenken können.

Da Ihnen bereits ein Anwalt und vielleicht auch ein Verleger zur Verfügung stehen, dürfte es auch mit den Empfehlungen nicht mehr so schwer sein. Oftmals nämlich arbeiten solche Musikprofis zusammen oder wissen zumindest ein wenig über die Qualitäten anderer Leute in der Musikbranche Bescheid. Auf jeden Fall sollten Sie sich eine Liste mit Leuten aufstellen, mit denen Sie ein persönliches Gespräch vereinbaren.

Alle Leute in Ihrem Team sind wichtig, und der Buchhalter oder Betriebswirt ist es, der das abwickelt, was allen am meisten am Herzen liegt – das Geld! So etwas kann man nur einer Person übergeben, bei der man wirklich ein gutes Gefühl hat; schon deswegen sollten Sie beim Vorstellungsgespräch mit ein paar unverblümten Fragen gerüstet sein, die Sie den Kandidaten stellen. Hier ein paar Vorschläge für Fragen, die Ihnen bei Ihrer Entscheidungsfindung wirklich weiterhelfen können, wer nun Ihr Herzblatt … sorry, Ihr Buchhalter oder Betriebswirt sein soll.

- ✔ **Wen vertreten Sie alles?** Auch hier wieder auf bekannte Namen achten (auch wenn sie nicht zwangsläufig ein Garant dafür sind, dass Ihr Geld hier in guten Händen ist; man hat schon oft gehört, dass bekannte Persönlichkeiten übers Ohr gehauen wurden)!

- ✔ **Wie viel Erfahrung haben Sie?** Die Antwort auf diese Frage gibt Ihnen mehr Aufschluss als jedes Name-Dropping. Sie müssen wissen, wie viel Ahnung der andere von Tantiemen, Aufführungsrechten und mechanischen Rechten hat. Versuchen Sie, sein Musikwissen und seine Fachkenntnis richtig einzuschätzen.

- ✔ **Was verlangen Sie für Ihre Dienste?** In dieser Hinsicht gehen Buchhalter ganz ähnlich vor wie Rechtsanwälte. Die meisten rechnen pro Stunde ab, bei einem monatlichen Vorschuss oder im Voraus gezahlten Prozenten.

Wenn Sie einen Buchhalter oder Betriebswirt für sich auswählen, ist es wichtig, dass er das Hintergrundwissen und die Erfahrung hat, das zu meistern, was Sie von ihm verlangen (nämlich Ihre berufliche Karriere und Ihre Geldangelegenheiten zu regeln). Bevor Sie einen Vertrag mit ihm unterzeichnen, verschaffen Sie sich einen Überblick über seine Branchenkenntnisse und sein Know-how. Wenn Sie dann noch einen Hit nach dem anderen landen, ist ihm eine lange Zukunft in Ihrem Team so gut wie gewiss.

Kapitel 19

Der juristische Teil samt allem Papierkram

Kreativ sein, mit Melodien und Texten arbeiten, Songs hervorbringen – das alles kann sehr zeitaufwändig sein. Wenn dann noch der ganze Papierkram dazukommt, der einem als Freiberufler nicht erspart bleibt, fühlt man sich schnell müde, genervt, überlastet – als Künstler schon sowieso. Doch genau dieser Papierkram, dieser ganze Wust aus Formularen und Dokumenten, kann maßgeblich sein für Ihren Erfolg. In Kapitel 18 finden Sie mehr über Verträge, wie sie in der Musikwelt üblich sind.

Kreatives Denken und geradliniges Denken gehen nur selten Hand in Hand – was man schon daran sieht, dass schöpferische Menschen oft im Chaos leben, während in wohlgeordneten Büros der kreative Funke fast nie aufleuchtet. Das Problem ist: Damit sich die schöpferische Arbeit auch lohnt, ist es fast unerlässlich, auch über die rein geschäftliche Seite des Jobs ein wenig Bescheid zu wissen. Selbst wenn es Leute in Ihrem Team gibt, die Ihnen diese notwendigen Übel (Verwaltungskram, Buchführung, Verträge und so weiter) weitgehend aus der Hand nehmen – letztlich sind immer noch Sie es, dessen Name unter den Schriftstücken steht, also können Sie sich nicht einfach zurücklehnen und auf den gestrigen Tag warten. Wenn Sie nach dem Motto vorgehen »Hey, ich bin Künstler, was interessiert mich dieser ganze Schwachsinn?«, sind Sie mit Sicherheit auf dem falschen Weg. Selbst bei den fähigsten Mitarbeitern Ihres Teams sollten Sie stets unter Kontrolle haben, was diese Leute eigentlich tun, wenn sie tun, was sie tun. Nur so kann Ihr Betrieb zu 100 Prozent funktionieren.

In diesem Kapitel wollen wir Sie daher ein wenig in die Kunst des Verträge-Lesens, Formulare-Ausfüllens und Papierkram-Ordnens (was für Wortungetüme) speziell für Songwriter einführen.

Rechtsverkehr: Wie ein Win-win-Vertrag aussehen sollte

»Das Beste für alle Beteiligten« – wenn das aus einem Vertrag resultiert, ist es mit Sicherheit der Idealfall. Auch wenn man in der Musikbranche immer wieder von Leuten hört, die ausgenommen wurden wie eine Weihnachtsgans, ist es dennoch möglich, Verträge abzuschließen, von denen alle profitieren und bei denen jeder als Gewinner hervorgeht.

Manche Dinge sollte man einfach schon im Vorfeld klären, also bevor man sich ins Geschäftsabenteuer stürzt. Auf diese Weise gibt es nachher (zumindest meist) keine Unklarheiten darüber, wem was zusteht und wie mit den eingenommenen Geldern verfahren wird. In anderen Worten: Schlichten Sie jeden Streit bereits, bevor er überhaupt ausbricht.

Was ich am Musikgeschäft am meisten hasse, ist das »Geschäft mit der Musik«. Am liebsten wäre es mir, ich könnte ausschließlich Lieder schreiben und vorführen, und damit basta. Leider jedoch wären damit so manche meiner Songs nie ans Ohr der Öffentlichkeit gelangt oder ich hätte meinem Geld ständig hinterherlaufen müssen. Nach all den Jahren weiß ich sie durchaus zu schätzen, all die Papierarbeit, die zu meinem Job gehört – ob es nun darum geht, mir das Copyright an einem Song zu sichern, ihn bei einer Verwertungsgesellschaft anzumelden, einen Vertrag mit einem Verleger abzuschließen oder ein Amtsformular auszufüllen. Im Übrigen ist die geschäftliche Seite des Songwritings gar kein solches Mysterium, wie man oftmals denkt. Je besser man selbst versteht, was man eigentlich unterschreibt, umso besser sorgt man letztlich für seine Songs und umso besser sind sie aufgehoben.

Jim Peterik, Songwriter und Musiker, schrieb Hits für Bands und Künstler wie Survivor, .38 Special und andere

Die verschiedenen Vertragsformen verstehen

Entgegen gängigen Vorstellungen gibt es so etwas wie einfache Verträge durchaus – ja, manchmal genügt sogar ein Handschlag (wobei diese Methode jedoch nicht empfohlen wird!), und viele Verträge zwischen Songwritern und ihren Geschäftspartnern sind nicht länger als eine Seite. In ihnen steht, wer was zu tun hat und was er dafür bekommt, aus die Maus. Wenn Ihre Songs zu Hits werden, wirkt sich das natürlich auch auf die Verträge aus: Sie werden länger und detaillierter, und Ihr Musikanwalt wird mit Sicherheit dafür sorgen, dass jedes i-Tüpfelchen enthalten ist.

Lassen Sie niemals zu, dass irgendein skrupelloser Verleger, Manager oder Künstler Sie zur Unterzeichnung eines Vertrags nötigt, den Sie gar nicht richtig verstehen und ihm somit auch nicht vorbehaltlos zustimmen können. Ein beliebter Trick ist es, jemandem einen Vertrag an einem Sonntag vorzulegen, wo kein Anwalt zu Rate gezogen werden kann. Andere wiederum versuchen es mit der Auflage, entweder »jetzt gleich« zu unterzeichnen, oder das Geschäft geht flöten! In diesem Fall ist es wirklich besser, die ganze Sache sausen zu lassen, bevor man nachher mit einem unfairen Vertrag dasteht. Hüten Sie sich vor allem vor Leuten, die behaupten, bei einem Vertragsabschluss *sowohl* Sie *als auch* die Gegenseite zu vertreten. Dahinter steckt meist eine Finte des Vertreters der einen Partei (Verleger, Produzent, Co-Writer und so weiter), auf einen blauäugigen Songwriter zuzugehen und zu sagen »Hey, wir müssen diesen Deal *jetzt* abschließen … Da ich bereits für [den oder den] arbeite, kann ich mit Ihnen die Sache doch auch gleich klären, dann können wir loslegen!« Gehen Sie solchen Situationen unter allen Umständen aus dem Weg. Songwriter brauchen ihre eigenen, unabhängigen Vertreter.

Der Tag wird kommen, an dem Sie als Songwriter zum ersten Mal vor einer gepunkteten Linie sitzen, auf der Sie mit Ihrem Namen unterzeichnen sollen. Und wahrscheinlich werden es ganz verschiedene Vertragsarten sein, mit denen Sie zu tun bekommen, sodass es sich empfiehlt, über sämtliche Möglichkeiten schon vorher ein wenig Bescheid zu wissen. In den folgenden Abschnitten wollen wir uns einmal ansehen, womit Sie rechnen müssen, bevor Sie den Stift aufs Papier setzen.

Verleger- und Koverlegerverträge

Nachdem ein Songwriter die Musik, den Text (oder beides) zu einem Song fertiggestellt hat, ist er damit auch automatisch Verleger dieses Songs, es sei denn, er hat die Veröffentlichungsrechte einer anderen Stelle übertragen. (In Kapitel 18 können Sie nachlesen, welche Formalitäten notwendig sind, um seinen eigenen Verlag zu gründen.) Da jedoch die meisten Songwriter weder über den Einfluss noch über die Verbindungen zur Branche verfügen, um diesen Job effektiv ausführen zu können und ihre Songs in Umlauf zu bringen, überschreiben sie in der Regel die Veröffentlichungsrechte an ihren eigenen Songs vollständig oder teilweise einer Drittpartei. Bei dieser Drittpartei kann es sich um ein Verlagsunternehmen, eine Plattenfirma oder einen Manager handeln, der als Verleger, Songbroker oder Songverwalter tätig ist.

Ein Verlags- oder Co-Verlagsabkommen ist der oftmals komplexe Vertrag, dessen Unterzeichnung man von Ihnen verlangt, wenn Sie einen Deal mit einem Verleger machen (mehr über die Aufgaben eines Verlegers in Kapitel 17). Ob das Unternehmen, das Sie in Betracht ziehen, nun groß oder klein ist – versäumen Sie nie, den Vertrag genau zu lesen und *jedes* darin enthaltene Wort zu verstehen. Bevor Sie Ihre kostbaren Songs anderen anvertrauen und ihnen fast die Hälfte der Einnahmen (oder ein Viertel davon bei einem Co-Verlegerabkommen) zusichern, sollten Sie an folgende Punkte denken:

✔ Vergewissern Sie sich, dass das Verlagsunternehmen Sie fair behandelt, was Dinge wie Vorschüsse, Kosten für Demos, Laufzeit und Copyright-Rückerstattung angeht (falls man Ihnen die Rechte an Ihrem Song nach Vertragsablauf nicht zurückgeben will, sollten Sie sich dafür entsprechend entlohnen lassen).

✔ Stellen Sie sicher, dass Ihr *Soll* (also die Anzahl von Songs, die Sie innerhalb eines bestimmten Zeitraums schreiben und beim Verlag abliefern müssen) realistisch ist. Es gibt skrupellose Verleger, die ein völlig unrealistisches Soll festlegen, um den Songwriter, wenn er es nicht erfüllen kann, dann des Vertragsbruchs zu bezichtigen und ihm keine weiteren Vorschüsse mehr zu bezahlen.

✔ Sorgen Sie dafür, dass der Verlag Sie nicht dafür verantwortlich macht, wenn eine bestimmte Anzahl von Tonaufnahmen (von einem Künstler, der Ihre Songs vertont) nicht erreicht wird – das ist Sache des Verlags! Wenn Sie also nicht gerade ein übereifriger Produzent sind, bei dem sich dieser Punkt buchstäblich von selbst erledigt, oder als Singer/Songwriter Ihre Songs selbst aufnehmen, hüten Sie sich vor solchen Abmachungen.

Das alles sind Dinge, die in einem Vertrag festgehalten werden können. Doch wie sehr sich die Firma für Sie ins Zeug legt und wie viele Ihrer Songs sie tatsächlich an einen Künstler vermitteln kann – das sind Dinge, die Sie selbst abschätzen müssen, und zwar anhand der bisherigen Erfolgsbilanz Ihres Vertragspartners, dem Ruf, den er genießt, und Ihres eigenen Bauchgefühls. Trotzdem: Dieses Stück Papier ist alles, was Sie haben, um das Unternehmen an seine Verpflichtungen zu erinnern – deshalb müssen Sie es unbedingt verstehen, und es sollte auch so verständlich wie möglich formuliert sein.

Verträge zum Thema Aufführungsrechte

Das sind Verträge, die Sie mit der GEMA schließen müssen – der Organisation also, die überwacht, wo und wann Ihre Musik aufgeführt oder gesendet wird und die Gelder dafür einsammelt. Solche Verträge sind oft sehr ausführlich; Sie sollten trotzdem alles verstehen und auch wissen, wie man sie beendet, falls Sie mit den Leistungen nicht zufrieden sind. Noch wichtiger ist jedoch, dass Sie verstehen, nach welchem Schlüssel Ihre Anteile berechnet werden (mehr darüber in Kapitel 17).

Was bedeutet eigentlich Aufführung? Der Begriff steht für alles Mögliche: Wenn Ihr Song im Radio oder im öffentlich-rechtlichen und privaten Fernsehen gesendet wird, wenn er die Kunden eines Supermarkts oder Einkaufszentrums berieselt, wenn man ihn bei Liveauftritten spielt, in Nachtclubs, im Fitnessstudio, bei Paraden und und und. Außerdem müssen Sie als GEMA-Mitglied immer, wenn einer Ihrer Songs erscheint, ein Formular ausfüllen. Auf der Homepage der GEMA (www.gema.de) finden Sie alle möglichen Vordrucke als PDF-Dateien zum Herunterladen oder zum online ausfüllen. Füllen Sie sie korrekt aus, vergessen Sie nichts und seien Sie ehrlich – es ist das einzige Beweismittel, dem Sie entnehmen können, ob Sie korrekt ausbezahlt werden.

Verträge zum Thema mechanische Rechte

Tantiemen für *mechanische Vervielfältigung* sind die Gelder, die Sie für verkaufte CDs, Tonbänder, Videos und DVDs erhalten. (Der Begriff *mechanisch* stammt noch aus der Zeit, als man von »mechanischer Klangwiedergabe« sprach.) Dazu gilt es ebenfalls, verschiedene GEMA-Formulare auszufüllen (falls jemand anders einen Ihrer Songs aufnehmen will, berührt das auch Ihre mechanischen Rechte). Die Bezahlung erfolgt nach einem festgelegten Standardsatz, der für alle Songwriter gleichermaßen gilt.

Copyright-Anmeldungen

Sie müssen sichergehen, dass Ihr Song nicht einfach geklaut werden kann, wenn Sie ihn draußen in der Welt herumschicken, daher gilt die Anmeldung Ihres Titels auch als Nachweis Ihrer Urheberschaft.

Verträge zum Thema Synchronisationsrechte

Wenn jemand Ihren Song für einen Film, ein Video oder einen Werbespot verwenden will, wo er synchron zum Geschehen auf dem Bildschirm gespielt wird, müssen Sie oder Ihr Verleger dem Betreffenden die Lizenz zur Synchronisation erteilen. Was dabei herausspringt, hängt in hohem Maße davon ab, wie bekannt Ihr Song ist und wie heiß man ihn begehrt. Auch hier gilt: Alles zwei- oder dreimal durchlesen und prüfen, bevor Sie Ihre Zustimmung geben.

Werbeverträge

Wenn ein Produkthersteller einen seiner Artikel mit Ihrem Song bewerben will, muss er ebenfalls mit Ihnen oder Ihrem Verleger einen Vertrag abschließen. Darin steht:

✔ Um welches Produkt es sich handelt,

✔ in welchem geografischen Verbreitungsgebiet die Werbung stattfindet (also zum Beispiel nur im Raum Wanne-Eickel-West oder bundesweit),

✔ die Medienkonzentration (Radio, Fernsehen, Internet oder alles zusammen),

✔ in welchem Umfang der Song verwendet wird,

✔ wie lange er eingesetzt werden soll (bei mehreren Durchgängen sollten Sie für jeden neuen Anlauf mehr heraushandeln).

Ein Song, der in der Werbung gespielt wird, kann davon unglaublich profitieren. Meist ist es aber auch so, dass er danach für andere Produkte nicht mehr eingesetzt werden darf. Streben Sie also eine Basis an, die sich wirklich für Sie lohnt.

Co-Writer-Verträge

Egal, ob er auf eine Serviette gekritzelt oder von einem Profi-Anwalt nach allen Regeln der Kunst abgefasst wurde – der Co-Writer-Vertrag ist die offiziell gültige Vereinbarung zwischen zwei oder mehr Songwritern, in der festgelegt wird, wie sie die Einnahmen untereinander aufteilen wollen. Die notwendigen Formulare lassen Sie sich am besten von Ihrem Musikanwalt besorgen.

Verträge sind immer nur so gut wie die beteiligten Parteien, und dass man dem anderen vertrauen kann, ist ein wichtiger Faktor. Im Zweifelsfall verlassen Sie sich auf Ihr Bauchgefühl und einen guten Musikanwalt!

Sobald ich zusammen mit einem Co-Writer einen Song fertiggestellt habe, finde ich es am klügsten, sofort an Ort und Stelle zu regeln, wer welchen Anteil bekommt, denn jetzt kann sich jeder noch erinnern, wie viel er selbst beigetragen hat. Ich habe öfter mal den Fehler begangen, zu lange zu warten, und dann gab es vor Veröffentlichung des Songs jedes Mal ein Kuddelmuddel, und keiner wusste mehr genau, wie groß sein Beitrag war.

Jim Peterik, Songwriter von 18 Top-Ten-Billboard-Hits

Wann man den Stift ansetzen sollte

Wenn Sie mit jemandem einen Deal eingehen, der mit Ihrer Karriere, mit Besitzansprüchen, mit potenziellen Einnahmen oder Ähnlichem zu tun hat, lautet die Regel: Alles schriftlich! Wenn Sie das Gefühl haben, die richtige Person mit den richtigen Connections gefunden zu haben – sei es nun ein Anwalt, ein Verleger oder ein Songbroker – legen alle Parteien ihre Ziele dar und setzen Zeitlimits, innerhalb welcher diese erreicht werden sollen. In anderen Worten: Schließen Sie einen Vertrag ab! Es kann ein einfacher oder komplexer Vertrag sein, aber wichtig ist, dass genau formuliert und niedergeschrieben wird, welche Ziele und Erwartungen die Beteiligten haben, die Ihre Songs, Ihren Stil und Ihre Ethik repräsentieren. Sehen Sie sich die Checkliste in Abbildung 19.1 an – sie enthält alles, was in einem Vertrag zwischen Songwriter und Verleger festgehalten sein sollte.

Bevor ein Vertrag tatsächlich unterzeichnet wird, entsteht oft ein Riesenhype. Lassen Sie sich von Ihrem Instinkt sagen, wann der richtige Zeitpunkt da ist, um die Sache zum Abschluss zu bringen. Auch hier kann ein Musikanwalt in Ihrem Team Ihnen raten, wann es klug ist, Ihre Unterschrift auf die gepunktete Linie zu setzen.

Bevor Sie irgendeinen Vertrag unterzeichnen, lassen Sie den Vertragstext noch einmal von einem Musikanwalt Ihres Vertrauens prüfen, der darauf achtet, ob er wirklich fair und korrekt formuliert ist. Zusätzlich sollten Sie sich selbst folgende Fragen stellen:

- ✔ Verstehen Sie auch alles, wozu Sie Ihre Zustimmung geben?

- ✔ Vertrauen Sie den Leuten, mit denen Sie den Vertrag abschließen?

- ✔ Haben Sie das Gefühl, für sich das Beste herausholen zu können?

- ✔ Können Sie mit der Vertragsdauer und möglichen weiteren Einschränkungen leben?

- ✔ Glauben Sie, dass der Vertrag Ihrer Karriere nützlich sein wird?

- ✔ Wird der Vertrag Sie dazu motivieren, Ihr Bestes zu geben?

- ✔ Zieht Ihr Vertragspartner mehr Nutzen aus dem Abkommen als Sie?

Es empfiehlt sich, auch zu prüfen, ob der Vertrag möglicherweise einen Pferdefuß enthält. Hier eine Liste von zehn Dingen, bei denen Ihre Alarmglocken schrillen sollten:

- ✔ **Verlagsverträge, die vom Songwriter eine Veröffentlichungsgebühr verlangen.** Seriöse Verleger nehmen sich von den Einnahmen ihre festgelegten Prozente, mehr nicht. (Im Übrigen: Verleger, die schon vor Veröffentlichung Ihrer Songs Geld haben wollen, sind von der GEMA meist nicht geduldet.)

- ✔ **Verlagsverträge, die erwarten, dass Sie einen Teil Ihrer Songwriter-Tantiemen (im Gegensatz zu den Verleger-Tantiemen) abtreten.** Ein solches Vorgehen ist nur in ganz bestimmten Fällen erlaubt – fragen Sie vorher unbedingt Ihren Anwalt.

✔ **Verlagsverträge, bei denen der Songwriter für eine Mindestanzahl an Veröffentlichungen zu sorgen hat.** Das geht nicht, das ist Sache des Verlegers – wenn Sie ihm dabei helfen können, umso besser, aber die Verantwortung liegt einzig und allein bei ihm.

✔ **Vereinbarungen zwischen anderen beteiligten Songwritern, die Ihrem prozentualen Anteil an dem Song eine Höchstgrenze setzen, egal, wie viel Sie dazu beigetragen haben.**

✔ **Verlagsverträge, die ein unrealistisches Soll setzen, wie viele Songs Sie einreichen müssen, um einer Vertragsauflösung vorzubeugen.**

✔ **Verlagsverträge, die nur solche Songs zu Ihrem vierteljährlichen Soll zählen, die zu mindestens 50 Prozent von Ihnen stammen.**

✔ **Verträge, deren Vertragsdauer unrealistisch lang ist (in der Regel alles über drei Jahre) und die ausschließlich dem Verleger Gründe für eine vorzeitige Beendigung einräumen.**

✔ **Verträge, die Ihnen nur eine Zusammenarbeit mit Songwritern erlauben, die bei demselben Verlag unter Vertrag sind.**

✔ **Verträge, laut denen Sie 100 Prozent Ihres Verlegeranteils abgeben müssen, ohne Vorschüsse oder wöchentliche Vorauszahlungen zu erhalten.**

Da der Schallplatten-Einzelhandel auch nicht mehr ist, was er mal war, bestehen viele Plattenfirmen, wenn sie mit einem Künstler oder einer Band vertraglich übereinkommen, auf ihren Veröffentlichungsrechten, um sich mit ihrer Investition anderweitig schadlos zu halten. Falls Sie ein Künstler sind, der vor der Unterzeichnung eines Plattenvertrags steht, bitten Sie Ihren Anwalt, alles dafür zu tun, dass Sie wenigstens die Hälfte der Veröffentlichungsrechte behalten dürfen.

✔ **Alle Verträge, die Sie schnellstmöglich unterzeichnen sollen, ohne vorher den Rat eines guten Anwalts einzuholen.**

Vertragsbruch kann teuer werden – auch deshalb ist es so wichtig, dass Sie genau verstehen, was Sie unterschreiben. Sprechen Sie mit Ihrem Anwalt darüber, mit anderen Leuten, die sich auskennen, mit Ihrer Familie, Ihren Kindern, Ihrem Hund – danach können Sie nur noch Ihrem Bauch folgen (und natürlich dem Wissen, das Sie sich hier erworben haben). Es ist gar nicht so selten, dass ein ungutes Gefühl sich im Nachhinein bestätigt.

Wenn Sie irgendeine Formulierung nicht verstehen (Verträge sind ja nicht unbedingt immer sehr leserfreundlich formuliert) – lassen Sie sie von einem Fachmann prüfen, der sie Ihnen erklärt und notfalls eine klarere Formulierung vorschlägt. Fragen kostet nichts – im Gegensatz zur Antwort, die man bekommt, aber das sollte Ihnen die Sache wert sein.

Checkliste für einen
Songwriter-/Verleger-Vertrag

☐ **Vertragsdatum:** Der »Geburtstag« Ihres Vertrages

☐ **Vertragspartner:** Ihr Name und der des Verlegers

☐ **Die Komposition:** Titel, Text und Musik des oder der Songs, die Sie Ihrem Verleger überlassen

☐ **Vertragsdauer:** Reicht vom Tag der Vertragsunterzeichnung bis zum vereinbarten Vertragsende (kann in der Regel zwischen drei und 25 Jahre betragen); präzisiert auch die Voraussetzungen für eine Verlängerung oder vorzeitige Beendigung.

☐ **Bestehende Verträge:** Hier geht es um bestehende Verträge (zum Beispiel mit der GEMA), denen der betreffende Vertrag untergeordnet ist.

☐ **Exklusivitäts- und Originalitätsbestätigung:** Bestätigt, dass Ihre Kompositionen vertraglich als Exklusiv- und Originalwerke behandelt werden und niemand anderes das Recht hat, sie als seine auszugeben.

☐ **Rechte und Pflichten:** Legt unmissverständlich fest, über welche Rechte und Pflichten jede der Parteien verfügt. Klärt auch, dass Sie für zu bezahlende Dinge bezahlt werden.

☐ **Verleger gewährt dem Songwriter:** Einen Vorschuss auf Tantiemen; Ausgaben für Demos werden vorgestreckt; Prozente für: Großhandelspreis; alle Nettobeträge für das Ausland, Klavierversionen, Orchestrierung, Abmachungen mit Bands, Songbooks, Lizenzen für den Abdruck von Texten in Büchern und Zeitschriften und so weiter; Gebühren für die synchrone Verwendung in Tonfilmen; sowie für jede weitere Quelle, die bei Vertragsabschluss noch unbekannt ist.

☐ **Zahlungsmethode:** Regelt, wann und wie Sie vom Verleger für jeden Teil der Einnahmen bezahlt werden. Sollte auch auf Art und Weise der Berechnung und Gutschreibung auf Ihr Konto eingehen, ferner auf Ihr Recht, den Buchführungsprozess zu überwachen.

☐ **Aufnahme der Komposition:** Legt einen Termin fest, bis zu dem der Verleger eine kommerzielle Aufnahme der Komposition veröffentlicht haben muss; enthält eine Klausel zur Beendigung des Vertrags bei Nichteinhaltung.

☐ **Nachweis der Songwriter:** Wenn Sie Co-Writer sind und sich die Tantiemen teilen müssen, muss geklärt werden, wer die anderen Autoren sind und wie die Gelder, die den Songwritern zustehen, aufgeteilt werden.

☐ **Erfüllungsfristen:** Hier sollte stehen, was bis zu welchem Zeitpunkt erledigt werden muss; ferner sollte verdeutlicht werden, was jeweils »In diesem Fall …« oder »Falls es zu … kommt« bedeuten. Hier brauchen Sie wahrscheinlich echt die Hilfe eines Anwalts!

☐ **Vertragsbeendigung:** Falls Ihr Verleger oder Sie den Vertrag beenden wollen, müssen Sie über mögliche Gründe und Verfahrensweisen Bescheid wissen. Stellen Sie auch sicher, dass sämtliche Kompositionen, die Sie dem Verleger überlassen haben, an Sie zurückgegeben werden.

☐ **Schlichtung:** Für den Streitfall muss festgelegt sein, auf welche Weise die Meinungsverschiedenheiten beigelegt werden sollen.

☐ **Gerichtskosten:** Legt fest, wer im Fall eines Rechtsstreites die Kosten trägt.

☐ **Gerichtsstand:** Der Vertrag orientiert sich bei gerichtlichen Auseinandersetzungen an den Gesetzen des Staates Sowieso.

☐ **Unterschriften:** Sie, ein Zeuge und der Verleger unterzeichnen auf den gepunkteten Linien mit Namen, Adresse und Datum.

Abbildung 19.1: Checkliste für einen Vertrag zwischen Songwriter und Verleger

Jetzt haben wir Ihnen so viel über Verträge erzählt – jetzt würden Sie sicher auch gern mal einen mit eigenen Augen sehen. Der VDM (Verband Deutscher Musikschaffender) hat eine Website (`www.vdmplus.de`), auf denen Sie Muster für alle nur denkbaren Vertragsformen für Musiker finden; um in deren Genuss zu kommen, müssen Sie allerdings erst Mitglied werden, und das kostet. Sie können aber auch den Do-it-yourself-Weg beschreiten: Wenn Sie mit einer bestimmten Art Vertrag zu tun bekommen, geben Sie die Bezeichnung einfach bei Google oder einer anderen Suchmaschine ein. Verstreut übers Netz findet sich da so manches.

Wie Sie Ihren Song per Copyright schützen

Bevor Sie Ihren Song irgendwo anbieten, sollten Sie ihn per Copyright schützen. Darum kann sich Ihr Verleger oder Ihr Anwalt kümmern, Sie können es aber auch selbst tun. Wichtig ist nur, dass es schnellstmöglich geschieht!

Copyright bedeutet Urheberrecht; das heißt, Sie können Ihr Material auf diese Weise davor schützen, dass ein anderer es sich aneignet und für sein geistiges Eigentum ausgibt. Auch hierfür gibt es spezielle Formulare, die vielleicht auf den ersten Blick etwas kompliziert anmuten, aber wir werden versuchen, Ihnen in diesem Abschnitt ein paar gute Tipps zu geben.

Von dem Moment an, wo Ihr Song auf einem Band verewigt wird, liegt er in *greifbarer Form* vor und ist automatisch Copyright-geschützt. Sollte aber irgendwann jemand Ihr Copyright anfechten, wird es kompliziert. Dann müssen Sie erst mit exaktem Datum nachweisen, wann der Song entstanden ist – es sei denn, Sie verfügen über ein eingetragenes Copyright. Deshalb sollten Sie Ihr Werk auf jeden Fall registrieren lassen, dann sind Sie bei einer Copyright-Verletzung viel besser geschützt.

Früher gab es auch noch das sogenannte »Copyright des armen Mannes«, das aber gesetzlich nicht mehr als verbindlich gilt. Man nahm seinen Song auf Kassette (oder CD) auf und schickte ihn an sich selbst. Vorausgesetzt, man öffnete den Umschlag nach Rücksendung nicht, konnte man sich auf den Poststempel als Entstehungsdatum berufen. Natürlich können Sie diese Methode noch immer anwenden, aber *nur* in Verbindung mit einem gesetzlichen Copyright, als zusätzlichen Beleg für den Zeitpunkt der Entstehung.

Auf der Website `www.copyright.com.de` können Sie Ihr Werk auch online anmelden und schützen lassen; jährlich sind es (nach Selbstauskunft des Seitenbetreibers) an die 100.000 Künstler, die sich für diesen Wege entscheiden. Zum Zeitpunkt der Übersetzung dieses Buches ins Deutsche kostete eine Copyright-Anmeldung dort 38 Euro, es gibt aber auch preiswertere Pakete für größere Posten (zum Beispiel 100 Copyrights für 990 Euro). Das Originaldokument wird bei einem Amtsdiener hinterlegt, Sie bekommen Ihr Zertifikat per E-Mail. Auch bei Streitfragen verspricht das Unternehmen »Assistenz«.

Falls Sie Ihren Song irgendwohin einsenden oder sich mit ihm bewerben, vergessen Sie nie, darauf hinzuweisen, dass Sie der Copyright-Inhaber sind. Das geht ganz einfach, mit dem Copyright-Symbol © und/oder dem ausgeschriebenen Wort »Copyright«. Dahinter folgen das Entstehungsjahr des Songs und Ihr Name. Das Ganze könnte also wie folgt aussehen (der Übersetzer dieses Buches ist so bescheiden, seinen Namen als Beispiel zu verwenden): © *2013 Oliver Fehn.* Versehen Sie mit diesem Hinweis (aber bitte mit Ihrem eigenen Namen!) jede

CD, jedes Tonband, jedes Noten- oder Textblatt, das Sie verschicken oder im Internet posten. Bei veröffentlichten Werken ist es sogar gesetzliche Vorschrift, dass sie mit dem Copyright-Hinweis versehen werden.

Gut organisiert ist halb reüssiert!

Sie haben es schon gemerkt: Das Songwriter-Business besteht aus zwei Komponenten – der *kreativen* und der *organisatorischen*. Der organisatorische Teil muss dabei ebenso »flutschen« wie der kreative. Das heißt: Nicht nur von der Muse sollte man sich küssen lassen, sondern gelegentlich auch vom heiligen Bürokratius (so befremdend diese Vorstellung auch sein mag). Erst dann ist auf dem Weg zum Erfolg an alles gedacht.

Genaue Aufzeichnungen sind alles. Wenn ich einen bestimmten Song versende, schreibe ich mir sofort auf, wann und an wen ich ihn geschickt habe. Und falls ich nachhaken muss, schreibe ich mir auf, was der andere am Telefon gesagt hat. Wenn ich meine Copyrights abhefte, mache ich mir immer eine Kopie für meine Unterlagen (die ich vernichte, wenn die Bestätigung aus Washington da ist). Wenn ich mit jemand Neuem zusammenarbeite, notiere ich mir sämtliche Information zur Person – Namen, Adresse, Telefonnummer, Geburtsdatum, Verlagsunternehmen und Sozialversicherungsnummer. (Das zahlt sich wirklich aus, wenn ich Formulare ausfüllen oder meinem Sachbearbeiter Informationen zu dem Song geben muss, den wir geschrieben haben.) Dabei spielt es wirklich keine Rolle, wie gut Sie technisch ausgerüstet sind (ob es eine teure Computersoftware mit unzähligen Funktionen ist oder ein ganz ordinärer Notizblock) – wichtig ist, dass Sie ein System haben und daran festhalten.

Jim Peterik, Songwriter von 18 Top-Ten-Billboard-Hits

Warum Organisieren so wichtig ist

Wenn Sie keine Sekretärin/keinen Sekretär haben (oder sogar dann!), sollten Sie sich immer aufschreiben, was Sie wem geschickt haben und wann. Wenn Sie gerade mit einer Menge neuer Leute zu tun bekommen, notieren Sie sich sämtliche Namen – von der Empfangsdame bis hin zur rechten Hand der Person, der Sie Ihr Päckchen geschickt haben.

Gut organisiert zu sein ist die halbe Miete. Wenn der A-&-R-Chef einer großen Firma Sie anruft, sollten Sie genau auf seine speziellen Wünsche eingehen können. Wenn Sie massenweise Päckchen rausgeschickt haben, aber nicht mehr wissen, was genau an wen, macht das keinen sehr professionellen Eindruck!

Es gibt unglaublich viele Organisationsmethoden – Sie müssen nur diejenige finden, die für Sie am nützlichsten ist. Eine Methode besteht darin, ein Standardformular mit schwarzen Linien herzustellen, auf die Sie dann Ihre Eintragungen machen, wenn Sie telefonieren oder ein Päckchen verschicken. Machen Sie sich einfach ein paar Blankokopien oder drucken Sie sich Leerformulare vom Computer aus. In den folgenden Abschnitten zeigen wir Ihnen ein paar Beispielformulare, die Sie gern verwenden dürfen. Natürlich können Sie die Formulare Ihren eigenen Bedürfnissen anpassen und die Informationsfelder nach individuellen Wünschen umgestalten.

 Falls Sie Erfahrung mit dem Computer haben, können Sie eine Excel-Tabelle verwenden, um Ihre Informationen immer abrufbar zu haben. Mit solchen Tabellen klappt das Organisieren großartig, und die Sortierfunktionen sind wirklich leicht zu bedienen. Im Internet können Sie aus einer Vielzahl von Vorlagen wählen.

Das Formular für potenzielle und bestehende Kontakte

In Abbildung 19.2 sehen Sie ein Muster für ein Formular, aus dem hervorgeht, wen Sie alles kennen und wen Sie noch kennenlernen wollen – also sämtliche bestehenden und noch zu schließenden (potenziellen) Kontakte. Was Letztere betrifft, so eignen sich Empfehlungen von Freunden und Mitarbeitern natürlich am besten, um einen Fuß in die Tür beziehungsweise die richtigen Leute aus der Branche an den Apparat zu bekommen. Es gibt zahlreiche Branchen-Adressbücher mit den wichtigen Namen samt Telefonnummern; aber falls Sie nicht gerade vom Glück gesegnet sind, müssen Sie sich den Weg zum persönlichen Gespräch mit den »großen Zampanos« hart erkämpfen.

 Wenn Sie mit jemandem in Kontakt treten, der eine spezielle Anfrage mit Nein beantwortet, fragen Sie ihn, ob er Sie an eine Adresse weitervermitteln kann, bei der die Aussichten besser sind. Fragen Sie ihn auch, ob er Ihnen irgendwelche Tipps geben kann, um Ihr Ziel leichter zu erreichen (ob Sie nun nach einer Plattenfirma suchen, nach einem Anwalt oder einem Künstler, der Ihren Song vertont).

Wie man ein Song-History-Formular erstellt

History heißt »Geschichte«, also Werdegang. Jeder Ihrer Songs hat einen bestimmten Werdegang, je nachdem, an wen Sie eine Kopie geschickt haben und welche Aussichten für künftige Einsendungen Sie ihm einräumen. (Das können verschiedene Stufen sein: Vergiss es – weiter versuchen – möglicherweise von Interesse – große Erfolgsaussicht – oder (die beste von allen): Vertrag am Soundsovielten unterzeichnet!)

Ein solches Song-History-Formular finden Sie in Abbildung 19.3. Es enthält Beispiele dafür, welche Dinge man alles in seine »Geschichtsschreibung« aufnehmen kann.

Überblick über Copyright-Registrierungen

Beim Schreiben unzähliger Songs über die Jahre hinweg merkt man erst, wie schnell die Zeit vergeht. Das Formular in Abbildung 19.4 hilft Ihnen zu prüfen, für welche Ihrer Songs Sie bereits eine Copyright-Registrierung eingereicht haben und für welche nicht. Gerade das ist nämlich eine Sache, bei der man oft den Überblick verliert.

Potenzielle und bestehende Kontakte

(#) ≡

- ☐ Künstler
- ☐ Manager
- ☐ Produzent
- ☐ Verleger
- ☐ Plattenfirma
- ☐ Songbroker
- ☐ Andere _________

Name

Titel

Firma

Adresse

PLZ/Ort

Telefon

Fax

E-Mail

Website

Empfehlung von

Empfehlung für

Notizen

Verlauf

Abbildung 19.2: Formular für potenzielle und bestehende Kontakte

Song-History-Formular

Genre(s)
- ☐ Blues
- ☐ Country
- ☐ Gospel, Christian
- ☐ Pop
- ☐ R&B, Hip Hop, Rap
- ☐ Rock
- ☐ Andere ___________

Songtitel

Copyright-Datum

Songwriter	Anteil/Prozent
______________________	_______
______________________	_______
______________________	_______
______________________	_______
Verleger	
______________________	_______
______________________	_______
______________________	_______
______________________	_______
	100 %

Song vermittelt an: √*Verschickt*
- ☐ Demo-CD
- ☐ Textblatt
- ☐ Leadsheet
- ☐ Sonstiges_____

Notizen/Verlauf

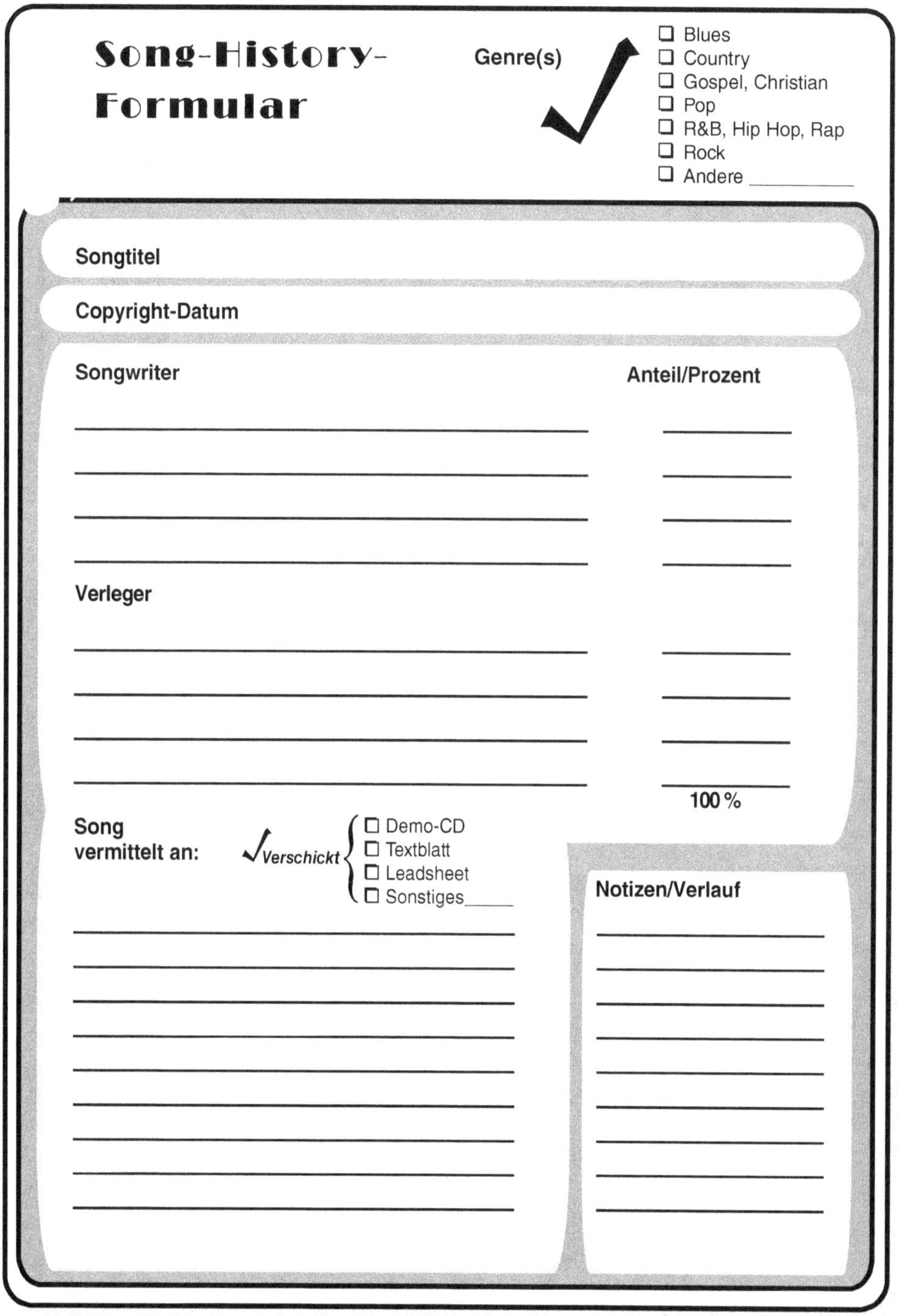

Abbildung 19.3: Song-History-Formular

Copyrightübersicht ©

Songtitel: _______________________   Registrierungsnummer: _________

Copyright Form   ☐ PA   ☐ Other ___________   Ownership _______%

abgeschickt am:_ / _ /_ angekommen am: _ / _ /_ © wirksam ab: _ / _ /_

Songtitel: _______________________   Registrierungsnummer: _________

Copyright Form   ☐ PA   ☐ Other ___________   Ownership _______%

abgeschickt am:_ / _ /_ angekommen am: _ / _ /_ © wirksam ab: _ / _ /_

Songtitel: _______________________   Registrierungsnummer: _________

Copyright Form   ☐ PA   ☐ Other ___________   Ownership _______%

abgeschickt am:_ / _ /_ angekommen am: _ / _ /_ © wirksam ab: _ / _ /_

Songtitel: _______________________   Registrierungsnummer: _________

Copyright Form   ☐ PA   ☐ Other ___________   Ownership _______%

abgeschickt am:_ / _ /_ angekommen am: _ / _ /_ © wirksam ab: _ / _ /_

Songtitel: _______________________   Registrierungsnummer: _________

Copyright Form   ☐ PA   ☐ Other ___________   Ownership _______%

abgeschickt am:_ / _ /_ angekommen am: _ / _ /_ © wirksam ab: _ / _ /_

Songtitel: _______________________   Registrierungsnummer: _________

Copyright Form   ☐ PA   ☐ Other ___________   Ownership _______%

abgeschickt am:_ / _ /_ angekommen am: _ / _ /_ © wirksam ab: _ / _ /_

Songtitel: _______________________   Registrierungsnummer: _________

Copyright Form   ☐ PA   ☐ Other ___________   Ownership _______%

abgeschickt am:_ / _ /_ angekommen am: _ / _ /_ © wirksam ab: _ / _ /_

Abbildung 19.4: Copyright-History-Formular

Teil VI

Der Top-Ten-Teil

Besuchen Sie uns auf www.facebook.de/fuerdummies oder auf Instagram!

Jeder von uns kennt eine Reihe wirklich großartiger Songs, denen auch der Zahn der Zeit nichts anhaben konnte. Zehn davon wollen wir uns in diesem Kapitel etwas näheransehen. Sie die »zehn besten« zu nennen, wäre etwas zu subjektiv – sprechen wir daher lieber von »zehn Songs, die man kennen sollte«. Jeder von ihnen ist ein Musterbeispiel für angewandte Songwriting-Kunst und somit Ansporn für jeden, der es mit seinen Songs ebenfalls nach oben schaffen will. Übrigens: Die Liste ist nur als Ausgangspunkt gedacht – im Laufe der Zeit werden Sie eigene Beispiele finden, die Ihnen dabei helfen, dass Ihr kreatives Karussell sich weiterdreht. Und da hinter jedem guten Brot ein guter Bäcker steht, wollen wir danach auch zehn wichtige Singer/Songwriter unter die Lupe nehmen. Und wieder einmal können Sie Ihr Musikwissen erweitern!

Kapitel 20

Zehn Songs, die man kennen sollte

Listen mit »besten Songs« gibt es unendlich viele, und täglich kommen neue hinzu. Einige orientieren sich ausschließlich am Geschmack des Autors; andere richten sich nach Charts-Platzierungen und Verkaufszahlen. Doch egal, nach welcher Methode man vorgeht – die größten Songs sind immer diejenigen, die den Hörern einer bestimmten Generation am meisten bedeuten. Hier eine Liste unserer Favoriten, in der auch ergründet wird, warum gerade diese Songs über all die Jahre hinweg nie verstummten.

»Hey Jude«

Nicht nur der Song, der unter allen Beatles-Hits am längsten an der Spitze der Charts stand, sondern auch der Song, der verdammt lang *ist* – ganze sieben Minuten (jeder Songwriting-Theoretiker würde die Hände über dem Kopf zusammenschlagen). Für wen er eigentlich geschrieben wurde, dazu gibt es mehrere Theorien – die einen sagen, für Jane Asher, mit der Paul McCartney eine längere Beziehung hatte; John Lennon hingegen war der Meinung, das Lied handle von ihm. Was Paul nun wirklich dazu inspiriert hatte, das Stück zu schreiben, verriet er selbst: McCartney hatte ein sehr inniges Verhältnis zu Lennons erster Frau Cynthia und deren gemeinsamen Sohn Julian. So hieß der Song zunächst auch »Hey Jules« und war dazu gedacht, dem Jungen nach der Scheidung seiner Eltern ein wenig Trost zu spenden. Der Originaltext »Hey Jules, don't make it bad, take a sad song and make it better« gelangt zu völlig neuer Bedeutung, wenn man ihn auf die Situation eines Kindes überträgt, das gerade versucht, mit der Trennung seiner Eltern fertigzuwerden. Aus »Jules« wurde später »Jude«, weil es vom Klang her besser war – was Julian aber nicht zu kümmern schien, denn Jahre später erwarb er bei einer Auktion die bei der Songaufnahme verwendeten Noten zum Preis von 25.000 britischen Pfund.

»Bohemian Rhapsody«

Ein weiterer Song, der sich von den traditionellen Strukturen des Songwritings entfernte. Geschrieben hat ihn Freddie Mercury von der Rockgruppe Queen, der ihn als »komische Oper« aufzog, um damit bewusst gegen die Norm der typischen Rocksongs jener Tage zu verstoßen. Wenn man Freddie fragte, was ihn zu diesem Song inspiriert hatte, pflegte er zu antworten, es sei einfach ein Lied über Beziehungen; in Wirklichkeit jedoch handelt es sich um eine Übersetzung aus dem Persischen, die nach Aussagen der Band von einem jungen Mann handelt, der versehentlich jemanden getötet und daraufhin seine Seele dem Teufel verkauft hat. Am Vorabend seiner Hinrichtung ruft er Gott und seine Engel um Hilfe an, sie mögen ihm seine Seele zurückgeben. Andere Theorien sprechen von einem Selbstmörder, der vor seiner Hinrichtung von Dämonen heimgesucht wird – und selbst wenn es sich bei dem Text einfach um »schwachsinnige Gelegenheitsreime« handelt, die Komposition ist dennoch fesselnd, gespenstisch und dynamisch zugleich.

»What's Going On«

Dieser Song, geschrieben von Marvin Gaye, Al Cleveland und Renaldo Benson, war einer der Meilensteine in der Geschichte von Motown Records und der modernen Musik schlechthin. Marvin Gaye war geradezu versessen darauf, seine Gefühle und seinen gesellschaftlichen Status in den Jahren vor Veröffentlichung dieser Platte zum Ausdruck zu bringen, und Berry Gordys Hitmaschine traute sich noch nicht so ganz, die traditionellen Grenzen rundfunkgeeigneter Hits zu überschreiten, wie sie zum Beispiel in Marvins eigenem Song »I Heard It Through The Grapevine« (geschrieben von Norman Whitfield und Barrett Strong) und »Get Ready« (geschrieben von Smokey Robinson, gespielt von den Temptations) gesteckt worden waren. In seiner Rolle als ewiger Rebell konnte Marvin Berry davon überzeugen, dass er seinen Namen gern für einen Testlauf mit diesem powergeladenen Song zur Verfügung stellen würde – falls es schiefgehe, könne man ja zum Altgewohnten zurückkehren; falls es aber ein Hit werden würde, bedeute das: volle Kraft voraus für den neuen Marvin-Gaye-Sound! Der Song wurde sofort im Radio gespielt und zum Meilenstein in der Geschichte Motowns. Plötzlich drängten sich viele R-&-B-Künstler danach, auf soziale Notstände hinzuweisen und die schlimmen Zustände in den Städten zu thematisieren. Songs wie »Cloud 9« (geschrieben von Norman Whitfield und Barrett Strong) von den Temptations (der sich mit der Verlockung harter Drogen in unserer Gesellschaft auseinandersetzt) und »Ball Of Confusion« wurden zu Riesenhits und verliehen dem Genre mehr Glaubwürdigkeit, indem sie Dance-Grooves mit Dylan-ähnlicher Gossenpoesie mixten). Wieder einmal hatte sich Marvin Gaye als Pionier, Visionär und Erschaffer eines neuen, unverbrauchten Sounds erwiesen.

»Yesterday«

Dieser von John Lennon und Paul McCartney geschriebene Song wurde allein im 20. Jahrhundert mehr als sieben Millionen Mal gespielt – öfter als jeder weitere Song, der nach seinem Erscheinen Mitte der 1960er-Jahre über den Äther ging. Auch ins *Guinness-Buch der Rekorde* ging er ein – als der meistgecoverte Song der Musikgeschichte; es gibt von ihm mehr als 3.000 Versionen. Man erzählt sich, McCartney sei eines Morgens aufgewacht und habe diese Melodie im Kopf gehabt – der Song sei ihm bereits fix und fertig »zugeflogen«. Die Beatles und ihr Produzent George Martin nahmen »Yesterday« nur mit einem Streichquartett, einer Akustik-Gitarre und Pauls Gesang auf, doch diese Schlichtheit der Produktion hat dem Song gutgetan. »Yesterday« rangiert auf Platz 3 der BMI-Top-100-Jahrhundertsongs. Nach Berechnungen von BMI entsprechen sieben Millionen Mal aufgelegt einer Gesamtspielzeit von 350.000 Stunden – das sind mehr als 45 Jahre!

»God Only Knows«

Aufgrund des eindringlichen Gesangs des verstorbenen Carl Wilson gilt »God Only Knows« bei vielen Fans als der ultimative Brian-Wilson-Song. Obgleich viele Radiostationen den Song verschmähten, weil das Wort »God« (Gott) im Titel vorkam, kletterte er 1966 ironischerweise bis in den oberen Bereich der Top 40. Dieses Loblied auf eine Liebe, das man nicht in Worten zusammenfassen kann, enthält einige der einfühlsamsten Akkordprogressionen in Wilsons Karriere. Der Song, dessen Text von Tony Asher stammt, einem der begnadetsten Texter überhaupt, gehört zusammen mit »Wouldn't It Be Nice« zu den Markensongs des Meisterwerks der Beach Boys, dem Album *Pet Sounds*.

»Imagine«

»Imagine« war John Lennons ultimative Botschaft an die Welt. Er komponierte den Song eines Morgens an dem berühmten weißen Klavier, an dem man ihn oft in Filmen und auf Fotos sitzen sieht. Lennon brachte so ziemlich alles in dem Song unter, woran er glaubt und wofür er steht – wir alle sind Teil eines Landes, einer Welt, eines Volkes, ohne Grenzen oder Schranken. »Imagine« ist der kommerziell erfolgreichste aller Lennon-Songs der Nach-Beatles-Ära. Als er 1971 erstmals erschien, stieg er bis auf Platz 3, doch zehn Jahre später wurde er neu aufgelegt und gelangte auf Platz 1, was bei der inneren Dynamik und Zeitlosigkeit seiner Botschaft nicht verwundert.

»Satisfaction«

Nicht jedermann war sofort angetan von der Zusammenarbeit Mick Jaggers mit Keith Richards, doch glücklicherweise bescherten sie der Welt diesen Song. Sein Markenzeichen ist der aus drei Noten bestehende Gitarrenriff, der ihn eröffnet und vorwärts treibt (angeblich kam Richards die Inspiration dazu mitten in der Nacht; er soll aufgewacht sein und etwas auf Kassette aufgenommen haben, was er nachher als »zwei Minuten ›Satisfaction‹ und 40 Minuten Schnarchen« beschrieb) sowie die sexuellen Untertöne und der kommerzkritische Inhalt, die dafür sorgten, dass der Song anfangs nur von Piratensendern gespielt wurde. Manche halten »Satisfaction« für den größten Rocksong aller Zeiten und zählen ihn zu ihren zeitlosen Favoriten. Er ist der Einzige von drei Songs, der 2006 bei der Halbzeitshow des Super Bowl XL *nicht* unter die Zensur fiel – man höre und staune!

»I Still Haven't Found What I'm Looking For«

Dieser U2-Song begann sein Leben als Demoaufnahme, die während einer der vielen Jam-sessions der Band entstand. Bassist John Clayton bezeichnete ihn zunächst als »One-Note-Groove«, The Edge verglich ihn mit »Eye Of The Tiger«, gespielt von einer Reggae-Band, doch aufgrund des Drumbeats, der später zu seinem Markenzeichen wurde, beschloss man, an dem Song festzuhalten. Auf dieser Grundlage hauchte man dem Song nach und nach sein Leben ein, und als Bono eine klassische Soulmelodie zu singen begann, schob ihm The Edge ein Stück Papier zu, auf dem der Satz stand, den er am Morgen zuvor als möglichen Songtitel in sein Notizbuch geschrieben hatte – »I still haven't found what I'm looking for«. Wissen Sie noch, was wir darüber gesagt haben, wo Ideen manchmal herkommen und warum man sich alles aufschreiben sollte? Unnötig zu sagen, dass der Song nach »With Or Without You« zum zweiten Nummer-1-Hit der Band wurde.

»Like A Rolling Stone«

Einer jener Songs, von denen jeder noch weiß, wann oder wo er ihn zum ersten Mal gehört hat und sein musikalischer Funke auf ihn übersprang. Wie schon »Bohemian Rhapsody« überschritt auch dieser Song deutlich die von den Radiostationen vorgegebene Drei-Minuten-Marke, die ermöglichen sollte, dass mehr Werbung gesendet werden kann –textlich war es der gewohnt brillante Dylan'sche Bewusstseinsstrom. Was den Hörer aber wirklich gefangen nahm, war die magische B3-Hammondorgel (gespielt vom Rockveteranen Al Kooper), die in den Song eingewoben ist wie ein Silberfaden. Das Lustige war, dass Kooper eigentlich zum Gitarrespielen zur Session erschienen war, dann aber doch nicht gebraucht wurde, also klimperte er wie beiläufig auf der Hammondorgel herum. Beim zweiten Take begann der Song, Form anzunehmen, und Dylan bat den Toningenieur, die Orgel lauter zu drehen (die sich bislang in den unteren Schichten des Mix versteckt hatte). Und plötzlich begann der Song zu leben. Kurz nachdem die Platte auf Platz 1 gelandet war, wurde Al mit Session-Anfragen förmlich überflutet, und alle fragten sie, ob er ihren Songs nicht seine »magische Orgel« hinzufügen wolle – dabei spielte er dieses Instrument erst seit Kurzem! Ein Song ist nur so gut wie sein Arrangement und seine Klangstruktur, und hier haben Sie das Musterbeispiel für einen großartigen Song, der sein schlichtes Wasserzeichen von einer zwanglos gespielten Hammondorgel bezieht.

»Somewhere Over The Rainbow«

Von Zeit zu Zeit tritt ein Song in Erscheinung, der so großartig ist, dass er nie wieder von der Bildfläche verschwindet. Einer dieser Songs ist »Over The Rainbow«, den Harold Arlen im Jahr 1939 komponierte; der Text kam später hinzu und stammte von E. Y. »Yip« Harburg. Die beiden waren das Duo, das die Songs für den Film *Der Zauberer von Oz* schrieb, und die Melodie war Arlen ganz plötzlich beim Autofahren eingefallen. Er hatte ein überwältigend gutes Gefühl, was den Wert dieser Melodie anbelangte, und gab sie an Harburg weiter, dem sie jedoch nicht gefiel. Um die Sache beizulegen, fuhren sie gemeinsam zu Harburgs Freund Ira Gershwin und fragten ihn, was er von dem Song halte. Gershwin spürte sofort, dass Arlen hier eine hervorragende Melodie eingefallen war, und so schrieb Harburg widerwillig den Text für »Over The Rainbow«. Judy Garland sang den Song in dem Film, doch das Studio strich ihn wieder, mit der Begründung, er würde nicht zum Plot passen und sei zu langsam. Nur zögerlich nahmen sie ihn wieder in den Film auf, als der zuständige Produzent Arthur Fried sie gewissermaßen dazu zwang. Der Rest ist Geschichte. »Over The Rainbow« wurde von der NEA (National Endowment for the Arts) und der RIAA (Recording Industry Association of America) zum besten Nummer-1-Hit des Jahrhunderts gewählt, und Hunderte von Künstlern nahmen ihn auf, von Tori Amos bis hin zu Zoot Sims. Das bekannteste Cover des Songs stammt möglicherweise von dem verstorbenen hawaiianischen Künstler IZ (Israel Kamakawiwo'ole), der das Stück mit dem Song »What A Wonderful World« kombinierte.

Kapitel 21

Zehn Singer/Songwriter, die man kennen sollte

Singer/Songwriter – eigentlich eine Gattungsbezeichnung für sich. Gemeint sind Songwriter, die nicht für andere schreiben (jedenfalls nicht ausschließlich), sondern ihre Songs auch selbst auf der Bühne singen und sie auf Platten aufnehmen. In unserer Liste werden Sie einige »Veteranen« entdecken, auf die man in einer solchen Aufzählung einfach nicht verzichten kann. Aber es sind auch Namen darunter, die Sie womöglich erst ein- bis zweimal oder überhaupt noch nicht gehört haben. Sich ihre Songs einmal genauer anzuhören, lohnt sich auf jeden Fall.

Kennzeichnend für Singer/Songwriter ist auf jeden Fall das hohe Maß an Identifikation mit ihrer Musik. Was man selber schreibt, kann man auch am überzeugendsten repräsentieren; über Dinge zu singen, die vielleicht den fremden Songwriter beschäftigt haben, die man aber nicht selbst erlebt hat, ist schwieriger. Ein Musterbeispiel für einen großen Star, der so gut wie keine einzige Zeile seiner Lieder selbst geschrieben hat, ist übrigens Frank Sinatra – und der beherrschte das! Wenn er – der sicherlich nur selten ohne irgendeine Frau nach Hause ging – von gebrochenen Herzen und quälender Einsamkeit sang, nahm ihm das trotzdem jeder ab.

Nebenbei bemerkt: Es gibt auch Songwriter, denen irgendwann »der« Megahit gelang, ohne dass sie jemals selbst auf der Bühne standen – zum Beispiel Irving Berlin. Falls Ihnen der Name nichts sagt, keine Sorge, denn sein Meisterwerk »White Christmas« wurde durch Bing Crosby bekannt und wird auch heute noch fast ausschließlich mit ihm identifiziert. Bings Gesicht kannte jeder, Irving Berlin hätte auf der Straße mit Sicherheit niemand erkannt. Vielleicht sind Sie ja sogar mal an ihm vorbeigelaufen …

So, und nun auf und ein paar Singer/Songwritern persönlich die Hand schütteln.

Bob Dylan

Der »Altmeister« unter den Singer/Songwritern und mindestens ebenso bekannt wie zu ihrer Zeit Beethoven, Mozart und Haydn. Unzählige Songs, die seit fast 50 Jahren rauf und runter gespielt werden, stammen aus seiner Feder: »Like A Rolling Stone«, »Blowin' In The Wind«, I Shall Be Released« und »Knockin' On Heaven's Door« sind nur die bekanntesten davon, und von ihnen allen gibt es zahllose Coverversionen.

Dylan wurde 1941 unter dem weniger klangvollen Namen Robert Zimmerman in Duluth/Minnesota geboren und war eine der großen Protestsong-Ikonen der Flower-Power-Ära. Seine Songs erzählen nicht nur großartige Geschichten, sie kleiden sie auch in eine bildhafte, poetische Sprache mit oft kryptischer Symbolik – was er sicher von seinem großen Vorbild übernommen hat, dem französischen Dichter Arthur Rimbaud, der auch Musiker wie Van Morrison und Patti Smith stark beeinflusste.

Nach vielen Jahren als sanfter Folkmusik-Rebell mit krähender Stimme überraschte er Ende der 1970er-Jahre mit einer fast schon fanatischen Hinwendung zum Christentum: Der jüdische Sänger konvertierte zum christlichen Glauben, und auch in seiner Musik spiegelte sich diese Thematik in hohem Maße wider. Später trat seine religiöse Überzeugung wieder in den Hintergrund, und seine neuen, weniger von Rebellion und Weltverbesserer-Auftrag gekennzeichneten Platten sorgten für eine Umgestaltung, zumindest aber Erweiterung seiner Fangemeinde. Das 1997 erschienene Album »Time Out Of Mind« betrachten Kenner als eines seiner besten Werke.

Leonard Cohen

Ein scharfzüngiger Kritiker schrieb einmal über Leonard Cohen, er habe in seinem Leben nur einen einzigen Song geschrieben, den er nun scheibchenweise verkaufe. Um dem Mann aus Montreal (geboren 1934) gerecht zu werden, muss man jedoch berücksichtigen, dass er seine Musik mehr als »vertonte Gedichte« denn als Songs betrachtet. Schon seine erste, im Jahr 1968 erschienene LP »Songs Of Leonard Cohen« bot dem Hörer Stücke voll feinfühliger Lyrik wie »The Sisters Of Mercy«, »I BelieveThat You Heard Your Master Sing« – und natürlich seinen größten Hit »Suzanne«.

Cohens Leben und Werk spiegelt auch seine fortwährende spirituelle Suche wider. Als Jude geboren, beschäftigte er sich im Laufe seines Lebens mit so ziemlich allen Formen der religiösen Hingabe – ja, nicht einmal Scientology ließ er aus, bei denen er Anfang der 1970er-Jahre kurz Mitglied war. 1992 erschien sein vorläufig letztes Album »The Future«; Cohen selbst zog sich in ein Zen-buddhistisches Kloster zurück und wurde Mönch. Erst 2001 meldete er sich mit »Ten New Songs« zurück, die aber größtenteils nicht aus seiner eigenen Feder stammten. Was die wenigsten wissen: Neben seinen relativ wenigen, aber mit sehr viel Sorgfalt und Liebe zum Detail gestalteten Studioalben sind auch mehr als zehn Bücher von ihm erschienen – natürlich (wie sollte es auch anders sein?) Gedichtbände.

John Denver

John Denver war gewissermaßen der Cowboy unter den Singer/Songwritern, auch wenn er mit seinem blonden Pagenkopf und seiner Nickelbrille eher einem Computer-Nerd ähnelte. Man darf sich ernsthaft fragen, ob jemals irgendwo auf dieser Welt ein Lagerfeuer mit Musik veranstaltet wurde, ohne dass jemand zur Gitarre griff und Denvers bekannten Folksong »Take Me Home, Country Roads« zum Besten gab. Sein richtiger Name »Deutschendorf« verrät uns auch die Abstammung des Mannes aus New Mexico.

Sein Geburtsort Roswell wurde vor allem dafür bekannt, dass dort kurz nach dem Zweiten Weltkrieg ein UFO abgestürzt sein sollte. Eine seltsame Koinzidenz, denn der Hobbypilot Denver behauptete in den Jahren vor seinem Tod, Kontakt zu Aliens aufgenommen zu haben, und Verschwörungstheoretiker behaupteten sogar, der Sänger sei selbst ein außerirdischer Überlebender des Roswell-Vorfalls. Bei seinem Song »Rocky Mountain High« wurde nie so richtig geklärt, ob er nun tatsächlich von der morgendlichen Farbenpracht des bekannten Gebirgszugs handelte oder doch eher von der gleichnamigen Marihuana-Sorte. Umstritten bleibt auch die Frage, ob John Denver unter Alkohol- und Cannabiseinfluss stand, als er im Jahre 1992 mit seinem Leichtflugzeug über der kalifornischen Monterey Bay abstürzte und tödlich verunglückte.

Donovan

Donovan Leitch wurde oft als der »britische Bob Dylan« bezeichnet – doch seine Songs waren weniger kämpferisch als die des amerikanischen Protestsängers und muteten in ihrer jugendlichen Poesie oft schon fast süßlich an. Am bekanntesten sind seine Songs »Catch The Wind« und »Atlantis«, dessen monumentaler Refrain für einen typischen Leitch-Song eher ungewöhnlich ist. In seiner Jugend reiste er mit dem jungen Musiker Gypsy Dave durch England – eine Zeit, der er in seinem Song »I'll Try For The Sun« ein unvergessliches Denkmal setzte.

Wie Leonard Cohen reizte auch Donovan die spirituelle Sinnsuche, und als die Beatles 1968 zwecks Meditation zum Maharishi nach Indien reisten, war er dabei. Spirituell mutet auch sein Album »Sutras« an, das nach langer musikalischer Pause im Jahre 1996 auf den Markt kam. Donovan hat vier Kinder und lebt heute mit seiner Frau Linda in Irland.

Reinhard Mey

»Der Mörder ist immer der Gärtner« hieß sein erster großer Plattenerfolg, das war Ende der 1960er-Jahre, und so etwas wie Reinhard Mey hatte es zuvor in Deutschland nicht gegeben. Schlager, gut, die kannte man – aber Chansons in deutscher Sprache? Es dauerte jedenfalls eine Weile, bis auch das Publikum reiferen Alters sich an diesen neuartigen Musikstil gewöhnt hatte; inzwischen gehört es zu Meys bevorzugter Zielgruppe.

Mey wurde 1942 in Berlin als Sohn eines Rechtsanwalts geboren und studierte Betriebswirtschaftslehre (ohne Abschluss). Als Schüler des französischen Gymnasiums, der in seiner Jugend selbst eine Zeit lang in Frankreich verbracht hatte, sprach und spricht er diese Sprache perfekt, wurde in Frankreich unter dem Pseudonym Frédéric bekannt und war auch in erster Ehe mit einer Französin verheiratet. Mit zunehmendem Alter wurden die anfangs ziemlich frechen Texte Meys (»Annabelle, oh Annabelle« zum Beispiel zeichnet das satirische Porträt einer typischen »Emanze«) zum Bedauern vieler Fans immer biederer, und bald waren ihm schon sein schlafender Hund oder sein erstes graues Haar ein Chanson wert.

Randy Newman

Randy Newman ist – um es einmal nicht allzu schmeichelhaft auszudrücken – ein unansehnlicher kleiner Mann mit dicker Brille und Überbiss; seine Songs jedoch gelten als genial und sind es wohl auch. Lieder wie »I Think It's Going To Rain Today« mit ihrer herbstlichen Schwermut sind dabei eher die Ausnahme; die meisten Songs des 1943 in Los Angeles geborenen Newman sind eher bissig, ja oft sogar bösartig. Sein 1977er-Hit »Short People« zum Beispiel sorgte für einen handfesten Skandal, da der Sänger sich darin angeblich diskriminierend über kleinwüchsige Menschen äußerte. Newman war solche überkorrekte Kritik ziemlich egal; er arbeitete mit großen Musikern wie Paul Simon, Mark Knopfler und Don Henley zusammen und produzierte nicht gerade viele, aber großartig gearbeitete Alben wie »Little Criminals« oder »Trouble in Paradise«.

Thematisch schreckte Newman, der Mann mit den 19 Oscar-Nominierungen, vor keinem Thema zurück. So versetzt er sich in seiner Ballade »In Germany Before The War« in die Rolle des Düsseldorfer Kindermörders Peter Kürten, der auch »Modell« stand für den Fritz-Lang-Film »M – Eine Stadt sucht einen Mörder«.

Neil Diamond

»Red Red Wine« für UB 40, »Sunflower« für Glen Campbell, »I'm A Believer« für die Monkees und viele andere mehr – der in New York City geborene Neil Diamond war zu Beginn seiner Karriere nicht nur ein erfolgreicher Schreiber von Poprock-Songs für sich und andere, sondern auch ein echtes Kind der Tin Pan Alley – jenem New Yorker Stadtviertel, in dem sich in den 1960er-Jahren die großen Musikhäuser und Plattenlabels befanden. Eine Reminiszenz an jene Zeit lieferte Diamond selbst auf seinem wohl besten Album »Beautiful Noise« (1976), das auch die Studioversion von »Dry Your Eyes« enthält, vorher nur bekannt in der Liveversion auf dem Album »The Last Waltz« von *The Band*.

In seiner späteren Karriere mutierte der Songpoet, der als junger Mann an psychischen Problemen litt, ein notorischer Nägelbeißer war und bei seinem ersten Auftritt in Deutschland mit dem Ohrwurm »Song Sung Blue« kein einziges Mal lächelte, unerfreulicherweise zum Hollywood-Kitschsänger, was viele Fans ihm übel nahmen, und erst als er sich mit den Alben »12 Songs« und »Home Before Dark« an *Unplugged*-Versionen eigener neuer Kompositionen versuchte, schien die Musikwelt ihm das einigermaßen zu verzeihen.

Rod McKuen

Anders als in den USA ist der 1933 in Oakland, Kalifornien, geborene Rod McKuen in Deutschland weitgehend unbekannt – was man von seinen Songs nicht behaupten kann. Obgleich McKuen selbst singt, wurden die meisten seiner Kompositionen erst in den Versionen anderer Künstler bekannt – wie zum Beispiel der Welthit »Seasons in the Sun«, dem 1972 der junge Kanadier Terry Jacks zu großer Popularität verhalf. Der Song handelt von einem im Sterben liegenden Mann, der sich von den drei wichtigsten Menschen in seinem Leben – dem besten Freund, dem Vater und der Geliebten – verabschiedet, indem er in Erinnerungen an gemeinsame Zeiten schwelgt. Auch Gilbert Bécaud, Georges Moustaki und Michel Sardou sangen McKuen-Songs; legendär jedoch wurde seine Zusammenarbeit mit dem französischen Liedermacher Jacques Brel sowie »Ol' Blue Eyes« Frank Sinatra, dessen Konzeptalbum »A Man Alone« zu 100 Prozent aus Rod McKuens Feder stammt.

Seit einigen Jahren ist Rod McKuen nicht mehr so produktiv wie in seiner Glanzzeit; mit viel Liebe jedoch betreut er seine Website »A Safe Place To Land«, die er alle zwei Tage mit neuen Informationen, Texten, Gedanken und Zitaten versorgt und sogar persönliche Besucherfragen selbst beantwortet (»Ask Rod«). Dass der rätselhafte Edward, mit dem er an der Westküste zusammenlebt, nicht, wie behauptet, sein leiblicher Bruder, sondern ein schwuler Geliebter ist, wird zwar oft gemunkelt, stimmt aber wohl nicht. Fest steht hingegen, dass der Vater zweier Kinder nicht ausschließlich auf Frauen steht.

Gram Parsons

Ein begabter junger Musiker, der die Szene rockt, aber als »Frühvollendeter« an Alkohol und Drogen jämmerlich krepiert – das trifft nicht nur auf Jim Morrison und Kurt Cobain zu, sondern auch auf den aus Florida stammenden Folkrock-Singer/Songwriter Gram Parsons. Braungebrannt, sehr groß, jungenhaft, mit blondem seidigem Haar und attraktivem Body – so kannten alle den Mann, der den bekannten Rolling-Stones-Hit »Wild Horses« eindrucksvoller sang als Mick Jagger selbst und zu dessen besten Freunden Keith Richards gehörte, der an seinem Abstieg sicherlich nicht ganz unschuldig war. Auch auf ihrem bekannten Album »Exile On Main St.« profitierten die Stones von Parsons' musikalischen Einfällen.

Gram war zunächst Keyboarder und Gitarrist bei den Byrds, später gründete er zusammen mit einigen anderen Musikern seine eigene Band »The Flying Burritos«, deren Erfolgsbilanz jedoch eher mager war. Erst als Solokünstler versorgte er für kurze Zeit die Countryrock-Szene mit frischem Wind. Einer der coolsten und einprägsamsten Road-Songs der Musikgeschichte – »Return Of The Grievous Angel« – stammt von ihm. Im Alter von nur 26 Jahren starb Parsons 1973 an einer Überdosis Drogen und Alkohol. Da die Überführung zu seinem Stiefvater nach New Orleans gegen Grams Willen geschah, versuchte sein Manager die Leiche in der Wüste zu verbrennen, das mitgenommene Benzin jedoch ging zur Neige, bevor er sein Werk vollenden konnte. So gelangte die Hälfte des Leichnams doch noch nach New Orleans, wo Gram Parsons' Grab noch heute existiert.

Sven Regener

Sven Regener ist Singer/Songwriter der deutschen Band *Element of Crime,* deren literarisch wertvolle, musikalisch von Mollakkorden geprägte Songs durch ihren Einfallsreichtum und einen Hang zur Gossenpoesie faszinieren. Ihr bekanntester Song »Die schönen Rosen« war bei weitem nicht ihr bester; Regeners Glanzstücke sind eher unter Liedern wie »Delmenhorst«, »Am Ende denk ich immer nur an dich« und »Seit der Himmel« zu finden.

Der 1961 in Bremen geborene Regener betätigt sich seit einigen Jahren auch als Schriftsteller; bei seinen musikalischen Fans jedoch gelten die Romane »Herr Lehmann« und »Neue Vahr Süd« eher als Geschmackssache, da ihnen der lyrische Ausdruck der *Element-of-Crime-*Songs fast gänzlich fehlt. Wer den schnoddrigen Sänger dann noch als spitzmündigen Intellektuellen in Literatursendungen erlebt, mag sich durchaus fragen, ob es sich bei den beiden Regeners – dem Musiker und dem Buchautor – wirklich um ein und dieselbe Person handelt.

Abbildungsverzeichnis

Stichwortverzeichnis

www.ingramcontent.com/pod-product-compliance
Lightning Source LLC
LaVergne TN
LVHW060349200726
843506LV00003B/162